Diário de Oração

CB140261

Este diário pertence a:

____

Presenteado por:

____

© 2025 Ministérios Pão Diário. Todos os direitos reservados.

Tradução: João Ricardo Ribeiro, Marília P. Lara, Rita Rosário, Giovana Caetano
Revisão: Adolfo Hickmann, João Ricardo Ribeiro, Marília P. Lara, Rita Rosário
Adaptação e edição: Rita Rosário
Projeto gráfico: Audrey Novac Ribeiro
Diagramação: Ana Lazzarotto

Exceto se indicado o contrário, as citações bíblicas são extraídas da Bíblia Sagrada, Nova Versão Transformadora © 2016, Editora Mundo Cristão.

Proibida a reprodução total ou parcial, sem prévia autorização, por escrito, da editora.
Todos os direitos reservados e protegidos pela Lei 9.610, de 19/02/1998.

Pedidos de permissão para usar citações deste diário devem ser direcionados a permissao@paodiario.org

Publicações Pão Diário
Caixa Postal 9740, 82620-981 Curitiba/PR, Brasil
publicacoes@paodiario.org
www.publicacoespaodiario.com.br
Telefone: (41) 3257-4028

Código: X1466
ISBN: 978-65-5350-666-4

Impresso na China

Como usar este Diário de Oração?

Veja estas sugestões e aproveite ao máximo o seu momento devocional com Deus.

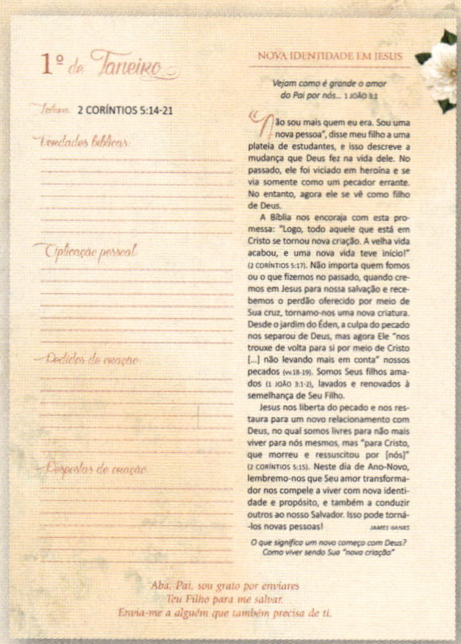

1º de Janeiro

Leitura: 2 CORÍNTIOS 5:14-21

Verdades bíblicas:

Aplicação pessoal

Pedidos de oração

Respostas de oração

NOVA IDENTIDADE EM JESUS

Vejam como é grande o amor do Pai por nós... 1 JOÃO 3:1

"Não sou mais quem eu era. Sou uma nova pessoa", disse meu filho a uma plateia de estudantes, e isso descreve a mudança que Deus fez na vida dele. No passado, ele foi viciado em heroína e se via somente como um pecador errante. No entanto, agora ele se vê como filho de Deus.

A Bíblia nos encoraja com esta promessa: "Logo, todo aquele que está em Cristo se tornou nova criação. A velha vida acabou, e uma nova vida teve início!" (2 CORÍNTIOS 5:17). Não importa quem fomos ou o que fizemos no passado, quando cremos em Jesus para nossa salvação e recebemos o perdão oferecido por meio de Sua cruz, tornamo-nos uma nova criatura. Desde o jardim do Éden, a culpa do pecado nos separou de Deus, mas agora Ele "nos trouxe de volta para si por meio de Cristo [...] não levando mais em conta" nossos pecados (vv.18-19). Somos Seus filhos amados (1 JOÃO 3:1-2), lavados e renovados à semelhança de Seu Filho.

Jesus nos liberta do pecado e nos restaura para um novo relacionamento com Deus, no qual somos livres para não mais viver para nós mesmos, mas "para Cristo, que morreu e ressuscitou por [nós]" (2 CORÍNTIOS 5:15). Neste dia de Ano-Novo, lembremo-nos que Seu amor transformador nos compele a viver com nova identidade e propósito, e também a conduzir outros ao nosso Salvador. Isso pode torná-los novas pessoas!

JAMES BANKS

O que significa um novo começo com Deus? Como viver sendo Sua "nova criação"

Aba, Pai, sou grato por enviares
Teu Filho para me salvar.
Envia-me a alguém que também precisa de ti.

Selecione o momento e o local. Se possível, separe diariamente o momento e o local para fazer a leitura bíblica e meditar sobre o artigo do dia. O seu momento devocional será mais significativo se você concentrar-se e estabelecer este momento como rotina diária.

Leia a passagem bíblica. O versículo-chave, que aparece abaixo do título é uma verdade importante contida no Livro Sagrado, e nutrição espiritual diária.

Leia a Bíblia em um ano. As referências citadas facilitarão no acompanhamento diário da leitura.

Leia o texto do dia. Procure aprender mais sobre Deus e seu relacionamento com Ele. Descubra como Ele quer que você viva seus dias. Reflita sobre os exemplos.

Use o "pensamento do dia" a seu favor. Ele o ajudará a lembrar-se do alvo da mensagem e provocará a reflexão sobre os valores abordados na meditação diária.

Reserve tempo para orar. Após a leitura, converse com o Senhor sobre as descobertas em Sua Palavra e suas novas atitudes a partir deste reconhecimento. Diariamente, ore e registre seus pedidos e respostas de oração, você será recompensado por sua fidelidade e disciplina. Ao reler sobre as bênçãos que Deus trará a você e às pessoas pelas quais você orou, você buscará ainda mais a presença de Deus, e perceberá como a Sua Palavra foi importante em sua vida, e na vida das pessoas pelas quais você orou.

Com estas sugestões, você está pronto para começar!

Encontre o ânimo, a esperança, o desafio e o conforto ao aproximar-se mais de Deus. Tenha mais comunhão com o Pai. Ore com disciplina, propósito, regularidade e gratidão. Descubra como Deus exerce o Seu poder nas páginas deste Diário de Oração.

A Bíblia em um ano

JANEIRO

- ❒ 1 Gn. 1–3; Mt. 1
- ❒ 2 Gn. 4–6; Mt. 2
- ❒ 3 Gn. 7–9; Mt. 3
- ❒ 4 Gn. 10–12; Mt. 4
- ❒ 5 Gn. 13–15; Mt. 5:1-26
- ❒ 6 Gn. 16–17; Mt. 5:27-48
- ❒ 7 Gn. 18–19; Mt. 6:1-18
- ❒ 8 Gn. 20–22; Mt. 6:19-34
- ❒ 9 Gn. 23–24; Mt. 7
- ❒ 10 Gn. 25–26; Mt. 8:1-17
- ❒ 11 Gn. 27–28; Mt. 8:18-34
- ❒ 12 Gn. 29–30; Mt. 9:1-17
- ❒ 13 Gn. 31–32; Mt. 9:18-38
- ❒ 14 Gn. 33–35; Mt. 10:1-20
- ❒ 15 Gn. 36–38; Mt. 10:21-42
- ❒ 16 Gn. 39–40; Mt. 11
- ❒ 17 Gn. 41–42; Mt. 12:1-23
- ❒ 18 Gn. 43–45; Mt. 12:24-50
- ❒ 19 Gn. 46–48; Mt. 13:1-30
- ❒ 20 Gn. 49–50; Mt. 13:31-58
- ❒ 21 Êx. 1–3; Mt. 14:1-21
- ❒ 22 Êx. 4–6; Mt. 14:22-36
- ❒ 23 Êx. 7–8; Mt. 15:1-20
- ❒ 24 Êx. 9–11; Mt. 15:21-39
- ❒ 25 Êx. 12–13; Mt. 16
- ❒ 26 Êx. 14–15; Mt. 17
- ❒ 27 Êx. 16–18; Mt. 18:1-20
- ❒ 28 Êx. 19–20; Mt. 18:21-35
- ❒ 29 Êx. 21–22; Mt. 19
- ❒ 30 Êx. 23–24; Mt. 20:1-16
- ❒ 31 Êx. 25–26; Mt. 20:17-34

FEVEREIRO

- ❒ 1 Êx. 27–28; Mt. 21:1-22
- ❒ 2 Êx. 29–30; Mt. 21:23-46
- ❒ 3 Êx. 31–33; Mt. 22:1-22
- ❒ 4 Êx. 34–35; Mt. 22:23-46
- ❒ 5 Êx. 36–38; Mt. 23:1-22
- ❒ 6 Êx. 39–40; Mt. 23:23-39
- ❒ 7 Lv. 1–3; Mt. 24:1-28
- ❒ 8 Lv. 4–5; Mt. 24:29-51
- ❒ 9 Lv. 6–7; Mt. 25:1-30
- ❒ 10 Lv. 8–10; Mt. 25:31-46
- ❒ 11 Lv. 11–12; Mt. 26:1-25
- ❒ 12 Lv. 13; Mt. 26:26-50
- ❒ 13 Lv. 14; Mt. 26:51-75
- ❒ 14 Lv. 15–16; Mt. 27:1-26
- ❒ 15 Lv. 17–18; Mt. 27:27-50
- ❒ 16 Lv. 19–20; Mt. 27:51-66
- ❒ 17 Lv. 21–22; Mt. 28
- ❒ 18 Lv. 23–24; Mc. 1:1-22
- ❒ 19 Lv. 25; Mc. 1:23-45
- ❒ 20 Lv. 26–27; Mc. 2
- ❒ 21 Nm. 1–3; Mc. 3
- ❒ 22 Nm. 4–6; Mc. 4:1-20
- ❒ 23 Nm. 7–8; Mc. 4:21-41
- ❒ 24 Nm. 9–11; Mc. 5:1-20
- ❒ 25 Nm. 12–14; Mc. 5:21-43
- ❒ 26 Nm. 15–16; Mc. 6:1-29
- ❒ 27 Nm. 17–19; Mc. 6:30-56
- ❒ 28 Nm. 20–22; Mc. 7:1-23

MARÇO

- ❒ 1 Nm. 23–25; Mc. 7:24-37
- ❒ 2 Nm. 26–27; Mc. 8:1-21
- ❒ 3 Nm. 28–30; Mc. 8:22-38
- ❒ 4 Nm. 31–33; Mc. 9:1-29
- ❒ 5 Nm. 34–36; Mc. 9:30-50
- ❒ 6 Dt. 1–2; Mc. 10:1-31
- ❒ 7 Dt. 3–4; Mc. 10:32-52
- ❒ 8 Dt. 5–7; Mc. 11:1-18
- ❒ 9 Dt. 8–10; Mc. 11:19-33
- ❒ 10 Dt. 11–13; Mc. 12:1-27
- ❒ 11 Dt. 14–16; Mc. 12:28-44
- ❒ 12 Dt. 17–19; Mc. 13:1-20
- ❒ 13 Dt. 20–22; Mc. 13:21-37
- ❒ 14 Dt. 23–25; Mc. 14:1-26
- ❒ 15 Dt. 26–27; Mc. 14:27-53
- ❒ 16 Dt. 28–29; Mc. 14:54-72
- ❒ 17 Dt. 30–31; Mc. 15:1-25
- ❒ 18 Dt. 32–34; Mc. 15:26-47
- ❒ 19 Js. 1–3; Mc. 16
- ❒ 20 Js. 4–6; Lc. 1:1-20
- ❒ 21 Js. 7–9; Lc. 1:21-38
- ❒ 22 Js. 10–12; Lc. 1:39-56
- ❒ 23 Js. 13–15; Lc. 1:57-80
- ❒ 24 Js. 16–18; Lc. 2:1-24
- ❒ 25 Js. 19–21; Lc. 2:25-52
- ❒ 26 Js. 22–24; Lc. 3
- ❒ 27 Jz. 1–3; Lc. 4:1-30
- ❒ 28 Jz. 4–6; Lc. 4:31-44
- ❒ 29 Jz. 7–8; Lc. 5:1-16
- ❒ 30 Jz. 9–10; Lc. 5:17-39
- ❒ 31 Jz. 11–12; Lc. 6:1-26

ABRIL

- ❒ 1 Jz. 13–15; Lc. 6:27-49
- ❒ 2 Jz. 16–18; Lc. 7:1-30
- ❒ 3 Jz. 19–21; Lc. 7:31-50
- ❒ 4 Rt 1–4; Lc. 8:1-25
- ❒ 5 1 Sm. 1–3; Lc. 8:26-56
- ❒ 6 1 Sm. 4–6; Lc. 9:1-17
- ❒ 7 1 Sm. 7–9; Lc. 9:18-36
- ❒ 8 1 Sm. 10–12; Lc. 9:37-62
- ❒ 9 1 Sm. 13–14; Lc. 10:1-24
- ❒ 10 1 Sm. 15–16; Lc. 10:25-42
- ❒ 11 1 Sm. 17–18; Lc. 11:1-28
- ❒ 12 1 Sm. 19–21; Lc. 11:29-54
- ❒ 13 1 Sm. 22–24; Lc. 12:1-31
- ❒ 14 1 Sm. 25–26; Lc. 12:32–59
- ❒ 15 1 Sm. 27–29; Lc. 13:1-22
- ❒ 16 1 Sm. 30–31; Lc. 13:23-35
- ❒ 17 2 Sm. 1–2; Lc. 14:1-24
- ❒ 18 2 Sm. 3–5; Lc. 14:25-35
- ❒ 19 2 Sm. 6–8; Lc. 15:1-10
- ❒ 20 2 Sm. 9–11; Lc. 15:11-32
- ❒ 21 2 Sm. 12–13; Lc. 16
- ❒ 22 2 Sm. 14–15; Lc. 17:1-19
- ❒ 23 2 Sm. 16–18; Lc. 17:20-37
- ❒ 24 2 Sm. 19–20; Lc. 18:1-23
- ❒ 25 2 Sm. 21–22; Lc. 18:24-43
- ❒ 26 2 Sm. 23–24; Lc. 19:1-27
- ❒ 27 1 Rs. 1–2; Lc. 19:28-48
- ❒ 28 1 Rs. 3–5; Lc. 20:1-26
- ❒ 29 1 Rs. 6–7; Lc. 20:27-47
- ❒ 30 1 Rs. 8–9; Lc. 21:1-19

MAIO

- ❒ 1 1 Rs. 10–11; Lc. 21:20-38
- ❒ 2 1 Rs. 12–13; Lc. 22:1-20
- ❒ 3 1 Rs. 14–15; Lc. 22:21-46
- ❒ 4 1 Rs. 16–18; Lc. 22:47-71

A Bíblia em um ano

- ❒ 5 1 Rs. 19–20; Lc. 23:1-25
- ❒ 6 1 Rs. 21–22; Lc. 23:26-56
- ❒ 7 2 Rs. 1–3; Lc. 24:1-35
- ❒ 8 2 Rs. 4–6; Lc. 24:36-53
- ❒ 9 2 Rs. 7–9; Jo. 1:1-28
- ❒ 10 2 Rs. 10–12; Jo. 1:29-51
- ❒ 11 2 Rs. 13–14; Jo. 2
- ❒ 12 2 Rs. 15–16; Jo. 3:1-18
- ❒ 13 2 Rs. 17–18; Jo. 3:19-36
- ❒ 14 2 Rs. 19–21; Jo. 4:1-30
- ❒ 15 2 Rs. 22–23; Jo. 4:31-54
- ❒ 16 2 Rs. 24–25; Jo. 5:1-24
- ❒ 17 1 Cr. 1–3; Jo. 5:25-47
- ❒ 18 1 Cr. 4–6; Jo. 6:1-21
- ❒ 19 1 Cr. 7–9; Jo. 6:22-44
- ❒ 20 1 Cr. 10–12; Jo. 6:45-71
- ❒ 21 1 Cr. 13–15; Jo. 7:1-27
- ❒ 22 1 Cr. 16–18; Jo. 7:28-53
- ❒ 23 1 Cr. 19–21; Jo. 8:1-27
- ❒ 24 1 Cr. 22–24; Jo. 8:28-59
- ❒ 25 1 Cr. 25–27; Jo. 9:1-23
- ❒ 26 1 Cr. 28–29; Jo. 9:24-41
- ❒ 27 2 Cr. 1–3; Jo. 10:1-23
- ❒ 28 2 Cr. 4–6; Jo. 10:24-42
- ❒ 29 2 Cr. 7–9; Jo. 11:1-29
- ❒ 30 2 Cr. 10–12; Jo. 11:30-57
- ❒ 31 2 Cr. 13–14; Jo. 12:1-26

JUNHO

- ❒ 1 2 Cr. 15–16; Jo. 12:27-50
- ❒ 2 2 Cr. 17–18; Jo. 13:1-20
- ❒ 3 2 Cr. 19–20; Jo. 13:21-38
- ❒ 4 2 Cr. 21–22; Jo. 14
- ❒ 5 2 Cr. 23–24; Jo. 15
- ❒ 6 2 Cr. 25–27; Jo. 16
- ❒ 7 2 Cr. 28–29; Jo. 17
- ❒ 8 2 Cr. 30–31; Jo. 18:1-18
- ❒ 9 2 Cr. 32–33; Jo. 18:19-40
- ❒ 10 2 Cr. 34–36; Jo. 19:1-22
- ❒ 11 Ed 1–2; Jo. 19:23-42
- ❒ 12 Ed 3–5; Jo. 20
- ❒ 13 Ed 6–8; Jo. 21
- ❒ 14 Ed 9–10; At 1
- ❒ 15 Ne. 1–3; At 2:1-21
- ❒ 16 Ne. 4–6; At 2:22-47
- ❒ 17 Ne. 7–9; At 3
- ❒ 18 Ne. 10–11; At 4:1-22
- ❒ 19 Ne. 12–13; At 4:23-37
- ❒ 20 Et. 1–2; At 5:1-21
- ❒ 21 Et. 3–5; At 5:22-42
- ❒ 22 Et. 6–8; At 6
- ❒ 23 Et. 9–10; At 7:1-21
- ❒ 24 Jó 1–2; At 7:22-43
- ❒ 25 Jó 3–4; At 7:44-60
- ❒ 26 Jó 5–7; At 8:1-25
- ❒ 27 Jó 8–10; At 8:26-40
- ❒ 28 Jó 11–13; At 9:1-21
- ❒ 29 Jó 14–16; At 9:22-43
- ❒ 30 Jó 17–19; At 10:1-23

JULHO

- ❒ 1 Jó 20–21; At 10:24-48
- ❒ 2 Jó 22–24; At 11
- ❒ 3 Jó 25–27; At 12
- ❒ 4 Jó 28–29; At 13:1-25
- ❒ 5 Jó 30–31; At 13:26-52
- ❒ 6 Jó 32–33; At 14
- ❒ 7 Jó 34–35; At 15:1-21
- ❒ 8 Jó 36–37; At 15:22-41
- ❒ 9 Jó 38–40; At 16:1-21
- ❒ 10 Jó 41–42; At 16:22-40
- ❒ 11 Sl 1–3; At 17:1-15
- ❒ 12 Sl 4–6; At 17:16-34
- ❒ 13 Sl 7–9; At 18
- ❒ 14 Sl 10–12; At 19:1-20
- ❒ 15 Sl 13–15; At 19:21-41
- ❒ 16 Sl 16–17; At 20:1-16
- ❒ 17 Sl 18–19; At 20:17-38
- ❒ 18 Sl 20–22; At 21:1-17
- ❒ 19 Sl 23–25; At 21:18-40
- ❒ 20 Sl 26–28; At 22
- ❒ 21 Sl 29–30; At 23:1-15
- ❒ 22 Sl 31–32; At 23:16-35
- ❒ 23 Sl 33–34; At 24
- ❒ 24 Sl 35–36; At 25
- ❒ 25 Sl 37–39; At 26
- ❒ 26 Sl 40–42; At 27:1-26
- ❒ 27 Sl 43–45; At 27:27-44
- ❒ 28 Sl 46–48; At 28
- ❒ 29 Sl 49–50; Rm. 1
- ❒ 30 Sl 51–53; Rm. 2
- ❒ 31 Sl 54–56; Rm. 3

AGOSTO

- ❒ 1 Sl 57–59; Rm. 4
- ❒ 2 Sl 60–62; Rm. 5
- ❒ 3 Sl 63–65; Rm. 6
- ❒ 4 Sl 66–67; Rm. 7
- ❒ 5 Sl 68–69; Rm. 8:1-21
- ❒ 6 Sl 70–71; Rm. 8:22-39
- ❒ 7 Sl 72–73; Rm. 9:1-15
- ❒ 8 Sl 74–76; Rm. 9:16-33
- ❒ 9 Sl 77–78; Rm. 10
- ❒ 10 Sl 79–80; Rm. 11:1-18
- ❒ 11 Sl 81–83; Rm. 11:19-36
- ❒ 12 Sl 84–86; Rm. 12
- ❒ 13 Sl 87–88; Rm. 13
- ❒ 14 Sl 89–90; Rm. 14
- ❒ 15 Sl 91–93; Rm. 15:1-13
- ❒ 16 Sl 94–96; Rm. 15:14-33
- ❒ 17 Sl 97–99; Rm. 16
- ❒ 18 Sl 100–102; 1 Co. 1
- ❒ 19 Sl 103–104; 1 Co. 2
- ❒ 20 Sl 105–106; 1 Co. 3
- ❒ 21 Sl 107–109; 1 Co. 4
- ❒ 22 Sl 110–112; 1 Co. 5
- ❒ 23 Sl 113–115; 1 Co. 6
- ❒ 24 Sl 116–118; 1 Co. 7:1-19
- ❒ 25 Sl 119:1-88; 1 Co. 7:20-40
- ❒ 26 Sl 119:89-176; 1 Co. 8
- ❒ 27 Sl 120–122; 1 Co. 9
- ❒ 28 Sl 123–125; 1 Co. 10:1-18
- ❒ 29 Sl 126–128; 1 Co. 10:19-33
- ❒ 30 Sl 129–131; 1 Co. 11:1-16
- ❒ 31 Sl 132–134; 1 Co. 11:17-34

SETEMBRO

- ❒ 1 Sl 135–136; 1 Co. 12
- ❒ 2 Sl 137–139; 1 Co. 13
- ❒ 3 Sl 140–142; 1 Co. 14:1-20
- ❒ 4 Sl 143–145; 1 Co. 14:21-40
- ❒ 5 Sl 146–147; 1 Co. 15:1-28
- ❒ 6 Sl 148–150; 1 Co. 15:29-58
- ❒ 7 Pv. 1–2; 1 Co. 16

A Bíblia em um ano

- ❒ 8 Pv. 3–5; 2 Co. 1
- ❒ 9 Pv. 6–7; 2 Co. 2
- ❒ 10 Pv. 8–9; 2 Co. 3
- ❒ 11 Pv. 10–12; 2 Co. 4
- ❒ 12 Pv. 13–15; 2 Co. 5
- ❒ 13 Pv. 16–18; 2 Co. 6
- ❒ 14 Pv. 19–21; 2 Co. 7
- ❒ 15 Pv. 22–24; 2 Co. 8
- ❒ 16 Pv. 25–26; 2 Co. 9
- ❒ 17 Pv. 27–29; 2 Co. 10
- ❒ 18 Pv. 30–31; 2 Co. 11:1-15
- ❒ 19 Ec. 1–3; 2 Co. 11:16-33
- ❒ 20 Ec. 4–6; 2 Co. 12
- ❒ 21 Ec. 7–9; 2 Co. 13
- ❒ 22 Ec. 10–12; Gl. 1
- ❒ 23 Ct 1–3; Gl. 2
- ❒ 24 Ct 4–5; Gl. 3
- ❒ 25 Ct 6–8; Gl. 4
- ❒ 26 Is. 1–2; Gl. 5
- ❒ 27 Is. 3–4; Gl. 6
- ❒ 28 Is. 5–6; Ef. 1
- ❒ 29 Is. 7–8; Ef. 2
- ❒ 30 Is. 9–10; Ef. 3

OUTUBRO

- ❒ 1 Is. 11–13; Ef. 4
- ❒ 2 Is. 14–16; Ef. 5:1-16
- ❒ 3 Is. 17–19; Ef. 5:17-33
- ❒ 4 Is. 20–22; Ef. 6
- ❒ 5 Is. 23–25; Fp. 1
- ❒ 6 Is. 26–27; Fp. 2
- ❒ 7 Is. 28–29; Fp. 3
- ❒ 8 Is. 30–31; Fp 4
- ❒ 9 Is. 32–33; Cl. 1
- ❒ 10 Is. 34–36; Cl. 2
- ❒ 11 Is. 37–38; Cl. 3
- ❒ 12 Is. 39–40; Cl. 4
- ❒ 13 Is. 41–42; 1 Ts. 1
- ❒ 14 Is. 43–44; 1 Ts. 2
- ❒ 15 Is. 45–46; 1 Ts. 3
- ❒ 16 Is. 47–49; 1 Ts. 4
- ❒ 17 Is. 50–52; 1 Ts. 5
- ❒ 18 Is. 53–55; 2 Ts. 1
- ❒ 19 Is. 56–58; 2 Ts. 2
- ❒ 20 Is. 59–61; 2 Ts. 3
- ❒ 21 Is. 62–64; 1 Tm. 1
- ❒ 22 Is. 65–66; 1 Tm. 2
- ❒ 23 Jr. 1–2; 1 Tm. 3
- ❒ 24 Jr. 3–5; 1 Tm. 4
- ❒ 25 Jr. 6–8; 1 Tm. 5
- ❒ 26 Jr. 9–11; 1 Tm. 6
- ❒ 27 Jr. 12–14; 2 Tm. 1
- ❒ 28 Jr. 15–17; 2 Tm. 2
- ❒ 29 Jr. 18–19; 2 Tm. 3
- ❒ 30 Jr. 20–21; 2 Tm. 4
- ❒ 31 Jr. 22–23; Tt. 1

NOVEMBRO

- ❒ 1 Jr. 24–26; Tt. 2
- ❒ 2 Jr. 27–29; Tt. 3
- ❒ 3 Jr. 30–31; Fm
- ❒ 4 Jr. 32–33; Hb. 1
- ❒ 5 Jr. 34–36; Hb. 2
- ❒ 6 Jr. 37–39; Hb. 3
- ❒ 7 Jr. 40–42; Hb. 4
- ❒ 8 Jr. 43–45; Hb. 5
- ❒ 9 Jr. 46–47; Hb. 6
- ❒ 10 Jr. 48–49; Hb. 7
- ❒ 11 Jr. 50; Hb. 8
- ❒ 12 Jr. 51–52; Hb. 9
- ❒ 13 Lm. 1–2; Hb. 10:1-18
- ❒ 14 Lm. 3–5; Hb. 10:19-39
- ❒ 15 Ez. 1–2; Hb. 11:1-19
- ❒ 16 Ez. 3–4; Hb. 11:20-40
- ❒ 17 Ez. 5–7; Hb. 12
- ❒ 18 Ez. 8–10; Hb. 13
- ❒ 19 Ez. 11–13; Tg. 1
- ❒ 20 Ez. 14–15; Tg. 2
- ❒ 21 Ez. 16–17; Tg. 3
- ❒ 22 Ez. 18–19; Tg. 4
- ❒ 23 Ez. 20–21; Tg. 5
- ❒ 24 Ez. 22–23; 1 Pe. 1
- ❒ 25 Ez. 24–26; 1 Pe. 2
- ❒ 26 Ez. 27–29; 1 Pe. 3
- ❒ 27 Ez. 30–32; 1 Pe. 4
- ❒ 28 Ez. 33–34; 1 Pe. 5
- ❒ 29 Ez. 35–36; 2 Pe. 1
- ❒ 30 Ez. 37–39; 2 Pe. 2

DEZEMBRO

- ❒ 1 Ez. 40–41; 2 Pe. 3
- ❒ 2 Ez. 42–44; 1 Jo. 1
- ❒ 3 Ez. 45–46; 1 Jo. 2
- ❒ 4 Ez. 47–48; 1 Jo. 3
- ❒ 5 Dn. 1–2; 1 Jo. 4
- ❒ 6 Dn. 3–4; 1 Jo. 5
- ❒ 7 Dn. 5–7; 2 Jo
- ❒ 8 Dn. 8–10; 3 Jo
- ❒ 9 Dn. 11–12; Jd
- ❒ 10 Os. 1–4; Ap. 1
- ❒ 11 Os. 5–8; Ap. 2
- ❒ 12 Os. 9–11; Ap. 3
- ❒ 13 Os. 12–14; Ap. 4
- ❒ 14 Jl 1–3; Ap. 5
- ❒ 15 Am 1–3; Ap. 6
- ❒ 16 Am 4–6; Ap. 7
- ❒ 17 Am 7–9; Ap. 8
- ❒ 18 Ob; Ap. 9
- ❒ 19 Jn1–4; Ap. 10
- ❒ 20 Mq. 1–3; Ap. 11
- ❒ 21 Mq. 4–5; Ap. 12
- ❒ 22 Mq. 6–7; Ap. 13
- ❒ 23 Na 1–3; Ap. 14
- ❒ 24 Hc 1–3; Ap. 15
- ❒ 25 Sf 1–3; Ap. 16
- ❒ 26 Ag 1–2; Ap. 17
- ❒ 27 Zc. 1–4; Ap. 18
- ❒ 28 Zc. 5–8; Ap. 19
- ❒ 29 Zc. 9–12; Ap. 20
- ❒ 30 Zc. 13–14; Ap. 21
- ❒ 31 Ml 1–4; Ap. 22

As palavras importam

O Senhor nosso Deus, na Bíblia, Sua Palavra, mostra-nos a Sua vontade e Seus ensinamentos sobre a relação entre as nossas palavras e a sabedoria, entre a ação do Espírito Santo e o Seu fruto na vida do cristão. A sabedoria de Deus e as palavras caminham lado a lado e são a essência da Bíblia. No livro de Gênesis, lemos que o Espírito de Deus pairava sobre as águas, e tudo passou a existir por meio da palavra proferida por Deus. O livro de Provérbios nos ensina a amar a sabedoria; ele está repleto de ditados sobre o nosso ato de falar, também retrata a sabedoria como sendo uma mulher que ensinará qualquer um que aceitar a Sua instrução como viver piedosamente. O evangelho de João nos ensina que Jesus é a *Palavra* de Deus. O termo grego que o apóstolo João usa para "Palavra" é *logos*, que pode se referir não apenas às palavras faladas, mas também ao princípio racional e organizador por trás dessas mesmas palavras: a sabedoria. Nas epístolas do Novo Testamento, vemos que o conselho sobre como conversar com as pessoas frequentemente se associa a uma descrição do tipo de caráter sábio e cheio do Espírito que podemos ter advindos de nossa comunhão com Cristo.

A Palavra de Deus também nos ensina como devemos "domar a língua" e nos desafia a controlar as nossas palavras e ações. Tiago, o servo de Jesus Cristo, faz uma distinção detalhada entre algumas palavras e descreve sobre o louvor e a maldição, a sabedoria terrena e a que vem do alto. Não se engane. Tiago afirma que esses conceitos, a fala e a sabedoria, estão intimamente relacionados e exigem um posicionamento de nossa parte.

> *Às vezes louva nosso Senhor e Pai e, às vezes, amaldiçoa aqueles que Deus criou à sua imagem. E, assim, bênção e maldição saem da mesma boca. Meus irmãos, isso não está certo! Acaso de uma mesma fonte pode jorrar água doce e amarga? Pode a figueira produzir azeitonas ou a videira produzir figos? Da mesma forma, não se pode tirar água doce de uma fonte salgada. Se vocês são sábios e inteligentes, demonstrem isso vivendo honradamente, realizando boas obras com a humildade que vem da sabedoria. Mas, se em seu coração há inveja amarga e ambição egoísta, não encubram a verdade com vanglórias e mentiras. Porque essas coisas não são a espécie de sabedoria que vem do alto; antes, são terrenas, mundanas e demoníacas. Pois onde há inveja e ambição egoísta, também há confusão e males de todo tipo. Mas a sabedoria que vem do alto é, antes de tudo, pura. Também é pacífica, sempre amável e disposta a ceder a outros. É cheia de misericórdia e é o fruto de boas obras. Não mostra favoritismo e é sempre sincera. E aqueles que são pacificadores plantarão sementes de paz e ajuntarão uma colheita de justiça.* TIAGO 3:9-18

Então, qual é a conexão entre o nosso interior e o que expressamos? Uma é a fonte e a outra é o produto. Jesus nos ensinou que "a boca fala do que o coração está cheio" (LUCAS 6:43-45). Sendo assim, nossas palavras indicam o tipo de sabedoria que cultivamos em nosso interior.

Portanto, está ao nosso alcance não praticarmos a fala que desonra a Deus, ou seja, a fala insensata que segue o padrão da sabedoria terrena, mundana e demoníaca. As Escrituras nos ensinam claramente que a fala sábia, que honra a Deus, segue o padrão da sabedoria que vem do alto.

Que as nossas palavras sejam pacificadoras e produzam sementes de paz e assim poderemos colher belos frutos de justiça.

Dos editores do Pão Diário

Extraído e adaptado do livreto da série Descobrindo a Palavra: *As palavras importam — Falando com sabedoria em uma era de indignação,* de Jenny Rae Armstrong © 2025 Ministérios Pão Diário.

Janeiro

1º de Janeiro

Leitura: 2 CORÍNTIOS 5:14-21

Verdades bíblicas:

Aplicação pessoal:

Pedidos de oração:

Respostas de oração:

NOVA IDENTIDADE EM JESUS

Vejam como é grande o amor do Pai por nós... 1 JOÃO 3:1

"Não sou mais quem eu era. Sou uma nova pessoa", disse meu filho a uma plateia de estudantes, e isso descreve a mudança que Deus fez na vida dele. No passado, ele foi viciado em heroína e se via somente como um pecador errante. No entanto, agora ele se vê como filho de Deus.

A Bíblia nos encoraja com esta promessa: "Logo, todo aquele que está em Cristo se tornou nova criação. A velha vida acabou, e uma nova vida teve início!" (2 CORÍNTIOS 5:17). Não importa quem fomos ou o que fizemos no passado, quando cremos em Jesus para nossa salvação e recebemos o perdão oferecido por meio de Sua cruz, tornamo-nos uma nova criatura. Desde o jardim do Éden, a culpa do pecado nos separou de Deus, mas agora Ele "nos trouxe de volta para si por meio de Cristo [...] não levando mais em conta" nossos pecados (vv.18-19). Somos Seus filhos amados (1 JOÃO 3:1-2), lavados e renovados à semelhança de Seu Filho.

Jesus nos liberta do pecado e nos restaura para um novo relacionamento com Deus, no qual somos livres para não mais viver para nós mesmos, mas "para Cristo, que morreu e ressuscitou por [nós]" (2 CORÍNTIOS 5:15). Neste dia de Ano-Novo, lembremo-nos que Seu amor transformador nos compele a viver com nova identidade e propósito, e também a conduzir outros ao nosso Salvador. Isso pode torná-los novas pessoas!

JAMES BANKS

O que significa um novo começo com Deus? Como viver sendo Sua "nova criação".

Aba, Pai, sou grato por enviares
Teu Filho para me salvar.
Envia-me a alguém que também precisa de ti.

O FILHO TAMBÉM SE LEVANTA

O sol nasce, o sol se põe... v.5

O primeiro romance de Ernest Hemingway apresenta amigos que bebem juntos após participarem da Primeira Guerra Mundial. Marcados pela devastação da guerra, eles tentam lidar com a dor por meio de festas, aventuras e boêmia. Sempre há álcool para entorpecer a dor. Ninguém é feliz.

No livro *O sol também se levanta* (Bertrand Brasil, 2014), Hemingway refere-se ao livro de Eclesiastes (1:5). Nele, o rei Salomão chama-se de "o Mestre" (v.1) e observa: "Nada faz sentido" (v.2) e questiona: "O que as pessoas ganham com todo o seu árduo trabalho"? (v.3). Salomão viu como o Sol nasce e se põe, o vento sopra para lá e para cá, os rios correm sem parar para um mar jamais satisfeito (vv.5-7). E, por fim, tudo é esquecido (v.11).

Tanto Hemingway quanto o livro de Eclesiastes confrontam-nos com a futilidade de viver apenas para esta vida. No entanto, o rei entrelaça brilhantes conselhos divinos em seu livro. No Senhor *há* esperança contínua e verdadeira, vemos como realmente somos e também como Deus é. Salomão afirmou: "tudo que Deus faz é definitivo"(3:14), e nisso reside nossa grande esperança, pois Deus nos concedeu a dádiva de Seu Filho, Jesus.

Longe de Deus, estamos à deriva num mar infinito e sempre insatisfeito. Por meio de Jesus, o Seu Filho ressuscitado, reconciliamo-nos com Deus e descobrimos o nosso significado, valor e propósito.

TIM GUSTAFSON

O que mais ocupa seu tempo? Como mudar suas prioridades para seguir Jesus?

2 de janeiro

Leitura: ECLESIASTES 1:1-11

Verdades bíblicas:

Aplicação pessoal:

Pedidos de oração:

Respostas de oração:

Pai amoroso, ajuda-me a encontrar satisfação em ti.

3 de janeiro

Leitura: SALMO 33:6-9, 12-22

Verdades bíblicas:

Aplicação pessoal:

Pedidos de oração:

Respostas de oração:

IDENTIFICANDO PONTOS DE ESPERANÇA

Que o teu amor nos cerque, SENHOR, pois só em ti temos esperança. v.22

A oceanógrafa Sylvia Earle viu a deterioração dos recifes de coral e fundou a "Missão Azul", uma organização dedicada a desenvolver "pontos de esperança" globais. Esses lugares especiais ao redor do mundo são "críticos para a saúde do oceano", pois afetam nossa vida na Terra. Por meio do cuidado intencional dessas áreas, os cientistas viram as comunidades subaquáticas dos corais restauradas e vidas de espécies ameaçadas, preservadas.

O salmista reconhece que Deus trouxe tudo à existência e garantiu que tudo o que Ele fez permanecesse (SALMO 33:6-9). À medida que Deus reina sobre gerações e nações (vv.11-19), Ele restaura relacionamentos, salva vidas e reacende a esperança. Todavia, Deus também nos convida a nos unirmos a Ele no cuidado do mundo e das pessoas que Ele criou.

Cada vez que louvamos a Deus ao vermos um arco-íris num céu nublado e cinzento ou pelas ondas brilhantes do oceano quebrando contra a costa rochosa, podemos proclamar o Seu amor e presença inabalável ao colocarmos a nossa esperança no Senhor (v.22).

Quando somos impelidos ao desânimo ou ao medo ao olharmos o estado atual do mundo, talvez pensemos que não possamos fazer a diferença. Quando fazemos a nossa parte como mordomos da criação de Deus, podemos honrá-lo como Criador e ajudar outros a encontrar esperança ao depositarem sua confiança em Jesus.

XOCHITL DIXON

Amado Criador e Provedor, ajuda-me a ter esperança e a servir-te fielmente, cuidando da Tua criação.

LEALDADE SILENCIOSA EM CRISTO

tenham como objetivo uma vida tranquila, ocupando-se com seus próprios assuntos... v.11

Não o notei a princípio. Desci para o desjejum no hotel, tudo estava limpo e a mesa do bufê repleta. A geladeira e o balcão de louças estavam bem abastecidos. Tudo perfeito.

Então eu o vi. Um homem humilde limpava uma mesa, organizava outra. Não chamou atenção para si mesmo, mas quanto mais eu o olhava, mais me surpreendia. Ele trabalhava com agilidade, observando tudo e repondo antes que alguém precisasse de algo. Como veterano neste serviço, notei sua atenção constante aos detalhes. Tudo estava perfeito porque ele trabalhava com afinco, mesmo que poucos o notassem.

Observando esse homem trabalhar meticulosamente, lembrei-me das palavras de Paulo aos tessalonicenses: "Tenham como objetivo uma vida tranquila, ocupando-se com seus próprios assuntos e trabalhando com suas próprias mãos [...] Assim, os que são de fora respeitarão seu modo de viver" (1 TESSALONICENSES 4:11-12). Paulo entendia como um trabalhador leal poderia ganhar o respeito dos outros ao oferecer um silencioso testemunho de como o evangelho pode infundir dignidade e propósito, até mesmo em serviços aparentemente pequenos.

Não sei se o homem que vi naquele dia era cristão. Mas sou grato por seu silencioso empenho que me lembrou de confiar em Deus para praticar a lealdade discreta e refletir a fidelidade do Senhor.

ADAM R. HOLZ

4 de janeiro

Leitura: 1 TESSALONICENSES 4:1-2, 9-12

Verdades bíblicas:

Aplicação pessoal:

Pedidos de oração:

Respostas de oração:

Pai, lembra-me de que não há serviços pequenos em Teu reino, quero servir-te fielmente todos os dias.

5 de janeiro

Leitura: DEUTERONÔMIO 30:15-20

Verdades bíblicas:

Aplicação pessoal:

Pedidos de oração:

Respostas de oração:

DEUS NA ENCRUZILHADA

Parem nas encruzilhadas e olhem [...] perguntem qual é [...] o bom caminho; andem por ele... JEREMIAS 6:16

Após dias doente e com muita febre, meu marido foi hospitalizado. Um dia tornou-se em vários. Ele melhorou, mas não o suficiente para ser liberado. Enfrentei a difícil escolha entre ficar com ele ou cumprir uma importante viagem de trabalho, que envolvia outras pessoas e outros projetos. Meu marido me garantiu que ficaria bem, mas o meu coração dividiu-se entre trabalho e família.

O povo de Deus precisou de Sua ajuda na encruzilhada das decisões da vida. Com frequência, eles não seguiam as instruções do Senhor. Assim, Moisés implorou ao povo que escolhessem "a vida" seguindo os mandamentos de Deus (DEUTERONÔMIO 30:19). Mais tarde, o profeta Jeremias orientou o povo rebelde e os persuadiu a optar pelo direcionamento de Deus: "Parem nas encruzilhadas [...] perguntem qual é o caminho antigo, o bom caminho; andem por ele" (JEREMIAS 6:16). Os antigos caminhos das Escrituras e a provisão de Deus no passado podem nos orientar.

Imaginei-me numa encruzilhada e apliquei o modelo de sabedoria de Jeremias. Meu marido e meu trabalho precisavam de mim. Quando o meu supervisor ligou e me incentivou a ficar em casa, respirei fundo e agradeci a Deus por Sua provisão naquela difícil decisão. Às vezes, a direção de Deus não é tão clara, mas ela sempre vem. Quando estivermos numa encruzilhada, certifiquemo-nos de buscá-lo.

ELISA MORGAN

Querido Deus, quando estou em dúvida numa encruzilhada, ajuda-me a procurar a Tua provisão.

O SIGNIFICADO DA MIRRA

Então abriram seus tesouros e o presentearam com ouro, incenso e mirra. v.11

Hoje é o dia da Epifania do Senhor e o celebramos com a canção "Três reis magos do Oriente a sós" (HL 564), lembrando a sua visita ao menino Jesus. No entanto, eles não eram reis e nem do Extremo Oriente (antes, só Oriente). Também é improvável que fossem apenas três.

No entanto, sabemos que foram três presentes, e a música cita cada um deles. Quando os magos chegaram a Belém, "abriram seus tesouros e o presentearam com ouro, incenso e mirra" (MATEUS 2:11). Os presentes simbolizam a missão de Jesus. O ouro representa Seu papel como Rei. O incenso, misturado ao incenso queimado no santuário, fala da Sua divindade. A mirra, usada para embalsamar cadáveres, faz-nos refletir.

Os versos da canção demonstram que "a mirra de agreste odor pertence a Jesus; o brilho da estrela nos conduz. Tristeza, suspiros, sangue e morte estão selados na fria pedra do túmulo" (tradução livre). Nós não escreveríamos tal cena na história, mas Deus a escreveu. A morte de Jesus foi fundamental para nossa salvação. Até mesmo Herodes tentou matar Jesus quando Ele ainda era criança (v.13).

O penúltimo verso da canção une os três temas: "Rei glorioso, bendito Deus / Sacrifício aos pecados meus". Tais palavras completam a história do Natal, inspirando a nossa resposta: "Aleluia, aleluia! / Soa na terra e céus".

TIM GUSTAFSON

O que lhe vem à mente ao ponderar sobre Jesus verdadeiramente ter nascido para morrer por você?

6 de janeiro

Leitura: MATEUS 2:9-13

Verdades bíblicas:

Aplicação pessoal:

Pedidos de oração:

Respostas de oração:

Espírito, ajuda-me a viver com gratidão por Teu Filho ter entregue a vida dele por mim.

7 de janeiro

Leitura: SALMO 80:1,7-14,19

Verdades bíblicas:

Aplicação pessoal:

Pedidos de oração:

Respostas de oração:

PRONTO PARA A RESTAURAÇÃO DIVINA

Restaura-nos, ó Deus [...]!
Que a luz do teu rosto brilhe sobre nós;
só então seremos salvos. v.7

Meu amigo enviou-me fotos impressionantes! Mostravam um presente-surpresa para a esposa, um Ford Mustang 1965 restaurado: brilhante, exterior azul-escuro; aros cromados; interior preto estofado; e um motor para combinar com as outras atualizações. Havia também fotos do "antes" do mesmo veículo: amarelo opaco, gasto e inexpressivo. E mesmo sendo difícil imaginar, é provável que, quando o veículo original saiu da linha de montagem, chamou a atenção. O tempo, o desgaste e outros fatores tornaram-no apto para ser restaurado.

Pronto para ser restaurado! Tal era a condição do povo de Deus no Salmo 80 com a frequente repetição: "Restaura-nos, ó Deus [...]! Que a luz do teu rosto brilhe sobre nós; só então seremos salvos" (vv.3,7,19). Embora a história deles incluísse o resgate do Egito e mudança para uma terra de fartura (vv.8-11), os bons tempos vieram e se foram. Por causa da rebelião, experimentavam o julgamento divino (vv.12-13). Assim, imploraram: "Ó Deus dos Exércitos, suplicamos que voltes! Olha dos céus e vê a nossa aflição" (v.14).

Você já se sentiu aborrecido, distante ou desconectado de Deus? A sua alma sente falta de alegria? Será que você precisa alinhar-se com Jesus e Seus propósitos? Deus ouve nossas orações por restauração (v.1). O que o impede de orar?

ARTHUR JACKSON

Você já testemunhou a obra restauradora de Deus?

Pai, anseio por Tua ajuda para que eu reconheça a minha necessidade por Tua restauração.

ELE ESCOLHEU NOS SALVAR

8 de janeiro

Mas Deus nos prova seu grande amor ao enviar Cristo para morrer por nós quando ainda éramos pecadores. v.8

Leitura: ROMANOS 5:6-8

Era noite e Nicolas viu uma casa em chamas, estacionou, entrou correndo nela e resgatou 4 crianças. A babá contou-lhe que uma das crianças ainda estava no interior da casa. Sem hesitar, o jovem enfrentou as chamas e ficou sem saída no segundo andar com uma menina de 6 anos. Quando as equipes de socorro chegaram ao local, ele quebrou uma janela e saltou na hora certa para um local seguro com a garota nos braços. Ao escolher preocupar-se com os outros além de si mesmo, resgatou todas as crianças.

O rapaz demonstrou heroísmo ao estar disposto a sacrificar sua segurança pelos outros. Esse poderoso ato de amor reflete o tipo de amor sacrificial demonstrado por outro salvador, Jesus, que deu a vida para nos livrar do pecado e da morte. "Quando estávamos completamente desamparados, Cristo veio na hora certa e morreu por nós, pecadores" (ROMANOS 5:6). Paulo enfatizou que Jesus, Deus encarnado em homem, *escolheu* entregar Sua vida pagando o preço de nossos pecados: um preço que não conseguiríamos pagar sozinhos. "Mas Deus nos prova seu grande amor ao enviar Cristo para morrer por nós quando ainda éramos pecadores" (v.8).

Ao agradecermos e confiarmos em Jesus, nosso Salvador, Ele nos capacita a amar profundamente os outros com nossas palavras e ações. *XOCHITL DIXON*

O que lhe vem à mente ao ponderar sobre o sacrifício de Jesus por você? Você coloca as necessidades dos outros antes das suas?

Verdades bíblicas:

Aplicação pessoal:

Pedidos de oração:

Respostas de oração:

Querido Jesus, ajuda-me a confiar em Tua provisão ao colocar os outros em primeiro lugar.

9 de janeiro

Leitura: JEREMIAS 31:1-6

Verdades bíblicas:

Aplicação pessoal:

Pedidos de oração:

Respostas de oração:

AMOR ALÉM DA CONTA

Eu amei você com amor eterno,
com amor leal a atraí para mim. v.3

"Como eu te amo? Vou contar as formas". Essas palavras, presentes nos "Sonetos da Portuguesa" de Elizabeth Barrett Browning, estão entre as poesias mais conhecidas da língua inglesa. Ela os escreveu para Robert Browning antes de se casarem, e ele ficou tão comovido que a encorajou a publicar toda a sua coleção de poemas. Mas como a linguagem dos sonetos era muito terna, por um desejo de privacidade pessoal, Barrett os publicou como se fossem traduções de um escritor português.

Às vezes podemos nos sentir estranhos ao expressar abertamente afeição aos outros. No entanto, a Bíblia não hesita em apresentar o amor de Deus. Jeremias relatou a afeição de Deus por Seu povo com estas doces palavras: "Eu amei você com amor eterno, com amor leal a atraí" (JEREMIAS 31:3). Embora o povo tivesse se afastado do Senhor, Deus pessoalmente prometeu restaurá-los e aproximá-los de si, dizendo: "darei descanso ao povo de Israel" (v.2).

Jesus é a suprema expressão do amor restaurador de Deus, concedendo paz e descanso a todos que se voltam a Ele. Da manjedoura à cruz e ao túmulo vazio, Ele é a personificação do desejo divino de chamar um mundo rebelde para si. Leia a Bíblia de capa a capa e você "contará as formas" do amor de Deus continuamente; mas por mais eterno que seja esse amor, você nunca chegará ao fim dele.

JAMES BANKS

De que maneiras Deus o amou?
Como você pode retribuir Seu amor hoje?

Jesus, sou grato por me amares
tão plena e pessoalmente! Ajuda-me a amar-te hoje.

CHAMADO À ORAÇÃO

Quando ouvi isso, sentei-me e chorei. Durante alguns dias, lamentei, jejuei e orei ao Deus dos céus. v.4

Abraham Lincoln disse a um amigo: "Ajoelhei-me muitas vezes, convencido de que não havia para onde ir". Nos anos da Guerra Civil Americana, ele passou muito tempo orando e convocou seu país para juntar-se a ele. Lincoln proclamou "um dia de humilhação, oração e jejum" em 1861 e novamente em 1863: "É dever das nações, bem como dos homens, reconhecer sua dependência do poder soberano de Deus: confessar seus pecados e transgressões em humilde tristeza, mas com a segura esperança de que o arrependimento genuíno conduzirá à misericórdia e ao perdão".

Tendo os israelitas sido cativos na Babilônia por 70 anos, o rei Ciro decretou que quem quisesse voltar a Jerusalém poderia retornar. Quando Neemias, também israelita (NEEMIAS 1:6) e copeiro do rei da Babilônia (v.11) soube que aqueles que haviam retornado estavam angustiados e envergonhados (v.3), ele sentou-se e chorou. Neemias passou dias lamentando, jejuando e orando (v.4), lutando em oração por sua nação (vv.5-11). E mais tarde, também chamou seu povo para jejuar e orar (9:1-37).

Séculos depois, nos dias do Império Romano, Paulo também exortou seus leitores a orar por aqueles que estão em posição de autoridade (1 TIMÓTEO 2:1-2). Nosso Deus ainda ouve as nossas orações sobre assuntos que afetam a vida de outras pessoas. *ALYSON KIEDA*

Por que Deus convoca o Seu povo para orar por todos? Por quem, além do seu próprio círculo, você pode orar?

10 de janeiro

Leitura: NEEMIAS 1:4-11

Verdades bíblicas:

Aplicação pessoal:

Pedidos de oração:

Respostas de oração:

Querido Pai, passamos por dificuldades
Por favor, ajuda-nos e cura-nos.

11 de janeiro

Leitura: JOÃO 21:17-24

Verdades bíblicas:

Aplicação pessoal:

Pedidos de oração:

Respostas de oração:

UM SIMPLES PEDIDO

Se eu quiser que ele permaneça vivo até eu voltar, o que lhe importa? Quanto a você, siga-me. v.22

"Por favor, limpe a sala de estar antes de ir dormir", disse a uma de minhas filhas. A resposta foi imediata: "Por que *ela* não faz isso?". Quando nossas filhas eram menores, essa resistência era frequente em nossa casa. Minha resposta era a mesma: "Não se preocupe com suas irmãs. Eu pedi a você".

Vemos essa tendência humana presente nos discípulos (JOÃO 21). Jesus havia restaurado Pedro após ele o negar três vezes (JOÃO 18:15-18,25-27). Em seguida, Jesus lhe disse: "Siga-me!" (21:19), uma ordem simples, mas dolorosa, uma vez que Pedro o seguiria até a morte (vv.18-19).

Pedro mal havia compreendido as palavras de Jesus e perguntou-lhe sobre outro discípulo: "Senhor, e quanto a ele?" (v.21). Jesus respondeu: "Se eu quiser que ele permaneça vivo até eu voltar, o que lhe importa? Quanto a você, siga-me" (v.22).

Quantas vezes somos iguais a Pedro! Perguntamo-nos sobre os outros e não sobre o que Deus faz conosco. Mais tarde, quando a morte anunciada por Jesus em João 21 estava próxima, Pedro escreveu este mandamento de Cristo: "Sejam filhos obedientes. Não voltem ao seu antigo modo de viver [...] sejam santos em tudo que fizerem, como é santo aquele que os chamou" (1 PEDRO 1:14-15). Isso é o suficiente para manter cada um de nós com os olhos fixados em Jesus e não nas pessoas ao nosso redor.

MATT LUCAS

Você se sente tentado a comparar sua caminhada de fé com a dos outros? Como priorizar Jesus, hoje?

Pai celestial, por favor, continua a moldar-me à imagem de Teu Filho.

OBREIRO DE DEUS

O Senhor estava com ele e lhe dava sucesso em tudo que ele fazia. v.23

Em um campo de refugiados no Oriente Médio, Reza ganhou uma Bíblia e lendo-a, conheceu e creu em Jesus. Sua primeira oração em nome de Cristo foi: "Usa-me como Teu obreiro". Mais tarde, após deixar esse local, Deus respondeu a oração dele e Reza conseguiu emprego numa agência humanitária, voltando ao acampamento para servir as pessoas que conhecia e amava. Iniciou clubes esportivos, aulas de idiomas e assessoria jurídica: "qualquer coisa que pudesse trazer esperança". Reza vê esses programas como oportunidades de servir aos outros e compartilhar a sabedoria e o amor de Deus.

Ao ler sua Bíblia, Reza sentiu-se ligado à história de José em Gênesis. Ele percebeu como Deus usou José para promover Sua obra enquanto ele estava na prisão. Por estar com José, Deus mostrou-lhe bondade e concedeu-lhe favor. O carcereiro colocou José no comando, delegou suas responsabilidades ao jovem e não mais se preocupou, porque Deus abençoava José "em tudo que ele fazia" (GÊNESIS 39:23).

Deus promete estar conosco também. Quer estejamos enfrentando uma prisão literal ou simbólica, dificuldades, distância, mágoa ou tristeza, podemos confiar que o Senhor nunca nos deixará. Assim como capacitou Reza para servir os que estavam no acampamento e José para administrar a prisão, Deus sempre estará perto de nós.

AMY BOUCHER PYE

Você já experimentou a ação redentora de Deus? Como a história de José o ajuda a confiar mais no Senhor?

12 de janeiro

Leitura: GÊNESIS 39:19-23

Verdades bíblicas:

Aplicação pessoal:

Pedidos de oração:

Respostas de oração:

Deus Salvador, que não me abandona, concede-me esperança e olhos para ver Tua atuação em minha vida.

13 de janeiro

Leitura: HEBREUS 12:1-3

Verdades bíblicas:

Aplicação pessoal:

Pedidos de oração:

Respostas de oração:

PERSEVERAR EM JESUS

Pensem em toda a hostilidade que ele suportou [...], vocês não ficarão cansados nem desanimados. v.3

Quando estudei no seminário, havia um culto semanal na capela. Certo dia, enquanto nós, alunos, cantávamos "Grande é o Senhor", vi três professores cantando fervorosamente. Seus rostos irradiavam a alegria possível apenas pela fé em Deus. Anos mais tarde, quando eles sofreram por doenças terminais, foi a fé que os capacitou a suportar a situação e encorajar outros.

Hoje, a memória deles cantando encoraja-me a perseverar nas minhas provações. Estas são histórias inspiradoras de pessoas que viveram pela fé. Meus professores servem de lembrete de como podemos seguir o chamado de Hebreus 12:2-3, lembrando-nos de fixar nossos olhos em Jesus que: "Por causa da alegria que o esperava, [...] suportou a cruz" (v.2).

Quando as provações de perseguição ou desafios da vida tornarem difícil continuar, temos o exemplo dos que aceitaram a Palavra de Deus e confiaram em Suas promessas. Podemos correr "com perseverança a corrida que foi posta diante de nós" (v.1), lembrando que Jesus e aqueles que partiram antes de nós perseveraram. O escritor nos exorta a pensarmos no que Jesus suportou e, desse modo, não ficaremos "cansados nem desanimados" (v.3).

Meus professores, agora felizes no Céu, provavelmente diriam: "Ter fé em Jesus vale a pena. Siga em frente". KAREN HUANG

Quem o inspirou a prosseguir na sua jornada de fé? Como o exemplo dos outros o encoraja a perseverar nas provações e dificuldades?

Jesus, ajuda-me a manter os meus olhos em ti. Agradeço-te pelos exemplos dos que vieram antes de mim.

ABSORVENDO O MAL

14 de janeiro

... foram as nossas enfermidades que ele tomou sobre si, e foram as nossas doenças que pesaram sobre ele. v.4

Leitura: ISAÍAS 53:1-6

Em 2011, um desastre nuclear na usina Fukushima Daiichi, Japão, liberou muitas toxinas e forçou a retirada de mais de 150.000 moradores. Um deles disse: "Foi como se uma neve invisível tivesse caído e continuasse cobrindo a área". A alta radiação contaminou plantações, alimentos e áreas críticas a quilômetros de distância. Para combater os venenos, os moradores plantaram girassóis, uma flor conhecida por absorver radiação. Semearam mais de duzentas mil sementes e milhões de girassóis agora florescem na área.

Criado por Deus com essa capacidade, o girassol cura o solo de modo parecido, em menor medida, ao próprio ato amoroso de Jesus destinado a curar o mundo inteiro. Cristo tomou sobre si as nossas enfermidades e "foram as nossas doenças que pesaram sobre ele" (ISAÍAS 53:4).

Ele carregou sobre si mesmo o mal, a violência e as toxicidades do mundo, todas as formas pelas quais nós nos destruímos. Ele tomou sobre si todos os nossos erros. Na cruz, Jesus "foi ferido" não por Seus erros, mas por causa "de nossos pecados" (v.5). E por Ele morrer por nossos pecados, podemos ser restaurados. É por suas feridas que somos "curados" (v.5).

Cristo não limitou o Seu perdão, mas fez cair sobre si todo o nosso mal. Assim, Ele nos cura espiritualmente. WINN COLLIER

Que males em você Jesus perdoou? O fato de, na cruz, Ele ter absorvido todo o mal altera o seu entendimento do perdão divino?

Verdades bíblicas:

Aplicação pessoal:

Pedidos de oração:

Respostas de oração:

Querido Deus, que me defendes, proteges e habitas em mim, ensina-me a ajudar o próximo.

15 de janeiro

Leitura: MARCOS 10:35-45

Verdades bíblicas:

Aplicação pessoal:

Pedidos de oração:

Respostas de oração:

SIRVA AOS OUTROS POR JESUS

Quem quiser ser o líder entre vocês, que seja servo... v.43

A atriz Nichelle Nichols é lembrada por interpretar a tenente Uhura na série *Star Trek*. Conseguir o papel foi uma vitória pessoal, pois foi uma das primeiras mulheres afro-americanas num grande programa de TV. Mas uma vitória ainda maior estava por vir. Nichols pediu demissão de *Star Trek* após a 1ª temporada, para voltar ao teatro.

Entretanto, ao conhecer Martin Luther King Jr., ele a incentivou a não sair: "Pela primeira vez, os afro-americanos viam-se na TV como pessoas inteligentes que podiam fazer de tudo, até ir ao espaço", ele disse. Ao interpretar Uhura, Nichelle alcançava uma vitória maior: inspirar mulheres e crianças negras sobre o que elas poderiam vir a ser.

Penso em Tiago e João, pedindo a Jesus os melhores cargos em Seu reino (MARCOS 10:37). Que vitória pessoal seria conseguir esses cargos! Jesus não somente lhes explicou a realidade daquele pedido (vv.38-40), mas os chamou para objetivos maiores, dizendo: "Quem quiser ser o líder entre vocês, que seja servo" (v.43). Seus seguidores não deveriam buscar vitórias pessoais, mas, como Ele, usar sua posição para servir aos outros (v.45).

Nichelle continuou em *Star Trek* pela vitória que proporcionou aos afro-americanos. Que nós também nunca nos contentemos apenas com uma vitória pessoal, mas que possamos sempre servir aos outros em nome de Jesus. SHERIDAN VOYSEY

Quais são os seus objetivos? Que portas você pode abrir para os outros agora?

Querido Jesus, mostra-me como usar minhas habilidades para servir aos outros em Teu nome.

APRENDA COM OS ERROS

Essas coisas que aconteceram [...] servem como exemplo. Foram escritas como advertência para nós... v.11

Para evitar erros financeiros, como em 1929 e 2008, que derrubaram a economia mundial, fundou-se a *Biblioteca de erros*. É uma coleção de mais de 2 mil livros que auxiliarão na educação da próxima geração. Segundo os seus curadores, ela é exemplo perfeito de como "pessoas inteligentes continuam a fazer coisas estúpidas"; para eles, a única forma de construir uma economia forte é aprender com os erros do passado.

Paulo lembrou aos coríntios que, para evitar ceder à tentação e ter uma forte vida espiritual, é necessário aprender com os erros do povo de Deus no passado. Portanto, para certificar-se de que eles não ficariam confiantes demais com seu privilégio espiritual, o apóstolo usou falhas do passado de Israel como exemplo, para que obtivessem sabedoria a partir delas. Os israelitas envolveram-se em idolatria, escolheram cometer imoralidade sexual, reclamaram dos planos e propósitos de Deus e rebelaram-se contra Seus líderes. Devido ao pecado, experimentaram a disciplina divina (1 CORÍNTIOS 10:7-10). Paulo apresentou esses exemplos nas Escrituras para ajudar os cristãos a evitar repetir os mesmos erros de Israel (v.11).

À medida que Deus nos ajuda, aprendamos com nossos erros e também com os dos outros, para que possamos ter um coração obediente a Deus. MARVIN WILLIAMS

Que advertência devemos lembrar quando somos tentados a pecar? Como podemos aprender com os erros passados?

16 de janeiro

Leitura: 1 CORÍNTIOS 10:1-11

Verdades bíblicas:

Aplicação pessoal:

Pedidos de oração:

Respostas de oração:

Querido Deus, ajuda-me a aprender com as falhas para que eu seja mais obediente a ti.

17 de janeiro

Leitura: JOSUÉ 24:14-18

Verdades bíblicas:

Aplicação pessoal:

Pedidos de oração:

Respostas de oração:

ESCOLHAM SEGUIR A DEUS

...escolham hoje a quem servirão. [...] Quanto a mim, eu e minha família serviremos ao SENHOR. v.15

Um renomado jornal britânico publicou que "uma pessoa vai tomar em média 773.618 decisões ao longo da vida", e foi mais além, afirmando que "nos arrependeremos de 143.262 delas". Não faço ideia de como os pesquisadores chegaram a esses números, mas é evidente que enfrentamos incontáveis decisões ao longo da nossa vida. Essa quantidade de decisões pode nos parecer paralisante, especialmente quando consideramos que todas as nossas escolhas geram consequências, algumas muito mais importantes do que outras.

Depois de 40 anos vagando pelo deserto, os filhos de Israel estavam na fronteira de sua nova pátria. Mais tarde, depois de entrar na terra, Josué, seu líder, deu a eles uma escolha desafiadora: "temam o SENHOR e sirvam-no de todo o coração". E, ainda: "Lancem fora os ídolos que seus antepassados serviam" (JOSUÉ 24:14). Josué também lhes disse "se vocês se recusarem a servir ao SENHOR, escolham hoje a quem servirão. [...]. Quanto a mim, eu e minha família serviremos ao SENHOR" (v.15).

Ao começarmos um novo dia as possibilidades se estendem diante de nós, levando a dezenas de decisões. Reservar um tempo para pedir a Deus que nos guie certamente influenciará as escolhas que faremos. Pelo poder do Espírito, podemos escolher segui-lo em todos os nossos dias.

BILL CROWDER

Que escolhas você se arrependeu de ter feito? Como você poderia ter lidado com essas situações com mais sabedoria?

Pai, guia meus passos e minhas decisões para que eu te honre em minhas escolhas.

LAVAR OS PÉS E A LOUÇA

Eu lhes dei um exemplo a ser seguido. Façam como eu fiz a vocês. v.15

Carlos, Jane e o filho João tomaram café-da-manhã num restaurante no 50º aniversário de casamento. Naquele dia, o restaurante estava com falta de pessoal: apenas um gerente, a cozinheira e uma jovem sendo recepcionista, garçonete e atendente. Ao terminarem, Carlos virou-se para a esposa e o filho e disse: "Vocês têm algum compromisso para as próximas horas?". Não tinham.

Com a permissão do gerente, o casal lavou a louça do restaurante enquanto João limpava as mesas sujas. De acordo com o rapaz, o que aconteceu naquele local não era incomum. Seus pais sempre tiveram Jesus como exemplo e Ele "[não] veio para ser servido, mas para servir" (MARCOS 10:45).

Ao lermos sobre a última refeição de Cristo com Seus discípulos, percebemos que, naquela noite, o Mestre lhes ensinou o princípio de servir humildemente, lavando os pés sujos deles (JOÃO 13:14-15). Se Jesus estava disposto a fazer o humilde trabalho de lavar os pés de 12 homens, eles deveriam também servir aos outros com alegria.

Cada serviço em que trabalhamos pode ser diferente, mas algo não muda: a grande alegria em servir. O propósito por trás dos atos de serviço não é louvar aqueles que os executam, mas servir aos outros com amor, ao mesmo tempo em que se dirige todo o louvor ao nosso humilde e abnegado Deus.

CINDY HESS KASPER

Alguém já o ajudou em uma tarefa difícil? Por que a humildade é tão importante ao servirmos ao próximo?

18 de janeiro

Leitura: JOÃO 13:6-17

Verdades bíblicas:

Aplicação pessoal:

Pedidos de oração:

Respostas de oração:

Amado Salvador, sou grato por me mostrares como ser Teu servo.

19 de janeiro

Leitura: MATEUS 7:13-23

Verdades bíblicas:

Aplicação pessoal:

Pedidos de oração:

Respostas de oração:

O AMOR PROTETOR DE DEUS

Tomem cuidado com falsos profetas que vêm disfarçados de ovelhas, mas [...] são lobos esfomeados. v.15

Numa noite de verão, os pássaros perto de casa grasnaram de repente. O barulho intensificou-se conforme eles soltavam a voz entre as árvores. Finalmente entendemos o porquê. O sol se pôs, e vimos um grande falcão mergulhar do topo de uma árvore, fazendo os pássaros se dispersarem assustados, soando o alarme ao fugirem do perigo.

Por toda a Bíblia lemos advertências espirituais (contra os falsos ensinos, por exemplo). Podemos duvidar do que ouvimos, mas, por causa de Seu amor por nós, nosso Pai celestial nos esclarece por meio das Escrituras, tornando esses perigos espirituais visíveis a nós.

Jesus ensinou: "Tomem cuidado com falsos profetas [...] disfarçados de ovelhas, mas que [...] são lobos esfomeados" (MATEUS 7:15). Ele continuou: "Vocês os identificarão por seus frutos. [...] a árvore boa produz frutos bons, e a árvore ruim produz frutos ruins". Ele nos advertiu: "é possível identificar a pessoa por seus frutos" (vv.16-17,20).

Lemos em Provérbios 22:3 que "O prudente antevê o perigo e toma precauções; o ingênuo avança às cegas e sofre as consequências". Temos nessas advertências a revelação do amor protetor de Deus, por meio de Sua Palavra.

Como os pássaros alertaram uns aos outros sobre o perigo físico, podemos dar ouvidos aos avisos da Bíblia e fugir do perigo espiritual, refugiando-nos em Deus.

PATRICIA RAYBON

Deus, as Tuas Escrituras advertem-nos com amor, que possamos prestar atenção às Tuas palavras hoje.

CLAMANDO A DEUS

Volta-te para mim e tem misericórdia, pois estou sozinho e aflito. v.16

No livro ***Adoção*** (Ed. Monergismo, 2018), Dr. Russell Moore descreve a sua viagem a um orfanato para adotar uma criança. Ao entrarem no berçário, o silêncio era assustador. Os bebês nos berços nunca choravam, não por jamais precisarem de algo, mas por terem aprendido que ninguém se importava o suficiente para responder.

Meu coração doeu ao ler isso. Lembro-me de várias noites quando meus filhos eram pequenos. Minha esposa e eu dormíamos e acordávamos assustados com seus gritos. "Papai, estou doente!" "Mamãe, estou com medo!" um de nós entrava em ação e ia até o quarto deles para fazer todo o possível para confortá-los e cuidar deles. Nosso amor por nossos filhos deu-lhes motivos para pedirem nossa ajuda.

Um número esmagador de salmos são clamores ou lamentos a Deus. O povo de Israel trouxe seus lamentos ao Senhor com base no relacionamento pessoal de Deus com eles. Este era o povo que Deus havia chamado de "meu filho mais velho" (ÊXODO 4:22) e eles estavam pedindo ao Pai que agisse. Esta sincera confiança é vista no Salmo 25: "Volta-te para mim e tem misericórdia, [...] livra-me de toda a minha angústia!" (vv.16–17). As crianças que confiam no amor de um cuidador choram. Como cristãos, filhos de Deus, Ele nos deu motivos para invocá-lo. Ele ouve e se importa por causa de Seu grande amor.

JOHN BLASE

Você se sente confortável ao clamar a Deus? Quais os motivos para clamar a Ele hoje?

20 de janeiro

Leitura: SALMO 25:16-22

Verdades bíblicas:

Aplicação pessoal:

Pedidos de oração:

Respostas de oração:

Eterno Pai, sou grato por ouvires o meu clamor e por Tua fidelidade.

21 de janeiro

Leitura: 1 JOÃO 4:9-19

Verdades bíblicas:

Aplicação pessoal:

Pedidos de oração:

Respostas de oração:

POUCO A POUCO, GOTA A GOTA

Nós amamos [a Deus] porque ele nos amou primeiro. v.19

"Em tudo procuramos maneiras agradáveis de servir a Deus", escreveu Teresa de Ávila no século 16. Ela refletiu profundamente sobre como buscamos manter controle, por meio de métodos mais fáceis e "agradáveis" do que a entrega total a Deus. Nossa tendência de crescimento é lenta e hesitante, e relutamos em confiar nele com todas as forças. Portanto, Teresa confessa: "mesmo quando comparamos nossa vida à Sua, um pouco de cada vez, devemos nos contentar em receber Suas dádivas pouco a pouco, até termos submetido a nossa vida totalmente ao Senhor".

Como seres humanos, a confiança não nos vem naturalmente. Portanto, se experimentar a graça e o amor de Deus dependesse da nossa capacidade de confiar para recebê-los, estaríamos em apuros!

No entanto, lemos em 1 João 4 que o amor de Deus por nós vem "primeiro" (v.19). Ele nos amou antes de nós o amarmos, tanto que o Senhor estava disposto a sacrificar o Seu Filho por nós. "É nisto que consiste o amor" (v.10), escreveu João, admirado e grato.

De modo gradual e gentilmente, pouco a pouco, Deus cura o nosso coração para recebermos Seu amor; gota a gota, Sua graça ajuda-nos a submetermos a Ele os nossos medos (v.18). Pouco a pouco, Sua graça atinge o nosso coração, até o ponto de experimentarmos a imensidão de Seu grande amor e beleza.

MONICA LA ROSE

Deus fiel, sou grato por me amares primeiro, e por todas as formas que usaste para trazer-me a ti.

PRIORIZE A ETERNIDADE

...alegrem-se porque seus nomes estão registrados no céu. v.20

Conhecíamos Kha havia mais de um ano. Ele pertencia ao nosso grupo da igreja, e nós nos reuníamos para discutir o que tínhamos aprendido sobre Deus semanalmente. Certa noite, ele comentou que havia competido nas Olimpíadas. A menção foi tão casual que quase me passou despercebida. *Quase*. Vejam só! Descobri que conhecia um atleta olímpico que competira na disputa pela medalha de bronze! Eu não entendia o motivo de ele não ter mencionado isso antes. Embora sua conquista atlética fosse especial em sua história, coisas mais importantes eram fundamentais à sua identidade: família, comunidade e fé.

Lemos em Lucas 10:1-23 o que deve ser central para nossa identidade. Quando as 72 pessoas enviadas por Jesus falaram aos outros sobre o reino de Deus e retornaram de suas jornadas, relataram a Ele que "até os demônios [os obedeciam] pela sua autoridade!" (v.17). Embora Jesus reconhecesse que os tinha equipado com tremendo poder e proteção, o Senhor lhes disse que eles focavam no ponto *errado*. Jesus insistiu que o motivo da alegria deles deveria ser pelo fato de seus nomes estarem "registrados no céu" (v.20).

Quaisquer que sejam as conquistas ou habilidades que Deus tenha nos entregado, nossa maior razão de alegria é que, ao confiarmos em Jesus, nossos nomes são escritos no Livro da vida e desfrutamos de Sua presença diária.

KIRSTEN HOLMBERG

Em sua perspectiva, como você pode priorizar a eternidade?

22 de janeiro

Leitura LUCAS 10:17-20

Verdades bíblicas:

Aplicação pessoal:

Pedidos de oração:

Respostas de oração:

Pai celestial, sou grato por escreveres meu nome em Teu Livro. Alegro-me em conhecer-te.

23 de janeiro

Leitura: MIQUEIAS 4:1-5

Verdades bíblicas:

Aplicação pessoal:

Pedidos de oração:

Respostas de oração:

DO LIXO AO LUXO

Elas forjarão suas espadas para fazer arados e transformarão suas lanças em podadeiras. v.3

Minha esposa tem um colar e brincos vindos da Etiópia. A simplicidade das joias revela uma arte genuína, e a história delas é surpreendente! Devido a décadas de conflito feroz e guerra civil contínua, o solo da Etiópia está repleto de restos de projéteis e cartuchos de artilharia. Como um ato de esperança, os etíopes vasculham a terra incendiada e limpam os restos. E os artesãos confeccionam joias com as sobras de artilharia.

Ao ouvir sobre isso, lembrei-me de Miqueias, que corajosamente declarou a promessa de Deus ao povo: "forjarão suas espadas para fazer arados e transformarão suas lanças em podadeiras" (4:3). Ferramentas destinadas a matar e mutilar se transformarão, por meio da poderosa mão de Deus, em ferramentas destinadas a nutrir a vida. Sobre a vinda de Deus, ele profetizou: "As nações já não lutarão entre si, nem treinarão mais para a guerra" (v.3).

A profecia de Miqueias não era mais difícil de imaginar em sua época do que agora. Como o Israel da antiguidade, enfrentamos violência e guerra, e parece impossível que o mundo venha a mudar. Mas Deus nos promete que, por Sua misericórdia e cura, este dia maravilhoso chegará. Logo, a questão para nós é começar a viver esta verdade agora. Deus nos ajuda a fazer Sua obra hoje mesmo, transformando restos e sobras em coisas bonitas. WINN COLLIER

Você já viu o mal ser transformado pelo amor de Deus? Como você pode viver isso hoje?

Deus, por favor transforma o nosso mundo, usa-me para trazer beleza ao meu redor.

RAPIDEZ PARA OUVIR

...estejam todos prontos para ouvir, mas não se apressem em falar nem em se irar. v.19

Meu batimento cardíaco acelerou quando abri a boca para refutar acusações que uma amiga querida fazia contra mim. O que eu postara on-line não tinha relação com ela, como ela insinuava. Mas antes de respondê-la, orei. Acalmei-me e ouvi o que ela dizia, e senti sua dor por trás das palavras. Ficou claro que era algo mais profundo do que a superfície aparentava. Minha amiga sofria, e a necessidade de me defender dissolveu-se ao escolher ajudá-la a lidar com a sua dor.

Logo, entendi a exortação de Tiago: "estejam todos prontos para ouvir, mas não se apressem em falar nem em se irar" (1:19). Ouvir pode nos ajudar a entender o que há por trás das palavras, evitando a "ira humana [que] não produz a justiça divina" (v.20). Ouvir nos permite entender o coração. Senti que parar e orar me ajudou a lidar com minha amiga. Tornei-me sensível às palavras dela e deixei de lado a minha ira. Talvez se eu não tivesse orado, teria rebatido os pensamentos e compartilhado como me sentia ofendida.

Mesmo nem sempre entendendo corretamente as instruções de Tiago, naquele dia, entendi. Parar para orar antes de permitir que a raiva e a ofensa tomassem conta de mim foi a chave para ouvir primeiro e falar depois. Oro para que Deus me dê sabedoria para fazer isso com mais frequência (PROVÉRBIOS 19:11). *KATARA PATTON*

As instruções de Tiago já o ajudaram no passado? Como praticá-las hoje?

24 *de janeiro*

Leitura: TIAGO 1:18-20

Verdades bíblicas:

Aplicação pessoal:

Pedidos de oração:

Respostas de oração:

Deus misericordioso, lembra-me de ser rápido para ouvir os outros e lento para ofender-me.

25 de janeiro

Leitura: ESTER 2:3-4,12-17

Verdades bíblicas:

Aplicação pessoal:

Pedidos de oração:

Respostas de oração:

LUGARES ESTRANHOS

Quem sabe não foi justamente para uma ocasião como esta que você chegou à posição de rainha? 4:14

Deus, por que isso? Este é realmente o Seu plano para nós?

Como marido e pai, essas e outras perguntas surgiram em minha mente ao lutar contra o diagnóstico de câncer severo. Minha família tinha colaborado com uma equipe de missionários e visto muitas crianças receberem Jesus como seu Salvador. Deus produzira frutos evidentes e houve muita alegria. E agora *isso*?

É provável que Ester tenha feito perguntas a Deus após ser arrancada de seu lar amoroso e lançada num mundo estranho (ESTER 2:8). Seu primo Mardoqueu a criou como filha após ela ficar órfã (v.7), depois colocaram-na no harém de um rei e, finalmente, foi elevada a rainha (v.17). Mardoqueu preocupava-se com o que acontecia com Ester (v.11). Mas com o tempo, os dois perceberam que Deus a havia chamado para estar em um lugar de grande poder "para uma ocasião como esta" (4:14), uma posição que permitiu que seu povo fosse salvo da destruição (CAP.7–8).

É evidente que Deus colocou Ester numa posição desconfortável como parte de Seu plano perfeito. Ele fez o mesmo comigo. Em minha longa batalha contra o câncer, tive o privilégio de compartilhar minha fé com muitos, pacientes e cuidadores. Deus já o levou a uma situação semelhante? Confie nele. Ele é bom, assim como são os Seus planos (ROMANOS 11:33-36).

TOM FELTEN

Em que momento Deus o levou a uma situação desconfortável? Você tem motivos para confiar em Seus planos perfeitos?

Querido Deus, ajuda-me a confiar em ti, mesmo quando não compreendo Teus caminhos.

26 de janeiro

SEM PRECONCEITOS

As pessoas julgam pela aparência exterior, mas o SENHOR olha para o coração. v.7

Julie Landsman fez um teste para ser a trompista principal da Ópera Metropolitana de Nova Iorque. As audições foram feitas por trás de uma tela para evitar qualquer parcialidade dos jurados. Julie saiu-se bem na audição e venceu a competição. Mas, quando ela apareceu, alguns juízes do sexo masculino foram para o fundo da sala e viraram suas costas a Julie. Aparentemente, eles esperavam outra pessoa.

Quando os israelitas pediram um rei, Deus acatou o desejo do povo e deu-lhes um homem fisicamente imponente como os de outras nações (1 SAMUEL 8:5;9:2). Mas, como os primeiros anos de reinado de Saul foram marcados por falta de fé e desobediência, Deus enviou Samuel a Belém para ungir um novo rei (16:1-13). Quando Samuel viu Eliabe, o filho mais velho, presumiu que Deus escolheu-o para ser rei porque ele era fisicamente forte e impressionante. Mas Deus desafiou o pensamento de Samuel: "As pessoas julgam pela aparência exterior, mas o SENHOR olha para o coração" (v.7). Deus já tinha escolhido Davi para liderar Seu povo (v.12).

Ao avaliar as pessoas para Seus propósitos, Deus olha para o caráter, vontade e motivação. O Senhor nos convida a ver o mundo e as pessoas como Ele as vê: olhando para o coração, e não sua aparência externa ou credenciais. MARVIN WILLIAMS

Por que é essencial não julgar o outro baseando-se em preconceitos? O que significa ter o coração voltado para Deus?

Leitura: 1 SAMUEL 16:1-7

Verdades bíblicas:

Aplicação pessoal:

Pedidos de oração:

Respostas de oração:

Querido Deus, por favor, ajuda-me a não julgar as pessoas com base nas aparências.

27 de janeiro

Leitura: PROVÉRBIOS 25:23-27

Verdades bíblicas:

Aplicação pessoal:

Pedidos de oração:

Respostas de oração:

PALAVRAS REVIGORANTES

Boas notícias vindas de uma terra distante são como água fresca para o sedento. v.25

Na cozinha, minha filha exclamou: "Mãe, tem uma mosca no mel!". Eu brinquei com um ditado familiar: "É mais fácil caçar moscas com mel do que com vinagre". Embora tenha sido a primeira vez que peguei uma mosca no mel, lembrei-me de um provérbio, devido a sua sabedoria: palavras gentis têm mais chances de persuadir os outros do que uma atitude amarga.

O livro de Provérbios possui uma coleção de sábios ditados inspirados pelo Espírito de Deus. Essas palavras inspiradoras guiam e ensinam verdades importantes sobre como viver de maneira honrosa a Deus. Muitos dos provérbios se concentram nos relacionamentos entre pessoas, incluindo o efeito profundo de nossas palavras sobre os outros.

Nos provérbios atribuídos ao rei Salomão, ele advertiu contra o mal causado por falar falsamente contra o próximo (PROVÉRBIOS 25:18). Ele aconselhou dizendo que "a língua que espalha boatos provoca a ira" (v.23). Salomão advertiu contra o efeito arrepiante do uso constante de palavras de reclamação (v.24). E o rei encorajou os leitores afirmando que a bênção vem quando nossas palavras trazem boas notícias (v.25).

Ao buscarmos aplicar essas verdades, temos o Espírito de Deus que nos ajuda a dar a "resposta certa" (16:1). Nossas palavras fortalecidas por Deus podem ser doces e revigorantes.

LISA M. SAMRA

Quando você viu o profundo efeito das palavras em ação? O Espírito Santo o orienta a falar palavras amáveis?

Pai celestial, ajuda-me a refletir a Tua compaixão em minhas interações usando palavras gentis.

DÁDIVA DA GRAÇA DIVINA

A cada um de nós, porém, ele concedeu uma dádiva, por meio da generosidade de Cristo. v.7

28 de janeiro

Leitura: EFÉSIOS 4:4-8

Corrigindo trabalhos de uma aula de redação que leciono na faculdade, impressionei-me com um trabalho em específico: tão bem escrito! Logo percebi que estava bem escrito *demais*. De fato, pesquisei e descobri que o artigo fora plagiado da internet.

Enviei um e-mail à aluna avisando-a de que ela tinha sido descoberta. Ela tiraria zero nesta tarefa, mas poderia reescrevê-la para obter uma nota parcial. Sua resposta: "Estou envergonhada e sinto muito. Aprecio a sua generosidade, pois sei que não a mereço". Disse-lhe que todos nós recebemos a graça de Deus todos os dias, como eu poderia negar a ela essa dádiva?

Há várias maneiras pelas quais a graça de Deus melhora a nossa vida e nos redime de nossos erros. Pedro diz que ela traz salvação: "Cremos que todos [...] somos salvos da mesma forma, pela graça do Senhor Jesus" (ATOS 15:11). Paulo diz que a graça nos ajuda a não perdemos para o pecado: "O pecado não é mais seu senhor, pois vocês já não vivem sob a lei, mas sob a graça de Deus" (ROMANOS 6:14). Pedro também diz que a graça nos habilita a servir: "Deus concedeu um dom a cada um, e vocês devem usá-lo para servir uns aos outros, fazendo bom uso da [...] graça divina" (1 PEDRO 4:10).

Graça. Concedida tão livremente por Deus (EFÉSIOS 4:7). Que possamos usar este dom para amar e encorajar outros.

DAVE BRANON

A graça de Deus está presente em sua vida? Você pode demonstrar graça divina a alguém hoje?

Verdades bíblicas:

Aplicação pessoal:

Pedidos de oração:

Respostas de oração:

Pai celestial, ajuda-me a compartilhar a Tua graça em minhas interações com os outros.

29 de janeiro

Leitura: GÁLATAS 5:14-15, 22-26

Verdades bíblicas:

Aplicação pessoal:

Pedidos de oração:

Respostas de oração:

PARTILHAR É CUIDAR

Ame o seu próximo como a si mesmo. v.14

Um jovem pastor orava todas as manhãs, pedindo a Deus que o usasse para abençoar alguém naquele dia. Frequentemente, para sua alegria, surgia uma situação. Um dia, durante uma pausa em seu segundo emprego, sentou-se ao sol com um colega de trabalho que lhe perguntou sobre Jesus. O pastor simplesmente respondeu às perguntas do outro homem. Nenhum discurso retórico. Sem discussão. O pastor comentou que ser guiado pelo Espírito Santo o levou a ter uma conversa casual, persuasiva e amorosa. E também fez um novo amigo, alguém com fome de aprender mais sobre Deus.

Deixar o Espírito Santo nos guiar é a melhor maneira de falar aos outros sobre Jesus. Ele disse a Seus discípulos: "Vocês receberão poder quando o Espírito Santo descer sobre vocês, e serão minhas testemunhas" (ATOS 1:8).

O fruto do Espírito é "amor, alegria, paz, paciência, amabilidade, bondade, fidelidade, mansidão e domínio próprio" (GÁLATAS 5:22-23). Vivendo sob o controle do Espírito, o jovem pastor colocou em prática o que Pedro instruiu: "se alguém lhes perguntar a respeito de sua esperança, estejam sempre preparados para explicá-la" (1 PEDRO 3:15).

Mesmo que soframos por crer em Cristo, nossas palavras podem mostrar ao mundo que o Seu Espírito nos conduz. Então nossa caminhada trará outros a Ele.

PATRICIA RAYBON

Como você fala aos outros sobre Jesus? Deixar o Espírito Santo guiá-lo tornaria seu testemunho mais eficaz?

Espírito Santo, enquanto falo aos outros sobre Jesus, conduz-me a falar com o Teu amor.

JESUS NOSSO REI

30 de janeiro

Vejam, aí vem um rei justo! [...]
como riacho no deserto. vv.1-2

Leitura: ISAÍAS 32:1-8

Ao perfurar petróleo em um dos países mais ensolarados e secos do mundo, as equipes ficaram chocadas ao descobrir um enorme sistema subterrâneo de água. Assim, em 1983, iniciaram o projeto de um "grande rio artificial", um sistema de tubulações para transportar água doce de alta qualidade para as cidades onde ela era extremamente necessária. Uma placa perto do início do projeto do rio afirma: "Daqui flui a água da vida".

O profeta Isaías usou a imagem da água no deserto para descrever a vinda de um rei justo (ISAÍAS 32). Quando reis e governantes reinarem com justiça e retidão, serão como "riacho no deserto e sombra de uma grande pedra em terra seca" (v.2). Alguns governantes optam por receber em vez de dar. A marca de um líder que honra a Deus, no entanto, é alguém que traz abrigo, refúgio, refrigério e proteção. Isaías disse que o fruto da justiça de Deus "trará paz" para Seu povo e "haverá sossego e confiança para sempre" (v.17).

As palavras de esperança de Isaías encontram pleno significado em Jesus, que "descerá do céu [...]. Então, estaremos com o Senhor para sempre" (1 TESSALONICENSES 4:16-17). Aquele grande rio artificial foi feito por mãos humanas e, algum dia, esse reservatório de água se esgotará. Mas nosso justo Rei traz refrigério e a água da vida que nunca secará. *KAREN PIMPO*

Onde você precisa que Jesus traga a água da vida? Como seguir Seu exemplo e revigorar os outros?

Verdades bíblicas:

Aplicação pessoal:

Pedidos de oração:

Respostas de oração:

Jesus, sou grato por nos trazeres paz por meio do Teu governo perfeitamente justo.

31 de janeiro

Leitura: MARCOS 8:34-38

Verdades bíblicas:

Aplicação pessoal:

Pedidos de oração:

Respostas de oração:

TOTALMENTE SUBMISSO A CRISTO

Que vantagem há em ganhar o mundo inteiro, mas perder a vida? v.36

Em 1920, John Sung recebeu uma bolsa para estudar em uma universidade nos Estados Unidos. Formou-se com as mais altas honras, completou um programa de mestrado e doutorado. Mas ao prosseguir nos estudos, afastou-se de Deus. Em uma noite, em 1927, entregou-se a Cristo e sentiu-se chamado para ser pregador. Muitas oportunidades bem remuneradas o aguardavam, mas foi convencido pelo Espírito Santo a deixar de lado suas ambições. Como símbolo do seu empenho, atirou ao mar seus prêmios, guardando apenas o seu diploma de doutorado para dar aos pais, em respeito a eles.

Sung entendeu o que Jesus disse sobre tornar-se Seu discípulo: "Que vantagem há em ganhar o mundo inteiro, mas perder a vida?" (MARCOS 8:36). Quando negamos a nós mesmos e deixamos nossa velha vida para seguir a Cristo e Sua liderança (vv.34-35), sacrificamos desejos pessoais e ganhos materiais que nos distraem de segui-lo.

Nos 12 anos seguintes, Sung cumpriu com todo o coração a sua missão dada por Deus, pregando o evangelho a milhares de pessoas em seu país e no Sudeste Asiático. Mas e nós? Talvez não sejamos chamados para ser pregadores ou missionários, mas onde Deus nos chamar para servir, pelo Seu Espírito agindo em nós, que possamos nos render totalmente a Ele. *JASMINE GOH*

O que você precisa entregar para verdadeiramente seguir a Jesus? Quais suas ambições pessoais às quais você pode estar apegado?

Pai, ajuda-me a deixar de lado o que me impede de entregar-me totalmente a ti.

Fevereiro

1º de fevereiro

Leitura: FILIPENSES 2:1-8

Verdades bíblicas:

Aplicação pessoal:

Pedidos de oração:

Respostas de oração:

FAMOSA HUMILDADE

[Jesus] esvaziou a si mesmo; assumiu a posição de escravo... v.7

Um famoso atleta ajudou a limpar o estádio após o jogo. Um fã postou o vídeo da ação, assistido por mais de 80 mil pessoas, e alguém comentou: "ele é uma das pessoas mais humildes que você poderia conhecer". Seria mais fácil ele sair com os colegas e comemorar sua participação na vitória do time do que voluntariar-se para fazer um trabalho sem reconhecimento.

Jesus é o maior exemplo de humildade, pois deixou Sua alta posição no Céu para assumir o papel de servo na Terra (FILIPENSES 2:7). Ele não precisava fazer isso, mas humilhou-se voluntariamente. Seu ministério entre nós incluiu ensinar, curar e amar todas as pessoas e culminou em Sua morte e ressurreição para salvá-las.

Embora o exemplo de Cristo possa nos inspirar a varrer o chão, pegar um martelo ou alimentar famintos, pode ser ainda mais poderoso se transformar a nossa atitude em relação aos outros. A verdadeira humildade é uma qualidade interna que não transforma somente nossas ações, mas também o que é importante a nós. Motiva-nos a considerar "os outros mais importantes" que nós mesmos (v.3).

O autor e pregador Andrew Murray escreveu: "A humildade é a flor e a beleza da santidade" (*Humildade*, Publicações Pão Diário, 2019). Reflitamos essa beleza à medida que, pelo poder do Seu Espírito, refletimos a essência de Cristo (vv.2-5).

JENNIFER BENSON SCHULDT

A humildade de Jesus o impacta?
Em que áreas você tende a ser orgulhoso?

Querido Jesus, ajuda-me a seguir Teu exemplo, valorizando os outros acima de mim mesmo.

ATÉ MESMO LEVÍTICO

Sejam santos, pois eu, o SENHOR, *sou santo.* LEVÍTICO 20:26

O assunto era Levítico, e eu tinha uma confissão a fazer. "Eu pulei muito da leitura", disse ao meu grupo de estudo da Bíblia. "Chega de ler sobre doenças de pele."

Foi quando meu amigo Davi falou. "Conheço alguém que creu em Jesus por causa dessa passagem", disse ele. Ele explicou que seu amigo era médico e ateu. Ele decidiu que, antes de rejeitar a Bíblia totalmente, seria melhor lê-la. A seção sobre doenças de pele em Levítico o fascinou. Continha grandes detalhes sobre feridas contagiosas e não contagiosas (13:1-46) e como tratá-las (14:8-9). Ele sabia que aquilo ia além do conhecimento médico da época, mas estava em Levítico. *Não havia como Moisés saber tudo isso*, pensou. O médico considerou que Moisés realmente recebera a informação de Deus. Por fim, ele creu em Jesus Cristo.

Há partes da Bíblia que o aborrecem? Sei como é. Mas tudo o que está escrito está lá por uma razão. Levítico foi escrito para que os israelitas soubessem como viver com Deus e para Ele. À medida que aprendemos mais sobre esse relacionamento entre Deus e Seu povo, aprendemos sobre o próprio Deus.

"Toda a Escritura é inspirada por Deus e útil para nos ensinar o que é verdadeiro e para nos fazer perceber o que não está em ordem em nossa vida"(2 TIMÓTEO 3:16). Leiamos! Até mesmo Levítico. *TIM GUSTAFSON*

Que partes da Bíblia o aborrecem ou parecem irrelevantes? Como aprender a reconhecer o valor delas?

2 de fevereiro

Leitura: LEVÍTICO 13:1-8

Verdades bíblicas:

Aplicação pessoal:

Pedidos de oração:

Respostas de oração:

Pai, ensina-me a apreciar a Bíblia. Que cada parte dela fale comigo.

3 de fevereiro

Leitura: PROVÉRBIOS 11:24-25

Verdades bíblicas:

Aplicação pessoal:

Pedidos de oração:

Respostas de oração:

PRESENTEADO COM AMOR

Quem dá com generosidade se torna mais rico... v.24

Ao se casar, Geórgia usou o vestido de seus sonhos e, depois, doou-o a uma desconhecida. Ela acreditava que um vestido merecia mais do que ficar guardado no armário juntando poeira, e outras noivas concordaram. Hoje, dezenas de mulheres aliaram-se em seu site para doar ou receber vestidos de noiva. Uma doadora disse: "Espero que este vestido seja repassado muitas vezes de noiva a noiva, até se desgastar e ficar em frangalhos no final de sua vida útil devido às celebrações de vários casamentos".

Na verdade, o espírito de doação pode parecer uma celebração. Como está escrito: "Quem dá com generosidade se torna mais rico, mas o mesquinho perde tudo. O generoso prospera; quem revigora outros será revigorado" (PROVÉRBIOS 11:24-25).

No Novo Testamento, Paulo ensinou esse mesmo princípio. Ao despedir-se dos cristãos em Éfeso, ele os abençoou (ATOS 20:32) e lembrou-os da importância da generosidade. Paulo destacou sua ética de trabalho como um exemplo que deveriam seguir, dizendo: "Fui exemplo constante de como podemos, com trabalho árduo, ajudar os necessitados, lembrando as palavras do Senhor Jesus: 'Há bênção maior em dar que em receber'" (v.35).

Ser generoso reflete Deus. "Porque Deus amou tanto o mundo que deu..." (JOÃO 3:16). Vamos seguir o exemplo glorioso daquele que nos guia.

PATRICIA RAYBON

Você foi generoso ao doar algo recentemente? Como o seu presente ajudou a outra pessoa?

*Querido Pai, por favor,
abre as minhas mãos para doar com o Teu amor
presente em meu coração.*

RECONECTADO PELA GRATIDÃO

Todo o meu ser louve o SENHOR; que eu jamais me esqueça de suas bênçãos. v.2

Após o diagnóstico de tumor no cérebro, Christina Costa notou o quanto falamos sobre câncer sempre em termos de uma batalha. Ela sentiu que a metáfora lhe parecia algo exaustivo, e que ela "não queria passar mais de um ano em guerra com o próprio corpo". Em vez disso, preferiu praticar a gratidão diariamente pela equipe de profissionais que cuidavam dela e pelas maneiras como o seu cérebro e corpo se curavam. Ela experimentou em primeira mão que não importava a luta ser difícil, a prática da gratidão pode nos ajudar a resistir à depressão e "conectar o nosso cérebro para ajudar-nos a ser resilientes".

A história dela lembrou-me de que praticar a gratidão não é apenas algo que os cristãos fazem por dever. Embora seja verdade que Deus mereça a nossa gratidão, essa prática é profundamente benéfica para nós. Quando elevamos nosso coração para dizer: "Todo o meu ser louve o SENHOR; que eu jamais me esqueça de suas bênçãos" (SALMO 103:2), relembramos como Deus age, garantindo-nos o perdão, curando o nosso corpo e coração, deixando-nos experimentar "amor e misericórdia" e incontáveis "coisas boas" em Sua criação (vv.3-5).

Embora nem todo sofrimento encontre a cura nesta vida, nosso coração pode sempre ser renovado por meio da gratidão, pois o amor de Deus está conosco "de eternidade a eternidade" (v.17).

MONICA LA ROSE

Você já experimentou cura ao praticar a gratidão? Você está grato hoje?

4 de fevereiro

Leitura: SALMO 103:1-8, 17

Verdades bíblicas:

Aplicação pessoal:

Pedidos de oração:

Respostas de oração:

Querido Deus, sou grato por sempre concederes-me motivos de gratidão e esperança.

5 de fevereiro

Leitura: JOÃO 8:2-11

Verdades bíblicas:

Aplicação pessoal:

Pedidos de oração:

Respostas de oração:

ALCANÇANDO DIGNIDADE

Nenhum deles a condenou? v.10

A amiga de Magda foi à igreja com roupas inapropriadas. Ninguém deveria se surpreender, afinal, a jovem era prostituta. A visitante moveu-se, inquieta e desconfortável, alternando entre puxar sua saia curta e cobrir o próprio corpo com os braços cruzados. "Você está com frio?", Magda perguntou, habilmente tirando o foco do modo como ela estava vestida. "Pegue o meu xale."

Magda apresentou muitos a Jesus simplesmente convidando-os para ir à igreja e ajudando-os a se sentirem confortáveis. O evangelho brilhava em meio aos seus métodos cativantes. Ela tratava a todos com dignidade.

Quando líderes religiosos arrastaram uma mulher diante de Jesus com a dura (porém verdadeira) acusação de adultério, Cristo tirou a atenção deles sobre ela até mandá-los embora dali. Depois que todos se foram, Ele poderia repreendê-la, mas, em vez disso, fez duas perguntas simples: "Onde estão seus acusadores?" e "Nenhum deles a condenou?" (JOÃO 8:10). A resposta para a última pergunta foi obviamente *não*. Então Jesus lhe deu a boa notícia na breve declaração: "Eu também não a condeno. Vá e não peque mais" (v.11).

Não subestime o poder do amor genuíno pelos outros — o amor que se recusa a condenar, que estende a dignidade e o perdão a todos.

TIM GUSTAFSON

Como você reagirá ao ver alguém praticando um estilo de vida difícil? Quem você pode convidar a ir à igreja e como ajudá-lo a ir durante essa semana?

Pai, perdoa-me por ter um espírito de julgamento, ajuda-me a demonstrar aos outros Teu amor e graça.

RENDER-SE A DEUS

E Abraão deu àquele lugar o nome de "O SENHOR Proverá." v.14 (NAA)

Judson Van DeVenter nasceu numa fazenda, aprendeu a pintar, estudou artes e tornou-se professor. Mas Deus tinha outro plano para ele. Os amigos valorizavam a sua arte na igreja e o incentivaram a dedicar-se ao evangelismo. Mesmo sentindo que Deus o chamava, foi difícil desistir de seu amor pelo ensino da arte. Ele lutou com Deus, mas "chegou a hora crucial, e entreguei tudo", escreveu.

Não podemos imaginar o desgosto de Abraão quando Deus pediu para ele entregar seu filho, Isaque, "como holocausto" (GÊNESIS 22:2). Diante disso, perguntamo-nos o que Deus quer que sacrifiquemos. Sabemos que, no final, Ele poupou Isaque (v.12), mas ainda assim a questão é clara: Abraão estava disposto a entregar o que lhe era mais precioso. Ele confiou na provisão de Deus em meio a um chamado dificílimo.

Dizemos que amamos a Deus, mas estamos dispostos a sacrificar o que nos é mais caro? Van DeVenter seguiu o chamado de Deus para o evangelismo e mais tarde compôs o hino "Tudo entregarei" (CC 295). Com o tempo, Deus chamou-o de volta ao ensino, e um de seus alunos foi o jovem Billy Graham.

O plano de Deus para nós tem propósitos que nem podemos imaginar. Ele anseia que estejamos dispostos a entregar o que nos é mais precioso, pois é o mínimo que podemos fazer. Afinal, Ele sacrificou por nós o Seu Filho unigênito.

KENNETH PETERSEN

Qual é o chamado de Deus para você? O que você precisaria sacrificar por Ele?

6 de fevereiro

Leitura: GÊNESIS 22:1-3,6-12

Verdades bíblicas:

Aplicação pessoal:

Pedidos de oração:

Respostas de oração:

Querido Deus, luto para entregar totalmente minha vida a ti. Ajuda-me a confiar no Senhor.

7 de fevereiro

Leitura: NEEMIAS 4:6-9

Verdades bíblicas:

Aplicação pessoal:

Pedidos de oração:

Respostas de oração:

ANJOS NAS PAREDES

Mas nós oramos a nosso Deus e colocamos guardas na cidade de dia e de noite para nos proteger. v.9

A família Brown mudou-se para uma parte empobrecida da Inglaterra para pastorear uma igreja em vias de fechar. Mal sabiam que uma gangue de malfeitores havia tomado sua igreja e casa pastoral como sua base. Eles jogaram tijolos nas janelas, incendiaram as cercas e ameaçaram os filhos do casal. A violência continuou por meses, e a polícia não conseguia impedi-los.

O livro de Neemias relata como os israelitas reconstruíram os muros de Jerusalém. Quando os moradores começaram a "causar confusão", ameaçando-os com violência (4:8), os israelitas oraram a Deus, colocando "guardas na cidade de dia e de noite" (v.9). Sentindo-se orientados por Ele com essa passagem, a família pastoral e alguns outros andaram ao redor de sua igreja, orando para que o Senhor colocasse anjos como guardas para protegê-los. A gangue zombou deles, mas no dia seguinte, só a metade deles apareceu. No outro dia, apenas 5 e, no terceiro dia, ninguém apareceu. Mais tarde, eles souberam que a gangue desistira de aterrorizá-los.

Essa resposta milagrosa à oração não é uma fórmula para nossa proteção, mas é um lembrete de que a oposição à obra de Deus virá, e que deve ser combatida com oração. "Lembrem-se do Senhor, que é grande e temível", disse Neemias aos israelitas (v.14). Ele pode libertar até um coração violento.

SHERIDAN VOYSEY

O que você faria nessa situação? Quem precisa de suas orações por libertação hoje?

Maravilhoso Deus, protege Teu povo com Teus anjos poderosos e liberta o coração de Teus inimigos.

HUMILHAÇÃO E HUMILDADE

8 de fevereiro

O orgulho termina em humilhação, mas a humildade alcança a honra. v.23

Leitura: PROVÉRBIOS 29:18-27

Certo homem na Noruega descobriu que o orgulho precede e leva à humilhação. Ele sequer usava roupas de corrida, mas arrogantemente desafiou Karsten Warholm, o recordista mundial nos 400 metros com barreiras, para uma corrida. Warholm, que treinava em uma instalação pública, aceitou o desafio e o fez comer poeira. Na linha de chegada, o bicampeão mundial sorriu ao ver o homem insistir que tinha começado mal e que queria correr de novo!

Em Provérbios lemos: "O orgulho termina em humilhação, mas a humildade alcança a honra" (29:23). O tratamento de Deus para os orgulhosos é um dos temas favoritos deste livro (11:2; 16:18; 18:12). A palavra *orgulho* ou *arrogância* nestes versículos significa "inchaço" ou "inflar-se", isto é, receber o crédito pelo que pertence a Deus por direito. Quando estamos inchados de orgulho, pensamos mais em nós mesmos do que devíamos. Certa vez, Jesus disse: "os que se exaltam serão humilhados, e os que se humilham serão exaltados" (MATEUS 23:12). Tanto Ele quanto Salomão orientam-nos a buscar humildade e modéstia. Não a falsa modéstia, mas a nos vermos da maneira adequada reconhecendo que tudo o que temos vem de Deus; a sermos sábios sem falarmos "sem pensar" (PROVÉRBIOS 29:20).

Peçamos a Deus que nos conceda o coração e a sabedoria para sermos humildes, honrando-o e evitando a humilhação.

MARVIN WILLIAMS

Você já foi honrado ao agir com humildade? Como você pode se humilhar perante Deus hoje?

Verdades bíblicas:

Aplicação pessoal:

Pedidos de oração:

Respostas de oração:

Querido Deus, lembra-me que, aos Teus olhos, a humildade é o caminho para a honra.

9 de fevereiro

Leitura: ROMANOS 13:8-10

Verdades bíblicas:

Aplicação pessoal:

Pedidos de oração:

Respostas de oração:

O GRANDE AMOR DE DEUS

Não devam nada a ninguém, a não ser o amor de uns pelos outros. v.8

Como nova cristã aos 30 anos, tive muitas perguntas após entregar a minha vida a Jesus. Ao começar a ler a Bíblia, tive ainda mais perguntas. Pedi conselhos a uma amiga. "Como posso obedecer a todos os mandamentos de Deus? Hoje mesmo, briguei com meu marido!" Ela me respondeu: "Apenas continue lendo a Bíblia e peça ao Espírito Santo para ajudá-la a amar os outros como Jesus a ama".

Há mais de 20 anos vivendo como filha de Deus, essa verdade simples e profunda me auxilia a seguir os três passos do circuito do Seu grande amor (ROMANOS 13:8-10).

Primeiro, o apóstolo Paulo afirma que o amor é central na vida de todo cristão. Em seguida, ao pagar continuamente a dívida de amor uns aos outros, os cristãos andarão em obediência, porque "quem ama o próximo" cumpre a lei (ROMANOS 13:8). Finalmente, nós cumprimos a lei de Deus porque "o amor não faz mal ao próximo" (v.10).

Quando experimentamos a profundidade do amor de Deus por nós, consumado pelo sacrifício de Cristo na cruz, respondemos com gratidão. Nossa gratidão a Jesus faz-nos amar aos outros com palavras, ações e atitudes. O amor genuíno flui do único e verdadeiro Deus que é amor (1 JOÃO 4:16,19).

Que o amoroso Deus nos ajude a praticar todas as etapas do circuito do Seu grande amor! *XOCHITL DIXON*

Você luta para sentir-se amado por Jesus ou amar como Ele amou? O amor de Cristo transforma a sua maneira de expressar amor ao próximo?

Querido Jesus, ajuda-me a crer em Teu amor por mim. Que eu possa transbordar do Teu amor aos outros.

PALAVRA TRANSFORMADORA DE DEUS

10 de fevereiro

...as Sagradas Escrituras [...] lhe deram sabedoria para receber a salvação [...] pela fé em Cristo... v.15

Leitura: 2 TIMÓTEO 3:10-17

Kristina quis comprar um livro especial para Xio-Hu, seu marido, e o único que ela encontrou em mandarim, idioma nativo dele, foi a Bíblia. Embora nenhum deles fosse cristão, ela esperava que o esposo apreciasse o presente. Ao ver a Bíblia, ele inicialmente enraiveceu, mas a aceitou. À medida que a lia, a verdade em suas páginas o persuadiu. Chateada pelo imprevisto, Kristina começou a ler a Bíblia para refutar Xio-Hu. Para a sua surpresa, ela também confiou em Jesus, convencida pelo que tinha lido.

O apóstolo Paulo conhecia a natureza transformadora das Escrituras. Escrevendo da prisão em Roma, ele exortou Timóteo, seu discípulo, a "permanecer fiel àquilo que lhe foi ensinado" porque "desde a infância lhe foram ensinadas as Sagradas Escrituras" (2 TIMÓTEO 3:14-15). Na língua grega, a palavra *permanecer* tem o sentido de *submeter-se* ao que a Bíblia revela. Paulo, sabendo que Timóteo enfrentaria oposição e perseguição, queria prepará-lo para os desafios. Ele acreditava que o seu mentoreado encontraria força e sabedoria ao investir tempo ponderando sobre as verdades bíblicas.

Por meio de Seu Espírito, Deus vivifica as Escrituras para nós. À medida que as compreendemos, somos transformados em pessoas mais semelhantes a Ele. Foi assim com Xio-Hu e Kristina. *AMY BOUCHER PYE*

Você foi transformado ao investir seu tempo ao ler e refletir sobre a Bíblia? Em que momento ela se tornou viva para você?

Verdades bíblicas:

Aplicação pessoal:

Pedidos de oração:

Respostas de oração:

Criador de tudo o que há, que eu me submeta a ti ao ler as Tuas vivificantes e Sagradas Escrituras.

11 de fevereiro

Leitura: 2 SAMUEL 22:1-4; 48-51

Verdades bíblicas:

Aplicação pessoal:

Pedidos de oração:

Respostas de oração:

A FIDELIDADE DE DEUS

Por isso, ó SENHOR, te louvarei entre as nações; sim, cantarei louvores ao teu nome. v.50

Ao longo de seus 70 anos como monarca do Reino Unido, a rainha Elizabeth II endossou apenas uma biografia sobre sua vida com um prefácio pessoal, *"A rainha serva e o Rei a que ela serve"* (tradução livre). Lançado em comemoração a seu 90º aniversário, o livro conta como sua fé a guiou ao servir a seu país. No prefácio, ela expressou gratidão pelas orações e agradeceu a Deus por Seu amor inabalável. Ela concluiu: "Realmente vi a Sua fidelidade".

A declaração da rainha Elizabeth ecoa os testemunhos de homens e mulheres ao longo da história que experimentaram o cuidado fiel e pessoal de Deus na vida deles. Esse tema está presente em uma bela canção que o rei Davi escreveu enquanto refletia sobre sua história. Registrada em 2 Samuel 22, a canção expressa a fidelidade de Deus em proteger Davi, provendo-o e até mesmo resgatando-o quando sua própria vida estava em perigo (vv.3-4,44). Como reação por ter experimentado a fidelidade de Deus, Davi escreveu: "cantarei louvores ao teu nome" (v.50).

Embora haja beleza adicional quando a fidelidade de Deus é vista durante uma longa vida, não precisamos esperar para relatar Seu cuidado por nós. Quando reconhecemos que não são nossas habilidades que nos conduzem pela vida, mas o cuidado fiel de um Pai amoroso, somos movidos à gratidão e ao louvor. *LISA M. SAMRA*

Como você vê a fidelidade de Deus? De que maneira expressar sua gratidão a Ele?

Amado Pai, sou grato por ver a Tua fidelidade em todas as fases da vida, na tristeza e na alegria.

AMAR OS INIMIGOS

Eu, porém, lhes digo:
amem os seus inimigos e orem por
quem os persegue. v.44

A Guerra Civil Americana criou sentimentos amargos naquele povo, e Abraham Lincoln foi gentil ao falar de seus adversários. Uma espectadora chocada lhe perguntou o porquê. "Senhora, não destruo meus inimigos ao torná-los meus amigos?", respondeu. Cem anos depois, Martin Luther King Jr. comentou: "Este é o poder do amor redentor".

Ao convocar os cristãos para amar seus inimigos, Luther King refletiu os ensinamentos de Jesus. Observou que, embora amar quem nos persegue seja muito difícil, este amor cresce a partir de "uma rendição total a Deus". E prosseguiu: "Quando amarmos desse modo, conheceremos a Deus e experimentaremos a beleza de Sua santidade".

Jesus nos ensina no sermão do Monte: "amem os seus inimigos e orem por quem os persegue. Desse modo, vocês agirão como verdadeiros filhos de seu Pai" (MATEUS 5:44-45). Jesus aconselhou contra a sabedoria convencional da época de amar apenas o próximo e odiar os inimigos. Em vez disso, Deus, o Pai, concede aos Seus filhos força para amar os que se opõem a eles.

Parece impossível amar nossos inimigos, mas ao buscarmos a ajuda de Deus, Ele responderá às nossas orações. É dele que vem a coragem para acolhermos esta prática radical, pois como Jesus disse, "tudo é possível para Deus" (19:26). *AMY BOUCHER PYE*

Quem é o seu inimigo?
Como entregar seus sentimentos a Deus
ao sentir-se em conflito a respeito de
amar os que se lhe opõem?

12 de fevereiro

Leitura: MATEUS 5:43-48

Verdades bíblicas:

Aplicação pessoal:

Pedidos de oração:

Respostas de oração:

Pai, Tu me criaste, assim como criaste
os que me ferem, à Sua imagem.
Ajuda-me a vê-los como Tu os vês.

13 de fevereiro

Leitura: ISAÍAS 1:15-20

Verdades bíblicas:

Aplicação pessoal:

Pedidos de oração:

Respostas de oração:

O SANGUE DE JESUS

Embora seus pecados sejam como o escarlate, eu os tornarei brancos como a neve. v.18

A cor vermelha nem sempre parece natural nos produtos que fazemos. Como colocar a cor vibrante da maçã numa camiseta ou batom? Antes, a tinta vermelha era feita usando argila ou rochas do mesmo tom. No séc. 15, os astecas inventaram uma técnica de usar as cochonilhas para fazer corante vermelho, e atualmente, esses insetos são a principal fonte mundial deste pigmento.

Na Bíblia, o vermelho simboliza a realeza, também o pecado e vergonha. Além disso, é a cor do sangue. Quando os soldados "Tiraram as roupas de Jesus e puseram nele um manto vermelho" (MATEUS 27:28), esses três simbolismos fundiram-se numa imagem de dor: Jesus foi ridicularizado como rei fictício. Foi coberto de vergonha e vestiu a cor do sangue que logo derramaria. Mas Isaías traz a promessa de que este Jesus carmesim nos limparia dessa mancha: "Embora seus pecados sejam como o escarlate, eu os tornarei brancos como a neve" (ISAÍAS 1:18).

Os insetos cochonilhas usados na fabricação do corante vermelho são brancos por fora, e só liberam seu sangue carmesim quando são esmagados. Vemos o eco de outras palavras de Isaías: "[Jesus foi] esmagado por causa de nossos pecados" (53:5).

Jesus nunca pecou, mas veio nos salvar do pecado. Em Sua morte esmagadora, Ele suportou o escarlate para que pudéssemos nos tornar mais alvos que a neve.

KENNETH PETERSEN

Os pecados mancham sua vida "como o escarlate"? Como Jesus pode restaurá-lo?

Amado Deus, sou grato por Teu Filho Jesus e pela graça salvadora do sangue que Ele derramou.

MOTIVADO PELO AMOR

Se [...] não tivesse amor,
de nada me adiantaria. v.3

João e Laís namoraram durante a faculdade, casaram-se e viveram felizes por muitos anos. Mas Laís começou a agir de forma estranha, perdendo-se e esquecendo seus compromissos. Ela foi diagnosticada com a doença de Alzheimer aos 47 anos. Após uma década servindo-a como seu cuidador principal, João disse: "A doença deu-me a oportunidade de amar e servir minha esposa de maneiras inimagináveis quando disse o 'Sim'".

Ao explicar os dons do Espírito Santo, Paulo escreveu extensivamente sobre a virtude do amor (1 CORÍNTIOS 13). Comparou os serviços rotineiros com virtudes que transbordam de um coração amoroso. Ensinou que falar com autoridade é bom, mas sem amor é como barulho sem sentido (v.1). "Se [...] entregasse meu corpo para ser queimado, e não tivesse amor, de nada me adiantaria" (v.3) e acrescentou: "permanecerão: a fé, a esperança e o amor, e a maior delas é o amor" (v.13).

João compreendeu melhor sobre amar e servir à medida que cuidava de sua esposa. Apenas um amor profundo e duradouro poderia dar-lhe forças para apoiá-la todos os dias. Em última análise, o único modelo perfeito desse amor sacrificial é o amor de Deus por nós, que o fez enviar Jesus para morrer por nossos pecados (JOÃO 3:16). Esse ato de sacrifício, motivado pelo amor, transformou nosso mundo para sempre.

KAREN PIMPO

Você já tentou servir sem amor?
Como o amor a Deus e aos outros
pode inspirar suas ações hoje?

14 de fevereiro

Leitura: 1 CORÍNTIOS 13

Verdades bíblicas:

Aplicação pessoal:

Pedidos de oração:

Respostas de oração:

Querido Deus, sou grato por me amares.
Que eu demonstre Teu amor
em minhas ações hoje.

15 de fevereiro

Leitura: PROVÉRBIOS 22:1-5

Verdades bíblicas:

Aplicação pessoal:

Pedidos de oração:

Respostas de oração:

VANTAGEM EM SER HUMILDE

A humildade e o temor do SENHOR trazem riquezas, honra e vida longa. v.4

Carla dedica inúmeras horas a sua carreira de professora, corrigindo tarefas e interagindo com alunos e pais até tarde. Ela depende do auxílio dos colegas para apoiá-la nesse esforço, que se torna mais fácil por causa dessa colaboração. Um estudo com educadores revelou que a colaboração aumenta quando há humildade no ambiente de trabalho. Quando alguém se dispõe a admitir fraquezas, os colegas sentem-se mais seguros em compartilhar seus conhecimentos uns com os outros, e isso ajuda todo o grupo.

A Bíblia ensina o valor da humildade, indo muito além de uma colaboração aprimorada. Ter o "temor do SENHOR", um entendimento correto de quem somos ao nos comparar com a beleza, o poder e a majestade de Deus, resulta em "riquezas, honra e vida" (PROVÉRBIOS 22:4). A humildade nos leva a viver em comunidade de maneira rica, não aos olhos do mundo, mas aos de Deus, pois buscamos beneficiar nossos colegas portadores da Sua imagem.

Não tememos a Deus para obter "riquezas, honra e vida" para nós, pois isso não seria humildade de verdade. Em vez disso, imitamos Jesus que "esvaziou a si mesmo; assumiu a posição de escravo" (FILIPENSES 2:7), para que nos tornemos parte de um corpo que humildemente junto coopera para fazer Sua obra, dar-lhe honra e levar Sua mensagem de vida ao mundo ao nosso redor. KIRSTEN HOLMBERG

O que significa humildade?
Você já viu a humildade de alguém beneficiar os outros?

Querido Jesus,
entrego-te o meu orgulho.

AMAR COMO JESUS

Não existe amor maior do que dar a vida por seus amigos. v.13

Ele era amado por todos: essas foram as palavras usadas para descrever Giuseppe Berardelli, de Casnigo, Itália. Berardelli era um sacerdote querido que andava pela cidade em uma velha motocicleta, saudando a todos com "paz e bem". Trabalhou incansavelmente a favor dos outros. Mas, nos últimos anos de vida, teve problemas de saúde agravados pelo coronavírus. A sua comunidade lhe comprou um respirador. Quando sua saúde piorou, o padre recusou o aparelho de respiração, optando por disponibilizá-lo a um paciente mais jovem. Essa sua atitude não surpreendeu ninguém, pois era simplesmente de seu caráter agir assim, algo vindo de um homem que era amado e admirado por amar aos outros.

Amado para amar é a mensagem do apóstolo João, que ecoa ao longo do evangelho. Ser amado e amar os outros é como o sino de uma capela que toca noite e dia, independentemente da circunstância. Essa mensagem deve ressoar intensamente, deixando claro que o maior amor não é ser amado por todos, mas amar a todos: "dar a vida por seus amigos" (JOÃO 15:13).

Exemplos humanos de amor sacrificial sempre nos inspiram e são insignificantes se os compararmos com o grande amor de Deus. Mas não perca o desafio que Jesus nos traz ao nos ordenar: "Amem uns aos outros como eu amo vocês" (v.12). Sim, ame a todos.

JOHN BLASE

Amado por todos e amou a todos. Confuso? Por que sim ou não? O que significa dar a sua vida por um amigo hoje?

16 de fevereiro

Leitura: JOÃO 15:9-17

Verdades bíblicas:

Aplicação pessoal:

Pedidos de oração:

Respostas de oração:

Amado Deus, por favor, ajuda-me a amar como Tu me amas.

17 de fevereiro

Leitura: 2 CORÍNTIOS 12:6-10

Verdades bíblicas:

Aplicação pessoal:

Pedidos de oração:

Respostas de oração:

Meu poder opera melhor na fraqueza. v.9

Quando criança, eu via os adultos como sábios e incapazes de fracassar. *Eles sempre sabem o que fazem*, pensava. *Um dia também saberei tudo sempre.* Bem, "um dia" chegou há muitos anos, e tudo o que aprendi é que nem sempre sei o que fazer. Seja uma doença na família, problemas no trabalho ou conflito num relacionamento, minhas ilusões de controle e força pessoal foram destruídas. Resta-me uma opção, fechar os olhos e sussurrar: "Senhor, ajuda-me. Não sei o que fazer".

Paulo entendeu esse sentimento de impotência. O "espinho" em sua vida, que pode ter sido uma doença, causou-lhe frustração e dor. Mas foi por meio desse espinho que Paulo vivenciou o amor, as promessas e as bênçãos de Deus, suficientes para ele suportar e superar dificuldades (2 CORÍNTIOS 12:9). Ele aprendeu que a fraqueza pessoal e o desamparo não significam derrota. Ao entregá-las a Deus com confiança, elas viraram ferramentas para o Senhor agir nas circunstâncias (vv.9-10).

Ser adulto não significa sermos oniscientes. Sim, tornamo-nos mais sábios com a idade, mas nossas fraquezas revelam o quão frágeis somos. Nosso verdadeiro poder está em Cristo: "quando sou fraco, então é que sou forte" (v.10). "Crescer" de verdade significa conhecer, confiar e obedecer ao poder que vem de Deus ao perceber que precisamos da Sua ajuda.

KAREN HUANG

Que provações fazem você perceber sua limitação? Como obedecer à direção de Deus?

Pai celestial, sou grato por seres meu socorro e minha força.

NAS MÃOS AMOROSAS DE DEUS

18 de fevereiro

Antes que os montes nascessem, [...] de eternidade a eternidade, tu és Deus. v.2

Leitura: SALMO 90:1-6

Após mais um contratempo na saúde, temi o desconhecido além de meu controle. Um dia, lendo um artigo da revista Forbes, soube que os cientistas estudaram o aumento da "velocidade de rotação da Terra", declarando que ela "oscilou" e está "girando mais rápido". Afirmaram que "poderíamos exigir a remoção oficial de um segundo da duração de cada dia". Embora um segundo não pareça uma grande perda, saber que a rotação da Terra pode mudar pareceu-me algo relevante. Até uma leve instabilidade pode fazer minha fé vacilar. No entanto, saber que Deus está no controle ajuda-me a confiar nele, não importa quão assustador seja o desconhecido ou quão instáveis sejam as circunstâncias.

Moisés disse que "Antes que os montes nascessem, antes que formasses a terra e o mundo, de eternidade a eternidade tu és Deus" (SALMO 90:2). Reconhecendo o poder, o controle e a autoridade infinita de Deus sobre a criação, o profeta declarou que o tempo não pode restringir o Senhor (vv.3-6).

Ao buscarmos mais conhecimento sobre Deus e o mundo criado por Ele, descobriremos como Ele administra o tempo e Sua criação perfeitamente. Deus também é confiável em todas as coisas desconhecidas e conhecidas em nossa vida. Toda a criação permanece segura em Suas mãos amorosas.

XOCHITL DIXON

Saber que Deus controla o tempo e toda a criação o ajuda a confiar nele? Como honrar a Deus com o tempo que Ele lhe confiou hoje?

Verdades bíblicas:

Aplicação pessoal:

Pedidos de oração:

Respostas de oração:

Criador imutável, sou grato por protegeres cada segundo da minha vida em Tuas mãos confiáveis.

19 de fevereiro

Leitura: 1 TESSALONICENSES 5:12-18

Verdades bíblicas:

Aplicação pessoal:

Pedidos de oração:

Respostas de oração:

IMPELIDOS A ORAR

Estejam sempre alegres. Nunca deixem de orar. Sejam gratos [...] essa é a vontade de Deus... vv.16-18

Uma colega de trabalho contou-me que sua vida de oração tinha amadurecido devido ao nosso gerente. Impressionei-me, pensando que nosso líder difícil compartilhara algum grão de sabedoria espiritual com ela, influenciando sua maneira de orar. Não foi bem assim. Ela me explicou: "Toda vez que ele se aproxima, começo a orar". Seu tempo em oração aumentara, pois ela sempre orava antes de conversar com ele. Ela sabia que precisava do auxílio divino em seu relacionamento de trabalho com esse chefe, e clamava a Deus.

Aderi a essa prática de orar perante momentos e interações difíceis. É também uma prática bíblica que Paulo lembra aos cristãos: "Nunca deixem de orar. Sejam gratos..." (1 TESSALONICENSES 5:17-18). Não importa o que enfrentemos, a oração é sempre a melhor prática. Ela nos mantém na presença de Deus e convida o Seu Espírito a nos dirigir (GÁLATAS 5:16) em vez de confiarmos em nossas inclinações humanas. Isso nos ajuda a viver "em paz uns com os outros" (1 TESSALONICENSES 5:13), mesmo ao enfrentar conflitos.

À medida que Deus nos ajuda, podemos nos regozijar nele, orar por tudo e agradecer a Ele frequentemente. Essas coisas nos ajudarão a viver em maior harmonia com nossos irmãos e irmãs em Cristo.

KATARA PATTON

Por quais relacionamentos você precisa orar mais a Deus? Como a oração pode ajudá-lo a seguir a orientação divina ao invés de confiar no instinto próprio?

Pai celestial, ajuda-me a orar continuamente, enquanto busco viver em harmonia com todos.

OS SÁBIOS PROPÓSITOS DE DEUS

20 de fevereiro

Até quando, SENHOR, te esquecerás de mim? Será para sempre? v.1

Leitura: SALMO 13

Verdades bíblicas:

Aplicação pessoal:

Pedidos de oração:

Respostas de oração:

O Reino Unido transborda história. Onde quer que se vá, há placas homenageando figuras históricas ou comemorando locais de eventos importantes. Mas um desses locais exemplifica o senso de humor britânico. Em uma placa desgastada do lado de fora de uma pousada na Inglaterra, uma mensagem diz: "Neste local, 5 de setembro de 1782, nada aconteceu".

Às vezes, parece-nos que nada acontece em relação às nossas orações. Oramos e oramos, levando os nossos pedidos ao Pai na expectativa de que Ele os responderá de imediato. O salmista Davi expressou tal frustração ao orar: "Até quando, SENHOR, te esquecerás de mim? Será para sempre?" (SALMO 13:1). Podemos ecoar esses mesmos pensamentos: *"Quanto tempo, Senhor, antes de responder-me?"*.

No entanto, Deus não é apenas perfeito em Sua sabedoria, mas também em Seu tempo. Davi pôde dizer: "Eu, porém, confio em teu amor; por teu livramento me alegrarei" (v.5). Eclesiastes 3:11 nos relembra: "Deus fez tudo apropriado para seu devido tempo". A palavra *apropriado* pode significar "belo" ou "fonte de deleite". Talvez Deus nem sempre responda às nossas orações na hora que desejamos, mas Ele está sempre cumprindo os Seus sábios propósitos. Tenhamos certeza de que, quando Deus responder, será no tempo certo, será bom e será belo. *BILL CROWDER*

Você já orou e sentiu que talvez Deus estivesse ignorando seus pedidos? Que lição você aprendeu nesse tempo de espera?

Amoroso Deus, por favor, ajuda-me a ter e exercitar a paciência na oração baseada na confiança em ti.

21 de fevereiro

Leitura: APOCALIPSE 3:7-11

Verdades bíblicas:

Aplicação pessoal:

Pedidos de oração:

Respostas de oração:

PORTAS ABERTAS POR DEUS

Abri para você uma porta que ninguém pode fechar. v.8

Na minha nova escola numa cidade grande, o coordenador olhou-me de cima para baixo e colocou-me na pior turma de redação. Minha escola anterior era periférica. Tive notas e resultados excelentes nas provas e recebi um prêmio de redação do diretor. No entanto, a porta para a "melhor" classe de redação fechou-se quando aquele educador julgou que eu não estava preparada ou que não era boa o bastante.

A igreja da Filadélfia entenderia tais contratempos e arbitrariedades, pois era pequena e humilde, numa cidade que sofreu terremotos, danos duradouros e enfrentou oposição satânica (APOCALIPSE 3:9). Aquela igreja tão desconsiderada tinha "pouca força, mas", como Jesus destacou, "obedeceu à [Sua] palavra e não negou [Seu] nome" (v.8). Portanto, Deus abriu diante dela "uma porta [...] que ninguém pode fechar" (v.8). E realmente, "O que ele abre ninguém pode fechar, e o que ele fecha ninguém pode abrir" (v.7).

Isso é verdade para nossos esforços ministeriais. Algumas portas se fecham. Mas Deus abriu portas para minha escrita devotada à Ele, permitindo que ela alcançasse uma audiência global, apesar da porta fechada por um orientador escolar anos atrás. Portas fechadas também não o impedirão, pois Jesus disse: "eu sou a porta" (JOÃO 10:9). Entremos pelas portas que Ele abrir e o sigamos!

PATRICIA RAYBON

Deus lhe abriu portas?
Sua vida pode florescer ao esperar por Suas oportunidades?

Deus, quando as portas se fecharem para mim, que eu volte a ti e ande por Teus caminhos.

COLOCAR-SE NO LUGAR DE JESUS

...revistam-se de compaixão... v.12

Como seria estar no lugar da realeza? Angela Kelly, filha de um estivador e uma enfermeira, sabe. Ela também foi a estilista oficial da falecida rainha Elizabeth II em suas últimas duas décadas de vida. Uma de suas responsabilidades era amaciar os sapatos novos da rainha idosa, andando com eles pelos terrenos do palácio. Havia uma razão para fazer isso: a compaixão por uma senhora de idade, que, às vezes, era obrigada a ficar de pé por longos períodos de tempo durante as cerimônias. Como usavam o mesmo número de sapato, Kelly ajudou-a a não sentir esse desconforto nos pés.

O cuidado de Kelly com a rainha Elizabeth me faz pensar no caloroso encorajamento de Paulo à igreja em Colossos (na atual Turquia): "revistam-se de compaixão, bondade, humildade, mansidão e paciência" (COLOSSENSES 3:12). Quando nossa vida tem Jesus como alicerce (2:7), tornamo-nos "povo santo e amado" de Deus (3:12). Ele nos ajuda a tirar nossa "antiga natureza" e revestir-nos com a "nova natureza" (vv.9-10), vivendo a identidade dos que amam e perdoam os outros, pois Deus os amou e perdoou primeiro (vv.13-14).

Ao nosso redor há aqueles que precisam que nós nos coloquemos no lugar deles e tenhamos compaixão por seus desafios do dia a dia. Ao fazer isso, faremos igual a um rei — Jesus — que sempre tem compaixão por nós.

JAMES BANKS

Deus mostrou compaixão por você?
A quem você pode demonstrar
o amor de Deus hoje?

22 de fevereiro

Leitura: COLOSSENSES 3:8-17

Verdades bíblicas:

Aplicação pessoal:

Pedidos de oração:

Respostas de oração:

Jesus, sou grato por Teu perdão e amor.
Ajuda-me a receber e também
a conceder isso aos outros.

23 de fevereiro

Leitura: EFÉSIOS 2:11-22

Verdades bíblicas:

Aplicação pessoal:

Pedidos de oração:

Respostas de oração:

ACOLHA O ESTRANGEIRO

...vocês já não são [...] forasteiros,
mas concidadãos do povo SANTO
e membros da família de Deus. v.19

Em seu livro *Tudo que é triste é falso* (tradução livre), Daniel Nayeri descreve sua fuga angustiante com sua mãe e irmã da perseguição, passando por um campo de refugiados até alcançar segurança nos Estados Unidos. Um casal idoso concordou em apadrinhá-los, embora não os conhecessem. Anos depois, Daniel ainda não superara isso, e escreveu: "Você acredita nisso? Acolheram-nos, sem saber nada de nós, sem sequer nos conhecer. Se fôssemos vilões, eles pagariam um alto preço. O que fizeram por nós é o ato mais corajoso, gentil e imprudente que posso imaginar".

No entanto, Deus deseja que tenhamos esse mesmo nível de preocupação pelos outros. Ele disse a Israel para ser gentil com os estrangeiros: "amem-nos como a si mesmos. Lembrem-se de que vocês eram estrangeiros [no] Egito" (LEVÍTICO 19:34). Ele também lembrou aos cristãos gentios, muitos de nós, que também eles antes "viviam afastados de Cristo" (EFÉSIOS 2:12). Assim, Ele ordena a todos nós, ex-estrangeiros, tanto judeus quanto gentios: "Não se esqueçam de demonstrar hospitalidade" (HEBREUS 13:2).

Agora adulto e tendo a sua própria família, Daniel elogia Jim e Jean Dawson, "que eram tão cristãos que deixaram uma família de refugiados morar com eles até que encontrassem um lar". Deus acolhe o estrangeiro e nos exorta a acolhê-lo também.

MIKE WITTMER

Você conhece algum estrangeiro?
Como você pode alcançá-lo e acolhê-lo?

Querido Jesus, mostra-me o "estrangeiro" a quem Tu queres que eu ame.

24 de fevereiro

JUNTOS SOMOS MELHORES

É melhor serem dois que um,
[...] quem cai sem ter quem o ajude
está em sérios apuros. vv.9-10

Søren Solkær fotografou por anos os pássaros estorninhos e seu grande espetáculo: revoadas com centenas deles movendo-se com fluidez pelo céu. Assisti-los é como estar sob uma onda rodopiante pré-ensaiada ou uma densa e maciça pincelada que flui em uma sequência caleidoscópica de poses. É notável como os estorninhos seguem instintivamente o colega mais próximo, voando tão próximos que, se um perdesse o ritmo, viraria um caos. Estes pássaros se agrupam para se protegerem. Ao avistarem um falcão, eles entram em formação compacta e movem-se em grupo, repelindo o predador que facilmente os pegaria se estivessem sozinhos.

Juntos somos melhores do que sozinhos! Lemos em Eclesiastes: "É melhor serem dois que um [...] quem cai sem ter quem o ajude está em sérios apuros. [...] duas pessoas que se deitam juntas aquecem uma à outra" (4:9-11). Sozinhos, somos presas fáceis, isoladas e expostas sem o conforto ou proteção dos outros.

Se seguirmos ladeados de irmãos, oferecemos e recebemos auxílio. Ainda no livro de Eclesiastes, lemos: "Sozinha, a pessoa corre o risco de ser atacada e vencida, mas duas pessoas juntas podem se defender melhor. Se houver três, melhor ainda, pois uma corda trançada com três fios não arrebenta facilmente" (v.12). Juntos somos melhores quando Deus nos guia.

WINN COLLIER

De que forma você fica mais vulnerável estando isolado? Como você pode se aproximar dos outros?

Leitura: ECLESIASTES 4:9-12

Verdades bíblicas:

Aplicação pessoal:

Pedidos de oração:

Respostas de oração:

Querido Deus, ajuda-me a comprometer-me a participar de uma comunidade e a estender o Teu amor.

25 de fevereiro

Leitura: COLOSSENSES 1:15-20

Verdades bíblicas:

Aplicação pessoal:

Pedidos de oração:

Respostas de oração:

NÃO É SORTE, É CRISTO

Ele existia antes de todas as COISAS
e mantém tudo em harmonia. v.17

A revista *Discover* sugere que há cerca de 700 quintilhões (o número 7 seguido de 20 zeros) de planetas no Universo, e somente um como a Terra. O astrofísico Erik Zackrisson afirmou que um dos requisitos para um planeta sustentar a vida é orbitar na zona de "Cachinhos Dourados", onde a temperatura é ideal e pode haver água. Desses 700 quintilhões, a Terra parece ser o único planeta onde as condições são perfeitas. Zackrisson concluiu que, de alguma forma, a Terra teve uma "mãozinha da sorte".

Paulo assegurou aos cristãos colossenses de que o Universo existia, não por causa da sorte, mas por causa da obra de Jesus. O apóstolo apresenta Cristo como o criador do mundo: "Pois, por meio dele, todas as coisas foram criadas" (COLOSSENSES 1:16). Jesus não foi apenas o poderoso criador do mundo, mas Paulo ainda diz que "Ele [...] mantém tudo em harmonia" (v.17): um mundo que não é muito quente nem muito frio, mas que é perfeito para a existência humana. O que Jesus criou, Ele mesmo sustenta com Sua sabedoria e poder perfeitos.

À medida que participamos e desfrutamos da beleza da criação, optemos por não apontar para a aleatoriedade da "dona sorte", mas para o propósito do amoroso e poderoso Soberano, que possui "toda a plenitude" de Deus (v.19). *MARVIN WILLIAMS*

O que significa saber que Jesus está no controle do mundo natural e de seu mundo pessoal? Como demonstrar sua dependência dele hoje?

Querido Jesus, sou grato por criares e sustentares a Tua criação com graça e propósito.

SONO TRANQUILO

Deitei-me e dormi; acordei em segurança, pois o SENHOR me guardava. v.5

As memórias e as mensagens ruins e acusadoras inundaram a mente de Saulo. Sem sono, ele suava e o medo preenchia o coração. Era a véspera de seu batismo, e ele não conseguia livrar-se do ataque de pensamentos terríveis. Saulo recebera a salvação em Jesus e sabia que tinha sido perdoado, mas a batalha espiritual seguia. Então sua esposa segurou as mãos dele e orou por ele. Em seguida, a paz substituiu o medo em seu coração. Saulo levantou-se e escreveu as palavras que compartilharia antes do batismo. Após isso, experimentou um sono tranquilo.

O rei Davi sabia o que era ter uma noite inquieta. Quando fugiu do filho Absalão, que desejava seu trono (2 SAMUEL 15–17), ele sabia que "dez mil inimigos [o cercavam] de todos os lados" (SALMO 3:6) e lamentou: "tenho tantos inimigos" (v.1). Embora o medo e a dúvida pudessem vencê-lo, Davi clamou a Deus, seu "escudo" (v.3). Mais tarde, deitou-se e dormiu pois entendeu que "o SENHOR [o] guardava" (v.5).

Quando os medos e lutas dominam a nossa mente e o descanso é substituído por inquietação, encontramos esperança orando a Deus. Talvez não tenhamos um sono tranquilo de imediato como Saulo e Davi, mas em paz deitaremos e dormiremos "pois somente tu, SENHOR, [nos] guardas em segurança" (4:8). Deus está conosco e Ele será nosso descanso. *TOM FELTEN*

O que pesa em sua mente e coração? O que significará entregar estes pesos a Deus em sincera oração?

26 de fevereiro

Leitura: SALMO 3

Verdades bíblicas:

Aplicação pessoal:

Pedidos de oração:

Respostas de oração:

Querido Deus, sou grato por forneceres esperança e paz enquanto elevo minhas orações a ti.

27 de fevereiro

Leitura: LUCAS 18:35-43

Verdades bíblicas:

Aplicação pessoal:

Pedidos de oração:

Respostas de oração:

QUANDO JESUS PARA

Então Jesus parou e ordenou que lhe trouxessem o homem. v.40

O gatinho doente miou por 4 dias, encolhido numa caixa próximo ao meu local de trabalho. Ninguém que passou ali notou a presença do felino abandonado na rua, até que o gari, João, levou o animal para casa, onde morava com dois cachorros (também resgatados da rua). "Cuido deles porque são criaturas que ninguém vê", disse João. "Vejo-me neles. Afinal, ninguém nota os garis."

Enquanto Jesus andava em direção a Jericó no caminho para Jerusalém, um homem cego mendigava à beira da estrada. Ele também se sentiu invisível. E especialmente neste dia, quando a multidão passava e todos os olhos se voltavam a Cristo, ninguém parou para ajudar aquele pedinte.

Ninguém, exceto Jesus. No meio da multidão ruidosa, Jesus ouviu o lamento do homem esquecido. "O que você quer que eu lhe faça?" Cristo perguntou e recebeu a resposta sincera: "Senhor, eu quero ver!". Então Jesus disse: "Receba a visão! Sua fé o curou" (LUCAS 18:41-42).

Às vezes, não nos sentimos invisíveis? Nossos gritos por socorro são abafados por pessoas que parecem ser mais importantes do que nós? Nosso Salvador percebe aqueles com quem o mundo não se importa. Clame a Ele por ajuda! Outros podem ser indiferentes, mas Jesus vai parar e olhar para nós. KAREN HUANG

Jesus o vê! Isso muda a maneira de você ver-se a si mesmo e a sua vida? Quem, ao seu redor, precisa ser percebido, e como você pode "parar" e apoiá-los com o amor de Deus?

Querido Jesus, sou grato por ouvires meu clamor. Ajuda-me a seguir-te e louvar-te por toda a vida.

AJUDA CONTRA A INCREDULIDADE

28 de fevereiro

No mesmo instante, o pai respondeu: "Eu creio, mas ajude-me a superar minha incredulidade" v.24

Leitura: MARCOS 9:14-24

"Onde está minha fé? Mesmo no fundo, não há nada além de vazio e escuridão... Se Deus existe, por favor, perdoa-me."

A autora dessas palavras pode surpreendê-lo. Madre Teresa. Amada e reconhecida como incansável serva dos pobres em Calcutá, na Índia, Madre Teresa travou silenciosamente uma guerra desesperada por sua própria fé ao longo de cinco décadas. Após sua morte em 1997, essa luta veio à tona quando partes de seu diário foram publicadas no livro *Venha, seja minha luz* (Petra, 2017).

O que fazemos com nossas dúvidas ou nossos sentimentos de ausência de Deus? Esses momentos podem atormentar mais alguns cristãos do que outros. Mas muitos fiéis em Jesus Cristo podem, em algum momento de suas vidas, experimentar momentos ou períodos com tais dúvidas.

Sou grato pelas Escrituras nos fornecerem uma bela oração paradoxal, que expressa tanto a fé quanto a falta dela. No evangelho de Marcos, Jesus encontra um pai cujo filho era atormentado por demônios desde a sua infância (9:21). Quando Jesus disse que o homem deveria ter fé, pois "Tudo é possível para aquele que crê" (v.23), o homem lhe respondeu: "Eu creio, mas ajude-me a superar minha incredulidade" (v.24).

Este apelo sincero convida aqueles de nós que lutam contra a dúvida a entregá-la a Deus, confiando que Ele pode fortalecer nossa fé e segurar-nos firmemente em meio aos vales mais profundos e sombrios que possamos vir a atravessar. ADAM R. HOLZ

Verdades bíblicas:

Aplicação pessoal:

Pedidos de oração:

Respostas de oração:

Querido Pai, por favor, ajuda-me a sentir Tua presença em meio à luta contra a incredulidade.

Notas

Março

1º de março

Leitura: SALMO 50:7-15

Verdades bíblicas:

Aplicação pessoal:

Pedidos de oração:

Respostas de oração:

PROPRIETÁRIO OU ADMINISTRADOR?

Pois são meus todos os animais dos bosques... v.10

O CEO de uma grande empresa questionou-se, se de fato, ele era o proprietário ou apenas o mordomo dos seus bens. Ao avaliar o que seria melhor à sua família, preocupou-se com as tentações atrelada à riqueza, pois não queria sobrecarregá-los. Decidiu, então, dispor 100% das suas ações num fundo fiduciário. Reconhecendo que seus bens pertenciam a Deus, ele decidiu permitir que sua família ganhasse a vida trabalhando, e, ao mesmo tempo, direcionou os lucros para financiar o ministério cristão.

Deus diz ao Seu povo: "Pois são meus todos os animais dos bosques, e sou dono do gado nos milhares de colinas" (SALMO 50:10). Sendo o Criador de tudo, Ele não nos deve nada e não precisa em nada de nós. "Não preciso, contudo, dos novilhos de seus estábulos, nem dos bodes de seus currais" (v.9). Ele generosamente fornece tudo o que temos e usamos, como a força e a capacidade para nos sustentar. Como o salmo apresenta, Deus é digno de nossa adoração.

O Senhor é dono de tudo. Mas, por causa de Sua bondade, Ele escolheu entregar Sua vida e relacionar-se com aqueles que se voltam a Ele. Jesus não "veio para ser servido, mas para servir e dar sua vida em resgate por muitos" (MARCOS 10:45). Quando valorizamos Deus acima das dádivas e o servimos com o que Ele nos concedeu, somos abençoados por nos alegrarmos nele para sempre. *JAMES BANKS*

Você é grato pelo que Deus lhe concedeu? Como você pode servi-lo?

Tu fizeste tudo, Deus Criador. Ajuda-me a viver os meus dias como um presente Teu, hoje.

FALAR DA AJUDA DE DEUS

Enquanto estavam com as asas abaixadas, uma voz falou de além da superfície acima deles. v.25

Normalmente, não se pensa em borboletas como barulhentas, pois o bater das asas de uma única borboleta é quase inaudível. Mas na floresta tropical mexicana, onde começa a curta vida de muitas delas, seu bater de asas é extremamente alto. Quando milhões de borboletas monarcas voam ao mesmo tempo, o som lembra o de uma cachoeira.

Temos a mesma descrição quando quatro criaturas aladas bem diferentes aparecem na visão de Ezequiel. Embora fossem em menor número do que as borboletas, Ezequiel compara o som de suas asas às "ondas do mar quebrando na praia" (EZEQUIEL 1:24). Quando as criaturas pararam e abaixaram as asas, Ezequiel ouviu Deus chamando-o para anunciar as palavras divinas aos israelitas (2:7).

Ezequiel, como outros profetas do Antigo Testamento, foi encarregado de falar a verdade ao povo de Deus. Hoje, Deus pede que compartilhemos a verdade de Sua boa obra em nossa vida com as pessoas ao nosso redor (1 PEDRO 3:15). Às vezes, seremos diretamente questionados, com um convite tão "barulhento" quanto uma cachoeira. Outras, o convite poderá parecer um sussurro, como se tivéssemos percebido uma necessidade não dita. Seja o convite grandioso como milhões de borboletas ou discreto como apenas uma delas, devemos escutar atentamente o que Deus quer que digamos, como fez Ezequiel.

KIRSTEN HOLMBERG

Alguém ao seu redor abriu uma fresta para ouvir sobre Deus? Qual é sua reação?

2 de março

Leitura: EZEQUIEL 1:22-28

Verdades bíblicas:

Aplicação pessoal:

Pedidos de oração:

Respostas de oração:

Pai, sou grato por me convidares a compartilhar as boas-novas sobre o Senhor.

3 de março

Leitura: MATEUS 15:7-20

Verdades bíblicas:

Aplicação pessoal:

Pedidos de oração:

Respostas de oração:

UM CORAÇÃO PARA CRISTO

Pois do coração vêm maus pensamentos [...] São essas coisas que os contaminam... vv.19-20

Desde que você mantenha a boca fechada, não fará nada de errado, pensei comigo mesma, segurando minha raiva em relação a uma colega após interpretar mal algo que ela me dissera. Como tínhamos que nos ver todos os dias, limitei a comunicação apenas ao necessário e retaliei, silenciando-me. Como poderia o meu silêncio ser errado?

Jesus diz que o pecado começa no coração (MATEUS 15:18-20). Meu silêncio podia enganar as pessoas, fazendo-as pensar que tudo estava bem, mas não enganava a Deus. Ele sabia que eu escondia um coração cheio de raiva. Eu era como os fariseus que honravam a Deus com os lábios, mas mantinham o coração longe dele (v.8). Mesmo que minha aparência externa não mostrasse meus sentimentos verdadeiros, a amargura dentro de mim apodrecia. A alegria e a proximidade que sempre sentia com meu Pai celestial se foram. Alimentar e esconder o pecado faz isso.

Pela graça de Deus, contei à colega como me sentia e pedi desculpas. Ela gentilmente me perdoou e acabamos virando boas amigas. Jesus disse que "do coração vêm os maus pensamentos" (v.19). O estado de nosso coração é importante porque o mal que reside nele pode transbordar em nossa vida. Tanto o nosso exterior como o nosso interior importam. *KAREN HUANG*

Jesus disse que o pecado no coração nos contamina. Que "maus pensamentos" podem estar contaminando seu coração? De que maneira você pode orar a respeito desse assunto?

Deus amoroso, perdoa-me pelos pecados que alimento no meu coração. Quero agradar-te, ajuda-me a mudar.

JESUS HABITA EM NÓS

Então Cristo habitará em seu coração... v.17

Durante uma nevasca, minha mãe viúva concordou em ficar conosco até o mau tempo passar. Porém ela não voltou para a casa dela. Minha mãe morou conosco pelo restante da sua vida, e a sua presença também mudou nossa casa de maneiras positivas. Ela sempre estava lá para fornecer sabedoria, conselhos e compartilhar histórias familiares. Mamãe e meu marido tornaram-se melhores amigos, compartilhando o mesmo senso de humor e o amor pelos esportes. Ela não era mais apenas visitante, e sim uma residente permanente que transformou para sempre o nosso coração, mesmo após Deus a levar.

A experiência relembra como João descreveu Jesus: Ele "habitou entre nós" (JOÃO 1:14). É tocante porque no original em grego a palavra *habitar* significa "armar uma tenda". Outra tradução diz que Ele "morou entre nós" (NTLH).

Pela fé, recebemos Jesus como Aquele que habita em nosso coração. Como Paulo escreveu: "Peço que, da riqueza de sua glória, ele os fortaleça com poder interior por meio de seu Espírito. Então Cristo habitará em seu coração à medida que vocês confiarem nele. Suas raízes se aprofundarão em amor e os manterão fortes" (EFÉSIOS 3:16-17).

Jesus não é um visitante, mas residente permanente que fortalece todos os que o seguem. Abramos as portas do nosso coração e o acolhamos. *PATRICIA RAYBON*

O que significa abrir o coração a Cristo? Como dar-lhe as boas-vindas hoje?

4 de março

Leitura: EFÉSIOS 3:14-20

Verdades bíblicas:

Aplicação pessoal:

Pedidos de oração:

Respostas de oração:

Amado Jesus, ao habitar em meu coração, torna-me mais semelhante a ti.

5 de março

Leitura: JUÍZES 7:7-8, 16-22

Verdades bíblicas:

Aplicação pessoal:

Pedidos de oração:

Respostas de oração:

O MAIOR PODER DIVINO

Naquela noite, o SENHOR lhe disse: "[...] eu os entreguei em suas mãos!" 7:9

Em 1945, o "Exército Fantasma" ajudou as forças dos EUA a cruzar o rio Reno, dando aos aliados uma base essencial para atacar na Segunda Guerra Mundial. Os soldados não eram fantasmas, todos eram parte das tropas especiais do 23º Quartel General. Nessa data, os 1.100 homens passaram-se por 30.000 homens usando tanques infláveis, efeitos sonoros em alto-falantes, entre outros truques. O pequeno grupo amedrontou o inimigo com o que parecia ser uma força muito maior.

Os midianitas também tremeram diante do pequeno exército que aparentemente cresceu durante a noite (JUÍZES 7:8-22). Gideão, juiz e líder militar de Israel, foi guiado por Deus para fazer de seu pequeno exército uma fonte de terror para o inimigo. Com efeitos sonoros (trombetas, potes de barro quebrados, vozes humanas) e objetos (tochas acesas), rodeando o inimigo como "uma nuvem de gafanhotos" (v.12), ele os fez crer que enfrentavam um adversário colossal. Israel os derrotou naquela noite com um exército de apenas 300 homens, reduzido por ordem de Deus (vv.2-8). Por quê? Para deixar claro quem realmente venceu a batalha. Deus disse a Gideão: "eu os entreguei em suas mãos!" (v.9).

Ao nos sentirmos fracos e inferiores, busquemos a Deus e descansemos em Sua força, pois Seu "poder opera melhor na fraqueza" (2 CORÍNTIOS 12:9).

TOM FELTEN

Querido Jesus, permita-me encontrar a Tua força na minha fraqueza.

FAZER O QUE É BOM

6 de março

Lembre a todos que [...] Devem ser obedientes e sempre prontos a fazer o que é bom. v.1

Leitura: TITO 3:4-8

Embora normalmente não carregasse dinheiro, Patrício sentiu que Deus o fazia colocar uma nota de $20 no bolso antes de sair de casa. Na hora do almoço, na escola onde trabalhava, ele entendeu como Deus o preparou para da agitação do refeitório, ele ouviu estas palavras: "Léo (uma criança carente) precisava de $20 para que pudesse almoçar até o fim daquela semana". Imagine as emoções que Patrício experimentou ao doar seu dinheiro para ajudar o pequeno Léo!

Paulo lembrou aos cristãos que eles não haviam sido salvos por terem "feito algo justo" (TITO 3:5), mas que deveriam "se [dedicar] a fazer o bem" (vv.8-14). A vida pode ser cheia de tarefas, bastante ocupada e agitada. Cuidar do nosso próprio bem-estar pode ser avassalador. No entanto, como cristãos, devemos estar prontos para realizar as boas obras. Em vez de nos sentirmos sobrecarregados com o que não temos ou não podemos fazer, pensemos no que *temos* e *podemos fazer* conforme a ajuda de Deus. Assim ajudamos aos outros em suas necessidades, e Deus é honrado. "Da mesma forma, suas boas obras devem brilhar, para que todos as vejam e louvem seu Pai, que está no céu" (MATEUS 5:16).

ARTHUR JACKSON

O que pode impedi-lo de estar sempre pronto para realizar as boas obras? Como você pode reorganizar sua vida para estar sempre disponível a ajudar as pessoas necessitadas?

Verdades bíblicas:

Aplicação pessoal:

Pedidos de oração:

Respostas de oração:

Pai, perdoa-me pelas vezes em que ignorei fazer o bem. Ajuda-me a estar mais disponível para ajudar.

7 de março

Leitura: PROVÉRBIOS 18:10-12

Verdades bíblicas:

Aplicação pessoal:

Pedidos de oração:

Respostas de oração:

DEUS, NOSSO REFÚGIO

O nome do SENHOR é fortaleza segura; o justo corre para ele e fica protegido. v.10

A adaptação para o cinema *Adoráveis Mulheres*, 2019, levou-me de volta ao livro, para as palavras reconfortantes de Marmee, a mãe sábia e gentil. Sou atraída pela descrição de sua fé inabalável, que fundamenta muitas de suas palavras de encorajamento às filhas. Uma que me chamou a atenção foi: "Problemas e tentações podem ser muitos, mas você os superará e sobreviverá se aprender a sentir a força e a ternura de seu Pai celestial".

Suas palavras ecoam a seguinte verdade: "O nome do SENHOR é fortaleza segura; o justo corre para ele e fica protegido" (PROVÉRBIOS 18:10). As fortalezas foram construídas nas cidades antigas como locais de segurança durante o perigo de um ataque inimigo. Da mesma forma, é correndo para Deus que os cristãos podem sentir paz sob os cuidados daquele que é "nosso refúgio e nossa força" (SALMO 46:1).

Lemos em Provérbios 18:10 que a proteção vem do "nome" de Deus, referindo-se a tudo o que Ele é. As Escrituras descrevem o Senhor como "O Deus de compaixão e misericórdia [...] lento para [se] irar e cheio de amor e fidelidade" (ÊXODO 34:6). A proteção de Deus vem de Sua grande força, Sua ternura e Seu amor, e Ele anseia por dar refúgio aos feridos. Para todos os que estão lutando, nosso Pai celestial oferece um lugar de proteção sob Sua doce e forte mão.

LISA M. SAMRA

Você experimentou a força de Deus e Seu cuidado reconfortante em tempos difíceis?

Pai celestial, ajuda-me a buscar Tua direção tanto nos bons momentos quanto nos difíceis.

USAR AS PROVISÕES DIVINAS

Então o SENHOR *lhe perguntou: "O que você tem na mão?"* v.2

Em 1920, construiu-se um prédio público na Austrália com um projeto incrível. Escadas ostentavam mármore da mesma pedreira que Michelangelo usou para esculpir *Davi*. A torre replicava a da Basílica de São Marcos de Veneza, e sua cúpula era a maior do hemisfério sul. Os construtores queriam um grande Anjo da Paz adornando o pináculo, mas esgotaram-se os recursos. O encanador Fred Johnson os socorreu usando uma cisterna, um antigo poste de luz e sucatas para criar o orbe icônico que coroa a torre há mais de 100 anos.

Assim como se usou o que havia disponível, podemos realizar a obra do Senhor com o que temos. Quando Ele pediu a Moisés que libertasse o povo de Israel, Moisés recusou: "E se não [...] quiserem me ouvir?" (ÊXODO 4:1). Deus o respondeu com a pergunta: "O que você tem na mão?" (v.2). Moisés segurava uma vara. O Senhor disse a ele para jogá-la no chão, "e ela se transformou numa serpente" (v.3). Então Deus instruiu Moisés a pegar a cobra, e ela voltou a ser uma vara. Moisés apenas precisava carregar aquele cajado e confiar que Deus faria o resto. De fato, o Senhor usou aquele instrumento para resgatar Israel dos egípcios (7:10-12;17:5-7).

O que temos pode parecer pouco para nós, mas, com Deus, será o suficiente. Ele pega nossos simples recursos e os usa para Sua obra. WINN COLLIER

O que você tem que pode usar para servir a Deus? Por que é essencial que confie nele?

8 de março

Leitura: ÊXODO 4:1-5

Verdades bíblicas:

Aplicação pessoal:

Pedidos de oração:

Respostas de oração:

Querido Deus, entrego o que tenho a ti.

9 de março

Leitura: ROMANOS 12:9-16

Verdades bíblicas:

Aplicação pessoal:

Pedidos de oração:

Respostas de oração:

PARTILHAR A ALEGRIA CRISTÃ

Jamais sejam preguiçosos, mas trabalhem com dedicação e sirvam ao Senhor com entusiasmo. v.11

Quando o conhecemos, nosso vizinho Ari tirou uma Bíblia desgastada da bolsa. Animado, perguntou-nos se gostaríamos de conversar sobre a Palavra. Concordamos, e ele folheou algumas passagens destacadas, mostrou-nos seu caderno de notas e contou-nos sobre ter montado uma apresentação com mais informações.

Ele nos contou como viera de uma situação familiar difícil e que, sozinho, no pior momento, aceitou a morte e ressurreição de Jesus como o fundamento de sua fé (ATOS 4:12). Sua vida mudou quando o Espírito ajudou-o a seguir os princípios da Bíblia. Embora ele houvesse entregado sua vida a Deus anos antes, seu entusiasmo era revigorante e poderoso.

Tal entusiasmo inspirou-me a reconsiderar minha paixão espiritual, pois eu já caminhava com Cristo havia muitos anos. O apóstolo Paulo escreveu: "Jamais sejam preguiçosos, mas trabalhem com dedicação e sirvam ao Senhor com entusiasmo" (ROMANOS 12:11). Parece difícil, mas não será, se permitirmos que as Escrituras alimentem atitudes que reflitam a contínua gratidão por tudo o que Jesus fez por nós.

Ao contrário dos altos e baixos desta vida, o zelo por Cristo vem do relacionamento cada vez maior com Ele. Quanto mais aprendemos sobre Ele, mais precioso Ele se torna, e mais Sua bondade inunda nossa alma e espalha-se pelo mundo.

JENNIFER BENSON SCHULDT

Como Jesus se sente ao ver seu entusiasmo por Ele? Qual é a relação entre gratidão e zelo?

Querido Jesus, reaviva a minha empolgação por conhecer-te!

DEUS CRIOU TUDO

10 de março

Ó SENHOR, que variedade de coisas criaste! Fizeste todas elas com sabedoria... v.24

Leitura: SALMO 104:24-35

Quando meu filho tinha três anos, visitamos um grande aquário, e ele segurou minha mão. Apontando para uma escultura em tamanho real de uma baleia jubarte suspensa no teto, disse: "Gigante!". A alegria em seus olhos era visível enquanto explorávamos cada exposição. Rimos com a bagunça das lontras na hora da alimentação; ficamos quietos em frente a um grande tanque, hipnotizados pela água-viva marrom e dourada que dançava na água eletricamente azul. "Deus criou todas as criaturas do oceano", eu disse, "da mesma forma que Ele criou você e eu". Ele sussurrou: "Uau!".

O salmista reconheceu a criação abundante de Deus, cantando: "Fizeste todas elas com sabedoria; a terra está cheia de tuas criaturas. Ali está o oceano, vasto e imenso, cheio de seres de todo tipo, grandes e pequenos" (SALMO 104:24-25). Ele proclamou a provisão generosa e agradável de Deus para tudo o que Ele criou (vv.27-28), e também afirmou que Deus determinou os dias de vida de cada um (vv.29-30).

Juntemo-nos ao salmista neste cântico de devoção: "Cantarei ao SENHOR enquanto viver, louvarei meu Deus até meu último suspiro" (v.33). Podemos cantar louvores, pois Deus criou todas as criaturas que existem, das grandes até as pequenas.

XOCHITL DIXON

Em que momento você explorou o maravilhoso mundo que Deus fez e o louvou por isso? Como Deus usou Sua criação para aprofundar sua fé em Seu poder e provisão?

Verdades bíblicas:

Aplicação pessoal:

Pedidos de oração:

Respostas de oração:

Deus, Todo-poderoso Criador e Sustentador de tudo, Tu és digno de todo o meu louvor!

11 de março

Leitura: ECLESIASTES 9:7-10

Verdades bíblicas:

Aplicação pessoal:

Pedidos de oração:

Respostas de oração:

LEMBRE-SE DO CRIADOR

Portanto, coma sua comida com prazer e beba seu vinho com alegria, pois Deus se agrada disso. v.7

Recentemente li um romance sobre uma mulher, Nicola, que recusava-se a reconhecer que tinha câncer terminal. Quando os amigos a forçaram a encarar a verdade, surgiu o motivo da evasão. "Desperdicei minha vida." Nicola nascera com talentos e riqueza, mas não fizera nada de sua vida. "Fui desleixada. Nunca me prendi a nada." A perspectiva de partir deste mundo conquistando tão pouco lhe era muito dolorosa de contemplar.

Eu lia Eclesiastes no mesmo período, e notei esse contraste gritante. O "Mestre, filho de Davi" (1:1) não nos deixa evitar a realidade da morte, pois um dia também desceremos à sepultura (9:10). Embora seja algo difícil de encarar (v.2), leva-nos a valorizar cada momento que temos no presente (v.4), desfrutar intencionalmente de nossa comida e da nossa família (vv.7-9), trabalhar com propósito (v.10), assumir aventuras e riscos (11:1,6) e fazer tudo diante do Deus a quem um dia responderemos (v.9; 12:13-14).

Os amigos de Nicola destacaram que a fidelidade e a sua generosidade com eles provava que a vida dela não tinha sido desperdiçada. Talvez, o conselho do Mestre possa nos salvar de tal crise no final de nossa vida: lembrarmo-nos do nosso Criador (12:1), seguir Seus caminhos e acolher todas as oportunidades de viver e amar que Ele hoje nos oferece. SHERIDAN VOYSEY

Como vivenciar as boas e simples alegrias hoje? Há algo bom que você ainda não tentou fazer?

Pai, agradeço por Tuas dádivas. Desfrutarei das Tuas alegrias e oportunidades por adoração a ti.

12 de março

Depois, irei à presença do rei, mesmo que seja contra a lei. Se eu tiver de morrer, morrerei. v.16

Mary McDowell viveu no início do século 20 e sabia pouco sobre os acontecimentos brutais nos matadouros de Chicago, EUA. Ela morava a 30 quilômetros dali e desconhecia as péssimas condições que levaram os trabalhadores à greve. Mas, ao saber das dificuldades que eles e suas famílias enfrentavam, Mary foi morar entre eles e defendeu sua causa. Ela atendeu às necessidades deles e deu aulas às crianças numa sala improvisada nos fundos de uma loja.

Ester também defendeu uma vida melhor para os outros, mesmo que aquelas dificuldades não lhe afetassem. Sendo a rainha da Pérsia (ESTER 2:17) tinha privilégios que o povo israelita, ali exilado, não tinha. No entanto, ela assumiu a causa deles e arriscou sua vida por eles, dizendo: "irei à presença do rei, mesmo que seja contra a lei. Se eu tiver de morrer, morrerei" (4:16). Ela poderia ter se calado, pois seu marido, o rei, não sabia que ela era judia (2:10). Mas Ester ouviu os pedidos de ajuda de seus parentes e agiu corajosamente a seu favor, revelando uma conspiração maligna que planejava destruir os judeus.

Podemos não assumir grandes causas como Mary McDowell ou a rainha Ester, mas podemos ouvir as necessidades dos outros e usar o que Deus nos concedeu para ajudá-los. *KATARA PATTON*

Como você usa o que você tem para ajudar os outros? Que papel você pode desempenhar no sustento dos que não moram próximos a você?

Leitura: ESTER 4:10-17

Verdades bíblicas:

Aplicação pessoal:

Pedidos de oração:

Respostas de oração:

Querido Deus, por favor, concede-me sabedoria e coragem para servir aos necessitados.

13 de março

Leitura: SALMO 118:1-9

Verdades bíblicas:

Aplicação pessoal:

Pedidos de oração:

Respostas de oração:

GRITOS POR SOCORRO

*Em minha angústia, orei ao SENHOR;
o SENHOR me ouviu e me livrou.* v.5

Presa sob uma construção desmoronada por um terremoto, Gina, uma menina síria de cinco anos, clamava pela equipe de resgate enquanto protegia seu irmãozinho dos escombros que os cercavam. "Tire-me daqui. Eu farei qualquer coisa", gritou, com o coração partido. "Eu serei sua serva."

Gritos de angústia são encontrados em todos os Salmos: "Em minha angústia, orei ao SENHOR" (SALMO 118:5). Talvez nunca experimentemos o peso esmagador de um soterramento, porém todos reconhecemos os medos sufocantes de um diagnóstico médico desafiador, problemas econômicos, incerteza sobre o futuro ou término de um relacionamento.

Nesses momentos, somos propensos a barganhar com Deus por libertação. Mas Ele não precisa ser persuadido a ajudar. Deus promete responder e, embora nem sempre remova o problema, Ele estará conosco, do nosso lado. Também não precisamos temer nenhum outro perigo, sequer a morte. Com o salmista, dizemos: "Sim, o SENHOR está comigo, e ele me ajudará; olharei com triunfo para os que me odeiam" (v.7).

Deus não nos promete um resgate tão dramático quanto o de Gina e seu irmão, mas podemos confiar em nosso Deus fiel, que também resgatou o salmista e o "livrou" (v.5). Ele conhece a nossa situação e jamais nos abandonará, nem mesmo na morte.

MATT LUCAS

*Como Deus demonstrou Sua fidelidade
quando você enfrentou um perigo?*

*Pai celestial, clamo a ti,
sabendo que Tu me ouves. Sou grato
por Tua fidelidade e amor.*

SÓ DEUS SATISFAZ

14 de março

Certo dia, quando Jacó preparava um ensopado, Esaú chegou exausto e faminto. v.29

Leitura: GÊNESIS 25:29-34

Uma pequena fortuna em comida: camarões gigantes, sanduíches, saladas e outros alimentos foram entregues em uma casa, mas lá não estava acontecendo uma festa. Na verdade, quem pediu a comida foi um menino de seis anos. Como isso aconteceu? O pai deixou-o brincar com seu celular antes de dormir, e o filho comprou o banquete de vários restaurantes. "Por que você fez isso?", o pai perguntou ao filho, que se escondia sob a coberta. O menininho respondeu: "Estava com fome". O apetite e a imaturidade dele causaram um grande prejuízo.

O apetite de Esaú lhe custou muito mais do que dinheiro. Ele estava exausto, desesperado por comida, e disse ao irmão: "Estou faminto! [...] Dê-me um pouco desse ensopado vermelho!" (GÊNESIS 25:30). Jacó respondeu pedindo o direito à primogenitura de Esaú (v.31). Esse direito incluía a posição de destaque de Esaú, a bênção das promessas de Deus, uma porção dobrada da herança e o privilégio de ser o líder espiritual da família. Cedendo ao seu apetite, "Esaú comeu" e "desprezou seu direito como filho mais velho" (v.34).

Ao passarmos por provações e desejarmos algo, em vez de deixar nosso apetite nos levar a erros e pecados, busquemos nosso Pai celestial, o único que satisfaz a alma faminta com "coisas boas" (SALMO 107:9).

MARVIN WILLIAMS

Você já cedeu à tentação, e isso lhe custou caro? Por que só Deus pode satisfazer o desejo mais profundo de nossa alma?

Verdades bíblicas:

Aplicação pessoal:

Pedidos de oração:

Respostas de oração:

Querido Deus, lembra-me da minha primogenitura espiritual quando eu for tentado a pecar.

15 de março

Leitura: ECLESIASTES 5:8-15

Verdades bíblicas:

Aplicação pessoal:

Pedidos de oração:

Respostas de oração:

LEGADO ETERNO

Observei ainda outro grave problema debaixo do sol: o acúmulo de riquezas prejudica seu dono. v.13

Enquanto tempestades de areia devastavam os Estados Unidos durante a Grande Depressão, John Millburn Davis, residente do Kansas, decidiu tornar-se conhecido. Milionário e sem filhos, ele poderia ter investido em caridade ou desenvolvimento econômico. Em vez disso, encomendou 11 estátuas em tamanho real dele e de sua falecida esposa para expor no cemitério local. "Sou odiado no Kansas", disse Davis a um jornalista. O povo queria que ele financiasse a construção de instalações públicas como hospitais, parques, entre outros. No entanto, tudo que ele disse foi: "O dinheiro é meu e eu o gasto como quiser".

O rei Salomão, o homem mais rico de sua época, escreveu: "Quem ama o dinheiro nunca terá o suficiente" e "Quanto mais você tem, mais pessoas aparecem para ajudá-lo a gastar" (ECLESIASTES 5:10-11). Salomão tornou-se profundamente consciente da tendência corruptora da riqueza.

O apóstolo Paulo também entendeu tal tendência e optou por viver em obediência a Jesus. Aguardando sua execução numa prisão romana, escreveu: "minha vida já foi derramada como oferta para Deus [...] Lutei o bom combate, terminei a corrida e permaneci fiel" (2 TIMÓTEO 4:6-7).

Não é o que esculpimos em pedra ou acumulamos para nós mesmos que permanece, mas o que damos por amor uns aos outros e a Deus, que nos ensina a amar.

TIM GUSTAFSON

Como você será lembrado? Que mudanças precisa fazer sobre seu legado eterno?

Pai celestial, ajuda-me a derramar minha vida pelos outros de alguma forma hoje.

16 *de março*

"Venha para a Macedônia e ajude-nos!" v.9

Leitura: ATOS 16:1-10

Em 1701, a Igreja Anglicana fundou a *Sociedade para a propagação do evangelho*, visando enviar missionários ao redor do mundo. O lema escolhido foi: *"transiens adiuva nos"* ("Venha e ajude-nos!", em latim). Este é o chamado dos embaixadores do evangelho desde o primeiro século, à medida que os seguidores de Cristo levavam a mensagem de Seu amor e perdão a um mundo desesperadamente carente dessa mensagem.

A frase "venha e ajude-nos" vem da "súplica da Macedônia", descrita em Atos 16. Paulo e seus companheiros chegaram a Trôade (v.8), na costa oeste da Ásia Menor, atual Turquia. "Naquela noite, Paulo teve uma visão, na qual um homem da Macedônia em pé lhe suplicava: 'Venha para a Macedônia e ajude-nos!'" (v.9). Ao ter recebido essa visão, Paulo e seus companheiros partiram "de imediato para a Macedônia" (v.10), compreendendo a importância vital daquele chamado.

Nem todos são chamados a atravessar os mares, mas podemos apoiar os que são chamados por Deus com as nossas orações e ofertas financeiras. E todos nós podemos espalhar as boas-novas de Jesus a alguém, seja com quem trabalha na mesma sala, do outro lado da rua ou em nossa comunidade. Oremos para que nosso bom Deus permita-nos oferecer às pessoas a maior ajuda possível: a chance de receber perdão pelo nome de Jesus.

BILL CROWDER

Aonde Deus está lhe chamando para compartilhar sua fé? Como Ele pode capacitá-lo a fazer isso hoje?

Verdades bíblicas:

Aplicação pessoal:

Pedidos de oração:

Respostas de oração:

Pai amoroso, capacita-me para ser embaixador de Tuas boas-novas para quem precisa de Jesus.

17 de março

Leitura: NÚMEROS 11:16-17, 27-29

Verdades bíblicas:

Aplicação pessoal:

Pedidos de oração:

Respostas de oração:

LIDERANÇA VOLTADA PARA O REINO

Que bom seria se todos [...] fossem profetas e se o SENHOR colocasse seu Espírito sobre todos eles! v.29

Ao juntar-me a um grupo de escritores cristãos de livros infantis que orava uns pelos outros, ajudando-se a divulgar seus trabalhos, alguns diziam que éramos “tolos por trabalhar com concorrentes”. Mas o grupo estava comprometido com a liderança voltada para o reino de Deus, promovendo a comunidade, não a competição. Temos o mesmo objetivo: espalhar o evangelho. Servimos ao mesmo Rei, Jesus. Juntos, alcançamos mais pessoas com nosso testemunho.

Quando Deus pediu a Moisés para escolher 70 homens com experiência em liderança, falou: “Tomarei um pouco do Espírito que está sobre você e o colocarei sobre eles. Assim, dividirão com você o peso do povo, para que não precise carregá-lo sozinho” (v.17). Mais tarde, Josué viu dois anciãos profetizando e disse a Moisés para pará-los. Moisés disse: “Você está com ciúmes por mim? Que bom seria se todos [...] fossem profetas e se o SENHOR colocasse seu Espírito sobre todos eles!” (v.29).

Se tendemos a nos concentrar em competições ou comparações que nos impeçam de trabalhar junto aos demais, o Espírito Santo pode capacitar-nos a ignorar essa tentação. Quando pedimos a Deus que alimente em nós uma liderança voltada ao Seu reino, Ele espalhará o evangelho ao redor do mundo e pode, até mesmo, aliviar nossas cargas ao servirmos juntos.

XOCHITL DIXON

Espírito Santo, torna-me um líder voltado para o Reino, alcançando mais pessoas com o evangelho.

EU SOU

18 de março

Deus respondeu a Moisés:
"Eu Sou o que Sou." v.14

Leitura: ÊXODO 3:11-15

Jack tinha uma mente brilhante e era professor de filosofia e literatura. Ele se declarou ateu aos 15 anos e na idade adulta defendeu fortemente sua "fé ateísta". Amigos cristãos tentaram persuadi-lo ("Todos se juntaram do outro lado", dizia). Mas ele admitia que a Bíblia era diferente de outras literaturas e mitos. Sobre os evangelhos, escreveu: "Se algum dia um mito fosse verdadeiro e encarnasse, seria exatamente assim".

Um trecho bíblico tocou Jack: Êxodo 3. Deus chama Moisés para liderar os israelitas para fora do Egito. Moisés perguntou a Deus: "Quem sou eu para me apresentar ao faraó?" (v.11). Deus respondeu: "EU SOU O QUE SOU" (v.14). Esta passagem é um jogo complexo de palavras e nomes, refletindo a presença eterna de Deus desde o princípio. Mais tarde, Jesus repete o mesmo: "antes mesmo de Abraão nascer, Eu Sou!" (JOÃO 8:58).

Jack, mais conhecido como C. S. Lewis, foi profundamente persuadido por esta passagem. Isso era tudo que o único Deus verdadeiro *deveria* dizer, simplesmente que Ele é o "EU SOU". Em uma virada em sua vida, Lewis "cedeu e admitiu que Deus era Deus". Assim iniciou-se a jornada de Lewis em sua busca por conhecer Jesus.

Talvez lutemos quanto a crer ou, talvez, com uma fé morna. Talvez devamos nos perguntar se Deus é realmente o "EU SOU" em nossa vida.

KENNETH PETERSEN

O que significa ouvir Deus dizer: "Eu Sou"? Como isso influenciará seus dias?

Verdades bíblicas:

Aplicação pessoal:

Pedidos de oração:

Respostas de oração:

Querido Deus, venho a ti, maravilhado.
Tu és o "Eu Sou" em minha vida, e não há outro.

19 de março

Leitura: COLOSSENSES 3:22–4:1

Verdades bíblicas:

Aplicação pessoal:

Pedidos de oração:

Respostas de oração:

MESTRE NO CÉU

Senhores, sejam justos e imparciais [...]. Lembrem-se de que vocês também têm um Senhor... 4:1

O governo de Singapura decretou, em 2022, que todos os empregados domésticos imigrantes deviam ter pelo menos um dia de descanso mensal, sem necessitarem compensar seus empregadores por esse dia de folga. Os empregadores, no entanto, preocupavam-se quanto a não ter alguém para cuidar de seus parentes nesses dias. Embora isso pudesse resolver-se com combinados, sua atitude de não ver a necessidade de descanso não era tão fácil de resolver.

Ter consideração pelos outros não é uma questão recente. Na época de Paulo, os servos eram vistos como propriedade de seus senhores. No entanto, na última linha de suas instruções à igreja sobre como as famílias cristãs deveriam agir, ele diz que os senhores devem tratar seus servos com justiça (COLOSSENSES 4:1).

Paulo diz aos servos para que "trabalhem de bom ânimo, como se fosse para o Senhor, e não para os homens" (3:23), e também, lembra aos senhores sobre a autoridade de Jesus sobre eles: "vocês também têm um Senhor no céu" (4:1). Seu propósito era encorajar os cristãos colossenses a viver como pessoas cuja autoridade final é Cristo. Em nossa interação com os outros (seja empregador ou empregado, em nossas casas ou comunidades), podemos pedir a Deus que nos ajude a sermos "justos e imparciais" (v.1).

JASMINE GOH

Você já tratou alguém com injustiça? Em seu trabalho ou em casa, que mudanças fará para tratar os outros com consideração?

Pai, perdoa-me por quando fui injusto. Ajuda-me a submeter-me a ti como o Senhor da minha vida.

ALEGRE CONFIANÇA

20 de março

Como é feliz o que confia no SENHOR... v.4

Leitura: SALMO 40:1-5

Uma mulher resgatou Rex de um abrigo de animais, livrando-o da eutanásia, e o cachorro tornou-se companheiro dela. Por dez anos, ele dormiu tranquilo ao lado da cama dela, mas um dia começou a pular e lamber seu rosto. Ela o repreendia, mas todas as noites Rex repetia o comportamento: "Ele pulava em meu colo para lamber meu rosto sempre que eu me sentava."

Enquanto planejava levá-lo para ser adestrado, ela refletiu sobre como Rex era insistente, pois ele a lambia no mesmo lugar da mandíbula. A mulher foi ao médico, e descobriu um tumor microscópico (câncer ósseo). O médico disse-lhe que, se ela esperasse mais, provavelmente teria morrido. Ela confiou nos instintos de Rex e ficou feliz por tê-lo feito.

As Escrituras nos dizem repetidamente que confiar em Deus nos leva à vida e à alegria. "Como é feliz o que confia no SENHOR" (SALMO 40:4), diz o salmista. Algumas traduções reforçam isso ainda mais: "Bem-aventurado o homem que põe no SENHOR a sua confiança" (40:4 ARA). *Felicidade* nos Salmos comunica abundância, uma alegria que transborda.

Quando confiamos em Deus, o resultado final é uma felicidade profunda e genuína. Essa confiança pode não ser fácil e os resultados podem não ser o que imaginamos. Mas se confiarmos em Deus, ficaremos felizes por tê-lo feito. *WINN COLLIER*

O que dificulta a sua confiança em Deus? Crer que será feliz ao confiar nele transforma o seu coração?

Verdades bíblicas:

Aplicação pessoal:

Pedidos de oração:

Respostas de oração:

Querido Deus, desejo a felicidade que só Tu podes trazer, ajuda-me a confiar em ti.

21 de março

Leitura: ISAÍAS 58:6-12

Verdades bíblicas:

Aplicação pessoal:

Pedidos de oração:

Respostas de oração:

AJUDAR COMO DEUS NOS AJUDA

...ajudem os aflitos. Então sua luz brilhará na escuridão... v.10

Ole Kassow, de Copenhague, adorava pedalar. Certa manhã, viu um idoso sentado sozinho com seu andador num parque. Inspirou-se com a ideia simples de oferecer aos idosos a alegria e a liberdade de um passeio de bicicleta. Alugou um triciclo, num dia ensolarado, parou em uma casa de repouso e ofereceu um passeio a quem quisesse. Encantou-se quando um membro da equipe e um morador idoso tornaram-se os primeiros ciclistas do *Ciclismo Sem Idade*.

Agora, 20 anos depois, o sonho de ajudar quem sente falta do ciclismo abençoou cerca de 575.000 idosos, com milhões de pedaladas para ver amigos, tomar sorvete ou "sentir o vento no rosto". Os idosos dizem dormir melhor, comer melhor e sentem-se menos solitários.

Isso traz à vida as palavras de Deus a Seu povo: "ajudem os aflitos. Então sua luz brilhará na escuridão, e a escuridão ao redor se tornará clara como o meio-dia" (ISAÍAS 58:10). Deus prometeu: "O SENHOR os guiará continuamente, lhes dará água quando tiverem sede e restaurará suas forças. Vocês serão como um jardim bem regado, como a fonte que não para de jorrar" (v.11).

Deus disse ao Seu povo: "Reconstruirão as ruínas desertas de suas cidades" (v.12). O que Deus fará por meio de nós? À medida que o Senhor nos ajuda, que estejamos prontos para ajudar os outros.

PATRICIA RAYBON

Em sua cidade, quem precisa de ajuda? Que ajuda você pode oferecer a eles hoje?

Querido Deus, mostra-me uma maneira simples de ajudar os outros para que encontrem vida em ti.

AMAR: O PRÓXIMO PASSO

22 de março

...não nos limitemos a dizer que amamos uns aos outros; demonstremos [...] por meio de nossas ações. v.18

O que levaria alguém a ajudar um concorrente? Para Adolfo, o dono de um restaurante, foi a oportunidade de encorajar outros donos de estabelecimentos locais com dificuldades a adaptarem-se durante a pandemia de COVID-19. Adolfo viu em primeira mão os desafios de gerenciar um negócio naquele contexto. Incentivado pela generosidade de outra empresa, gastou seu dinheiro comprando mais de 2 mil dólares em cartões-presente, distribuindo-os aos clientes para que usassem em outros restaurantes da região. Esse ato de amor foi feito não só com palavras, mas com atitude.

Com base na expressão máxima de amor, demonstrada por Jesus ao dar a vida por nós (1 JOÃO 3:16), João incentivou os outros a dar o próximo passo ao amar o próximo de forma prática. Para João, dar a vida pelos irmãos significava demonstrar o mesmo tipo de amor que Jesus demonstrou, tomando a forma de ações práticas do dia a dia na maioria das vezes, como compartilhar bens materiais. Não bastava amar com palavras, o amor exigia atitudes sinceras e significativas (v.18).

Tomar uma atitude amorosa pode ser difícil, pois muitas vezes requer sacrifício pessoal ou nos desfavorecermos pelos outros. Capacitados pelo Espírito de Deus e lembrando-nos de Seu generoso amor por nós, podemos dar o próximo passo.

LISA M. SAMRA

Você já experimentou o amor em ação? Como você pode dar o próximo passo e amar alguém de maneira prática?

Leitura: 1 JOÃO 3:16-18

Verdades bíblicas:

Aplicação pessoal:

Pedidos de oração:

Respostas de oração:

Querido Jesus, ajuda-me a seguir Teu exemplo e dar o próximo passo: demonstrar amor genuíno em minhas ações hoje.

23 de março

Leitura: 1 PEDRO 2:11-12

Verdades bíblicas:

Aplicação pessoal:

Pedidos de oração:

Respostas de oração:

AMOR GIGANTE

Procurem viver de maneira exemplar [...]. Assim, [...] verão seu comportamento correto e darão glória a Deus... v.12

Minha companheira de voo me disse que não era religiosa, mas que tinha emigrado para uma cidade com muitos cristãos. Ao mencionar que a maioria de seus vizinhos ia à igreja, perguntei sobre sua experiência e ela disse que nunca poderia retribuir tanta generosidade. Quando ela trouxe seu pai deficiente para seu novo país, seus vizinhos construíram uma rampa até sua casa e doaram uma cama hospitalar e suprimentos médicos. Ela disse: "Se ser cristão torna alguém tão gentil, todos deveriam ser cristãos".

É exatamente o que Jesus esperava que ela dissesse! Ele disse a Seus discípulos: "Da mesma forma, suas boas obras devem brilhar, para que todos as vejam e louvem seu Pai, que está no céu" (MATEUS 5:16). Pedro ouviu a ordem de Cristo e passou adiante: "Procurem viver de maneira exemplar entre os que não creem [...]. Assim, [...] verão seu comportamento correto e darão glória a Deus" (1 PEDRO 2:12).

Nossos vizinhos que não creem em Jesus podem não entender no que cremos e porque cremos. Não se preocupe; o principal é eles também ficarem tocados com a extensão do nosso amor. Minha colega ficou maravilhada com o fato de seus vizinhos cristãos continuarem cuidando dela, mesmo ela não sendo cristã. Ela sabe que é amada por amor a Jesus e dá graças a Deus. Ela ainda não crê em Cristo, mas é grata por outros crerem. *MIKE WITTMER*

Você conhece alguém que precisa de Jesus? Como amá-los por amor a Ele?

Pai celestial, que a Tua luz brilhe por meio de meu testemunho.

EU TE OUÇO, DEUS!

O porteiro lhe abre a porta, e as ovelhas reconhecem sua voz e se aproximam. v.3

O bebê agitava-se no colo, conforme a mãe o segurava e os médicos colocavam nele o seu primeiro aparelho auditivo. Momentos após o médico ligar o aparelho, o bebê parou de chorar. Seus olhos se arregalaram e ele sorriu. Ele podia ouvir a voz de sua mãe trazendo conforto, coragem e chamando o seu nome.

O pequeno ouviu sua mãe falando, mas necessitava de ajuda para aprender a reconhecer a voz dela e a entender o significado de suas palavras. Jesus convida as pessoas a um processo de aprendizado semelhante. Uma vez que aceitamos a Cristo como nosso Salvador, tornamo-nos as ovelhas que Ele conhece profundamente, as quais Ele mesmo guia (JOÃO 10:3). Podemos aumentar a confiança e obediência a Ele ao nos esforçarmos a ouvir e obedecer à Sua voz (v.4).

No Antigo Testamento, Deus falou por meio dos profetas. No Novo Testamento, Jesus, Deus encarnado, falou diretamente às pessoas. Hoje, os cristãos têm acesso ao poder do Espírito Santo, que nos ajuda a entender e a obedecer às palavras de Deus, inspiradas e preservadas na Bíblia. Podemos nos comunicar diretamente com Jesus por meio das orações, enquanto Ele fala conosco por meio da Bíblia e de Seu povo. À medida que reconhecemos Sua voz, sempre alinhada com a Bíblia, podemos louvá-lo e clamar: "Eu te ouço, Deus!".

XOCHITL DIXON

Deus usou a Bíblia para falar com você? Como transmitir Sua sabedoria a quem precisa de conforto ou encorajamento?

24 de março

Leitura: JOÃO 10:1-11,16

Verdades bíblicas:

Aplicação pessoal:

Pedidos de oração:

Respostas de oração:

Eu te ouço, Deus! Ajuda-me a receber e compartilhar a verdade e o amor que revelaste na Bíblia.

25 de março

Leitura: MATEUS 25:31-40

Verdades bíblicas:

Aplicação pessoal:

Pedidos de oração:

Respostas de oração:

AMAR A DEUS AO AMAR OS OUTROS

Eu lhes digo a verdade: quando fizeram isso ao menor destes meus irmãos, foi a mim que o fizeram. v.40

A família Alba deu à luz a dois pares de gêmeos idênticos com 13 meses de diferença. Como conciliavam as responsabilidades parentais com seus empregos? Sua comunidade, amigos e familiares colaboraram. Os avós de ambos os lados levavam uma dupla de gêmeos durante o dia para que os pais pudessem trabalhar e pagar pelo plano de saúde. Uma empresa doou fraldas por um ano. Os colegas de trabalho deles doaram seus dias de folga. "Não poderíamos ter feito isso sem nossa comunidade", disseram. De fato, numa entrevista ao vivo, a apresentadora precisou correu atrás de uma das crianças que fugia, reafirmando o senso de comunidade!

Em Mateus 25:31-46, Jesus conta uma parábola, enfatizando que, ao servirmos aos outros, servimos a Deus. Depois de listar atos de serviço, como fornecer comida aos famintos, água aos sedentos, hospedagem aos desabrigados, roupas aos necessitados e tratar os enfermos (vv.35-36), Jesus conclui: "Eu lhes digo a verdade: quando fizeram isso ao menor destes meus irmãos, foi a mim que o fizeram" (v.40).

A verdadeira motivação para servirmos em nossa comunidade, família, igreja e mundo é ter Jesus como o destinatário de nossa bondade. Quando Ele nos incita a sacrificialmente suprir as necessidades dos outros, nós o servimos. Quando amamos os outros, amamos a Deus. *ELISA MORGAN*

Como você pode amar a Deus amando os outros?

Deus amoroso, abra meus olhos para as necessidades dos outros, para que eu possa ajudá-los e amar-te melhor.

ESQUECER O BÁSICO

O erro de vocês está em não conhecerem as Escrituras nem o poder de Deus... v.29

O McDonald's liderava o mercado com seu hambúrguer *Quarterão* (em inglês, "Um quarto"). Nos anos 1980, uma rede rival tentou destroná-lo e ofereceu o *Third Pound* (isto é, "Um terço"), maior que o do McDonald's, pelo mesmo preço. O novo hambúrguer superava o outro em vários testes, mas foi um fracasso de vendas. Ele acabou sendo retirado do menu. Uma pesquisa mostrou que o público não entendia a matemática, pensando que o *Third Pound* era menor que o *Quarterão*. Uma ideia boa falhou porque as pessoas não sabiam o básico.

Jesus alertou sobre a facilidade de esquecer o básico. Líderes religiosos, tramando enganá-lo e desacreditá-lo na semana de Sua crucificação, apresentaram um cenário hipotético sobre uma mulher que se tornou viúva sete vezes (MATEUS 22:23-28). Jesus respondeu que esse dilema não era um problema, mas sim o fato de eles não conhecerem "as Escrituras nem o poder de Deus" (v.29). Segundo Jesus, as Escrituras não se destinam a responder quebra-cabeças lógicos ou filosóficos: seu objetivo principal é levar-nos a conhecer e amar Jesus, recebendo "vida eterna" nele (JOÃO 5:39). Estes são os itens essenciais que os líderes esqueceram.

Muitas vezes esquecemos o básico. O principal objetivo da Bíblia é o encontro com Jesus. Seria devastador nos esquecermos disso. *WINN COLLIER*

Você compreende os princípios básicos da Palavra? Como retornar ao fundamento, que é Jesus?

26 de março

Leitura: MATEUS 22:23-33

Verdades bíblicas:

Aplicação pessoal:

Pedidos de oração:

Respostas de oração:

Querido Deus, às vezes perco-me mesmo em meio às coisas boas. Por favor, ajuda-me.

27 de março

Leitura: MARCOS 11:12-20

Verdades bíblicas:

Aplicação pessoal:

Pedidos de oração:

Respostas de oração:

FRUTÍFEROS EM CRISTO

Viu que, a certa distância, havia uma figueira cheia de folhas e foi ver se encontraria figos. v.13

Cíntia animou-se com o novo emprego numa ONG, uma oportunidade de fazer a diferença! Porém, logo descobriu que seus colegas não tinham o mesmo entusiasmo. Eles zombavam da missão da organização e davam desculpas para o mau desempenho, enquanto buscavam outros trabalhos mais lucrativos. Cíntia desejou nunca ter se candidatado ao emprego. O que parecia ótimo à distância, decepcionava-a de perto.

Aconteceu o mesmo com Jesus ao ver a figueira da história de hoje (MARCOS 11:13). Era início da estação, e as folhas já indicavam figos precoces. A árvore tinha brotos, mas não produzira frutos ainda. Desapontado, Jesus amaldiçoou-a: "Nunca mais comam de seu fruto!" (v.14). No dia seguinte, a árvore secou (v.20).

Cristo jejuou por 40 dias, logo, sabia ficar sem alimento. Amaldiçoar a figueira não era sobre Seu apetite, e sim uma lição certeira. A árvore representava Israel, com os elementos da verdadeira religião, mas sem o foco correto. Eles estavam prestes a matar o Messias, o Filho de Deus. Seria possível serem mais estéreis?

De longe, podemos parecer bons, mas Jesus se aproxima, procurando frutos que só o Seu Espírito pode produzir. Tal fruto não precisa ser espetacular, mas deve ser sobrenatural, como amor, alegria e paz em tempos difíceis (GÁLATAS 5:22). Confiando no Espírito, podemos produzir frutos para Jesus.

MIKE WITTMER

Que fruto os outros veem em você? Como tornar-se mais frutífero?

Espírito Santo, poda-me para que eu possa produzir

OS LÍDERES DO SALMO 72

Que o [...] rei seja como a chuva sobre a grama recém-cortada, como os aguaceiros que regam a terra. v.6

Em 2022, o primeiro-ministro inglês renunciou após a constatação de um "lapso de integridade" (o seguinte também renunciou meses depois). Isso aconteceu após o ministro da Saúde participar de um café da manhã anual de oração entre os parlamentares e convencer-se da necessidade de integridade na vida pública, renunciando ao seu cargo. Outros ministros renunciaram e o primeiro-ministro notou que precisava sair também. Foi um momento marcante, desencadeado por uma singela reunião de oração.

Somos chamados a orar por nossos líderes políticos (1 TIMÓTEO 2:1-2), e o Salmo 72 é um bom guia. Traz a descrição do trabalho dos governantes e uma oração para ajudá-los a cumprir tal tarefa. O líder ideal é descrito como alguém justo e íntegro (vv.1-2), defensor dos vulneráveis (v.4), servo dos necessitados (vv. 12-13) e resistente à opressão (v.14). Seu trabalho é tão revigorante como "chuva sobre a grama recém-cortada" (v.6), trazendo prosperidade (vv.3,7,16). Embora apenas o Messias possa cumprir perfeitamente esse papel (v.11), que melhor padrão de liderança poderia ser almejado?

A saúde do país é mantida pela integridade de seus representantes. Busquemos "líderes do Salmo 72" para nossas nações e os ajudemos a incorporar as qualidades encontradas neste salmo, orando por eles.

SHERIDAN VOYSEY

Que qualidades você procura num líder? Como orar com frequência por seus líderes locais e nacionais?

28 de março

Leitura: SALMO 72:1-7

Verdades bíblicas:

Aplicação pessoal:

Pedidos de oração:

Respostas de oração:

Pai, capacita os nossos líderes para que sejam pessoas de justiça, integridade e bondosas.

29 de março

Leitura: JOÃO 12:23-26

Verdades bíblicas:

Aplicação pessoal:

Pedidos de oração:

Respostas de oração:

RENASCIMENTO EM JESUS

...se o grão de trigo [...]
não morrer, ficará só. Sua morte [...]
produzirá muitos novos grãos. v.24

Leonardo da Vinci foi *o* renascentista. Sua habilidade intelectual trouxe avanços em várias áreas de estudo. Também escreveu sobre "dias miseráveis" e lamentou que morremos "sem deixar para trás lembrança alguma de nós na mente dos homens".

"Eu pensava que aprendia como viver", escreveu, "mas aprendia como morrer". Ele estava mais perto da verdade do que percebera. Aprender a morrer é o caminho para a vida. Após a entrada triunfal de Jesus em Jerusalém, no que chamamos Domingo de Ramos (JOÃO 12:12-19), Cristo disse: "se o grão de trigo não for plantado na terra e não morrer, ficará só. Sua morte, porém, produzirá muitos novos grãos" (v.24). Falava de Sua própria morte, mas expandiu-a, incluindo todos nós: "Quem ama sua vida neste mundo a perderá. Quem odeia sua vida neste mundo a conservará por toda a eternidade" (v.25).

Paulo escreveu sobre morrermos e sermos sepultados com Cristo "pelo batismo [...]. E, assim como ele foi ressuscitado dos mortos pelo poder glorioso do Pai, agora nós também podemos viver uma nova vida. Uma vez que nossa união com ele se assemelhou à sua morte, assim também nossa ressurreição será semelhante à dele" (ROMANOS 6:4-5).

Por meio de Sua morte, Jesus nos oferece um novo nascimento, o verdadeiro significado de *renascimento*. Ele forjou o caminho para a vida eterna com Seu Pai.

TIM GUSTAFSON

Querido Pai, não consigo encontrar significado e propósito em lugar algum, somente em ti.

NOS BRAÇOS DIVINOS

30 de março

...estarei com ele em meio às dificuldades... v.15

Leitura: SALMO 91:1-2,14-16

O som da broca aterrorizou Sara, de apenas cinco anos. Ela saltou da cadeira do dentista e recusou-se a voltar. Acenando com a cabeça, compreensivo, o dentista disse ao pai: "Papai, sente-se na cadeira". João pensou que deveria mostrar à filha que aquilo era fácil. Mas então o dentista virou-se para a garotinha e disse: "Agora sente no colo do seu papai". Com o pai embalando-a em seus braços tranquilizadores, Sara acalmou-se e o dentista pôde continuar.

Naquele dia, João aprendeu uma grande lição sobre o conforto de ter a presença de seu Pai celestial. "Às vezes, Deus opta por não remover o que temos que passar, mas nos diz: 'Estarei lá com você'. Deus me mostrou que está comigo."

O Salmo 91 revela a presença reconfortante e o poder de Deus que nos concede forças para enfrentarmos nossas provações. Saber que podemos descansar em Seus braços poderosos nos dá grande segurança, assim como Sua promessa aos que o amam: "Quando clamar por mim, eu responderei e estarei com ele em meio às dificuldades" (v.15).

Há muitos desafios e provações inevitáveis na vida, e certamente passaremos por dores e sofrimentos. Porém, com os braços tranquilizadores de Deus ao nosso redor, seremos capazes de suportar tais crises e circunstâncias, permitindo que Ele fortaleça nossa fé ao passarmos por elas.

LESLIE KOH

Por quais provações você está passando? Como lembrar-se de que Deus está sempre com você?

Verdades bíblicas:

Aplicação pessoal:

Pedidos de oração:

Respostas de oração:

Pai querido, ajuda-me com a Tua presença reconfortante a enfrentar as minhas provações.

31 de março

Leitura: ECLESIASTES 3:1-11

Verdades bíblicas:

Aplicação pessoal:

Pedidos de oração:

Respostas de oração:

A PRESENÇA DIVINA HOJE E SEMPRE

Ele [Deus] colocou um senso de eternidade no coração humano... v.11

Monique estava sofrendo. Ela tinha amigos que tinham confiado em Jesus e ela respeitava a forma deles de lidar com as lutas da vida. Até invejava-os um pouco nisso. Mas Monique pensava que não conseguiria viver como eles, pois ter fé em Cristo, para ela, significava seguir ordenanças. Por fim, um colega da universidade a ajudou a ver que Deus não desejava estragar a vida dela, e sim que, em meio aos altos e baixos, o Senhor queria o melhor para ela. Quando Monique entendeu isso, confiou e creu em Jesus como seu Salvador, acolhendo a magnífica verdade sobre o amor de Deus por ela.

O rei Salomão poderia dar conselhos semelhantes a Monique. Ele reconheceu que no mundo há tristezas. De fato, "Há um momento certo para tudo" (ECLESIASTES 3:1), "Tempo de chorar, e tempo de rir" (v.4). Mas há muito mais, pois Deus "colocou um senso de eternidade no coração humano" (v.11). Nessa eternidade, viveremos em Sua presença.

Quando Monique confiou em Jesus, Ele lhe concedeu "vida plena" (JOÃO 10:10). No entanto, ela ainda ganhou muito mais! Por meio da fé, o "senso de eternidade no coração" dela tornou-se a promessa de um futuro em que ela esquecerá as lutas da vida (ISAÍAS 65:17) e a gloriosa presença de Deus será uma realidade eterna.

DAVE BRANON

De que maneira você já experimentou a vida gratificante que Jesus oferece? Medite sobre alguns motivos de sua gratidão a Cristo.

Querido Jesus, sou grato por tornares valiosa esta vida e pelas alegrias eternas que me aguardam.

Abril

1º de abril

Leitura: HEBREUS 10:19-25

Verdades bíblicas:

Aplicação pessoal:

Pedidos de oração:

Respostas de oração:

ENCONTRANDO-NOS EM JESUS

E não deixemos de nos reunir, como fazem alguns, mas encorajemo-nos mutuamente... v.25

Ao passar por circunstâncias difíceis de dor e lutas emocionais e espirituais na minha vida, teria sido fácil abandonar a igreja; às vezes, questionava-me: *Por que me incomodar?* Mas senti-me compelida a seguir frequentando-a todos os domingos.

Embora minha situação tenha permanecido a mesma por longos anos, reunir-me e adorar a Deus junto a outros cristãos nos cultos, reuniões de oração ou estudos bíblicos trazia-me o encorajamento necessário para perseverar e permanecer esperançosa. Tantas vezes, não ouvi apenas uma mensagem ou ensinamento edificante, mas recebi o consolo, um ouvido amigo ou o abraço de outras pessoas.

O autor de Hebreus escreveu: "E não deixemos de nos reunir [...], mas encorajemo-nos mutuamente" (HEBREUS 10:25). Ele sabia que, ao enfrentarmos adversidades e dificuldades, precisaremos do suporte dos outros, e que eles precisarão do nosso. Portanto, ele nos relembra: "Apeguemo-nos firmemente, sem vacilar, à esperança que professamos" e "pensemos em como motivar uns aos outros na prática do amor e das boas obras" (vv.23-24). Esse é o grande motivo do encorajamento e, é por isso que Deus nos orienta a continuar nos reunindo. Alguém pode precisar de seu encorajamento amoroso, e você pode surpreender-se com o que receberá em troca.

ALYSON KIEDA

Você já se sentiu encorajado após sair de um culto de adoração? Por quê? Quem precisa do seu apoio e segurança?

Pai amoroso, que eu nunca desista de reunir-me com meus irmãos, mas que juntos provemos a Tua paz e amor.

NOVO MANDAMENTO DO AMOR

2 de abril

...lhes dou um novo mandamento: Amem uns aos outros. v.34

Leitura: JOÃO 13:3-5,12-15,31-35

Os membros da família real do Reino Unido iniciaram uma tradição no século 13: presentear os cidadãos necessitados na véspera da Sexta-feira Santa. A prática enraizou-se a partir do significado da palavra para a Quinta-Feira Santa, *maundy*, que vem do termo latino para *mandamento ou ordem*. Neste dia, celebra-se o mandamento novo que Jesus deu aos Seus discípulos na noite antes de morrer: "Assim como eu os amei, vocês devem amar uns aos outros" (JOÃO 13:34).

Jesus foi um líder que assumiu o papel de servo ao lavar os pés de Seus amigos (v.5). Ele então os convocou a fazer o mesmo: "Eu lhes dei um exemplo a ser seguido. Façam como eu fiz a vocês" (v.15). E em um ato de sacrifício ainda maior, entregou a Sua vida, morrendo na cruz (19:30). Por misericórdia e amor por nós, Ele se entregou para que pudéssemos desfrutar de uma vida plena.

A tradição da família real britânica de servir aos necessitados continua como exemplo de continuidade do grande ato de Jesus. Podemos não ter nascido numa condição privilegiada, mas ao colocarmos nossa fé no Filho, nos tornamos membros de Sua família. Também podemos demonstrar nosso amor ao viver Seu novo mandamento. Na dependência do Espírito de Deus para transformar nosso interior, podemos alcançar as outras pessoas com cuidado, firmeza e graça.

AMY BOUCHER PYE

Você pratica a liderança servil? De que forma é possível "amar uns aos outros" hoje?

Verdades bíblicas:

Aplicação pessoal:

Pedidos de oração:

Respostas de oração:

Meu amado Salvador, supremo Servo, sou grato por Teu presente de amor: a entrega de Tua vida por mim.

3 de abril

Leitura: 1 PEDRO 3:13-18

Verdades bíblicas:

Aplicação pessoal:

Pedidos de oração:

Respostas de oração:

JESUS, NOSSO SUBSTITUTO

Cristo [...] morreu pelos pecadores [...]. Sofreu morte física, mas foi ressuscitado pelo Espírito. v.18

Um jovem rico, de 20 anos, fazia "racha" com seus amigos quando atropelou e matou alguém. Embora ele tenha recebido uma sentença de três anos de prisão, alguns creem que o rapaz no tribunal (e que, posteriormente, cumpriu a pena) foi um substituto contratado pelo motorista criminoso. Sabe-se que essas coisas ocorrem em alguns países, onde os culpados contratam dublês para não pagar por seus crimes.

Isso pode soar escandaloso e ultrajante, mas, há mais de 2.000 anos, Jesus foi nosso substituto e "sofreu por nossos pecados [...]. Embora nunca tenha pecado, morreu... (1 PEDRO 3:18). Como sacrifício divino imaculado, Cristo sofreu e morreu "de uma vez por todas" (HEBREUS 10:10) por todos os que creem nele, levando o castigo por todos os nossos pecados em Seu corpo na cruz. Ao contrário de hoje, em que se escolhe ser um substituto de criminosos para obter dinheiro, a morte substitutiva de Cristo na cruz traz esperança, pois Ele livre e voluntariamente deu Sua vida por nós (1 PEDRO 3:15-18; JOÃO 10:15). Ele o fez para diminuir o abismo entre nós e Deus.

Que possamos nos regozijar e encontrar conforto e confiança nesta verdade profunda: somente pela morte substitutiva de Jesus nós, pobres pecadores, podemos ter um relacionamento e ligação espiritual completa com nosso Deus amoroso.

MARVIN WILLIAMS

O que significa para você ter acesso a Deus e à vida eterna por causa da morte de Cristo na cruz?

Querido Jesus, sou grato por teres morrido em meu lugar para que eu pudesse ter acesso a Deus.

A PAIXÃO DE CRISTO

4 de abril

Sofreu o castigo para que fôssemos restaurados e recebeu açoites para que fôssemos curados. v.5

Antes do ator Jim Caviezel interpretar Jesus no filme *A Paixão de Cristo* (2004), o diretor Mel Gibson o alertou de que o papel seria dificílimo e poderia impactar negativamente a carreira dele. Mesmo assim, ele aceitou o papel, dizendo: "Temos que conseguir, mesmo sendo difícil".

Durante as filmagens, Caviezel foi atingido por um raio, perdeu muito peso e feriu-se acidentalmente na cena de açoitamento. Depois, afirmou: "Não queria que me vissem. Desejava que vissem apenas Jesus. As conversões acontecerão por intermédio de Cristo". O filme impactou profundamente Caviezel e outros participantes, e só Deus sabe quantos, dos milhões que o assistiram, tiveram a vida transformada.

A paixão de Cristo refere-se ao tempo de maior sofrimento de Jesus, desde a entrada triunfal no Domingo de Ramos até a traição, a zombaria, o açoitamento e a crucificação. O relato aparece nos quatro evangelhos.

O profeta Isaías predisse o Seu sofrimento e as consequências: "Mas ele foi ferido por causa de nossa rebeldia e esmagado por causa de nossos pecados. Sofreu o castigo para que fôssemos restaurados e recebeu açoites para que fôssemos curados" (53:5). Todos nós "nos desviamos como ovelhas" (v.6). Mas, por causa da crucificação e ressurreição de Jesus, podemos ter paz com Deus. Seu sofrimento abriu caminho para estarmos com Ele. *ALYSON KIEDA*

Que aspecto da vida e do sofrimento de Cristo mais o impacta?

Leitura: ISAÍAS 53:4-7, 10-12

Verdades bíblicas:

Aplicação pessoal:

Pedidos de oração:

Respostas de oração:

Precioso Salvador, é difícil expressar minha gratidão por Teu sofrimento, morte e ressurreição por mim.

5 de abril

Leitura: MATEUS 28:1-10

Verdades bíblicas:

Aplicação pessoal:

Pedidos de oração:

Respostas de oração:

JESUS CRISTO RESSUSCITOU HOJE!

Ele não está aqui! Ressuscitou, como tinha dito [...]. Venham, vejam onde seu corpo estava. v.6

Antes de pastor Charles Simeon frequentar a universidade em Cambridge, na Inglaterra, ele amava o luxo dos cavalos e roupas, gastando fortunas em trajes elegantes todos os anos. Mas a universidade exigia que ele fosse regularmente aos cultos da igreja, e ele começou a refletir sobre a fé. Depois de ler livros de autores cristãos, ele experimentou uma conversão dramática, bem no domingo de Páscoa. Acordou cedo no dia 4 de abril de 1779, gritando: "Jesus Cristo ressuscitou hoje! Aleluia!". À medida que crescia em sua fé em Deus, dedicou-se ao estudo da Bíblia, à oração e a frequentar os cultos da capela.

Na primeira Páscoa, a vida se transformou para as duas mulheres que foram ao túmulo de Jesus. Elas testemunharam um forte terremoto, quando um anjo rolou a pedra que lhe servia de porta e lhes disse: "Sei que vocês procuram Jesus, que foi crucificado. Ele não está aqui! Ressuscitou, como tinha dito" (MATEUS 28:5-6). Radiantes, elas adoraram a Jesus e voltaram correndo para contar as boas-novas aos outros.

Encontrar o Cristo ressuscitado não é algo reservado para tempos antigos, pois Ele promete nos encontrar aqui e agora. Podemos ter um encontro dramático, como as mulheres no túmulo ou como Charles Simeon, ou algo mais simples. Seja como for que Jesus se revele a nós, podemos confiar que Ele nos ama. AMY BOUCHER PYE

Como Deus se revelou a você?
Esse encontro com Ele o transformou?

Jesus ressurreto, adoro-te!
Sou grato por Tua vinda e morte na cruz
que me dão a vida eterna.

NOSSA NOVA NATUREZA EM CRISTO

6 de abril

...e revistam-se de sua nova natureza, criada para ser verdadeiramente justa e santa como Deus. v.24

Leitura: EFÉSIOS 4:17-28

A árvore em nosso quintal derrubava muitas pinhas e folhas pontudas. O jardineiro especialista olhou-a e explicou o problema: "Pinheiros são assim mesmo". Eu esperava uma explicação melhor, mas há coisas que são o que são.

Felizmente, nossa vida espiritual não é limitada por ações ou atitudes imutáveis. Paulo enfatizou essa verdade libertadora aos novos cristãos em Éfeso. Os gentios estavam com o coração endurecido com "toda espécie de impureza" e a mente "mergulhada na escuridão" (EFÉSIOS 4:18), fechada para Deus, buscando somente o prazer e a ganância (v.19).

Mas, tendo ouvido "falar de Jesus" (v.21) e Sua verdade, o apóstolo Paulo escreveu-lhes para que se livrassem da "antiga natureza e de seu velho modo de viver". Observou como a velha natureza é corrompida "pelos desejos impuros e pelo engano" (v.22). E acrescentou: "Deixem que o Espírito renove seus pensamentos e atitudes e revistam-se de sua nova natureza, criada para ser verdadeiramente justa e santa como Deus" (vv.23-24).

Paulo listou novas maneiras de viver: parar de mentir, xingar, roubar, resistir à raiva e usar "as mãos para trabalhar com empenho e honestidade e [...] ajudar generosamente os necessitados" (v.28). Nosso novo ser em Cristo permite que vivamos uma vida digna de nosso chamado, rendidos ao caminho do nosso Salvador. *PATRICIA RAYBON*

O que significa revestir-se de seu "novo eu"? Como seguir o caminho do Salvador?

Verdades bíblicas:

Aplicação pessoal:

Pedidos de oração:

Respostas de oração:

Querido Jesus, entrego-me a ti, renova a minha natureza e torna-me mais parecido contigo.

7 de abril

Leitura: SALMO 107:1-9

Verdades bíblicas:

Aplicação pessoal:

Pedidos de oração:

Respostas de oração:

CINCO COISAS BOAS

Deem graças ao SENHOR, porque ele é bom; seu amor dura para sempre! v.1

Segundo uma pesquisa, as pessoas que demonstram gratidão com frequência têm um sono melhor, sentem menos sintomas de doenças e são mais alegres. Benefícios impressionantes! Os psicólogos até sugerem manter um "diário de gratidão" para melhorar nosso bem-estar, anotando cinco coisas pelas quais somos gratos toda semana.

Há séculos a Bíblia incita a prática da gratidão. De refeições e casamentos (1 TIMÓTEO 4:3-5) até as belezas da criação (SALMO 104), a Bíblia nos ensina a vermos tudo como presentes de Deus e a louvar o Criador. O Salmo 107 lista cinco coisas pelas quais Israel devia demonstrar gratidão: o resgate do deserto (vv.4-9), a libertação do cativeiro (vv.10-16), a cura de doenças (vv.18-22), a segurança no mar (vv.23-32) e a prosperidade numa terra estéril (vv.33-42). "Que louvem o SENHOR", repete o salmo, por estes sinais do "grande amor" de Deus (vv.8,15,21,31).

Você tem um papel disponível? Pode anotar cinco coisas boas pelas quais você é grato agora? Pode ser a refeição que você acabou de desfrutar, seu casamento ou, como Israel, os resgates de Deus em sua vida. Agradeça pelos pássaros cantando lá fora, pelos cheiros da sua cozinha, pelo conforto em sua casa, pelos entes queridos. Cada um é um presente e um sinal do grande amor de Deus. *SHERIDAN VOYSEY*

Por que a Bíblia sempre nos alerta a sermos gratos? Reflita sobre cinco coisas boas pelas quais você é grato hoje.

Deus Pai, sou grato pelas bênçãos que trouxeste à minha vida e louvo a ti. Senhor, por tudo te agradeço.

ALEGRIA NA CIDADE

8 de abril

A cidade inteira comemora o sucesso dos justos... v.10

Quando França e Argentina se enfrentaram na final da Copa do Mundo de 2022, foi uma disputa incrível, e muitos a chamaram de "a maior disputa da história da Copa". Na prorrogação estavam empatados e foram aos pênaltis. A Argentina venceu e o país explodiu em comemorações. Mais de um milhão de argentinos lotaram o centro da capital. As imagens de drones nas redes sociais mostraram a feliz e barulhenta cena. Uma reportagem de TV descreveu como a cidade tremeu com a "explosão de alegria".

A alegria sempre é um presente maravilhoso. O livro de Provérbios nos descreve como uma cidade ou povo pode experimentar alegria ainda mais profunda e duradoura. Quando os justos são bem-sucedidos, "A cidade inteira comemora" (11:10). É uma boa notícia quando os que vivem verdadeiramente conforme os desígnios de Deus para a humanidade influenciam uma cidade, pois significa que a justiça de Deus está presente. A ganância diminui, os pobres encontram apoio e os oprimidos são protegidos. Sempre que a vida floresce de acordo com a vontade de Deus, há alegria e bênção (v.11).

Se vivermos genuinamente no caminho de Deus, o resultado será bom para todos. A maneira como vivemos tornará a comunidade ao redor melhor e mais completa. Deus nos convida a fazer parte de Sua obra para curar o mundo, levando alegria à cidade.

WINN COLLIER

Há falta de alegria onde você vive?
Você pode levar-lhes a alegria de Deus?

Leitura: PROVÉRBIOS 11:1-11

Verdades bíblicas:

Aplicação pessoal:

Pedidos de oração:

Respostas de oração:

Querido Deus, por favor, ajuda-me a unir-me a ti em levar a Tua alegria aos outros.

9 de abril

Leitura: ROMANOS 13:11-14

Verdades bíblicas:

Aplicação pessoal:

Pedidos de oração:

Respostas de oração:

REVESTIR-SE DE CRISTO

...deixem de lado as obras das trevas como se fossem roupas sujas e vistam a armadura da luz. v.12

Eu estava animada para colocar meus óculos pela primeira vez, mas depois de apenas algumas horas quis jogá-los fora. Meus olhos doíam e a cabeça latejava para se ajustar à nova visão. Minhas orelhas sofriam por causa da nova armação. No dia seguinte, gemi ao lembrar que tinha que usá-los. Precisei fazer a escolha de usar meus óculos todos os dias para que meu corpo se ajustasse. Demorou algumas semanas, mas depois disso, mal notava usá-los.

Colocar algo novo requer ajustes, mas nos acostumamos com o tempo e entendemos que o ajuste nos convém. Podemos até ver coisas que não víamos antes. Em Romanos 13, o apóstolo Paulo instruiu os cristãos a vestir "a armadura da luz" (v.12) e viver corretamente. Eles já eram seguidores de Jesus, mas parece que estavam dormindo, complacentes. Eles precisavam despertar e agir, comportar-se decentemente e abandonar todo pecado (vv.11-12). Paulo os encorajou a revestirem-se com Jesus e tornarem-se mais semelhantes a Ele em seus pensamentos e ações (v.14).

Não começamos a refletir a maneira de ser amorosa, gentil, amável, cheia de graça e fiel de Jesus da noite para o dia. É um longo processo de escolher "vestir a armadura da luz" diariamente, mesmo quando não o queremos, por ser desconfortável. Com o tempo, Cristo nos muda para melhor.

KAREN PIMPO

Como "revestir-se" de Jesus hoje? Como essa prática torna o "ajuste divino" mais fácil, com o tempo?

Jesus, sou grato por me transformares dia após dia.

OLHOS PARA VER

10 de abril

Eu o darei a meu povo, [...] e você será luz para guiar as nações: abrirá os olhos dos cegos... vv.6-7

Leitura: ISAÍAS 42:5-9

Genoveva tinha que "ser os olhos" de seus três filhos, todos nascidos com catarata congênita. Sempre que os levava para sua aldeia na República do Benin, na África Ocidental, amarrava o seu bebê nas costas e segurava a mão dos dois mais velhos, atenta a qualquer perigo. Em uma cultura que acredita que a cegueira era causada por feitiçaria, Genoveva desesperou-se e clamou a Deus por ajuda.

Então, certo homem contou-lhe sobre o *Mercy Ships* (Navios de misericórdia), um ministério que oferece importantes cirurgias e honra Jesus ao trazer esperança e cura aos necessitados. Sem saber se poderiam ajudá-la, aproximou-se deles. Quando as crianças acordaram após suas cirurgias, elas podiam ver!

A história de Deus sempre foi sobre estar ao lado daqueles envoltos em trevas e trazer-lhes à Sua luz. O profeta Isaías declarou que Deus seria "uma luz para guiar as nações" (ISAÍAS 42:6). Ele iria abrir "os olhos dos cegos" (v.7), restaurando não só a visão física, mas também a visão espiritual. Prometeu-lhes segurar a mão de Seu povo (v.6). Deus restaurou a visão aos cegos e trouxe luz aos que viviam nas trevas.

Se você se sente derrotado pela escuridão, apegue-se à esperança, à medida que se reveste das promessas de nosso amoroso Pai, pedindo-lhe que a Sua luz o ilumine.

AMY BOUCHER PYE

Como Deus abriu os seus olhos, física ou espiritualmente? Como Ele pode fazê-lo enxergar o que você ainda não vê?

Verdades bíblicas:

Aplicação pessoal:

Pedidos de oração:

Respostas de oração:

Pai celestial, Tu desejas que todos vivam na luz. Libera Teu amor para que todos vejam Tua verdade.

11 de abril

Leitura: SALMO 65:8-13

Verdades bíblicas:

Aplicação pessoal:

Pedidos de oração:

Respostas de oração:

A NATUREZA SE ALEGRA

Os campos estão [...] forrados de cereais; toda a terra grita e canta de alegria! v.13

Muitas vezes brinquei carinhosamente com minha sogra sobre a habilidade dela em falar com seus cachorros. Ela reage aos latidos deles com amorosidade e compreensão. Talvez agora ela e os donos de cães em todos os lugares do mundo até ouçam seus amigos caninos rirem. Os cientistas descobriram que muitos animais, incluindo cães, vacas, raposas, focas e periquitos, têm "sinais vocais de lazer", ou seja, risadas. Identificar esses sons ajuda a distinguir os comportamentos brincalhões de um animal, que poderiam outrora parecer difíceis para um observador humano.

O fato de os animais expressarem riso e alegria nos dá um vislumbre incrível de como seria se as outras partes da criação louvassem a Deus à sua própria maneira. Quando o rei Davi olhou ao seu redor, pareceu-lhe que "os montes florescem de alegria" e "toda a terra grita e canta de alegria!" (SALMO 65:12-13). Davi reconheceu que Deus cuidou e enriqueceu a terra, proporcionando a beleza e o sustento.

Mesmo que nosso ambiente físico não cante de modo literal, tudo testemunha a obra de Deus em Sua criação, convidando-nos a louvá-lo com a nossa voz. Que nós, "habitantes dos confins da terra", fiquemos admirados pelas maravilhas divinas e o louvemos com "gritos de alegria" (v.8). Podemos confiar que Ele os ouvirá e entenderá.

KIRSTEN HOLMBERG

Como o ambiente ao seu redor o encoraja a louvar a Deus? Onde mais você vê a obra divina?

Amado Deus, sou grato por Tua contínua obra na criação.

AGENTES DA PAZ DIVINA

Assim como [...] testemunhou a meu respeito aqui em Jerusalém, deve fazê-lo [...] em Roma. 23:11

12 de abril

Leitura: ATOS 21:27-32,37; 22:1-2

Nina foi a um protesto pacífico, movida por seu desejo de justiça. Os manifestantes caminharam em poderoso silêncio pelo centro da cidade, mas dois ônibus trouxeram agitadores e um motim estourou. Com o coração partido, Nina foi embora. Parecia que as boas intenções deles eram infrutíferas.

Quando Paulo visitou o templo em Jerusalém, seus opositores viram-no ali. Eles eram "da província da Ásia" (ATOS 21:27) e viam Jesus como uma ameaça ao seu modo de viver. Gritando mentiras e rumores sobre Paulo, eles criaram problemas rapidamente (vv.28-29). Um grupo arrastou o apóstolo para fora do templo e o espancou. Soldados vieram correndo.

Enquanto o prendiam, Paulo perguntou ao comandante romano se poderia falar à multidão (vv.37-38). Quando foi concedida a permissão, ele falou à multidão na língua deles, surpreendendo-os e prendendo a atenção deles (v.40). E assim, um tumulto tornou-se uma chance para Paulo compartilhar sua história de resgate da religiosidade vazia (22:2-21).

Algumas pessoas amam a violência e as divisões. Não desanime: elas não vencerão. Deus busca cristãos corajosos para compartilhar Sua luz e paz com o mundo. O que parece uma crise pode ser a sua oportunidade de demonstrar o amor de Deus a alguém.

TIM GUSTAFSON

Você já enfrentou uma crise, sem conseguir entendê-la? O Espírito Santo pode ajudá-lo a encontrar sabedoria sobre como agir?

Verdades bíblicas:

Aplicação pessoal:

Pedidos de oração:

Respostas de oração:

Pai, meu coração dói por nosso mundo despedaçado. Ajuda-me a sentir a Tua presença ao viver nele.

13 de abril

Leitura: GÊNESIS 1:1-10

Verdades bíblicas:

Aplicação pessoal:

Pedidos de oração:

Respostas de oração:

O DEUS DA ORDEM

A terra era [...] vazia, a escuridão cobria as águas [...], e o Espírito [...] se movia sobre [...] águas. v.2

Sérgio pegou todos os remédios que encontrou em casa. Criado em uma família disfuncional e cheia de desordem, sua vida era uma bagunça. Sua mãe sofria violência de seu pai, até que este tirou a própria vida. Agora Sérgio queria simplesmente "acabar" com a dele. Mas então lhe veio à mente: *Para onde irei quando morrer?* Pela graça de Deus, Sérgio não morreu naquele dia. E com o tempo, após estudar a Bíblia com um amigo, ele creu em Jesus como seu Salvador. Parte do que atraiu Sérgio para Deus foi ver a beleza e a ordem na criação. Ele disse: "Vejo coisas que são lindas e perfeitas. Alguém fez tudo isso".

Em Gênesis 1, lemos sobre Deus, que realmente criou todas as coisas. E embora a Terra fosse "sem forma e vazia" (v.2), Ele trouxe ordem à desordem. Ele "separou a luz da escuridão" (v.4), colocou a terra no meio dos mares (v.10) e fez plantas e criaturas de acordo com "sua espécie" (vv.11-12,21,24-25). Como Sérgio veio a entender, Aquele que "criou os céus e a terra e pôs todas as coisas no devido lugar" (ISAÍAS 45:18) traz paz e ordem às vidas entregues a Cristo.

A vida pode ser caótica e desafiadora. Louve a Deus porque Ele "não é Deus de desordem, mas de paz" (1 CORÍNTIOS 14:33). Vamos louvá-lo hoje, pedindo que nos ajude a encontrar a beleza e a ordem que somente Ele oferece.

TOM FELTEN

Que caos você vive em sua vida? Como Deus pode ajudá-lo a viver em ordem e paz?

Deus Criador, sou grato pela paz que somente Tu ofereces. Com Tuas mãos e poder nos transformas.

14 de abril

DEUS CONHECE NOSSAS NECESSIDADES

Busquem, em primeiro lugar, o reino de Deus... v.33

Leandro, motorista de aplicativo, tomou rapidamente seu café à beira da estrada. A circulação de passageiros voltou à cidade após o fim dos bloqueios do COVID-19. *O jogo de hoje significa mais passageiros, pensou. Recuperarei a renda perdida e posso parar de me preocupar.*

Prestes a voltar a dirigir, ele avistou Ronaldo num banco. O gari parecia preocupado, precisando conversar. *Mas cada minuto conta, ponderou. Quanto mais passageiros, mais renda. Não posso demorar.* Porém Leandro sentiu que Deus desejava que ele falasse com Ronaldo, então ele o fez.

Jesus sabia como era difícil não se preocupar (MATEUS 6:25-27), portanto nos afirma que nosso Pai celestial sabe exatamente o que precisamos (v.32). Ele nos lembra de não nos sentirmos ansiosos, mas confiarmos nele e fazermos Sua vontade (vv.31-33). Ao aceitar e obedecer Seus propósitos, confiamos que o nosso Pai, que "veste com tamanha beleza as flores silvestres que [...] amanhã são lançadas ao fogo", proverá por nós de acordo com Sua vontade, assim como provê para toda a criação (v.30).

Por fim, devido a conversa deles, o gari orou e tornou-se cristão. Leandro compartilhou: "E Deus ainda proveu-me com passageiros suficientes naquele dia, lembrou-me de que as minhas necessidades eram Sua preocupação e que eu deveria simplesmente segui-lo". *KAREN HUANG*

Seu coração está muito ansioso? Como você pode entregar suas preocupações a Deus?

Leitura: MATEUS 6:25-34

Verdades bíblicas:

Aplicação pessoal:

Pedidos de oração:

Respostas de oração:

Querido Deus, Tu prometeste cuidar de mim, por isso sei que não devo preocupar-me.

15 de abril

Leitura: JOÃO 14:1-7

Verdades bíblicas:

Aplicação pessoal:

Pedidos de oração:

Respostas de oração:

NOSSO LAR COM JESUS

...quando tudo estiver pronto, virei buscá-los, para que estejam sempre comigo, onde eu estiver. v.3

"Não há lugar como o lar", disse Dorothy, batendo seus sapatinhos vermelhos para poder voltar para casa com seu cão, Totó, em *O Mágico de Oz* (Autêntica, 2023). Mas não há sapatinhos mágicos para todos. Embora muitos compartilhem do desejo de voltar para casa, encontrando o lugar ao qual pertencem, é mais fácil falar do que conseguir.

Por vivermos num mundo que se transforma rapidamente, podemos sentir uma forte desconexão de tudo ao redor. Imaginamos se encontraremos algum dia um lugar ao qual pertençamos de verdade. Mas esse sentimento reflete também uma realidade mais profunda, expressa por C. S. Lewis: "Se encontro em mim um desejo que nenhuma experiência neste mundo satisfaz, a explicação óbvia é que fui feito para outro mundo".

Na noite anterior à cruz, Jesus assegurou aos Seus discípulos esse lar: "Na casa de meu Pai há muitas moradas. Se não fosse assim, eu lhes teria dito. Vou preparar lugar para vocês" (JOÃO 14:2). Um lar onde somos acolhidos e amados.

No entanto, temos um lar agora também. Somos parte da família de Deus, a Igreja, e vivemos em comunidade com nossos irmãos em Cristo. Até o dia em que Jesus retornar para nos levar ao lar que ansiamos, podemos viver em Sua paz e alegria. Estamos sempre em casa na presença de Jesus.

BILL CROWDER

Saber que Jesus o levará para Sua casa eterna o ajuda a lidar melhor com a vida na Terra?

Deus de amor e misericórdia, ajuda-me a aguardar com expectativa estar em Tua presença, para sempre.

PRONTO PARA SERVIR A DEUS

16 de abril

...suplico-lhes que vivam de modo digno do chamado que receberam. v.1

O livro *Estrelas além do tempo* (Harper Collins, 2016) relata a ida de John Glenn ao espaço. Os computadores eram recentes e sujeitos a erros em 1962. Glenn não confiava neles e preocupava-se com os cálculos do lançamento, mas sabia que uma mulher inteligente poderia calcular esses números e confiava nela. "Se ela disser que os números estão certos, irei", disse Glenn.

Katherine Johnson era professora, mãe, amava Jesus e servia em sua igreja. Deus a abençoara com uma mente brilhante. Por volta de 1950, a NASA a contratou para auxiliar no programa espacial. Na época, Glenn se referiu a ela como um "computador humano".

Nosso chamado pode não ser para a matemática, mas Deus nos chama para algo: "A cada um de nós, porém, ele concedeu uma dádiva, por meio da generosidade de Cristo" (EFÉSIOS 4:7). Devemos viver "de modo digno" do chamado recebido (v.1). Somos parte de um só corpo, no qual cada um cumpre "sua função específica" (v.16).

Os cálculos de Katherine confirmaram a trajetória, e o lançamento à órbita foi perfeito. Mas esse era apenas um dos seus chamados! Lembre-se, ela também era mãe, professora e obreira na igreja. Podemos nos perguntar para o que Deus nos chama, seja grande ou pequeno. Estamos prontos para exercer os dons da dádiva concedida, vivendo "de modo digno do chamado" (v.1)?

KENNETH PETERSEN

O que Deus o chamou para fazer?
Que dádivas Ele lhe entregou?

Leitura: EFÉSIOS 4:1-7,11-16

Verdades bíblicas:

Aplicação pessoal:

Pedidos de oração:

Respostas de oração:

Querido Deus, ajuda-me a aceitar o que me concedeste e a viver de maneira digna do Teu chamado.

17 de abril

Leitura: PROVÉRBIOS 14:8-12

Verdades bíblicas:

Aplicação pessoal:

Pedidos de oração:

Respostas de oração:

AS ESCOLHAS IMPORTAM

Há caminhos que a pessoa considera corretos, mas que acabam levando à estrada da morte. v.12

A agenda do pastor Damião incluía visitas hospitalares a duas pessoas muito doentes que tinham escolhido caminhos de vida diferentes. Uma delas era uma mulher amada por sua família, cujo serviço altruísta havia cativado muitos corações. Outros cristãos reuniram-se ao redor dela, e louvores, orações e esperança enchiam o quarto. No outro hospital, estava um parente de um membro da igreja do pastor, que também estava morrendo. Seu coração endurecido o levou a uma vida difícil, e sua família disfuncional sofria por suas más decisões e erros. As diferenças nos dois leitos refletiam os contrastes da vida de cada um.

Muitas vezes, aqueles que falham em considerar por onde caminham na vida encontram-se presos em situações desconfortáveis, indesejáveis e solitárias. Lemos em Provérbios que "Há caminhos que a pessoa considera corretos, mas que acabam levando à estrada da morte" (14:12). Jovem ou velho, doente ou saudável, rico ou pobre, nunca é tarde demais para rever nosso caminho. Aonde ele nos levará? Ele honra a Deus? Isso auxilia ou atrapalha os outros? É o melhor caminho para um cristão seguir?

As escolhas *importam*. E Deus nos ajudará a fazer melhores escolhas ao nos voltarmos para Ele por meio de Seu Filho, Jesus: "Venham a mim [...] e eu lhes darei descanso" (MATEUS 11:28).

ARTHUR JACKSON

O seu caminho precisa ser repensado ou corrigido? O que o impede de pedir a Deus a ajuda e a coragem necessárias?

Querido Jesus, Fonte da vida. Dá-me coragem e força para entregar minha vida a ti e honrar-te.

AMOROSA TERNURA DE DEUS

18 de abril

...eu os segurei nos meus braços, porém eles não sabiam que era eu que cuidava deles. v.4 NTLH

Leitura: OSEIAS 11:1-4

Um vídeo de 2017 mostra um homem confortando seu filho de dois meses após o bebê receber as suas vacinas de rotina. O vídeo atraiu atenção internacional pelo modo que capturou o amor paterno. Após a enfermeira administrar as vacinas, o pai segurou carinhosamente o filho próximo ao rosto e o menino parou de chorar em segundos. Não há quase nada mais reconfortante do que o carinho amoroso de um pai ou uma mãe.

Na Bíblia há muitas descrições belíssimas de Deus agindo como um Pai amoroso, imagens que evocam o profundo amor de Deus por Seus filhos. Oseias, profeta do Antigo Testamento, recebeu uma mensagem para entregar aos israelitas do Reino do Norte na época em que o reino esteve dividido. Ele os chamou para novamente terem comunhão com Deus. Oseias lembrou aos israelitas o amor de Deus por eles ao retratá-lo como um Pai gentil: "Quando Israel era menino, eu o amei" (OSÉIAS 11:1) e "os segurei nos braços como quem pega uma criança no colo" (v.4 NTLH).

Essa mesma promessa reconfortante do cuidado amoroso de Deus é verdadeira para nós. Quer o busquemos após um período em que o rejeitamos ou devido à dor e ao sofrimento em nossa vida, Ele nos chama de Seus filhos (1 JOÃO 3:1) e Seus braços reconfortantes estão abertos para nos receber (2 CORÍNTIOS 1:3-4). *LISA M. SAMRA*

De que forma você experimentou o amor de nosso bondoso e amoroso Pai? Que preocupações você pode levar-lhe hoje?

Verdades bíblicas:

Aplicação pessoal:

Pedidos de oração:

Respostas de oração:

Pai, sou grato por me chamares de Teu filho e por cuidares de mim com ternura quando busco a ti.

19 de abril

Leitura: 2 CRÔNICAS 20:21-26

Verdades bíblicas:

Aplicação pessoal:

Pedidos de oração:

Respostas de oração:

O VALE DO LOUVOR

No quarto dia, reuniram-se no vale de Beracá... v.26

O poeta William Cowper lutou contra a depressão por muito tempo e após tentar suicidar-se, foi internado. Sob os cuidados de um médico cristão, Cowper descobriu a fé e aceitou confiar em Jesus. Logo depois, ele conheceu o pastor e compositor John Newton, que o encorajou a colaborar com o hinário de sua igreja. Um dos hinos que escreveu foi "Deus se move de forma misteriosa", sobre a sua experiência: "Vós, santos medrosos, encorajem-se! As nuvens que vocês tanto temem são grandes em misericórdia, e trarão bênçãos sobre vossas cabeças" (tradução livre).

Como Cowper, o povo de Judá encontrou a bondade divina inesperadamente. Quando os exércitos invadiram sua nação, o rei Josafá reuniu o povo para orar. Enquanto o exército de Judá marchava, homens nas primeiras fileiras louvavam a Deus (2 CRÔNICAS 20:21). Os inimigos lutaram contra si mesmos e "Não escapou nem um só", e os israelitas "saíram para recolher os despojos", tantos bens que "levaram três dias para recolher tudo" (vv.24-25).

No quarto dia, o local onde a força invasora hostil se reuniu contra o povo de Deus foi nomeado de vale de Beracá (v.26), literalmente, "o vale do louvor" ou "bênção". Que mudança! A misericórdia de Deus transforma até mesmo o vale mais difícil em um local de louvor quando os consagramos a Ele.

JAMES BANKS

Em sua vida, você já viu Deus transformar o ruim em algo bom? Pelo que agradecerá a Ele hoje?

Eu te louvo, Deus amoroso, porque nenhum vale é mais profundo do que o Teu amor.

20 de abril

A FAMÍLIA IMPORTA

Esforcem-se para viver em paz com todos... v.14

Leitura: HEBREUS 12:14-17

Meus irmãos e eu voamos de avião de nossos estados para o funeral de nosso tio e juntos visitamos nossa avó de 90 anos. Paralisada após um derrame, ela perdera a habilidade de falar e só podia usar a mão direita. Enquanto estávamos ao redor de sua cama, ela estendeu a mão e pegou nossas mãos, colocando-as unidas sobre seu coração, e acariciou-as. Com esse gesto sem palavras, minha avó aconselhou-nos a respeito de nosso relacionamento fraterno, que era um tanto distante: "A família importa".

Na família de Deus, a Igreja, também podemos nos distanciar. Podemos permitir que a amargura nos separe uns dos outros. O escritor de Hebreus faz uma referência à amargura que separou Esaú de seu irmão (HEBREUS 12:16) e nos desafia, como irmãos e irmãs, a nos unirmos na família de Deus. "Esforcem-se para viver em paz com todos" (v.14). Aqui, a palavra *esforçar* transmite um investimento deliberado e decisivo na pacificação nossa com nossos irmãos e irmãs na família de Deus. Esse esforço pela paz é direcionado a "todos". Ou seja: a cada pessoa.

A família importa, tanto nossa família terrena quanto a nossa família de fé. Poderíamos todos investir os esforços necessários para nos mantermos unidos?

ELISA MORGAN

O que significaria para você "[esforçar-se] para viver em paz com todos" na família de Deus? Existe uma pessoa em particular com quem você precisa se reconciliar?

Verdades bíblicas:

Aplicação pessoal:

Pedidos de oração:

Respostas de oração:

Querido Deus, agradeço-te por me resgatares! Ajuda-me a viver em paz com todos em Tua família.

21 de abril

Leitura: PROVÉRBIOS 20:11-17

Verdades bíblicas:

Aplicação pessoal:

Pedidos de oração:

Respostas de oração:

A AMARGURA DOS DOCES ROUBADOS

Pão roubado tem sabor doce, mas depois será como areia na boca. v.17

Na Alemanha, ladrões roubaram a carreta refrigerada de um caminhão com mais de 20 toneladas de doces. O valor estimado do roubo foi de 429 mil reais. A polícia pediu que qualquer pessoa que soubesse de grandes quantidades de chocolate disponíveis de maneira não convencional denunciasse imediatamente. Certamente os que roubaram a enorme quantia de doces enfrentarão consequências amargas e insatisfatórias se forem pegos e processados!

O livro de Provérbios confirma este princípio: "Pão roubado tem sabor doce, mas depois será como areia na boca" (20:17). As coisas que adquirimos enganosamente ou injustamente podem parecer doces a princípio, temperadas com euforia e prazer temporários. Mas esse sabor passa e nosso engano nos deixa em apuros. As consequências amargas da culpa, do medo e do pecado podem arruinar nossa vida e reputação. "Até crianças mostram quem são, por sua conduta, se agem de modo puro e correto" (v.11). Que nossas palavras e ações revelem um coração puro para Deus, e não a amargura de desejos egoístas.

Quando somos tentados a pecar, oremos a Deus pedindo que nos fortaleça e ajude a sermos fiéis a Ele. O Senhor pode nos ajudar a olhar além da "doçura" de curto prazo de ceder ao pecado e orientar-nos a considerar cuidadosamente as consequências de nossas escolhas a longo prazo.

MARVIN WILLIAMS

Que pecado o levou a consequências amargas? Como permanecer fiel a Deus?

Querido Deus, peço a Tua força para lutar contra a tentação e permanecer fiel a ti.

COMUNIDADE EM CRISTO

...uma corda trançada com três fios não arrebenta facilmente. v.12

"Eu sabia que para ter sucesso precisava esquecer meu lar, minha esposa e meus filhos", disse Jorge. "Descobri que não conseguia fazer isso. Eles estão entrelaçados em meu coração e alma." Sozinho em uma área remota, Jorge participou de um *reality show* onde os competidores deviam sobreviver ao ar livre, com o mínimo de suprimentos, pelo maior tempo possível. O que o fez desistir não foram os ursos pardos, as temperaturas geladas, os ferimentos ou a fome, mas uma solidão avassaladora e o desejo de estar com sua família.

Podemos ter todas as habilidades necessárias para sobreviver no deserto, mas, ao nos separarmos dos nossos, pendemos ao fracasso. Lemos que: "É melhor serem dois que um, pois um ajuda o outro..." (ECLESIASTES 4:9). Uma comunidade que honra a Cristo, mesmo com seus problemas, é essencial para o nosso desenvolvimento. Não temos chance contra as provações do mundo se tentarmos enfrentá-las sozinhos. Aquele que trabalha só, trabalha em vão (v.8). Sozinhos, somos suscetíveis ao perigo (vv.11-12). Ao contrário de um único fio, "uma corda trançada com três fios não arrebenta facilmente" (v.12). A dádiva da comunidade amorosa e centrada em Cristo, além de oferecer encorajamento, também nos fortalece perante os desafios. Precisamos uns dos outros.

KAREN PIMPO

De que maneira você pode compartilhar o seu tempo com a família cristã? Quem ao seu redor está isolado e necessitado?

22 de abril

Leitura: ECLESIASTES 4:7-12

Verdades bíblicas:

Aplicação pessoal:

Pedidos de oração:

Respostas de oração:

Pai, sou grato pela dádiva da comunidade! Abre o meu coração para amar e investir tempo com outras pessoas.

23 de abril

Leitura: JOÃO 16:25-33

Verdades bíblicas:

Aplicação pessoal:

Pedidos de oração:

Respostas de oração:

JESUS, O VERDADEIRO PACIFICADOR

Eu lhes falei tudo isso para que tenham paz em mim. v.33

Durante a Guerra Civil dos Estados Unidos, 1862, as tropas inimigas acamparam próximas, em lados opostos de um rio. Enquanto se aqueciam ao redor de fogueiras, os soldados da União tocaram uma canção em seus violinos e gaitas. Os soldados confederados reagiram tocando outra. Ao fim, juntaram-se ao tocar em uníssono a última música "Lar, doce lar". Esses inimigos declarados compartilharam canções numa noite escura, vislumbres de uma paz inimaginável. A trégua melódica durou pouco. Na manhã seguinte, largaram os violinos e armaram-se com rifles, e 24.645 soldados morreram.

Os esforços humanos para trazer paz inevitavelmente se esgotam. As hostilidades cessam em um lugar e inflamam-se noutro. Vence-se uma disputa, apenas para surgir outros problemas meses depois. As Escrituras nos dizem que Deus é nosso único e confiável pacificador. Jesus disse claramente: "tenham paz em mim" (JOÃO 16:33). Temos paz *em Jesus*. Ao participarmos de Sua missão pacificadora, a reconciliação e a renovação divina possibilitam a *verdadeira* paz.

Cristo nos diz que não podemos escapar dos conflitos: "no mundo vocês terão aflições". A contenda é grande. E acrescenta: "animem-se, pois eu venci o mundo" (v.33). Embora nossos esforços sejam muitas vezes inúteis, nosso Deus amoroso (v.27) concede paz neste mundo turbulento. WINN COLLIER

Onde estão os pacificadores? De que modo a pacificação de Deus é diferente?

Querido Deus, por favor, mostra-me o caminho da paz.

DIVERSIDADE UNIFICADA EM CRISTO

24 de abril

Mas nosso corpo tem muitas partes, e Deus colocou cada uma delas onde ele quis. v.18

Leitura: 1 CORÍNTIOS 12:12-14,21-27

No texto *Servindo no espectro* (tradução livre), o professor Daniel Bowman Jr., sendo autista, descreve sobre as dificuldades para tomar decisões e servir sua igreja. Explica: "Os autistas precisam delinear um passo de cada vez, considerando a energia mental, emocional e física, o tempo individual de recarregar-se, os estímulos sensoriais, o nível de conforto, a hora do dia, inclusive, se estamos ou não sendo valorizados por nossos pontos fortes e tendo adaptações às nossas necessidades, em vez de sermos excluídos por alguma falha, e muito mais". Bowman diz que para a maioria das pessoas, tais questões podem "reorientar o tempo e a energia de alguns, mas não os 'desmontam'. Essas mesmas decisões podem exaurir-me".

Bowman acredita que a visão de mutualidade descrita em 1 Coríntios 12 pode ser uma boa solução. O apóstolo Paulo descreve Deus concedendo dons únicos a cada um para "o benefício de todos" (vv.4-7). Todos os membros são *indispensáveis* no Corpo de Cristo (v.22). Quando as igrejas entendem a vocação e os dons exclusivos concedidos por Deus a cada indivíduo, em vez de pressionar todos a servirem do mesmo modo, podem estimulá-los a servir de acordo com seus dons.

Assim, cada um pode florescer plenamente, sentir-se seguro e valorizado no Corpo de Cristo (v.26).

MONICA LA ROSE

Você foi abençoado pelos dons únicos dos outros? As igrejas encorajam maneiras diferentes de servir?

Verdades bíblicas:

Aplicação pessoal:

Pedidos de oração:

Respostas de oração:

Deus, sou grato por criares os membros do Corpo de Cristo de modo único. Ajuda-me a valorizá-los.

25 de abril

Leitura: JOSUÉ 14:6-12

Verdades bíblicas:

Aplicação pessoal:

Pedidos de oração:

Respostas de oração:

O SENHOR É MEU AJUDADOR

O Senhor é meu ajudador, portanto não temerei... HEBREUS 13:6

Meu amigo Rodolfo está próximo de seu aniversário de 85 anos! Desde nossa primeira conversa há mais de 35 anos, ele foi uma inspiração. Quando ele mencionou recentemente que, ao aposentar-se, concluiu o manuscrito de um livro e iniciava mais uma iniciativa ministerial, fiquei intrigado, mas não surpreso.

Na Bíblia, Calebe, aos 85 anos, também não se acomodou. Sua fé e devoção a Deus o sustentaram durante décadas de vida no deserto e guerras, para garantir a herança que Deus prometera a Israel. Ele disse: "Continuo forte como no dia em que Moisés me enviou, e ainda posso viajar e lutar tão bem quanto naquela época" (JOSUÉ 14:11). De que forma ele conseguiria? Calebe declarou "se o SENHOR estiver comigo, eu os expulsarei da terra, como o SENHOR prometeu" (v.12).

Independentemente da idade, fase da vida ou circunstâncias, Deus ajudará todos que confiarem nele de todo o coração. Em Jesus, nosso Salvador e ajudador, Deus se fez visível. O evangelho inspira a fé em Deus por meio de Cristo. Ele demonstrou o cuidado e a compaixão de Deus por todos os que o buscam. O escritor de Hebreus reconheceu: "O Senhor é meu ajudador, portanto não temerei" (13:6). Jovem ou idoso, fraco ou forte, servo ou livre, correndo ou mancando, o que o impede de pedir Sua ajuda hoje? *ARTHUR JACKSON*

Quem o inspirou a confiar em Deus? De que maneira você vê Deus como a sua fonte de auxílio para todas as coisas?

Deus Todo-Poderoso, que Tu sejas minha fonte de ajuda em todas as circunstâncias.

26 de abril

SERVIR A JESUS, JUNTOS

...vocês enviaram ajuda em mais de uma ocasião. v.16

Leitura: FILIPENSES 4:14-20

Em cooperação, equipes de resgate da Micronésia ajudaram dois homens em uma ilhota. O trabalho em equipe era necessário devido a uma crise de saúde que exigia contato humano limitado. Um piloto avistou os náufragos e comunicou à Marinha australiana. O navio enviou helicópteros com comida, água e assistência médica. Mais tarde, a Guarda Costeira dos EUA examinou-os e entregou-lhes um rádio. Finalmente, um barco-patrulha da Micronésia os resgatou.

Realizamos muito ao trabalharmos juntos. Os cristãos de Filipos se uniram para apoiar Paulo. Lídia e sua família o receberam em casa (ATOS 16:13-15). Clemente e até Evódia e Síntique (que não se davam bem) trabalharam junto ao apóstolo, espalhando as boas-novas (FILIPENSES 4:2-3). Mais tarde, quando Paulo foi preso em Roma, a igreja montou um pacote de suprimentos básicos e Epafrodito o entregou a Paulo (vv.14-18). E talvez o mais importante, todos oraram por ele durante o seu ministério (1:19).

Os exemplos de cristãos servindo juntos nesta igreja da antiguidade podem nos inspirar hoje. Cooperar com outros cristãos para orar e servir aos outros, conforme Deus nos conduz e nos capacita, faz muito mais do que poderíamos fazer sozinhos. Alguém disse: "Individualmente, somos uma gota. Juntos, somos um oceano".

JENNIFER BENSON SCHULDT

Você já serviu em cooperação com outros cristãos? Qual é a base do vínculo espiritual compartilhado com eles?

Verdades bíblicas:

Aplicação pessoal:

Pedidos de oração:

Respostas de oração:

Querido Deus, por favor, mostra-me como unir-me a outros que também estão te servindo.

27 de abril

Leitura: MATEUS 13:1-8,18-23

Verdades bíblicas:

Aplicação pessoal:

Pedidos de oração:

Respostas de oração:

ARRANQUE AS ERVAS-DANINHAS

[Alguns] ouvem a mensagem, mas logo ela é sufocada pelas preocupações desta vida... v.22

Depois de plantar algumas sementes no meu quintal, esperei os resultados. Li que as sementes brotariam entre 10 e 14 dias e as observei com atenção ao regar o solo. Logo vi algumas folhas brotando, mas minha alegria murchou quando meu marido me disse que eram ervas daninhas, encorajando-me a retirá-las rapidamente para que não sufocassem as plantas que eu tentava cultivar.

Jesus falou sobre a importância de lidar com espinhos que impedem o nosso crescimento espiritual. Ele explicou Sua parábola assim: quando o semeador lançou as sementes, algumas "caíram entre os espinhos, que cresceram e sufocaram os brotos" (MATEUS 13:7). Espinhos ou ervas daninhas farão isso com as plantas, impedirão seu crescimento (v.22). E é certo que a preocupação prejudicará o nosso crescimento espiritual. Ler a Bíblia e orar são ótimas maneiras de fazer nossa fé crescer, mas aprendi que é preciso cuidar com os espinhos da preocupação. Eles "sufocarão" a boa palavra plantada em mim, fazendo-me concentrar no que pode dar errado.

Lemos nas Escrituras que o fruto do Espírito inclui amor, alegria, paz (GÁLATAS 5:22). Mas para que produzamos esse fruto, com o auxílio de Deus, primeiro precisamos arrancar as dúvidas e a preocupação que podem nos distrair e nos fazer olhar para qualquer coisa que não seja Ele.

KATARA PATTON

Pai, lembra-me de arrancar a preocupação e os pensamentos enganosos, para que eu cresça e dê frutos em ti.

COMPANHEIROS ANGELICAIS

...enviarei um anjo à sua frente para protegê-los ao longo da jornada e conduzi-los em segurança... v.20

Bia se sentia sobrecarregada e cansada por fazer tantos exames. Os médicos a alarmaram ao dizer-lhe que buscavam por um câncer em seu corpo. Todos os dias, Deus fielmente a encorajava com Sua presença e paz permanente conforme ela o buscava em oração e leitura da Palavra. Bia lutou contra as incertezas e aprendeu a colocar seus questionamentos sobre os ombros de Deus. Certa manhã, antes de uma séria cirurgia, deparou-se com um versículo que atingiu seu coração: "enviarei um anjo à sua frente para protegê-los ao longo da jornada" (ÊXODO 23:20).

São palavras de Deus ditas aos israelitas, Seu povo, por intermédio de Moisés. O profeta entregava as leis de Deus para Seu povo segui-las, enquanto os conduzia para uma nova terra (vv.14-19). Mas no meio dessas instruções, Ele lhes disse que enviaria um anjo "para protegê-los ao longo da jornada". Embora não se referisse à situação de Bia, ela lembrou-se de que o cuidado dos anjos é mencionado em outras partes da Bíblia. Lemos em Salmos: "Pois ele ordenará a seus anjos que o protejam aonde quer que você vá" (91:11). E lemos na carta aos Hebreus que Deus afirma que envia anjos como "servos, espíritos enviados" para servir aos que creem em Cristo (1:14).

Se conhecemos a Cristo, Ele tem um anjo ou mais anjos perto de nós para nos proteger.

ANNE CETAS

O que Deus pode estar fazendo por você por meio de Seus anjos? Como isso o encoraja?

28 de abril

Leitura: ÊXODO 23:20-26

Verdades bíblicas:

Aplicação pessoal:

Pedidos de oração:

Respostas de oração:

Amado Pai, somos gratos por estares sempre conosco e por mandares anjos para cuidar de Teus filhos.

29 de abril

Leitura: EFÉSIOS 6:10-20

Verdades bíblicas:

Aplicação pessoal:

Pedidos de oração:

Respostas de oração:

VIGIEM E OREM

Orem [...] em todos os momentos [...] permaneçam atentos e sejam persistentes em suas orações... v.18

Os cristãos devem levar a oração a sério ao enfrentarem batalhas espirituais. Certa mulher descobriu como é perigoso orar sem ter prudência. Certo dia, ela fechou os olhos para orar, mas fez isso enquanto estava ao volante de seu carro! Ela não parou no semáforo, passou direto por um cruzamento e saiu da estrada, atingindo um quintal. Ela tentou, sem sucesso, sair do gramado. Embora ela não tenha se ferido, recebeu uma multa da polícia por direção imprudente e danos materiais. Esta guerreira espiritual esqueceu uma parte fundamental de Efésios 6:18: permanecer atenta.

Como parte da armadura de Deus, Paulo inclui duas peças finais. Primeiramente, devemos enfrentar as batalhas espirituais com oração. Isso significa orar no Espírito, confiando em Seu poder. Além disso, descansar em Sua orientação e aceitar Suas instruções, orando em todos os momentos (EFÉSIOS 6:18). Em seguida, Paulo nos encoraja a permanecermos atentos. A vigilância espiritual nos ajuda a estar preparados para a volta de Jesus (MARCOS 13:33), a obter vitória sobre a tentação (14:38) e a interceder "pelo povo santo" (EFÉSIOS 6:18).

Enquanto enfrentamos as batalhas espirituais diariamente, que tenhamos a mentalidade de "vigiar e orar", combatendo o mal e dissipando as trevas com a luz de Cristo. *MARVIN WILLIAMS*

Estar disposto a "orar e vigiar" o ajuda a travar batalhas espirituais? O que significa estar espiritualmente alerta?

Querido Deus, por favor, ajuda-me a orar e vigiar por mim e pelos outros.

O INSUPERÁVEL AMOR DE DEUS

30 de abril

Nós amamos porque ele nos amou primeiro. v.19

Leitura 1 JOÃO 4:15-21

Quando meu filho Xavier estava no jardim de infância, ele abriu seus braços e disse: "te amo tanto *assim*". Respondi com o mesmo gesto e palavras. Pondo as mãos no quadril, ele disse: "Mas eu amei você primeiro". Eu balancei a cabeça. "Eu amei você quando Deus o colocou no meu ventre." Os olhos de Xavier se arregalaram. "Você ganhou." "Nós dois ganhamos", eu lhe disse, "porque Jesus nos amou primeiro".

Agora Xavier se prepara para o nascimento de seu primeiro filho, e oro para que ele ame o seu filho mais e mais enquanto criam boas lembranças juntos. Mas conforme me preparo para ser avó, impressiono-me como amei meu neto desde o momento que o casal nos deu a notícia da gravidez.

O apóstolo João afirmou que o amor de Jesus por nós nos capacita amar a Ele e aos outros (1 JOÃO 4:19). Saber que Ele nos ama nos dá uma sensação de segurança que intensifica o nosso relacionamento pessoal com Ele (vv.15-17). Ao percebermos a profundidade de Seu amor por nós (v.19), podemos crescer em nosso amor por Ele e expressar amor aos outros (v.20). Jesus não apenas nos capacita a amar, mas nos ordena: "Ele nos deu este mandamento: quem ama a Deus, ame também seus irmãos" (v.21). Quando se trata de amar mais, Deus sempre vence. Não importa o quanto tentemos, não podemos amar mais do que Deus ama!

XOCHITL DIXON

Reconhecer que Deus o ama o ajudou a amar aos outros? Como demonstrar amor ao próximo nesta semana?

Verdades bíblicas:

Aplicação pessoal:

Pedidos de oração:

Respostas de oração:

Amado Salvador, sou grato por me amares primeiro; dessa maneira, posso demonstrar amor aos outros.

Notas

Maio

1º de maio

Leitura: MATEUS 28:16-20

Verdades bíblicas:

Aplicação pessoal:

Pedidos de oração:

Respostas de oração:

A AUTORIDADE DE JESUS

Toda a autoridade no céu e na terra me foi dada. MATEUS 28:18

Jesus libertou meu filho do vício em drogas, mas ainda mantive minhas preocupações. Passamos por muitas situações juntos, mas meu foco recaía em seu passado ao invés do futuro preparado por Deus para ele. Os pais de adictos preocupam-se com a recaída. Um dia, em uma reunião familiar, chamei-o. "Lembre-se", disse-lhe, "nós temos um adversário, e ele é poderoso." "Eu sei, pai", ele respondeu. "Ele tem poder, mas não tem autoridade."

Diante da resposta, lembrei-me da incomparável autoridade de Jesus para nos resgatar de nossos pecados e de transformar nossa vida ao voltarmos a Ele. Imediatamente pensei em Suas palavras aos discípulos pouco antes de Seu retorno ao Pai no Céu: "Toda a autoridade no céu e na terra me foi dada. Portanto, vão..." (MATEUS 28:18-19).

Jesus, crucificado e ressurreto, criou um caminho para chegarmos a Ele, não importa qual seja o nosso passado. Ele detém tanto o nosso passado como o nosso futuro. E, como Jesus prometeu estar sempre conosco (v.20), podemos ter certeza de que Ele cumprirá Seus propósitos e que nossa vida está em Suas mãos infalíveis. Cristo nos dá uma esperança incomparável, tão boa que não podemos guardá-la para nós mesmos. O diabo e o mundo podem ter algum poder por um tempo, mas "toda a autoridade" pertence a Jesus para sempre.

JAMES BANKS

Como a autoridade de Jesus lhe dá esperança? Você pode compartilhar hoje algo que Ele fez por você?

Deus, sou grato por me chamares para ti, em amor. Leva-me a alguém que precisa do Teu amor hoje.

O CRIADOR EM QUEM PODEMOS CONFIAR

2 de maio

Porque Deus amou tanto o mundo que deu seu Filho único... JOÃO 3:16

O "monstro" do livro *Frankenstein*, de Mary Shelley, é um dos personagens literários mais conhecidos, cativando a nossa imaginação. Mas os leitores atentos do livro sabem que o verdadeiro monstro que Shelley realmente retrata é Victor Frankenstein, o cientista delirante que fez a criatura. Após criar um ser inteligente, Victor nega a ele qualquer orientação, companheirismo ou esperança de felicidade, levando a criatura ao desespero e à raiva. Confrontando Victor, a criatura lamenta: "Você, meu criador, iria me destruir e triunfaria".

A Bíblia revela quão diferente é o verdadeiro Criador de todas as coisas, com Seu amor imutável e incansável por Sua criação. Deus não nos criou por capricho, mas por amor criou um mundo lindo e "bom" (GÊNESIS 1:31). E mesmo quando a humanidade se afastou dele, escolhendo o mal, o compromisso e o amor de Deus pela humanidade não mudaram.

Como Jesus explicou a Nicodemos, o amor de Deus por Sua criação era tão grande que Ele estava disposto a dar até mesmo o que lhe era mais querido, "seu Filho único" (JOÃO 3:16), para que o mundo fosse salvo. Jesus se sacrificou, suportando as consequências de nosso pecado, "para que todo o que nele crer tenha a vida eterna" (v.15).

Temos um Criador em quem podemos confiar nosso coração e nossa vida.

MONICA LA ROSE

Leitura: JOÃO 3:10-17

Verdades bíblicas:

Aplicação pessoal:

Pedidos de oração:

Respostas de oração:

Querido Deus, sou grato por seres um bom Criador em quem posso confiar.

3 de maio

Leitura: 2 REIS 20:1-6

Verdades bíblicas:

Aplicação pessoal:

Pedidos de oração:

Respostas de oração:

ORAR IMPORTA

Ouvi sua oração e vi suas lágrimas. Vou curá-lo... 2 REIS 20:5

"Orem por um exame importante." "Que meus filhos voltem para a igreja." "Conforto para Davi, que perdeu a esposa." Nosso ministério recebe semanalmente uma lista de pedidos para orarmos e enviarmos, a cada um, um cartão escrito à mão. São muitos pedidos, e nosso esforço pode parecer diminuto e passar despercebido. Isso mudou após recebermos um cartão de agradecimento sincero de Davi, o marido enlutado, com uma cópia do obituário de sua amada esposa. Orar importa.

Jesus orientou-nos a orar fervorosamente, com frequência e com fé esperançosa. Seu tempo na terra era limitado, mas Ele priorizou ficar sozinho para orar (MARCOS 1:35; 6:46; 14:32).

Centenas de anos antes, o rei israelita Ezequias também aprendeu essa lição. Foi-lhe dito que uma doença logo tiraria sua vida (2 REIS 20:1). Aflito e chorando amargamente, Ezequias "virou o rosto para a parede e orou ao SENHOR" (v.2). Nesse caso, a resposta de Deus foi imediata. Ele curou a doença de Ezequias, acrescentou quinze anos à sua vida e prometeu resgatar o reino de um adversário (vv.5-6). Deus respondeu a sua oração não porque Ezequias vivesse uma vida correta, mas "por causa de [Sua] honra e por causa de [Seu] servo Davi" (v.6). Nem sempre podemos receber o que pedimos, mas podemos ter certeza de que Deus ouve cada oração.

KAREN PIMPO

Quem em sua vida precisa de oração hoje? Você pode fazer uma pausa e orar com mais frequência?

Pai celestial, sou grato por ouvires minhas orações.

4 de maio

A FÉ TRIUNFANTE

Quando eu tiver medo, porém, confiarei em ti. v.3

Leitura: SALMO 56:1-4

Uma consulta de rotina do pequeno Caio, de apenas 4 anos, deixou algumas marcas em seu corpo. Durante a visita, ele recebeu algumas vacinas e o local foi coberto com um curativo. Em casa, ao chegar a hora de retirar os pequenos adesivos, Caio choramingou de tanto medo. Buscando consolar o filho, o pai disse: "Caio, você sabe que eu nunca faria nada para machucá-lo". Seu pai queria que seu filho tivesse mais confiança nele do que medo de remover os curativos.

As crianças de quatro anos não são as únicas que sofrem diante do desconforto. Cirurgias, separação de entes queridos, desafios mentais ou psicológicos, entre tantos outros, despertam nossos medos, suspiros, choros e gemidos.

Um dos momentos em que Davi sentiu medo foi quando ele se viu em território filisteu, ao fugir do invejoso rei Saul. Quando foi reconhecido, ficou preocupado com o que poderia acontecer com ele: "Davi [...] teve muito medo [de] Aquis, rei de Gate" (1 SAMUEL 21:12). Refletindo sobre essa situação desconfortável, Davi escreveu: "Quando eu tiver medo, porém, confiarei em ti [...] confio em Deus e não temerei" (SALMO 56:3-4).

O que fazer quando situações desconfortáveis da vida despertam nossos medos? Podemos colocar nossa confiança em nosso Pai celestial. *ARTHUR JACKSON*

Que situação o deixa com medo atualmente? Como descansar e levar seus medos diante de seu amoroso Pai celestial em oração?

Verdades bíblicas:

Aplicação pessoal:

Pedidos de oração:

Respostas de oração:

Querido Deus, sou frágil e tenho medo. Ajuda-me a ver e sentir Teu amor durante as provações.

5 de maio

Leitura: JEREMIAS 31:3-9

Verdades bíblicas:

Aplicação pessoal:

Pedidos de oração:

Respostas de oração:

LÁGRIMAS DE ALEGRIA

Virão com lágrimas de alegria, e eu os conduzirei para casa com grande cuidado. v.9

Ao sair de casa, Diego encontrou alguns amigos esperando-o com balões. Seu amigo João foi à frente e lhe disse: "Inscrevemos seus poemas em uma competição", entregando-lhe um envelope. Dentro, um cartão trazia as palavras "primeiro lugar", e todos choraram de alegria. Os amigos de Diego reafirmaram seu talento como escritor por meio deste belo ato.

Chorar de alegria é uma experiência paradoxal. As lágrimas são normalmente uma resposta à dor, não à alegria; e a alegria é normalmente expressa com riso, não com lágrimas. Psicólogos notaram que as lágrimas de alegria vêm em momentos de profundo significado pessoal, ao nos sentirmos profundamente amados ou alcançarmos um grande objetivo. Concluíram que as lágrimas de alegria apontam para o sentido da vida.

Imagino lágrimas de alegria surgindo por onde Jesus passava. Como poderiam os pais do cego não chorar de alegria quando Jesus o curou (JOÃO 9:1-9), ou Maria e Marta após Ele ressuscitar o irmão delas (11:38-44)? Quando virmos o mundo restaurado, "Virão com lágrimas de alegria", diz Deus, "e eu os conduzirei para casa com grande cuidado" (JEREMIAS 31:9).

Se as lágrimas de alegria mostram o sentido da vida, imagine o grande dia que está por vir. Conforme as lágrimas correrem, saberemos que o sentido da vida sempre foi viver intimamente com Deus.

SHERIDAN VOYSEY

Deus Pai, sou grato pela alegria futura reservada àqueles que te amam.

A OBEDIÊNCIA AMOROSA

6 de maio

Aqueles que aceitam meus mandamentos e lhes obedecem são os que me amam. v.21

Leitura: JOÃO 14:15-21

Em minha cerimônia de casamento, ouvi: "Você promete amar, honrar e obedecer a seu marido até que a morte os separe?". Olhei meu noivo e sussurrei: "Obedecer?". Construímos nosso relacionamento com base no amor e no respeito, não em obediência cega, como os votos pareciam sugerir. Meu sogro filmou o momento em que, de olhos arregalados, processei a palavra *obedecer* e disse: "Aceito".

Ao longo dos anos, Deus mostrou-me que minha resistência à palavra *obedecer* não tinha relação com o relacionamento entre marido e mulher. Eu pensava que significava "subjugar" ou "submissão forçada", o que as Escrituras não apoiam. A palavra *obedecer* na Bíblia expressa as maneiras pelas quais podemos amar a Deus. Meu marido e eu comemoramos trinta anos de casamento e aprendemos cada vez mais sobre amar a Jesus e uns aos outros.

Quando Jesus disse: "Se vocês me amam, obedeçam a meus mandamentos" (JOÃO 14:15), Ele nos mostrou que a obediência às Escrituras era o resultado de um relacionamento amoroso e íntimo com Ele (vv. 16-21).

O amor de Jesus é altruísta e incondicional, jamais forçado ou abusivo. Ao segui-lo e honrá-lo em nossos relacionamentos, o Espírito Santo nos ajuda a ver a obediência a Ele como um ato sábio e amoroso, de confiança e adoração. XOCHITL DIXON

Ver a obediência a Deus como um ato de amor e confiança muda como você vê o desejo de Deus de que o obedeçamos?

Verdades bíblicas:

Aplicação pessoal:

Pedidos de oração:

Respostas de oração:

Jesus, ajuda-me a amar-te e a amar os outros por meio da obediência às Escrituras.

7 de maio

Leitura: ROMANOS 12:4-8

Verdades bíblicas:

Aplicação pessoal:

Pedidos de oração:

Respostas de oração:

PERSONALIDADE E DONS CONCEDIDOS POR DEUS

Deus, em sua graça, nos concedeu diferentes dons... v.6

Há algumas décadas, fui a um retiro universitário onde todos falavam sobre um teste de personalidade. "Eu sou um ISTJ!", alguém disse. "Sou um ENFP", disse outro. Eu fiquei confuso. "Sou ABCXYZ", brinquei.

Desde então, aprendi muito sobre esse teste (Myers-Briggs) e muitos outros. Acho-os fascinantes pois podem nos ajudar a entender a nós mesmos e aos outros de maneiras úteis e reveladoras, esclarecendo nossas preferências, pontos fortes e fracos. Desde que não os usemos exageradamente, eles podem ser uma ferramenta útil dada por Deus para nos ajudar a crescer.

A Bíblia não nos oferece testes de personalidade. Mas afirma a singularidade de cada pessoa aos olhos de Deus (SALMO 139:14-16; JEREMIAS 1:5) e mostra-nos como Deus equipa a todos nós com dons e personalidade únicos para servir aos outros em Seu reino. Paulo apresenta esta ideia ao dizer: "Deus, em sua graça, nos concedeu diferentes dons" (ROMANOS 12:6).

Esses dons não são apenas para nós, mas tem o propósito de servir ao povo de Deus, o corpo de Cristo (v.5). Eles são uma expressão de Sua graça e bondade, trabalhando em nós e por meio de nós. Eles convidam a sermos um utensílio único a serviço a Deus. *ADAM R. HOLZ*

Que dons Deus lhe deu para servir aos outros? Se você não tem certeza de quais são, quem pode ajudá-lo a descobri-los?

Pai, ajuda-me a abraçar os dons que me deste para amar e servir aos outros em Teu reino.

OLHOS PARA VER

8 de maio

Eliseu orou: "Ó SENHOR, abre os olhos dele, para que veja". v.17

Leitura: 2 REIS 6:15-23

Joice se preocupava com sua parente Sandra, que lutava por muitos anos contra o alcoolismo e problemas de saúde mental. Ao ir ao apartamento de Sandra, as portas estavam trancadas e ele parecia estar vazio. Planejando como iria procurá-la, Joice orou: "Deus, ajude-me a ver o que não vejo". Ao sair, Joice olhou para o apartamento e viu um leve movimento numa cortina. Naquele momento, ela soube que sua parente estava viva. Embora precisasse da ajuda de serviços de emergência para salvá-la, Joice se alegrou com a oração respondida.

O profeta Eliseu entendia o significado de pedir a Deus para revelar realidades invisíveis. Quando os sírios cercaram a cidade, o servo de Eliseu teve medo. Eliseu não, pois ele via o invisível com a ajuda de Deus. O profeta orou para que o servo também visse, e "o SENHOR abriu os olhos do servo, e ele viu as colinas ao redor de Eliseu cheias de cavalos e carruagens de fogo" (2 REIS 6:17).

Deus levantou o véu entre o mundo espiritual e físico para Eliseu e seu servo. Joice acredita que Deus a ajudou a ver o movimento da cortina, dando-lhe esperança. Nós também podemos pedir a Ele que nos dê a visão espiritual para entender os acontecimentos ao redor, seja algo pessoal ou coletivo. E nós também podemos levar Seu amor, verdade e compaixão.

AMY BOUCHER PYE

Como pedir a Deus que abra seus olhos para enxergar a verdade perante as situações que o sobrecarregam?

Verdades bíblicas:

Aplicação pessoal:

Pedidos de oração:

Respostas de oração:

*Pai de amor e misericórdia,
abre meus olhos para que eu veja Teu amor
e graça para compartilhá-lo.*

9 de maio

Leitura: ISAÍAS 35:1-7

Verdades bíblicas:

Aplicação pessoal:

Pedidos de oração:

Respostas de oração:

DESERTOS VERDEJANTES

Os desertos se tornarão verdes como os montes... v.2

Há um século, uma floresta exuberante cobria cerca de 40% da Etiópia, um número reduzido hoje a cerca de 4%. Desmatar áreas para plantações trouxe uma crise ecológica. A maioria das pequenas manchas verdes restantes são protegidas por igrejas. Durante séculos, comunidades locais da Igreja Ortodoxa Etíope alimentaram esses oásis no meio do deserto árido. Se você olhar para as imagens aéreas, verá ilhas verdejantes cercadas por areia marrom. Os líderes da igreja insistem que cuidar das árvores faz parte de sua obediência a Deus como mordomos de Sua criação.

O profeta Isaías escreveu a Israel, um povo que vivia em uma terra árida onde o deserto nu e as secas brutais os ameaçavam. Ele descreveu o futuro que Deus pretendia, onde "As regiões desabitadas e o deserto exultarão; a terra desolada se alegrará e florescerá como o açafrão" (ISAÍAS 35:1). Deus pretende curar Seu povo, mas Ele pretende curar a Terra também. Ele criará "novos céus e nova terra" (65:17). No mundo renovado de Deus, "Os desertos se tornarão verdes" (35:2).

O cuidado de Deus com a criação, incluindo as pessoas, nos motiva a cuidar dela também. Podemos viver alinhados a Seu plano maior para um mundo curado e completo ao cuidar do que Ele criou. Vivamos unidos a Deus para fazer com que os desertos floresçam com vida e beleza.

WINN COLLIER

Você vê alguma parte da criação estéril ou sofrendo? Como você fará esse deserto florescer?

Pai Criador, mostra-me como ajudar a curar e restaurar o que está doente no mundo.

DEIXAR UM LEGADO ESPIRITUAL

10 de maio

Lembro-me de sua fé sincera,
como era a de sua avó, Loide,
e de sua mãe, Eunice... v.5

Leitura: 2 TIMÓTEO 1:3-5

Na adolescência, eu e minha irmã não entendíamos a decisão de minha mãe de aceitar Jesus como seu Salvador, mas eram inegáveis as mudanças que víamos nela. Ela tinha paz e alegria e começou a servir fielmente na igreja. Ela tinha tanta fome de estudar a Bíblia que frequentou e formou-se no seminário. Anos após a decisão de minha mãe, minha irmã aceitou a Cristo e começou a servi-lo. E alguns anos depois disso, eu também fiz o mesmo. Muitos anos depois, meu pai juntou-se a nós, crendo nele também. A decisão de minha mãe em confiar em Cristo gerou um efeito cascata que mudou a vida de nosso lar e de nossos parentes.

Quando o apóstolo Paulo escreveu sua carta final a Timóteo e o encorajou a perseverar em sua fé em Jesus, ele mencionou a herança espiritual de Timóteo. "Lembro-me de sua fé sincera, como era a de sua avó, Loide, e de sua mãe, Eunice, e sei que em você essa mesma fé continua firme" (2 TIMÓTEO 1:5).

Mães e avós, suas decisões podem afetar gerações. É muito lindo que a mãe e a avó de Timóteo tenham ajudado a nutrir sua fé, para que ele pudesse se tornar o homem que Deus o chamou para ser. Neste Dia das Mães e em todos os outros, vamos honrar as mães que tomaram a decisão de crer em Jesus.

Que nós também deixemos um legado espiritual para aqueles que amamos.

NANCY GAVILANES

Verdades bíblicas:

Aplicação pessoal:

Pedidos de oração:

Respostas de oração:

Deus Pai, agradeço pelas mães que te amam. Ajuda-me a legar uma herança espiritual aos outros.

11 de maio

Leitura: 1 SAMUEL 28:3-10

Verdades bíblicas:

Aplicação pessoal:

Pedidos de oração:

Respostas de oração:

PERMANECER NO CAMINHO DE CRISTO

Quando disserem "sim", seja [...] sim. Quando disserem "não", seja [...] não. MATEUS 5:37

Numa cena do filme *A Sociedade do Anel* (2001), baseado no livro de J. R. R. Tolkien, Gandalf confronta Saruman, que havia abandonado seu dever de proteger a Terra-média contra o maligno Sauron. Pior: Saruman se *aliou* ao adversário! Por isso, eles se tornaram inimigos e travaram uma luta épica. Tudo isso teria sido evitado se Saruman tivesse permanecido no caminho certo!

O rei Saul também teve dificuldade em manter-se correto. No início, ele "havia expulsado da nação todos os médiuns" (1 SAMUEL 28:3). Agiu bem, pois Deus tinha declarado que envolver-se com o oculto era "detestável" (DEUTERONÔMIO 18:9-12). Mas Saul falhou com Deus em outros aspectos, e Ele não respondeu quando o rei perguntou como lidar com o exército filisteu; foi então que Saul cedeu: "Procurem uma mulher que seja médium, para que eu pergunte a ela o que fazer" (1 SAMUEL 28:7). Que grande queda! Saul errou mais uma vez ao ir contra o seu próprio decreto.

Um milênio depois, Jesus disse a Seus discípulos: "Quando disserem 'sim', seja de fato sim. Quando disserem 'não', seja de fato não. Qualquer coisa além disso vem do maligno" (MATEUS 5:37). Se nos comprometemos a seguir a Cristo, é essencial cumprir nossos juramentos e sermos verdadeiros. Sigamos o caminho certo, mantendo nossa palavra com a ajuda de Deus.

TOM FELTEN

Querido Jesus, por favor,
ajuda-me a manter-me no trajeto,
seguindo Teu caminho.

TENTAR SALVAR A NÓS MESMOS

12 de maio

Vocês são salvos pela graça, por meio da fé. Isso não vem de vocês; é uma dádiva de Deus. v.8

Muitos anos atrás, a cidade de Nova Iorque lançou uma campanha publicitária, "Fique seguro. Fique parado!", para educar pessoas sobre como manter a calma e ficar seguro quando preso em um elevador. Especialistas relataram que alguns passageiros presos morreram ao tentar forçar a abertura das portas do elevador ou sair por outro meio. O melhor plano de ação é usar o botão de alarme para pedir ajuda e aguardar a chegada dos socorristas.

O apóstolo Paulo apresentou um tipo muito diferente de plano de resgate, um para ajudar os que estão presos na força do pecado. Ele lembrou aos efésios de seu total desamparo espiritual, estando verdadeiramente "mortos por causa de [...] seus muitos pecados" (EFÉSIOS 2:1). Estavam presos, obedecendo ao diabo (v.2) e recusando-se a se submeterem a Deus. Isso resultou em eles serem alvo da ira de Deus. Mas Ele não os deixou presos na escuridão espiritual. E aqueles que creem em Jesus, escreveu o apóstolo, "pela graça [...] são salvos" (vv.5,8). Atender à iniciativa de resgate de Deus resulta em fé. E a fé significa que desistiremos de tentar salvar a nós mesmos e clamaremos por Jesus para nos resgatar.

Pela graça de Deus, ser resgatado da armadilha do pecado não vem de nós. É "uma dádiva de Deus" somente por meio de Jesus (v.8).

MARVIN WILLIAMS

Por que você não pode se salvar sozinho da armadilha do pecado? Como Deus providenciou o necessário para o salvar?

Leitura: EFÉSIOS 2:1-10

Verdades bíblicas:

Aplicação pessoal:

Pedidos de oração:

Respostas de oração:

Obrigado, Deus! Quando eu estava preso no pecado, o Senhor me resgatou enviando Jesus Cristo.

13 de maio

Leitura: 2 CRÔNICAS 18:9-16

Verdades bíblicas:

Aplicação pessoal:

Pedidos de oração:

Respostas de oração:

UMA VOZ SOLITÁRIA

Tão certo como vive o SENHOR, direi apenas o que meu Deus ordenar. v.13

Em Paris, a Conferência de Paz encerrou a Primeira Guerra Mundial, mas o marechal francês Ferdinand Foch observou amargamente: "Isso não é paz. É um armistício de uns 20 anos". A visão de Foch contradizia a opinião popular de que era a "guerra que acabaria com todas as guerras". Pouco mais de 20 anos depois, estourou a Segunda Guerra Mundial. Foch estava certo.

Centenas de anos antes, Micaías, profeta de Deus em sua época, profetizou muitos perdas terríveis para Israel (2 CRÔNICAS 18:7). Em contraste, 400 dos falsos profetas do rei Acabe profetizavam vitória: "Veja, todos os profetas prometem vitória para o rei", disseram a Micaías. "Concorde com eles e também prometa sucesso" (v.12).

Ele respondeu: "direi apenas o que meu Deus ordenar" (v.13). Micaías profetizou que Israel seria "espalhado pelos montes, como ovelhas sem pastor" (v.16). E ele estava certo. Os arameus mataram Acabe e o exército fugiu (vv.33-34; 1 Reis 22:35-36).

Como Micaías, os cristãos compartilham uma mensagem que contradiz a opinião popular. Jesus disse: "Ninguém pode vir ao Pai senão por mim" (JOÃO 14:6). Muitos não gostam dessa mensagem porque ela parece excludente. No entanto, a mensagem reconfortante que Cristo traz é inclusiva. Ele acolhe todos os que se voltam para Ele.

TIM GUSTAFSON

Quando o Espírito o levar a dizer ou fazer algo, como você o fará em amor? Você já teve suas opiniões desafiadas por Deus?

Pai, por favor, dá-me sabedoria para discernir a Tua verdade.

ALEGRIA E SABEDORIA

14 de maio

...que as pessoas aproveitem a vida, pois a melhor coisa a fazer neste mundo é comer, beber e alegrar-se. v.15

Leitura: ECLESIASTES 8:14-17

A cada primavera, as doces e perfumadas flores de cerejeira lotam o Japão com sua elegante cor rosa suave, encantando os sentidos de japoneses e turistas. A natureza fugaz das flores cultiva uma percepção forte nos japoneses, que usufruem da beleza e do aroma momentâneo; a brevidade da experiência aumenta seu significado. Eles chamam essa percepção de *Mono-no-aware*: um prazer sentido por algo que passará rapidamente.

Como humanos, é compreensível que busquemos prolongar os sentimentos de alegria. Mas o dia a dia está repleto de dificuldades, e devemos cultivar a capacidade de ver tanto a dor quanto o prazer pelas lentes da fé em nosso Deus amoroso. Não precisamos ser pessimistas, nem criar uma visão falsamente positiva da vida.

O livro de Eclesiastes nos oferece um modelo útil. Embora seja, às vezes, considerado um livro de declarações negativas, o mesmo rei Salomão que escreveu que "Nada faz sentido" (1:2) também encorajou seus leitores a obter alegria nas coisas simples da vida, dizendo: "a melhor coisa a fazer neste mundo é comer, beber e alegrar-se" (8:15).

A alegria vem quando pedimos a Deus que nos ajude a "[procurar] sabedoria" e aprender a observar "tudo que Deus faz" (vv.16-17) nos momentos bons e nos difíceis (3:11-14; 7:13-14), pois nada é permanente neste lado da eternidade. KIRSTEN HOLMBERG

Em que "estação" você está atualmente? Como encontrar alegria neste momento?

Verdades bíblicas:

Aplicação pessoal:

Pedidos de oração:

Respostas de oração:

Querido Pai, sou grato por seres a fonte de beleza e alegria em minha vida.

15 de maio

Leitura: JOÃO 8:31-32, 36, 42-47

Verdades bíblicas:

Aplicação pessoal:

Pedidos de oração:

Respostas de oração:

A VERDADE E AS MENTIRAS

...o diabo [...] é mentiroso e pai da mentira. v.44

Adolf Hitler cria que grandes mentiras eram mais poderosas que as pequenas e, infelizmente, testou sua teoria com sucesso. No início de sua carreira política, afirmou que se contentava em apoiar os outros. Ao chegar ao poder, disse que seu partido não perseguiria ninguém. Mais tarde, usou propagandas para retratar-se como uma figura paterna e um líder moral.

Satanás usa mentiras para ganhar poder sobre nós. Sempre que possível, provoca medo, raiva e desespero pois é "mentiroso e pai da mentira" (JOÃO 8:44). Jesus disse que o diabo não pode dizer a verdade por não ter nenhuma dentro de si.

Eis algumas das mentiras do inimigo. Primeiro: *nossas orações não importam.* Não, elas importam sim. A Bíblia diz: "A oração de um justo tem grande poder" (TIAGO 5:16). Segundo: *não há saída quando estamos com problemas.* Errado, pois "Para Deus, tudo é possível" (MARCOS 10:27), e "ele mostrará uma saída" (1 CORÍNTIOS 10:13). Terceiro: *Deus não nos ama.* Isso é falso, pois nada "jamais poderá nos separar do amor de Deus revelado em Cristo Jesus" (ROMANOS 8:39).

A verdade de Deus é mais poderosa do que as mentiras. Se obedecermos aos ensinamentos de Jesus em Sua força, então "[conheceremos] a verdade", rejeitaremos o que é falso e "a verdade [nos] libertará" (JOÃO 8:32).

JENNIFER BENSON SCHULDT

Em que enganos você tende a acreditar? Como Deus pode refrescar sua mente com a Sua verdade?

Querido Jesus, Tu és o caminho, a verdade e a vida. Por favor, mostra-me as mentiras em que acreditei e ajuda-me a me apegar à verdade que li na Bíblia.

MAJESTOSO DEUS CRIADOR

16 de maio

Ó SENHOR, nosso Senhor, teu nome majestoso enche a terra. v.1

Em 12 de julho de 2022, os cientistas aguardavam as primeiras imagens do espaço enviadas pelo novo Telescópio Espacial James Webb, de última geração, capaz de captar imagens de porções mais remotas do Universo do que a humanidade já vira antes. De repente, uma imagem de tirar o fôlego: uma paisagem espacial colorida da Nebulosa Carina, jamais vista assim. Um astrônomo da NASA citou o cientista ateu Carl Sagan: "Em algum lugar, algo incrível nos espera".

Às vezes, as pessoas miram Deus nos olhos e não o veem. Mas Davi olhou para o céu e sabia exatamente o que via: "tua glória é mais alta que os céus!" (SALMO 8:1). Sagan acertou ao dizer que "algo incrível nos espera", mas não reconheceu o que Davi percebeu claramente: "Quando olho para o céu e contemplo a obra de teus dedos, a lua e as estrelas que ali puseste, pergunto: Quem são os simples mortais, para que penses neles?" (vv.3-4).

Quando vemos imagens do Universo profundo, maravilhamo-nos, não tanto pela tecnologia, mas por testemunharmos a obra criativa de Deus. Maravilhamo-nos pois, na vastidão da criação, Deus nos encarregou de cuidar da Sua obra (v.6). De fato, "algo incrível nos espera": Deus está à espera para trazer os que creem em Cristo a Ele quando o Filho voltar. Essa é a imagem mais deslumbrante de todas.

KENNETH PETERSEN

Quais os seus pensamentos ao admirar o Universo profundo? Você percebe a presença de Deus?

Leitura: SALMO 8

Verdades bíblicas:

Aplicação pessoal:

Pedidos de oração:

Respostas de oração:

Deus, maravilho-me com Tua glória e Tuas obras. Sou grato por cuidares de mim em meio a toda criação.

17 de maio

Leitura: 2 CORÍNTIOS 5:1-10

Verdades bíblicas:

Aplicação pessoal:

Pedidos de oração:

Respostas de oração:

MUDANÇA DE ENDEREÇO

Sim, [...] preferíamos deixar este corpo terreno, pois então estaríamos em nosso lar com o Senhor. v.8

Quando o coronavírus começou a se espalhar, em 2020, minha amiga Joana faleceu após sofrer um derrame. A princípio, sua família divulgou que seu culto fúnebre seria na igreja, mas depois decidiu-se que seria melhor realizá-lo numa funerária a fim de controlar o número de pessoas presentes. O novo aviso informava: Joana Warners – mudança de endereço.

Sim, o endereço mudou! Ela foi da Terra para o novo endereço no Céu. Deus havia transformado sua vida décadas antes, e ela o serviu com amor por quase 50 anos. Mesmo à beira da morte, ainda perguntava sobre pessoas amadas que passavam por provações. Agora ela está com Ele, em seu novo lar.

O apóstolo Paulo ansiava por estar com Cristo no lar celestial (2 CORÍNTIOS 5:8), mas também sentiu que seria melhor para as pessoas a quem servia que ele permanecesse na Terra. Ele escreveu: "por causa de vocês, é mais importante que eu continue a viver" (FILIPENSES 1:24). Quando lamentamos por alguém como Joana, podemos clamar a Deus algo semelhante: *Eles são necessários aqui para mim e a muitos outros que eles amaram e serviram.* Mas Deus sabe o melhor momento para os levar para o lar, e também a nós.

Na força do Espírito, "nosso objetivo é agradar ao Senhor" (2 CORÍNTIOS 5:9) até que o vejamos face a face, o que será muito melhor.

ANNE CETAS

Como você revela o seu amor por Deus e aos outros neste momento? Você pode servir ao Senhor no dia de hoje?

Deus, entrego-me a ti.
Enche-me com Teu Espírito de amor para que minha vida valha a pena.

CHAMADO E CAPACITADO POR DEUS

18 *de maio*

Enchi-o do Espírito de Deus e lhe dei grande sabedoria [...] para trabalhos artísticos de todo tipo. v.3

Leitura: ÊXODO 31:1-11

"Seu trabalho para a exposição internacional de livros é organizar uma transmissão de rádio ao vivo", meu chefe falou. Senti medo, pois era um território novo para mim e orei: *Deus, nunca fiz nada assim, por favor me ajude.*

Deus providenciou recursos e pessoas para guiar-me: pessoas experientes na área lembrando-me dos detalhes que eu me esquecera durante o evento. Em retrospecto, sei que deu certo porque Deus sabia o que era necessário, incentivando-me a usar as habilidades que me concedera.

Deus nos capacita quando nos chama para realizar uma tarefa. Quando Ele designou Bezalel para trabalhar no tabernáculo, sabia que ele já era artesão habilidoso. E Deus o equipou ainda mais, enchendo-o com Seu Espírito, sabedoria, entendimento, conhecimento e diversas habilidades (ÊXODO 31:3). Deus também lhe proveu um ajudante, Aoliabe, e mão de obra qualificada (v.6). Com Sua capacitação, projetaram a tenda, os móveis e as vestes dos sacerdotes. Isso foi essencial para a adoração dos israelitas a Deus (vv.7-11).

Bezalel significa *sob a sombra ou proteção de Deus*. O artesão trabalhou no projeto durante a vida inteira sob a proteção, poder e provisão de Deus. Que obedeçamos com coragem o Seu comando ao realizarmos uma tarefa, até concluí-la. Ele sabe o que é preciso e como ou quando conceder recursos.

KAREN HUANG

Em que áreas você pode orar por Sua orientação?

Verdades bíblicas:

Aplicação pessoal:

Pedidos de oração:

Respostas de oração:

Pai, sou grato por equipar-me com tudo o que preciso.

19 de maio

Leitura: APOCALIPSE 7:9-12

Verdades bíblicas:

Aplicação pessoal:

Pedidos de oração:

Respostas de oração:

PROCLAMANDO O NOME DE DEUS

A salvação vem de nosso Deus, que está sentado no trono, e do Cordeiro! v.10

O amor por Deus e pelos outros sustenta Catarina em seu trabalho de tradução da Bíblia. Ela se alegra ao ver as mulheres na Índia entendendo a Bíblia com maior profundidade, lendo-a em sua língua materna. Ela comentou que "muitas vezes celebram em voz alta ou batem palmas. Leem sobre Jesus e dizem: 'Oh, que maravilhoso!'".

Catarina quer que muitos leiam a Bíblia em seu idioma. Com esse desejo, ela guarda no coração a visão do idoso discípulo João na ilha de Patmos. Por meio do Espírito, Deus o conduziu à sala do trono no Céu, onde ele viu "uma imensa multidão, grande demais para ser contada, de todas as nações, tribos, povos e línguas, em pé diante do trono e diante do Cordeiro" (APOCALIPSE 7:9). Todos adoraram a Deus, dizendo: "A salvação vem de nosso Deus" (v.10).

Deus continua a aumentar o grande número de pessoas que o louvam. Ele usa o trabalho dos tradutores da Bíblia, dos que oram por eles e dos que amorosamente levam ao próximo as boas-novas de Jesus. Podemos nos regozijar nesta alegre missão, maravilhando-nos com a forma como Deus fará com que mais pessoas se unam aos anjos, cantando: "Amém! Louvor e glória e sabedoria, gratidão e honra, força e poder pertencem a nosso Deus, para todo o sempre. Amém!" (v.12). AMY BOUCHER PYE

De que maneira Ele o convida para juntar-se a Sua missão de proclamar as boas-novas de Jesus?

Deus salvador, ajuda-me a compartilhar Teu maravilhoso amor com os outros.

DEUS NO PASSADO E NO PRESENTE

20 de maio

...virei e cumprirei todas as boas promessas que lhes fiz e os trarei de volta para casa. v.10

Fazia anos desde que deixáramos a cidade onde começamos nossa família. Tínhamos ótimas lembranças de lá, e uma visita recente trouxe-me memórias esquecidas: jogos de futebol das crianças, a antiga casa, reuniões da igreja e o restaurante mexicano de nossos amigos. A cidade mudou, mas deixou lembranças suficientes para desejar visitá-la novamente.

Quando os israelitas foram exilados, perderam o convívio com as pessoas, sua terra e cultura. Esqueceram-se de que isso ocorreu por se rebelarem contra Deus. Quando os falsos profetas lhes disseram que voltariam para casa "dentro de dois anos" (JEREMIAS 28:2-4; 29:8-9), o público foi receptivo. Era fácil ouvir as palavras astutas dos falsos profetas que prometiam um retorno breve para casa.

Deus não tolerou esses bajuladores do passado e suas falsas promessas. "Não se deixem enganar pelos profetas e adivinhos que há no meio de vocês" (29:8). Deus tinha planos para Seu povo "dar o futuro pelo qual [ansiavam]" (v.11). A situação era nova, desafiadora e difícil, mas Deus estava com eles e disse-lhes: "Se me buscarem de todo o coração, me encontrarão" (v.13). Ele os traria "de todas as nações para as quais os [enviou]" (v.14), mas em Seu tempo.

A nostalgia nos prega peças e facilita o desejo pelo que já passou. Não perca o que Deus faz agora. Ele cumprirá Suas promessas. *MATT LUCAS*

Que dificuldade você enfrenta hoje? Como Deus se mostra fiel?

Leitura: JEREMIAS 29:8-14

Verdades bíblicas:

Aplicação pessoal:

Pedidos de oração:

Respostas de oração:

Pai, que eu continue a procurar-te no presente e a não ansiar pelo passado.

21 de maio

Leitura: GÊNESIS 33:1-11

Verdades bíblicas:

Aplicação pessoal:

Pedidos de oração:

Respostas de oração:

ESTENDA A BONDADE DE CRISTO

Esaú correu ao encontro de Jacó e o abraçou; [...] e o beijou. E os dois choraram. v.4

Bondade ou vingança? Isaías foi atingido na cabeça por um arremesso durante um jogo de beisebol em um campeonato local. Ele caiu no chão segurando a cabeça. Felizmente, o capacete o protegeu de ferimentos graves. Quando o jogo voltou, Isaías notou que o arremessador estava abalado pelo erro não intencional. Então, ele reagiu tão extraordinariamente que o vídeo desta ação viralizou. Isaías caminhou até o arremessador e deu-lhe um abraço acolhedor, garantindo a ele que estava bem. Numa situação que poderia resultar em briga, Isaías escolheu a bondade.

No Antigo Testamento, vemos Esaú fazer algo parecido, mas muito mais difícil, ao abandonar seus planos de vingança contra seu irmão gêmeo enganador, Jacó.Quando Jacó voltou para casa após 20 anos no exílio, Esaú escolheu a bondade e o perdão em vez de vingança contra quem o prejudicara. Quando o viu, Esaú "correu ao encontro de Jacó e o abraçou" (GÊNESIS 33:4). Esaú aceitou o pedido de desculpas de Jacó e demonstrou que estava tudo bem (vv.9-11).

Quando alguém demonstra remorso por erros cometidos contra nós, temos uma escolha: bondade ou vingança. Escolher o bondoso acolhimento é seguir o exemplo de Jesus (ROMANOS 5:8) e é um caminho para a reconciliação.

LISA M. SAMRA

Você foi tratado com bondade após reconhecer um erro? Como demonstrar bondade a outra pessoa hoje?

Jesus, ajuda-me a seguir o Teu exemplo e a ser bondoso quando eu for injustiçado.

MANTER NOSSA DESTREZA ESPIRITUAL

22 de maio

Os olhos do SENHOR passam por toda a terra para mostrar sua força àqueles [dedicados] a ele. v.9

A sequência de filmes da franquia *Rocky* retrata um boxeador determinado que supera suas baixas chances e torna-se o campeão dos pesos pesados. Em *Rocky III*, Rocky, já bem-sucedido, fica impressionado com suas realizações e assume contratos para comerciais de televisão, que o distraem de treinar. Ele enfraquece e perde para um desafiante. O restante do filme é sobre a sua busca para recuperar a habilidade.

Espiritualmente, o rei Asa de Judá também perdeu sua destreza. No início do reinado, ele confiou em Deus diante das adversidades. Enquanto os cuxitas se preparavam para atacar, Asa orou: "Ajuda-nos, ó SENHOR, nosso Deus, pois em ti confiamos. Em teu nome enfrentamos esse exército imenso" (2 CRÔNICAS 14:11). Deus respondeu-lhe, e Judá derrotou seus inimigos (vv.12-15).

Anos depois, Judá foi novamente ameaçado, mas o rei foi complacente, ignorou Deus e pediu ajuda ao rei da Síria (16:2-3). Pareceu funcionar, mas Deus não se agradou disso. O profeta Hanani confrontou o rei (vv.7-8). Por que Asa não confiava mais em Deus como antes?

Nosso Deus é sempre confiável. Seus olhos "passam por toda a terra para mostrar sua força àqueles cujo coração é inteiramente dedicado a ele" (v.9). Ao dependermos somente de Deus, mantemo-nos espiritualmente aptos e vemos Seu poder em ação.

MIKE WITTMER

Ao envelhecer, é mais fácil ou mais difícil confiar no Senhor? Por quê?

Leitura: 2 CRÔNICAS 16:1-9

Verdades bíblicas:

Aplicação pessoal:

Pedidos de oração:

Respostas de oração:

Querido Jesus, que eu descanse cada dia mais em ti.

23 de maio

Leitura: SALMO 19:1-9

Verdades bíblicas:

Aplicação pessoal:

Pedidos de oração:

Respostas de oração:

OLHE PARA OS CÉUS

Os céus proclamam a glória de Deus... v.1

O pesquisador Alex Smalley sugere que acordemos mais cedo ou façamos uma pausa ao fim do dia. Por quê? Para contemplar o nascer e o pôr do sol. Eles são os momentos mais belos e inspiradores do dia, diz Smalley, que estuda os efeitos de admirar fenômenos climáticos. Mais do que céus azuis ou noites estreladas cintilantes, um lindo nascer ou pôr do sol pode melhorar o humor, aumentar as emoções positivas e diminuir o estresse. Segundo ele, "Quando vemos algo vasto, avassalador ou que produza admiração, problemas pessoais podem parecer menores e não nos preocupamos tanto com eles".

Suas descobertas repercutem as do profeta Jeremias: "Ó Soberano SENHOR! Tu fizeste os céus e a terra com tua mão forte e teu braço poderoso. Nada é difícil demais para ti!" (JEREMIAS 32:17).

O rei Davi também contemplou a criação de Deus: "Os céus proclamam a glória de Deus; o firmamento demonstra a habilidade de suas mãos" (SALMO 19:1). Quanto ao Sol, "nasce numa extremidade do céu e realiza seu trajeto até a outra extremidade; nada pode se esconder de seu calor" (v.6). Por isso, o rei escreveu: "A lei do SENHOR é perfeita e refrigera a alma" (v.7). A gloriosa criação divina reflete o Criador Todo poderoso. Reserve um momento hoje para olhar para o céu e se maravilhar com o Criador!

PATRICIA RAYBON

Qual o seu lugar favorito para observar a criação? Ao contemplar os céus, o que se pode descobrir sobre Deus?

Pai, em Teus gloriosos céus,
Tu me mostras o Teu maravilhoso poder.

DISCIPLINA COM AMOR

...a disciplina de Deus é sempre para o nosso bem, a fim de que participemos de sua santidade v.10

No livro *The Wise Woman: A Parable* (A mulher sábia, inédito), George MacDonald relata sobre duas meninas egoístas que causam sofrimento a todos, inclusive a si mesmas, até que uma mulher sábia as submete a vários testes, ajudando-as a serem amáveis de novo.

As meninas falham em cada prova, até que uma delas, Rosamond, percebe que não pode mudar a si mesma. "Você poderia me ajudar?", ela pergunta à mulher sábia. "Talvez eu possa, agora que me pediu", respondeu. Com a ajuda divina simbolizada pela mulher sábia, Rosamond é transformada. A garota pergunta se a mulher a perdoaria pelos problemas que causou. A sábia respondeu: "Se eu não a tivesse perdoado, não teria me dado ao trabalho de puni-la".

Há momentos em que Deus nos disciplina. É importante entender o porquê. Sua correção não é motivada por retribuição, mas pela preocupação paternal com o nosso bem-estar (HEBREUS 12:6). Deus deseja que "participemos de sua santidade", usufruindo de "vida justa e de paz" (vv.10-11). O egoísmo traz miséria, porém a santidade nos faz completos, alegres e amáveis como Ele.

A garota questionou como a sábia poderia amar alguém como ela. Abaixando-se para beijá-la, a mulher responde: "Vi o que você poderia ser". A correção de Deus também vem com amor e o desejo de nos tornar quem devemos ser. SHERIDAN VOYSEY

Você entendeu a disciplina de Deus no passado?

24 de maio

Leitura: HEBREUS 12:4-11

Verdades bíblicas:

Aplicação pessoal:

Pedidos de oração:

Respostas de oração:

Deus Pai, sou grato por Tua correção, por mais dolorosa que seja. Tu me corriges para o meu bem.

25 de maio

Leitura: 2 CORÍNTIOS 5:12-21

Verdades bíblicas:

Aplicação pessoal:

Pedidos de oração:

Respostas de oração:

CONTE-LHES O QUE DEUS FEZ

...somos embaixadores de Cristo [...] Falamos em nome de Cristo [...]: "Reconciliem-se com Deus!". v.20

Meu colega de faculdade, Wiliam Tobias, foi missionário em uma ilha do Pacífico por muitos anos. Ele conta a história de um jovem que deixou sua cidade natal em busca de fortuna. Mas um amigo o levou à igreja, e ele ouviu as boas-novas de Jesus e creu em Cristo como seu Salvador.

O jovem queria levar o evangelho a seu povo "mergulhado em feitiçaria", e tentou encontrar um missionário para evangelizá-los. Mas este lhe disse apenas: "conte-lhes tudo que o Senhor fez por você" (MARCOS 5:19). E foi isso que ele fez. Vários em sua cidade natal aceitaram Jesus, mas o maior avanço foi quando o feiticeiro da cidade percebeu que Cristo era "o caminho, a verdade e a vida" (JOÃO 14:6). Após depositar sua fé em Jesus, falou sobre Ele para toda a cidade. Em quatro anos, o testemunho de um jovem levou à criação de sete igrejas na região.

O apóstolo Paulo apresenta um plano claro para apresentar o evangelho àqueles que ainda não conhecem a Cristo, alinhado com o que aquele missionário disse ao jovem cristão. Devemos ser "embaixadores de Cristo" (2 CORÍNTIOS 5:20), Seus representantes, como se Deus exortasse por nosso intermédio. Cada cristão tem uma história única para contar sobre como Jesus os fez uma "nova criação" reconciliada com Deus (vv.17-18). Contemos aos outros o que Ele tem feito por nós. *DAVE BRANON*

O que a salvação em Jesus significa para você? Você está pronto a compartilhar sua história?

Querido Deus, ajuda-me a compartilhar minha história de fé com quem tenho contato.

26 de maio

A BELEZA EM VEZ DE SOLO SEM USO

Ele dará uma bela coroa em vez de cinzas, uma alegre bênção em vez de lamento, louvores festivos em vez de desespero. v.3

Certa noite, notei que num terreno baldio próximo de minha casa havia sido arado e cada linha de terra tinha pequenos botões. Na manhã seguinte, parei no meio do caminho ao ver um canteiro de belas tulipas vermelhas brotando do solo.

No outono anterior, um grupo plantara 100 mil flores em lotes vazios em todo o lado sul da cidade. Eles escolheram a cor vermelha para simbolizar como ações discriminatórias dos bancos, recusando empréstimos, afetavam bairros onde viviam principalmente minorias. As tulipas simbolizavam as casas que poderiam estar naqueles lotes.

O povo de Deus enfrentou muitos desafios, desde o exílio de seu lar até a discriminação. No entanto, ainda podemos encontrar esperança. Isaías lembrou aos israelitas em exílio que Deus não os deixaria. Até os pobres receberiam *boas notícias* (ISAÍAS 61:1). O Senhor daria a eles uma "bela coroa em vez de cinzas". Deus prometeu-lhes trocar o espírito de "lamento" por "alegre bênção". Essas ilustrações evocam Seu esplendor e trariam alegria ao povo, tornando-os "grandes carvalhos" em vez de exilados sem ânimo (v.3).

As tulipas também exemplificam que Deus pode criar esplendor a partir da sujeira e da discriminação. Anseio ver as tulipas a cada primavera e ver o renovar de esperança em meu bairro e em outras comunidades.

KATARA PATTON

Leitura: ISAÍAS 61:1-3

Verdades bíblicas:

Aplicação pessoal:

Pedidos de oração:

Respostas de oração:

Deus, sou grato pela beleza que me permites ver, mesmo quando as circunstâncias parecem terríveis.

27 de maio

Leitura: 1 PEDRO 5:6-11

Verdades bíblicas:

Aplicação pessoal:

Pedidos de oração:

Respostas de oração:

QUANDO FOR A HORA

Tomem cuidado com [...] o diabo, que anda como um leão [...] à procura de alguém para devorar. v.8

Meus amigos Aldo e Cátia levavam seu avião da Segunda Guerra Mundial para exposições de aviação, e as reações dos veteranos de guerra lhes eram as mais significativas. Eles falavam sobre as guerras em que serviram e os aviões que pilotaram. A maioria das histórias eram contadas com lágrimas nos olhos. Muitos diziam que a melhor notícia que receberam foram as palavras: "A guerra acabou, rapazes. É hora de ir para casa".

Essas palavras, ditas por combatentes da geração anterior, relacionam-se com a guerra em que os cristãos se engajam, nosso bom combate de fé contra o diabo, o inimigo de nossa alma. O apóstolo Pedro advertiu: "Tomem cuidado com seu grande inimigo, o diabo, que anda como um leão rugindo à sua volta, à procura de alguém para devorar" (1 PEDRO 5:8). Ele nos tenta de várias maneiras e usa o desânimo do sofrimento e da perseguição como arma para nos afastar da fé em Cristo. Pedro desafiou seus primeiros leitores, e também nós, a tomarmos cuidado. Dependemos do Espírito Santo para não deixarmos que o inimigo nos faça desistir da luta e cair.

Sabemos que um dia Jesus voltará. Quando Ele vier, Suas palavras terão efeito semelhante ao sentido pelos soldados em tempo de guerra, trazendo lágrimas aos olhos e alegria ao coração: "A guerra acabou, filhos. É hora de ir para casa".

ANNE CETAS

Que ajuda divina você precisa para resistir ao diabo? Como seus irmãos na fé podem ajudá-lo?

Deus Todo-poderoso, Tu és maior do que tudo que existe. Ajuda-me a confiar em Tua força e poder.

LOUVOR IMPROVISADO

Por volta da meia-noite, Paulo e Silas oravam e cantavam hinos a Deus, e os outros presos ouviam. v.25

Em curta viagem missionária à Etiópia, acompanhamos um ministério local numa visita a jovens em situação de extrema vulnerabilidade. Eles viviam em barracos num ferro-velho, e foi um prazer conhecê-los! Compartilhamos testemunhos, palavras encorajadoras e orações. Um de meus momentos favoritos foi louvar a Deus ao som do violão com nossos novos amigos sob um luar radiante. Que momento sagrado! Apesar da situação desesperadora deles, aqueles homens tinham esperança e alegria que só podem ser encontradas em Jesus.

Lemos sobre outro momento de louvor improvisado, ocorrido na prisão da cidade de Filipos. Paulo e Silas foram presos, espancados, açoitados e encarcerados por servirem a Jesus. Em vez de ceder ao desespero, eles adoraram a Deus orando e cantando em sua cela. "De repente, houve um forte terremoto, e até os alicerces da prisão foram sacudidos. No mesmo instante, todas as portas se abriram e as correntes de todos os presos se soltaram" (ATOS 16:26). O primeiro pensamento do carcereiro foi acabar com a própria vida, mas quando ele percebeu que os prisioneiros não tinham fugido, creu em Deus, e a salvação alcançou toda a sua família (vv.27-34).

Deus se deleita em ouvir nossos louvores a Ele. Vamos adorá-lo nos altos e baixos da vida.

NANCY GAVILANES

Como Deus o capacitou para louvá-lo e adorá-lo mesmo nos momentos difíceis? Como Ele se revelou a você nessas horas?

28 de maio

Leitura: ATOS 16:16-26

Verdades bíblicas:

Aplicação pessoal:

Pedidos de oração:

Respostas de oração:

Querido Deus, por favor, ajuda-me a louvá-lo, não importa o que eu esteja enfrentando.

29 de maio

Leitura: EFÉSIOS 4:29-32

Verdades bíblicas:

Aplicação pessoal:

Pedidos de oração:

Respostas de oração:

CONSELHOS DE ALGUÉM MAIS VELHO

...sejam bondosos e tenham compaixão uns dos outros... v.32

Do que eu me arrependo? A resposta a essa pergunta foi o mote do discurso de formatura proferido pelo escritor George Saunders em 2013, na Universidade de Syracuse (EUA). Sua abordagem foi a de uma pessoa mais velha (Saunders) compartilhando um ou dois arrependimentos que teve na vida com os mais jovens (formandos), pois eles poderiam aprender alguma coisa com seu exemplo. Ele listou coisas que as pessoas poderiam presumir que ele se arrependia, como a pobreza e ter trabalhado em empregos ruins. Mas Saunders disse que não se arrependia disso. O que ele lamentou, no entanto, foram as "falhas de bondade": oportunidades que ele teve de ser gentil com alguém, mas deixou passar.

Como é a vida cristã? O apóstolo Paulo escreveu aos cristãos em Éfeso respondendo a essa pergunta. É tentador apressar-se a responder apontando certa visão política, a recusa a certos livros ou filmes, práticas de adoração de um modo ou outro. Mas a abordagem de Paulo não o limitou a questões contemporâneas. Ele menciona abster-se do "linguajar sujo e insultante" (EFÉSIOS 4:29) e livrar-se da amargura e raiva (v.31). Então, concluiu: "sejam bondosos" (v.32). A razão por trás disso é que, em Cristo, Deus é bondoso com você.

De todas as coisas que cremos ser a essência da vida com Jesus, uma delas certamente é ser gentil. *JOHN BLASE*

Você falhou recentemente em ser gentil? De que modo você pode ser bondoso hoje?

Querido Jesus, assim como Tu foste gentil comigo, ajuda-me a ser gentil com os outros.

AS PALAVRAS REFLETEM NOSSO CORAÇÃO

A pessoa boa tira coisas boas do tesouro de um coração bom... v.45

Como eliminar a linguagem chula? Uma escola optou por fazer uma promessa de "Zero palavrões". Os alunos fizeram um juramento: "Prometo solenemente não usar palavrões de qualquer tipo nas dependências de [nossa escola]". Foi um esforço nobre, mas de acordo com Jesus, nenhuma regra ou promessa externa pode cobrir o cheiro podre de um palavreado imundo.

Remover o mau cheiro das palavras que saem de nossa boca começa com a renovação de nosso coração. Assim como reconhecemos uma árvore pelo fruto que ela dá (LUCAS 6:43-44), Jesus disse que nossa fala indica se nosso coração está ou não ligado a Ele e Seu caminho. O "fruto" representa a fala de alguém, "Pois a boca fala do que o coração está cheio" (v.45). Cristo estava destacando que, se realmente queremos mudar o que sai de nossa boca, primeiro temos que mudar o nosso interior com a ajuda dele.

Promessas externas são inúteis para conter a linguagem chula que sai de um coração não transformado. Só podemos eliminar o linguajar sujo crendo primeiro em Jesus (1 CORÍNTIOS 12:3) e depois convidando o Espírito Santo a nos preencher. Ele age dentro de nós para nos inspirar e ajudar a agradecer a Deus constantemente (EFÉSIOS 5:18,20), dizendo palavras encorajadoras e edificantes aos outros (4:15, 29; COLOSSENSES 4:6).

MARVIN WILLIAMS

O que minhas palavras dizem sobre o meu interior?
Como convidar o Espírito Santo a transformar minha fala hoje?

30 de maio

Leitura: LUCAS 6:43-45

Verdades bíblicas:

Aplicação pessoal:

Pedidos de oração:

Respostas de oração:

Querido Jesus, ajuda-me a falar palavras que o honrem e edifiquem aos outros.

31 de maio

Leitura: JUDAS 1:17-23

Verdades bíblicas:

Aplicação pessoal:

Pedidos de oração:

Respostas de oração:

MISERICÓRDIA À MESA

Tenham compaixão daqueles que vacilam na fé. v.22

O convite para jantar com Haroldo e Pâmela, líderes da minha igreja, aqueceu meu coração, mas fiquei ansiosa. Eu participava de um grupo de estudo bíblico da faculdade com ideias contrárias aos ensinamentos da Bíblia. *Eles me repreenderiam por isso?*

Eles falaram sobre sua família e perguntaram sobre a minha. Ouviram-me contar sobre as tarefas universitárias, meu cãozinho Bombom e o rapaz do qual eu gostava. Só mais tarde, gentilmente, alertaram-me sobre o que havia de errado naquele grupo.

A advertência deles me afastou daquelas mentiras e aproximou-me das verdades bíblicas. Em sua carta, Judas usa uma linguagem forte sobre os falsos mestres, exortando os cristãos a "[defender] a fé" (JUDAS 1:3). Ele os lembrou de que nos últimos tempos haveria "zombadores" provocando "divisões [...] pois não têm neles o Espírito" (vv.18-19). No entanto, Judas também exortou os cristãos a terem "compaixão daqueles que vacilam na fé" (v.22) ao acompanhá-los, mostrando misericórdia sem comprometer a verdade.

O casal sabia que a minha fé ainda não estava firmemente estabelecida, mas, em vez de me julgarem, primeiro ofereceram sua amizade e, depois, sua sabedoria. Que Deus nos conceda esse mesmo amor e paciência, demonstrando sabedoria e compaixão ao interagirmos com os que tem dúvidas.

KAREN HUANG

Quem você pode alcançar que esteja vacilando na fé? Como guiá-lo com amor para as verdades bíblicas?

Pai, orienta-me para ajudar, com as palavras certas, os que são afetados por falsos ensinamentos.

Junho

1º de junho

Leitura: 2 TIMÓTEO 1:6-10

Verdades bíblicas:

Aplicação pessoal:

Pedidos de oração:

Respostas de oração:

DA IMPERFEIÇÃO À SANTIDADE

...Deus nos salvou [...] para uma vida santa, não porque merecêssemos, mas porque [...] era seu plano... v.9

Quando criança, minha filha brincava com o queijo suíço na hora do lanche. Ela o colocava no rosto como uma máscara e dizia: "Olha, mãe", com seus brilhantes olhos verdes me observando pelos buracos no queijo. Como uma jovem mãe, essa máscara de queijo suíço resumia os meus sentimentos em relação aos meus esforços: eram genuínos e com amor, mas "esburacados". Ao invés de santa, imperfeita.

Ó, como desejamos viver uma vida santa, separada para Deus, sendo semelhantes a Jesus. Mas, dia após dia, isso parece fora de alcance, pois nossa imperfeição permanece.

Paulo escreve a Timóteo, exortando-o a viver de acordo com a sua santa vocação. O apóstolo esclareceu que "Deus nos salvou e nos chamou para uma vida santa, não porque merecêssemos, mas porque este era seu plano desde os tempos eternos...". Esta vida é possível, não pelo nosso caráter, mas pela graça de Deus. Paulo reafirmou que era do plano de Deus "...mostrar sua graça por meio de Cristo Jesus" (2 TIMÓTEO 1:9). Que possamos aceitar a graça de Deus e viver firmados em Seu poder!

Seja na criação dos filhos, no casamento, no trabalho ou no amor ao próximo, Deus nos convoca a uma vida santa, que é possível não por nossos esforços em busca da perfeição, mas por causa de Sua misericórdia.

ELISA MORGAN

Peça a Deus para lembrá-lo de Sua graça onipresente, para que Ele inunde a sua vida de santidade. Em sua perspectiva, o que significa ser santo?

Querido Deus, ajuda-me a confiar na Tua graça, e não em meus esforços, para viver uma vida santa.

DOAR E PARTILHAR GENEROSAMENTE

2 de junho

Feliz é o que empresta com generosidade... v.5

Leitura: SALMO 112

Quando minha esposa Carina e eu nos formamos na universidade, tínhamos muitas dívidas que precisávamos renegociar, buscando juros mais baixos. Solicitamos um empréstimo ao banco local, mas fomos recusados por não morarmos ou trabalharmos naquela cidade por tempo suficiente. Contei o acontecido a meu amigo Miguel, que era presbítero em nossa igreja. "Gostaria de mencionar isso à minha esposa", disse ele ao sair pela porta.

Algumas horas depois, o telefone tocou. Era Miguel: "Ana e eu gostaríamos de lhe emprestar o dinheiro que você precisa, sem juros". Não sabendo o que dizer, respondi: "Não posso pedir isso a você". "Você não está pedindo!", ele respondeu jovialmente. Eles gentilmente nos concederam o empréstimo, e Carina e eu pagamos o mais rápido que pudemos.

Acredito que Miguel e Ana foram generosos por causa de seu amor a Deus. Como as Escrituras nos dizem: "Feliz é o que empresta com generosidade e conduz seus negócios honestamente" (SALMO 112:5). Aqueles que confiam em Deus podem ter um coração "confiante e destemido" sob o "cuidado do SENHOR" (vv.7-8), entendendo que Ele é a fonte de tudo de bom em sua vida.

O Senhor tem sido generoso conosco, dando-nos vida e perdão. Sejamos generosos ao compartilhar Seu amor e nossos recursos com os necessitados. *JAMES BANKS*

Deus tem sido generoso com você? De que forma você pode compartilhar Sua generosidade com alguém necessitado hoje?

Verdades bíblicas:

Aplicação pessoal:

Pedidos de oração:

Respostas de oração:

Pai, sou grato porque me concedes o dom da vida. Ajuda-me a confiar em ti e a ser generoso como Tu és.

3 de junho

Leitura: 1 JOÃO 1:5-10

Verdades bíblicas:

Aplicação pessoal:

Pedidos de oração:

Respostas de oração:

PURIFICADO POR CRISTO

...ele é fiel e justo para perdoar nossos pecados e nos purificar... v.9

Minha primeira viagem missionária de curto prazo foi à floresta amazônica no Brasil para ajudar a construir uma igreja ribeirinha. Certa tarde, visitamos uma das poucas casas da região que tinha um filtro de água. Quando nosso anfitrião despejou água turva do poço no topo do aparelho, em poucos minutos todas as impurezas foram removidas, e a água tornou-se potável, limpa e clara. Bem ali, naquela sala de estar, vi um reflexo do que significa ser purificado por Cristo.

Quando conhecemos Jesus, cheios de culpa e vergonha, e lhe pedimos que nos perdoe, recebendo-o como nosso Salvador, Ele nos purifica dos nossos pecados e nos renova. Somos purificados da mesma maneira que a água turva torna-se potável. Que alegria saber que somos justificados por Deus pelo sacrifício de Jesus (2 CORÍNTIOS 5:21) e que Deus afasta-nos de nossos pecados tanto quanto o Oriente está longe do Ocidente (SALMO 103:12).

Mas o apóstolo João nos lembra que isso não significa que nunca mais pecaremos. Quando pecarmos, a imagem da água purificada pode nos confortar por relembrar-nos que, "se confessamos nossos pecados, ele é fiel e justo para perdoar nossos pecados e nos purificar de toda injustiça" (1 JOÃO 1:9).

Vivamos confiantes de que somos continuamente purificados por Cristo.

NANCY GAVILANES

Por que é essencial pedir que Jesus nos perdoe? Como você se sente ao saber que não é mais prisioneiro do pecado?

Amado Deus, sou grato por Tu seres fiel e justo, e por me perdoares quando confesso meus pecados.

SEDENTO E GRATO

4 de junho

Como a corça anseia pelas correntes de água, assim minha alma anseia por ti, ó Deus. v.1

Leitura: SALMO 42:1-5

Meus amigos e eu cumpríamos uma meta de nossa lista de desejos: fazer uma trilha por um grande desfiladeiro. Ficamos na dúvida se tínhamos água suficiente no início da caminhada, mas ela acabou logo. Estávamos sem água e ainda faltava muito para chegar ao nosso destino. A respiração ofegante, misturada com a oração, começou. Então nos viramos e o que consideramos um milagre aconteceu. Vimos três garrafas de água enfiadas em uma fenda na rocha com um bilhete: "Sabia que você precisaria disso. Aproveite!". Olhamos um para o outro, incrédulos, em sussurros agradecemos a Deus, tomamos alguns goles muito necessários e partimos para o último trecho. Nunca senti tanta sede e gratidão em toda a minha vida.

O salmista não conheceu aquela trilha, mas é claro que ele sabia como uma corça age quando está com sede e possivelmente assustado. Este animal "anseia" (SALMO 42:1), uma palavra que remete a tal sede e fome que, se algo não mudar, você teme a morte. O salmista comparou o grau de sede do cervo ao seu desejo por Deus: "assim minha alma anseia por ti, ó Deus" (v.1).

Da mesma forma que a água é tão necessária, Deus é nossa ajuda sempre presente. Ansiamos por Sua presença porque Ele nos renova e revigora nossa vida cansada, capacitando-nos para qualquer que seja a jornada do dia. *JOHN BLASE*

Você sentiu intensa sede, fome ou medo? Por que ansiamos pela presença de Deus?

Verdades bíblicas:

Aplicação pessoal:

Pedidos de oração:

Respostas de oração:

Pai, sou grato pela Tua força, que me renova. Perdoa-me por ter buscado outras fontes além de ti.

5 de junho

Leitura: JEREMIAS 1:1-10

Verdades bíblicas:

Aplicação pessoal:

Pedidos de oração:

Respostas de oração:

AMADO E QUERIDO POR DEUS

Eu o conheci antes de formá-lo no ventre de sua mãe; antes de você nascer, eu o separei. v.5

Parece que o *curtir*, aquele pequeno ícone com o polegar para cima do *Facebook*, sempre existiu. Mas na verdade este símbolo virtual afirmativo existe apenas desde 2009. Quem o projetou, Justin Rosenstein, disse que queria ajudar a criar "um mundo em que as pessoas enaltecessem umas às outras em vez de se destruírem reciprocamente". Mas ele lamentou como essa sua invenção pode ter incentivado um vício prejudicial dos usuários nas redes sociais.

Penso que a criação de Rosenstein ressoa com nossa necessidade intrínseca de afirmação e conexão. Queremos que os outros nos conheçam, que nos notem e ***apreciem***. O ícone de ***curtir*** é recente, mas a nossa fome de conhecer e ser conhecido é tão antiga quanto a criação do homem por Deus.

Ainda assim, esse ícone não dá conta do recado, não é? Felizmente, servimos a um Deus cujo amor é muito mais profundo do que um ícone digital. Testemunhamos Sua conexão profunda e proposital com um profeta que Ele chamou para si. "Eu o conheci antes de formá-lo no ventre de sua mãe; antes de você nascer, eu o separei" (JEREMIAS 1:5).

Deus conheceu o profeta antes mesmo de ele ser concebido e o criou para uma vida de significado e missão (vv.8-10). Nós também somos chamados a termos um propósito em nossa vida, à medida que conhecemos esse Pai que tão intimamente nos conhece e ama.

ADAM R. HOLZ

Pai, ajuda-me a descansar em Teu amor e chamado, a saber que cuidas de mim e me conheces profundamente.

SEJA GRATO A DEUS

Quando estavam à mesa,
ele tomou o pão e o abençoou. Depois,
partiu-o e lhes deu. v.30

Minha amiga saiu às pressas de seu trabalho estressante no hospital, imaginando o que faria para o jantar antes que o marido voltasse do trabalho também puxado. Ela tinha feito frango no domingo e servira as sobras na segunda. Na terça, jantaram frango assado. Ela encontrou dois filés de peixe congelados, mas sabia que não eram os favoritos do marido. Sem mais nada de fácil preparo em poucos minutos, decidiu fazer o peixe.

Ao colocar o prato sobre a mesa, ela disse, meio que se desculpando, ao marido que acabara de chegar em casa: "Sei que este não é o seu prato preferido". O marido dela ergueu os olhos e disse: "Querida, sou grato por termos comida na mesa".

Sua atitude lembra-me da importância de sermos gratos e agradecidos pelas provisões diárias de Deus, sejam elas quais forem. Seguimos o exemplo de Jesus quando agradecemos pelo pão ou pelas refeições de cada dia. Quando Ele comeu com dois discípulos após Sua ressurreição, Cristo "tomou o pão e o abençoou. Depois, partiu-o" (LUCAS 24:30). Ele agradeceu ao Pai como havia feito antes, quando alimentou os cinco mil com cinco pães e dois peixes (JOÃO 6:9). Quando damos graças pelas nossas refeições diárias e por outras provisões, a nossa gratidão reflete o exemplo de Jesus e honra o nosso Pai celestial. Agradeça a Deus hoje. *KATARA PATTON*

Com que frequência você
demonstra sua gratidão a Jesus? Como
você o honra ao fazer isso?

6 de junho

Leitura: LUCAS 24:28-35

Verdades bíblicas:

Aplicação pessoal:

Pedidos de oração:

Respostas de oração:

Deus de todos, sou grato
pelo meu pão diário e por Tua provisão
em minhas necessidades.

7 de junho

Leitura: ATOS 20:17-24, 34-35

Verdades bíblicas:

Aplicação pessoal:

Pedidos de oração:

Respostas de oração:

ALEGRIA EM DOAR

Há bênção maior em dar que em receber. v.35

Quando o filho de Kelly passou por mais uma cirurgia relacionada à distrofia muscular, ela quis distrair-se da situação familiar, fazendo algo por outra pessoa. Então, reuniu os sapatos em bom estado do filho que já não o serviam e os doou a um ministério. Suas doações fizeram com que amigos, familiares e até vizinhos doassem, somando mais de 200 pares de sapatos doados! Embora a campanha de arrecadação tivesse o objetivo de abençoar outras pessoas, Kelly sente que sua família foi ainda mais abençoada: "A experiência levantou nosso ânimo e ajudou-nos a focar no próximo".

Paulo entendia a importância dos cristãos doarem generosamente. A caminho de Jerusalém, o apóstolo parou em Éfeso. Ele sabia que provavelmente seria sua última visita às pessoas da igreja que fundara ali. Em seu discurso de despedida aos presbíteros, lembrou-lhes como havia trabalhado diligentemente no serviço a Deus (ATOS 20:17-20) e os encorajou a fazer o mesmo. Em seguida, concluiu com as palavras de Jesus: "Há bênção maior em dar que em receber" (v.35).

Jesus quer que nos doemos com generosidade e humildade (LUCAS 6:38). Ao confiarmos em Sua direção, Ele nos concederá as oportunidades. Assim como a família de Kelly, podemos nos surpreender com a alegria que sentimos ao praticarmos Sua vontade.

ALYSON KIEDA

Como Deus o chama para "doar-se" a alguém? Você já foi o beneficiário da generosidade de outra pessoa?

Querido Pai, ajuda-me a doar de bom-grado o meu tempo e recursos às outras pessoas.

ÍDOLOS INTERNOS

...lancem fora os falsos deuses [...] em seu meio e voltem [...] para o SENHOR, *o Deus de Israel.* JOSUÉ 24:23

Alguns homens do meu grupo de estudo bíblico tinham quase 80 anos, e surpreendeu-me saber que lutavam contra a luxúria: uma batalha que travavam desde a juventude. Todos os dias comprometiam-se a seguir Jesus e pediam perdão por suas falhas.

Não deveríamos nos chocar ao saber que pessoas piedosas ainda lutam contra desejos vis na fase avançada da vida. Um ídolo é tudo o que ameaça tomar o lugar de Deus em nossa vida, e eles podem aparecer mesmo após acharmos que sumiram.

Na Bíblia, Jacó foi salvo de seu tio Labão e de seu irmão Esaú. Ele voltava para Betel para adorar a Deus e celebrar Suas muitas bênçãos, mas sua família ainda mantinha ídolos pagãos que Jacó precisou enterrar (GÊNESIS 35:2-4). Lemos também que, após os israelitas derrotarem seus inimigos e estabelecerem-se em Canaã, Josué ainda os orientava a jogar "fora os falsos deuses [...] em seu meio e [voltar] o coração para o SENHOR" (JOSUÉ 24:23). Aparentemente a esposa de Davi, Mical, guardava ídolos, pois colocou um em sua cama para enganar os soldados que vieram matá-lo (1 SAMUEL 19:11-16).

Os ídolos são mais comuns do que pensamos, e Deus é mais paciente do que merecemos. Os desejos para voltarmos a eles virão, mas o perdão de Deus é maior. Que sejamos separados para Jesus, abandonemos nossos pecados e encontremos o perdão nele. MIKE WITTMER

Qual pecado mais o provoca? Quais medidas são necessárias para destruir tal ídolo?

8 de junho

Leitura: GÊNESIS 35:1-5

Verdades bíblicas:

Aplicação pessoal:

Pedidos de oração:

Respostas de oração:

Pai, confesso-te o meu pecado e recebo, com gratidão, o Teu perdão por meio de Jesus.

9 de junho

Leitura: 2 CORÍNTIOS 9:6-11

Verdades bíblicas:

Aplicação pessoal:

Pedidos de oração:

Respostas de oração:

CORAÇÃO GENEROSO

Cada um deve decidir em seu coração quanto dar. v.7

No grupo de estudo bíblico em que minha esposa serve semanalmente, as crianças foram convidadas a doar dinheiro para ajudar crianças na Ucrânia, devastada pela guerra. Ela contou sobre o projeto à nossa neta de 11 anos, que logo nos enviou sua oferta pelo correio. Recebemos dela um envelope contendo $6,40 e um singelo bilhete: "Isso é tudo o que tenho para as crianças na Ucrânia. Envio mais depois".

A avó não tinha sugerido a ela que doasse, mas talvez o Espírito Santo a tenha inspirado. E ela, por amar Jesus e buscar viver para Ele, agiu.

Podemos aprender muito com essa pequena oferta vinda de um generoso coração. Em 2 Coríntios 9, Paulo traz algumas instruções sobre doações. Primeiro, o apóstolo sugeriu que devemos semear "com fartura" (v.6). A entrega de *tudo o que tenho* é certamente generosa. Paulo também escreveu que nossas ofertas devem ser entregues com alegria, conforme Deus nos guia e conforme somos capazes, e não "por obrigação" (v.7). E ele mencionou o valor de compartilhar "com os pobres" citando Salmo 112:9.

Ao surgir uma oportunidade de doar, perguntemos a Deus qual ação Ele deseja de nós. Quando seguimos a Sua orientação e somos generosos e alegres ao doar aos necessitados, nós o fazemos de modo que outros "darão graças a Deus" (2 CORÍNTIOS 9:11). Isso é doar com generosidade.

DAVID BRANON

O que o motiva a doar generosamente?

Deus, orienta-me a ser o doador generoso que Tu desejas que eu seja, refletindo Teu coração generoso.

CADA MOMENTO CONTA

10 de junho

...[mantenha] a sobriedade em todas as situações [...]. Trabalhe para anunciar as boas-novas... v.5

Leitura: 2 TIMÓTEO 4:1-8

O pastor John Harper garantiu um lugar para sua filha de 6 anos em um dos poucos botes salva-vidas quando o *Titanic* atingiu um *iceberg* em abril de 1912. A seguir, deu seu colete a outra pessoa e compartilhou o evangelho com todos que aceitaram ouvi-lo. Enquanto o navio afundava e centenas aguardavam um resgate improvável, Harper nadava entre os náufragos dizendo: "Creia no Senhor Jesus e você será salvo" (ATOS 16:31 NAA).

Entre os sobreviventes do *Titanic*, um homem referiu-se a si mesmo como "o último convertido de Harper". Ele tinha rejeitado o primeiro convite, mas creu em Cristo quando o pastor lhe pediu novamente. Ele viu Harper dedicar seus últimos momentos de vida compartilhando as boas-novas de Jesus antes de sucumbir à hipotermia e afundar na água gelada.

O apóstolo Paulo instrui Timóteo e o encoraja a ter a mesma urgência e dedicação ao compartilhar o evangelho. Assegurando-o da presença constante de Deus e do retorno inevitável de Jesus, ele incumbe Timóteo a pregar "com paciência e bom ensino" (2 TIMÓTEO 4:1-2). Relembra o jovem a manter-se sóbrio, embora alguns viessem a rejeitar Jesus (vv.3-5).

Nossos dias são limitados, portanto cada momento conta. Podemos estar seguros de que nosso Pai preparou nosso lugar no Céu quando proclamamos: "Jesus salva"!

XOCHITL DIXON

Saber que seus dias são limitados o instiga a compartilhar as boas-novas de Jesus? Como alcançar alguém hoje?

Verdades bíblicas:

Aplicação pessoal:

Pedidos de oração:

Respostas de oração:

Jesus, por favor, concede-me oportunidades para compartilhar o Teu amor com as outras pessoas.

11 de junho

Leitura: ISAÍAS 22:15-24

Verdades bíblicas:

Aplicação pessoal:

Pedidos de oração:

Respostas de oração:

O TÚMULO DE SEBNA

Felizes os que, de agora em diante, morrem no Senhor. APOCALIPSE 14:13

O poeta W. B. Yeats desejava ser enterrado em Ben Bulben, uma montanha de topo plano e também título de um de seus últimos poemas. O verso final deste poema encontra-se em sua lápide: "Lance frio olhar na vida, na morte. Cavaleiro, em frente!" (tradução livre). Houve muita especulação sobre seu significado. Talvez seja o poeta reconhecendo a veracidade da vida e da morte. Independentemente disso, Yeats realizou seu desejo sobre onde seria enterrado e o que seria gravado em sua lápide. Mas a fria verdade é que a vida continua, indiferente à nossa partida.

Em um período difícil para Judá, Sebna, administrador do palácio, fez uma tumba para si, tentando garantir seu legado. Mas Deus, por meio do profeta Isaías, disse-lhe: "Quem você pensa que é, e o que está fazendo aqui, construindo uma bela sepultura para si, um monumento no alto da rocha?" (ISAÍAS 22:16). Isaías falou: "[Deus] o embrulhará como uma bola e o atirará para uma terra distante. Você morrerá naquele lugar" (v.18).

Sebna não tinha entendido. O importante não é onde estamos enterrados; o que importa é *a quem servimos*. Os que servem a Jesus têm imenso conforto: "Felizes os que, de agora em diante, morrem no Senhor" (APOCALIPSE 14:13). Servimos a Deus, que nunca é indiferente à nossa partida. Ele anseia por nosso retorno e nos recebe em casa!

TIM GUSTAFSON

O que a sua vida reflete sobre Quem você está servindo? Como quer ser lembrado?

Pai celestial, ajuda-me a viver ansiando pelo momento em que estarei contigo na eternidade.

A OBRA-PRIMA DIVINA

12 de junho

...agradeço por me teres feito [...] extraordinário; tuas obras são maravilhosas, [...] sei muito bem. v.14

Leitura: SALMO 139:13-18

Embora a neurociência tenha avançado na compreensão de como o cérebro funciona, os cientistas admitem que esse conhecimento ainda é inicial. Eles compreendem a arquitetura do cérebro, alguns aspectos de sua função e regiões que reagem ao ambiente, ativam os sentidos, geram movimentos e contêm emoções. Mas ainda não descobriram como essas interações contribuem para o comportamento, a percepção e a memória. A obra-prima criada por Deus, a incrivelmente complexa humanidade, ainda é misteriosa.

Davi reconheceu as maravilhas do corpo humano. Usando linguagem figurada, celebrou o poder de Deus, evidenciado pelo Seu controle soberano sobre o processo natural de ser "[tecido] no ventre [da] mãe" (SALMO 139:13). Ele escreveu que foi feito de "modo tão extraordinário" e que as obras de Deus "são maravilhosas" (v.14). Os antigos viam o desenvolvimento de uma criança dentro do ventre da mãe como um grande mistério (ECLESIASTES 11:5). Mesmo com o conhecimento limitado das complexidades maravilhosas do corpo humano, Davi ainda maravilhava-se com a incrível obra e presença de Deus (SALMO 139:17-18).

A incrível e admirável complexidade do corpo humano reflete o poder e a soberania do nosso grande Deus. A resposta apropriada é louvor, temor e admiração!

MARVIN WILLIAMS

Observe a complexidade do seu corpo; isso o leva a louvar a Deus? De quemaneiras criativas podemos agradecer a Ele hoje?

Verdades bíblicas:

Aplicação pessoal:

Pedidos de oração:

Respostas de oração:

Eterno Pai, louvo-te por me formares tão maravilhosamente complexo. Tu és o maravilhoso Criador!

13 de junho

Leitura: MATEUS 24:36-44

Verdades bíblicas:

Aplicação pessoal:

Pedidos de oração:

Respostas de oração:

ESPERAR POR JESUS

Estejam também sempre preparados, pois o Filho do Homem virá quando menos esperam. v.44

Meu amigo Paulo aguardava a chegada de um técnico para consertar sua geladeira quando viu uma mensagem da empresa de manutenção de eletrodomésticos em seu telefone. A mensagem dizia: "Jesus está a caminho e deve chegar aproximadamente às 11h35". Paulo logo percebeu que este era o nome do técnico!

E nós? Para quando podemos esperar a chegada de Jesus, o Filho de Deus? Quando Ele veio a nós como homem há 2 mil anos e sofreu a punição pelo nosso pecado, Jesus disse que voltaria, mas que "ninguém sabe o dia nem a hora" precisa de Seu retorno. "Somente o Pai" (MATEUS 24:36). As nossas prioridades diárias seriam diferentes se soubéssemos *exatamente* o momento em que nosso Salvador retornará à Terra? (JOÃO 14:1-3).

Jesus nos advertiu para estarmos também sempre preparados para o Seu retorno: "pois o Filho do Homem virá quando menos esperam" (MATEUS 24:44). Ele nos relembrou de que devemos vigiar, porque não sabemos "em que ocasião o [nosso] Senhor virá" (v.42).

Quando Cristo retornar, não receberemos um alerta em nosso telefone nos avisando. Portanto, pelo poder do Espírito agindo por nosso intermédio, vivamos cada dia com a perspectiva da eternidade, servindo a Deus e aproveitando todas as oportunidades para compartilhar a Sua mensagem de amor e esperança com os outros.

CINDY HESS KASPER

Você está preparado para o retorno iminente de Jesus?

Pai, enquanto espero, ajuda-me a obedecer-te, a buscar santidade e a ansiar pelo retorno de Jesus.

DILEMAS E FÉ PROFUNDA

Filha, sua fé a curou.
Vá em paz. v.34

Durante um estudo bíblico na manhã de sábado, um pai sentia-se perplexo, pois sua amada filha rebelde retornara ao lar, mas ele não se sentia à vontade com sua presença e comportamento em casa. Outra pessoa não estava bem fisicamente por causa dos efeitos físicos de doenças prolongadas e do envelhecimento. Muitas visitas a muitos médicos produziram pouco progresso. Ela estava desanimada. Por desígnio divino, naquela manhã, eles estudaram o texto de Marcos 5 e ao terminarem, a esperança e a alegria eram visíveis.

Lemos que a filha de Jairo estava doente e ele suplicou a Jesus: "Minha filhinha está morrendo" (MARCOS 5:23). No caminho para visitar a menina, Jesus curou outra mulher de seu longo problema de saúde, dizendo: "Filha, sua fé a curou" (v.34). Jairo e a mulher, compelidos pela fé em Jesus, procuraram-no e não se desapontaram. Mas, em ambos os casos, antes de conhecer Jesus, as coisas foram de "mal a pior" antes de melhorarem.

Os dilemas da vida não discriminam. Independentemente do gênero, idade, raça ou classe social, todos enfrentamos situações que nos deixam perplexos e nos fazem questionar. Em vez de permitir que os desafios nos afastem de Jesus, esforcemo-nos para que isso nos desperte à fé mais profunda naquele que sente quando o tocamos e que pode nos curar (v.30).

ARTHUR JACKSON

Que situação atual o obriga a buscar Jesus? Que oração sincera você precisa fazer hoje?

14 de junho

Leitura: MARCOS 5:21-34

Verdades bíblicas:

Aplicação pessoal:

Pedidos de oração:

Respostas de oração:

Querido Jesus, Tu conheces cada situação em minha vida. Fortalece a minha fé em meio às adversidades.

15 de junho

Leitura: GÁLATAS 5:13-18

Verdades bíblicas:

Aplicação pessoal:

Pedidos de oração:

Respostas de oração:

SERVIR DE CORAÇÃO

Não usem [sua liberdade] para satisfazer sua natureza [...] usem-na para servir uns aos outros... v.13

Meu tio Evandro foi consistentemente homenageado e reconhecido por seu amor a Deus e por servir aos outros. Em nenhum lugar isso se tornou mais óbvio do que durante o serviço militar na Segunda Guerra Mundial, onde ele serviu como oficial médico que vai à batalha sem portar armas. Ele recebeu altas honras militares por sua bravura, mas foi mais lembrado por sua compaixão, durante e após a guerra.

A abnegação dele personificou o desafio de Paulo aos gálatas quando lhes disse: "vocês, irmãos, foram chamados para viver em liberdade. Não a usem, porém, para satisfazer sua natureza humana. Ao contrário, usem-na para servir uns aos outros em amor" (GÁLATAS 5:13). Mas como? Em nossa fragilidade, tendemos a nos colocar em primeiro lugar, e não os outros. De onde vem esse altruísmo contrário à natureza humana?

O apóstolo Paulo nos encoraja: "Tenham a mesma atitude demonstrada por Cristo Jesus" (FILIPENSES 2:5). Paulo descreve a disposição de Cristo de até mesmo experimentar a morte na cruz por causa do Seu grande amor por nós. Somente à medida que o Seu Espírito produz a mente de Cristo em nós é que somos separados e capacitados a nos sacrificar pelos outros, correspondendo ao sublime sacrifício de Jesus quando se entregou por nós. Que possamos ceder à obra do Espírito em nós.

BILL CROWDER

Amoroso Pai, sou grato pelo exemplo perfeito de Jesus e por Seu sacrifício. Ajuda-me a imitá-lo.

ESPERANÇA DE CURA

16 de junho

No mesmo instante, o homem ficou curado. Ele pegou sua maca e começou a andar. v.9

Surgiu um novo motivo de esperança às pessoas paralisadas por lesões na medula espinhal. Pesquisadores alemães descobriram como estimular o crescimento dos nervos para reconectar os caminhos neurais entre os músculos e o cérebro. Esta regeneração fez os ratos paralisados andarem novamente, e mais testes serão feitos para determinar se a terapia é segura e eficaz para humanos.

O que a ciência busca alcançar em favor dos que sofrem de paralisia, Jesus fez por meio de milagres. Ao visitar o tanque de Betesda, local onde muitos enfermos permaneciam na esperança de cura, Jesus buscou entre eles um homem que "estava doente havia 38 anos" (JOÃO 5:5). Após confirmar que o homem realmente desejava a cura, Cristo o instruiu a levantar-se e andar. "No mesmo instante, o homem ficou curado. Ele pegou sua maca e começou a andar" (v.9).

Não nos foi prometido que todas as nossas doenças físicas serão curadas por Deus. Havia outras pessoas no tanque que não foram curadas por Jesus naquele dia. Mas quem deposita a confiança em Cristo pode experimentar a cura que Ele oferece: do desespero à esperança, da amargura à graça, do ódio ao amor, da acusação ao desejo de perdoar. Nenhuma descoberta científica (ou tanque de água) pode nos oferecer tal cura; somente a fé.

KIRSTEN HOLMBERG

Você busca cura espiritual fora de Deus? Saber que um dia os cristãos terão o seu corpo físico transformado o encoraja?

Leitura: JOÃO 5:1-9

Verdades bíblicas:

Aplicação pessoal:

Pedidos de oração:

Respostas de oração:

Querido Deus, sou grato por curares minha maior doença, o pecado, e por restaurares minha saúde espiritual.

17 de junho

Leitura: DEUTERONÔMIO 24:17-22

Verdades bíblicas:

Aplicação pessoal:

Pedidos de oração:

Respostas de oração:

FÉ GENEROSA

...fazendo a colheita [...] Deixem [algo] para os estrangeiros, para os órfãos e para as viúvas. v.19

Há alguns anos, a nossa igreja foi convidada a acolher refugiados após mudanças políticas em seu país. Famílias inteiras vieram apenas com o que cabia numa pequena mala. Muitas famílias da igreja abriram as suas casas, incluindo aquelas com pouco espaço extra.

A hospitalidade deles reflete a ordem de Deus aos israelitas ao entrarem na terra prometida (DEUTERONÔMIO 24:19-21). Como sociedade agrícola, eles compreenderam a importância da colheita, que era essencial para sobreviverem até o ano seguinte. Isto faz com que a ordem de Deus de deixarem alguns feixes de cereais ao estrangeiro, ao órfão e à viúva (v.19) seja também um voto de confiança no Senhor. Os israelitas deveriam praticar a generosidade não doando apenas por terem o suficiente, mas também por confiarem na provisão de Deus.

Essa hospitalidade também os lembrava de que tinham sido "escravos no Egito" (vv.18,22). Tinham sido oprimidos e desamparados. A generosidade deles foi um lembrete da graça de Deus ao libertá-los da escravidão.

Os cristãos são igualmente encorajados a serem generosos. Paulo nos relembra: "Embora [Cristo] fosse rico, por amor a vocês ele se fez pobre, para que por meio da pobreza dele vocês se tornassem ricos" (2 CORÍNTIOS 8:9). Nós doamos porque Ele se doou primeiro. *MATT LUCAS*

Alguém o ajudou quando você esteve necessitado? Como doar aos outros confiando na provisão de Deus?

Querido Pai, por favor, abre os meus olhos às necessidades dos marginalizados em minha comunidade.

18 de junho

AMIGO DOS SOLITÁRIOS

Deus dá uma família aos que vivem sós... v.6

Leitura: SALMO 68:3-6,19

Holly Cooke não tinha amigos quando foi trabalhar em Londres, e os finais de semana eram muito tristes. Uma pesquisa global coloca Londres no topo da lista da solidão, com 55% dos londrinos afirmando sentirem-se solitários em comparação com apenas 10% dos que se sentem assim em Lisboa, Portugal.

Para conectar-se, Holly desafiou seus medos e formou um grupo de mídia social chamado *Clube londrino de meninas solitárias*, ao qual 35 mil moças aderiram. Encontros frequentes de pequenos grupos planejam piqueniques em parques, aulas de arte, oficinas de joias, jantares e até exercícios ao ar livre com seus animais de estimação.

O desafio da solidão não é novo, mas Aquele que cura este sentimento também não. O rei Davi escreveu que o nosso Deus eterno "dá uma família aos que vivem sós, liberta os presos e os faz prosperar" (SALMO 68:6). Pedir a Deus que nos guie a amigos cristãos é um privilégio e é algo que podemos lhe pedir tranquilamente. "Pai dos órfãos, defensor das viúvas, esse é Deus cuja habitação é santa" (v.5), acrescentou Davi. "Louvado seja o Senhor; louvado seja Deus, nosso salvador! A cada dia ele nos carrega em seus braços" (v.19).

Que amigo temos em Jesus! Ele nos concede amigos eternos, a começar pela Sua presença gloriosa a cada momento. Como diz Holly: "O tempo com os amigos faz bem à alma". *PATRICIA RAYBON*

O que Jesus o ensina sobre ser um amigo eterno dos seus próximos?

Verdades bíblicas:

Aplicação pessoal:

Pedidos de oração:

Respostas de oração:

Jesus, quando meu coração sentir-se solitário, mostra-me um bom amigo, a começar por ti, Senhor.

19 de junho

Leitura: ÊXODO 3:1-10

Verdades bíblicas:

Aplicação pessoal:

Pedidos de oração:

Respostas de oração:

DEUS DA LIBERDADE

Agora vá, pois eu o envio ao faraó. Você deve tirar meu povo, Israel, do Egito. v.10

O presidente norte-americano Abraham Lincoln já tinha emancipado os afro-americanos escravizados havia dois anos e meio, e os estados que se opunham a isso já tinham se submetido. Porém, o estado do Texas ainda não reconhecia a liberdade deles. Mas, em 19 de junho de 1895, o general do exército da União, Gordon Granger, chegou ao Texas e exigiu que todos os escravizados fossem libertos. Imagine o espanto e a alegria ao caírem as algemas e os cativos ouvirem o anúncio da liberdade.

Deus vê os oprimidos e Ele anunciará a liberdade aos que estão sob o peso da injustiça. Isto é verdade hoje, assim como foi nos dias de Moisés. Deus apareceu-lhe de um arbusto em chamas com uma mensagem urgente: "Por certo, tenho visto a opressão do meu povo no Egito" (ÊXODO 3:7). Ele viu a brutalidade do Egito contra Israel e planejou fazer algo a respeito: "desci para libertá-los [...] e levá-los do Egito a uma terra fértil e espaçosa" (v.8). Ele pretendia declarar liberdade a Israel, e Moisés seria o porta-voz. "Eu o envio ao faraó", disse Deus ao Seu servo, para "tirar meu povo, Israel, do Egito" (v.10).

Embora o tempo determinado por Deus possa não ser tão rápido quanto esperamos, um dia Ele nos libertará de toda escravidão e injustiça. Ele concede esperança e libertação a todos os oprimidos. *WINN COLLIER*

Você já viu a ação de Deus em prol dos oprimidos? Como Ele o convida a participar em Sua obra?

Deus, há tanta opressão no mundo, ajuda-me a estar atento à Tua intenção de anunciar a liberdade.

NOVO E CERTO

Suas misericórdias são inesgotáveis. [...] suas misericórdias se renovam cada manhã. vv.22-23

Susana não comprou nada para si durante três anos além das coisas básicas do lar. A pandemia afetou a renda dela, e minha amiga adotou um estilo de vida simples. "Um dia, ao limpar meu apartamento, percebi como minhas coisas estavam velhas e desbotadas", compartilhou. "Foi quando senti falta de coisas novas, da sensação de frescor e entusiasmo. Meu lar parecia cansado e obsoleto. Parecia que eu não tinha algo pelo que esperar."

Ela encontrou incentivo na Bíblia em um livro improvável: Lamentações, que foi escrito por Jeremias após Jerusalém cair nas mãos da Babilônia. O livro descreve a ferida aberta da dor sofrida pelo profeta e pelo povo. Porém, em meio ao desespero, o amor de Deus é o solo fértil da esperança. "O amor de Deus não tem fim", escreveu Jeremias, "suas misericórdias se renovam cada manhã" (LAMENTAÇÕES 3:22-23).

Essa mulher lembrou-se de que o profundo amor de Deus é novo todos os dias. Quando as circunstâncias nos fazem sentir que não há mais nada a esperar, podemos nos lembrar da Sua fidelidade e esperar por Sua provisão. Podemos esperar confiantemente em Deus, sabendo que a esperança nele jamais é vã (vv.24-25) porque ela está ancorada em Seu amor e compaixão inabaláveis.

"O amor de Deus é algo novo para mim a cada dia", disse-me Susana, esperançosa.

KAREN HUANG

Você já enfrentou o desespero? A promessa de que o amor de Deus se renova "cada manhã" lhe traz esperança?

20 de junho

Leitura: LAMENTAÇÕES 3:19-26

Verdades bíblicas:

Aplicação pessoal:

Pedidos de oração:

Respostas de oração:

Querido Deus, sou grato, pois cada dia traz consigo o Teu amor incontestável e firme.

21 de junho

Leitura: 1 CORÍNTIOS 1:26-31

Verdades bíblicas:

Aplicação pessoal:

Pedidos de oração:

Respostas de oração:

USA-ME

Quem quiser orgulhar-se, orgulhe-se somente no Senhor. v.31

James Morris foi descrito como "um simples analfabeto com um coração caloroso". No entanto, Deus o usou para atrair Augustus Toplady à fé salvadora em Jesus Cristo. Toplady, o autor do hino atemporal "Rocha eterna", do século 18, descreveu a pregação de Morris: "Estranho eu ter-me aproximado de Deus por meio de um grupo de cristãos reunido num celeiro, sob o ministério de alguém que mal sabia soletrar seu nome. Certamente é obra do Senhor, é maravilhoso!".

De fato, Deus faz coisas maravilhosas em locais improváveis e por meio de pessoas que podemos classificar como "desqualificadas" ou comuns. Paulo relembra aos cristãos de que eles eram pessoas simples. "Lembrem-se, irmãos, de que poucos de vocês eram sábios aos olhos do mundo ou poderosos ou ricos" (1 CORÍNTIOS 1:26). Embora os cristãos de Corinto fossem pessoas simples, pela graça de Deus não lhes faltou dons e eficiência (v.7). E Deus, que sabe como colocar os presunçosos em seu lugar (vv.27-29), agia entre eles e por meio deles.

Você se vê como pessoa "simples", "comum" ou até "sem valor"? Não se preocupe. Se você tem Jesus e dispõe-se a ser usado por Ele, tem o suficiente. Que a oração do seu coração seja: "Deus, usa-me!".

ARTHUR JACKSON

Quem lhe vem à mente ao pensar em alguém simples, mas grandemente usado por Deus? O que podemos fazer para mudar nosso centro de atenção ao que Deus pode fazer por nosso intermédio?

Pai celestial, perdoa-me por não engrandecer o Teu nome suficientemente. Usa-me em Tua santa obra.

TEMPLO DE ADORAÇÃO

Arme o tabernáculo de acordo com o modelo que lhe foi mostrado no monte. 26:30

Quando a Câmara dos Comuns do Reino Unido foi bombardeada na Segunda Guerra Mundial, o primeiro-ministro Winston Churchill disse ao Parlamento que deviam reconstruir conforme o projeto original. A planta devia permitir que os políticos se movimentassem pelo centro, permitindo que a Esquerda e Direita se olhassem face a face, exigindo cuidadosa reflexão antes de seus pronunciamentos. Churchill concluiu: "Nós moldamos os nossos edifícios e, depois, eles nos moldam".

Deus parece concordar. Sete capítulos de Êxodo (25–31) instruem sobre a construção do tabernáculo, e mais seis (35–40) descrevem como Israel o fez. Deus se importava com a adoração deles. Quando o povo entrava no pátio, era deslumbrado pelo ouro reluzente e as cortinas coloridas do tabernáculo (26:1,31-37). O altar do holocausto (27:1-8) e a bacia de água (30:17-21) lembravam-lhes o custo do perdão. O tabernáculo tinha um candelabro (25:31-40), uma mesa com pão (25:23-30), um altar de incenso (30:1-6) e a arca da aliança (25:10-22). Cada item com grande significado.

Deus não fornece instruções detalhadas para o local da nossa adoração como fez com Israel, mas a adoração hoje não é menos importante. Nosso corpo é o templo separado para a Sua habitação. Que tudo o que fizermos lembre-nos de quem Ele é e o que Ele faz. *MIKE WITTMER*

O que sua adoração lhe ensina sobre Deus e Seu amor por você? Que mudanças você gostaria de fazer?

22 de junho

Leitura: ÊXODO 26:30–27:8

Verdades bíblicas:

Aplicação pessoal:

Pedidos de oração:

Respostas de oração:

Pai, Tu es digno do melhor da minha adoração.

23 de junho

Leitura: 1 TIMÓTEO 6:6-10,17-19

Verdades bíblicas:

Aplicação pessoal:

Pedidos de oração:

Respostas de oração:

RICO EM BOAS AÇÕES

Devem ser ricos em boas obras e generosos com os necessitados, sempre prontos a repartir. v.18

Após sete décadas de trabalho árduo como lavadeira, esfregando, secando e passando roupas à mão, Oseola McCarty estava pronta para se aposentar aos 86 anos. Ela economizou cuidadosamente seus poucos ganhos durante todo esse tempo e, para espanto de sua comunidade, doou US$ 150 mil à universidade local, criando um fundo de bolsas de estudo para estudantes carentes. Inspiradas por sua generosidade, centenas de pessoas doaram o suficiente para triplicar a sua doação.

Oseola entendeu que o verdadeiro valor de sua riqueza não estava em usá-la para ganho pessoal, mas em abençoar outros. Paulo exortou Timóteo a ordenar aos que são ricos neste mundo que fossem "ricos em boas obras" (1 TIMÓTEO 6:18). Cada um de nós recebeu certa riqueza para administrar, seja como meios financeiros ou outros recursos. Em vez de confiar nas riquezas, Paulo nos adverte a colocarmos a nossa esperança apenas em Deus (v.17) e a acumular tesouros no Céu, sendo "generosos com os necessitados, sempre prontos a repartir" (v.18).

Na economia divina, reter e não doar só leva ao vazio; compartilhar em amor é o caminho para a realização, e ter piedade e contentamento com o que temos, ao invés de lutar por mais, é um grande ganho (v.6). Como seria o mundo se fôssemos generosos como Oseola foi? Esforcemo-nos para ser ricos em boas ações, conforme Deus nos orientar.

KAREN PIMPO

Deus, sou grato pelos recursos que tenho. Entrego-os em Tuas mãos, Senhor!

COM TEMOR A DEUS

24 de junho

Não tenham medo, pois Deus veio [...] para que o temor a ele os impeça de pecar. v.20

Leitura: ÊXODO 20:18-21

Uma fobia é definida como um "medo irracional" de uma situação ou de algo. Aracnofobia é o medo de aranhas (embora alguns argumentem que é algo perfeitamente racional a temer!). Há também a fobia a balões e a chocolate, além de mais de 400 outras fobias reais e documentadas. Parece que podemos ter medo de quase tudo.

A Bíblia relata sobre o medo dos israelitas após receberem os Dez Mandamentos: "Quando o povo ouviu os trovões e o som forte da trombeta, [...] ficou [...] tremendo de medo" (ÊXODO 20:18). Moisés os confortou, oferecendo esta declaração muito interessante: "Não tenham medo, pois Deus veio [...] para que o temor a ele os impeça de pecar" (v.20). Moisés parece se contradizer: "Não tenham medo, mas temam". Na verdade, a palavra hebraica para "medo" tem pelo menos dois significados: o terror de alguma coisa ou o temor reverente a Deus.

Podemos até rir ao saber que a globofobia é o medo de balões e a chocolatofobia o medo de comer chocolate. Mas o ponto mais sério sobre as fobias é que podemos ter medo de todos os tipos de coisas. Os medos invadem nossa vida como aranhas, e o mundo pode tornar-se um lugar assustador. À medida que lutamos contra fobias e medos, faremos bem em nos lembrarmos de que o nosso Deus é maravilhoso, e que Ele nos oferece Seu conforto em meio às trevas. KENNETH PETERSEN

Qual o seu maior temor? Como o amor de Deus o ajuda a superar esses medos?

Verdades bíblicas:

Aplicação pessoal:

Pedidos de oração:

Respostas de oração:

Querido Deus, tenho medo de muitas coisas. Conforta o meu coração para que eu descanse em Teu amor.

25 de junho

Leitura: EFÉSIOS 1:15-23

Verdades bíblicas:

Aplicação pessoal:

Pedidos de oração:

Respostas de oração:

HOMEM HUMILDE

...não deixo de agradecer a Deus por vocês. Em minhas orações... v.16

Eles não achavam que Jorge, um agricultor, seria grande coisa. No entanto, apesar da sua visão fraca e outras limitações físicas, ele dedicava-se a orar pelas pessoas de sua aldeia, nas muitas noites em que a sua dor o mantinha acordado. Em sua caminhada de oração, ia de casa em casa, nomeando pessoas individualmente, até mesmo as que não conhecia. Elas gostavam de seu modo gentil e buscavam sua sabedoria e conselhos. Se Jorge não pudesse ajudá-los na prática, eles ainda se sentiam abençoados ao partirem, pois tinham sido alvos do seu amor. Quando Jorge faleceu, seu funeral foi o maior de todos na comunidade, apesar de ele não ter família na região. Suas orações produziram frutos além do que ele poderia imaginar.

Esse homem humilde seguiu o exemplo de Paulo, que amava aqueles a quem servia e orava por eles enquanto estava confinado. Provavelmente, ele estava preso em Roma quando escreveu aos que estavam em Éfeso, rogando que Deus lhes concedesse "sabedoria espiritual e entendimento" e que o coração deles fosse "iluminado" (EFÉSIOS 1:17-18). Sua expectativa era de que conhecessem Jesus e vivessem com amor e união pelo poder do Espírito.

Jorge e o apóstolo Paulo dedicaram-se a Deus, levando a Deus em oração aqueles que amavam e a quem serviam. Que possamos considerar o exemplos deles na maneira como amamos e servimos aos outros hoje.

AMY BOUCHER PYE

Você conhece alguém dedicado à oração?

Jesus, Tu serviste aos outros.
Ajuda-me a amar-te e a servir-te
diariamente com alegria.

APRENDENDO UNS COM OS OUTROS

26 de junho

Mas também sei de tudo que você fez por sua sogra desde a morte de seu marido. 2:11

Leitura: RUTE 2:11-12; 3:1-6

Anos antes do *Zoom* tornar-se uma ferramenta de comunicação *on-line*, uma amiga convidou-me para discutir um projeto numa videochamada. Pelo tom dos meus e-mails, ela percebeu que eu estava confusa e sugeriu que eu pedisse ajuda a algum adolescente para aprender a usar essa tecnologia.

Essa sugestão destaca o valor das relações intergeracionais. Observamos isso na história de Rute e Noemi. Celebramos a vida de Rute por ter sido uma nora leal,deixando seu país para acompanhar Noemi de volta a Belém (RUTE 1:16-17). Quando chegaram lá, a jovem disse à sogra: "Deixe-me ir ao campo ver se alguém [...] me permite recolher as espigas de cereal que sobrarem" (2:2). Ela ajudou a mulher mais idosa, que a ajudou a casar-se com Boaz: a ação sugerida pela sogra à nora levou Boaz a comprar a propriedade do falecido sogro de Rute e a tomá-la como sua esposa (4:9-10).

Certamente respeitamos os conselhos dos idosos que partilham a sua sabedoria com as gerações mais jovens. Mas Rute e Noemi nos lembram de que a troca ocorre nos dois sentidos. Temos sempre algo a aprender com os mais jovens, tanto quanto com os mais idosos. Procuremos desenvolver relacionamentos intergeracionais amorosos e leais. Isso abençoará a nós e a outras pessoas e nos ajudará a aprender algo que ainda não sabemos.

KATARA PATTON

O que você aprendeu com alguém mais jovem? Como você pode se aproximar a alguém de outra geração hoje?

Verdades bíblicas:

Aplicação pessoal:

Pedidos de oração:

Respostas de oração:

Pai, obrigado pela sabedoria dos jovens e dos idosos. Ensina-me a valorizar as trocas intergeracionais.

27 de junho

Leitura: HEBREUS 11:13-16

Verdades bíblicas:

Aplicação pessoal:

Pedidos de oração:

Respostas de oração:

VIDA PEREGRINA

...mas buscavam uma pátria superior, um lar celestial. v.16

Mais de 200 milhões de pessoas de diversas religiões realizam uma peregrinação anual. Ao longo dos tempos, muitos viram o peregrino como alguém que viaja a um local sagrado para ser abençoado. O objetivo é chegar ao templo, catedral ou mesquita onde se recebe uma benção.

Porém os cristãos celtas da Grã-Bretanha viam a peregrinação de um jeito diferente. Eles partiam sem direção às florestas ou deixavam seus barcos à deriva para serem levados pelos oceanos. Para eles, a peregrinação significava confiar em Deus em território desconhecido. Qualquer bênção viria não no destino, mas ao longo de sua jornada.

O texto de Hebreus 11 foi importante para esse grupo. Como a vida em Cristo consiste em abandonar os costumes do mundo e caminhar como estrangeiros até a cidade de Deus (vv.13-16), a peregrinação representava a jornada da vida deles. Ao confiar em Deus para prover ao longo de seu caminho difícil e inexplorado, os peregrinos desenvolveram o tipo de fé que tiveram os heróis do passado (vv.1-12).

Temos que aprender que, mesmo sem realizarmos longas jornadas a pé, a vida dos que se entregaram a Jesus é uma peregrinação em direção pátria celestial, passando por florestas escuras, becos sem saída e provações. À medida que avançamos, não percamos a bênção de experimentar a provisão de Deus ao longo do caminho.

SHERIDAN VOYSEY

Você está pronto para receber as dádivas de Deus em sua jornada?

Querido Deus, sou grato por mostrares que as provações são oportunidades para desenvolver minha fé.

ENXERGUE A ESPERANÇA

Encherei o deserto de açudes e a terra seca, de mananciais. v.18

28 de junho

Leitura: ISAÍAS 41:17-20

Verdades bíblicas:

Aplicação pessoal:

Pedidos de oração:

Respostas de oração:

Após a devastação do furacão Katrina em 2005, Nova Orleans (EUA) foi lentamente reconstruída. Anos depois, os residentes de um dos bairros mais atingidos ainda não tinham acesso aos recursos básicos. Burnell Cotlon tomou atitudes para mudar essa realidade. Em novembro de 2014, ele abriu a primeira mercearia num bairro devastado e lembra-se de que quando comprou o prédio, todos pensavam que ele estava louco. Mas ele afirmou: "a primeira cliente chorou porque ela nunca pensou que o bairro voltaria ao que tinha sido". A mãe de Cotlon disse: "Meu filho viu algo que eu não vi. Estou feliz que ele aproveitou essa chance".

Deus permitiu que o profeta Isaías visse um futuro de inesperada esperança diante da devastação. Vendo "os pobres e necessitados procurarem água e não a encontrarem" (ISAÍAS 41:17), Deus prometeu encher "o deserto de açudes e a terra seca, de mananciais" (v.18). Quando Seu povo experimentasse a Sua provisão mais uma vez, em vez da fome e sede, eles saberiam que a mão do "SENHOR fez isso" (v.20).

O Senhor ainda é o autor da restauração, agindo para trazer um futuro em que "a criação seja gloriosamente liberta da decadência" (ROMANOS 8:21). Ao confiarmos em Sua bondade, Ele nos ajuda a ver um futuro em que a esperança é possível.

MONICA LA ROSE

Você já testemunhou a renovação após a devastação? Como participar da obra restaurativa de Deus?

Deus restaurador, ajuda-me a testemunhar a esperança que encontrei em ti e o futuro que nos darás.

29 de junho

Leitura: DEUTERONÔMIO 33:1-5,12

Verdades bíblicas:

Aplicação pessoal:

Pedidos de oração:

Respostas de oração:

VOCÊ É AMADO

Benjamim é amado pelo SENHOR e vive em segurança ao seu lado. v.12

Para expressar sua tristeza, a pequena Aline escreveu num pedaço de madeira e deixou-o num parque: "Estou triste. Ninguém quer brincar comigo e perdi a única pessoa que me ouvia. Choro todos os dias".

Alguém encontrou a mensagem, levou giz e pediu às pessoas que escrevessem mensagens para Aline sobre a calçada. Dezenas de palavras de apoio foram escritas por alunos de uma escola próxima: "Nós te amamos", "Deus te ama", "Você é amada". O diretor da escola disse: "Esta é uma maneira simples pela qual podemos estender a mão e ajudar a preencher esse vazio. Ela nos representa, pois, em algum momento, todos nós passamos ou passaremos por dor e sofrimento."

A frase "Você é amado" lembra-me de uma bela bênção dada por Moisés à tribo de Benjamim pouco antes de morrer: "Benjamim é amado pelo SENHOR e vive em segurança ao seu lado" (DEUTERONÔMIO 33:12). Moisés foi um líder forte, derrotando nações inimigas, recebendo os Dez Mandamentos e desafiando-os a seguir a Deus. Ele os deixou com a visão que Deus tinha deles. A palavra *amado* também pode ser usada para nós, pois Jesus disse: "Deus amou tanto o mundo que deu seu Filho único" (JOÃO 3:16).

Deus nos ajuda a descansarmos na certeza de que todo aquele que crê em Jesus é "amado". Por isso, podemos estender a mão e amar os outros como fizeram os novos amigos de Aline. *ANNE CETAS*

Você descansa no amor de Deus? Como compartilhar esse amor?

Que eu tenha confiança em Teu amor por mim, querido Pai, e o espalhe para aqueles ao meu redor.

O QUE LHE IMPORTA

30 de junho

...o que lhe importa? Quanto a você, siga-me. v.22

Leitura: JOÃO 21:15-22

"Por que ganhei um pirulito de morango e ela de uva?", perguntou minha sobrinha. Ela e seus irmãos ensinaram-me desde cedo que as crianças comparam o que recebem. Isso significa que, como tia amorosa, é preciso exercer o bom senso!

No entanto, às vezes também comparo o que Deus me concede com o que Ele concedeu aos outros. "Por que tenho isso e ela tem aquilo?", pergunto a Deus. Meu questionamento ressoa o de Simão Pedro a Jesus. O Senhor tinha acabado de restaurar e perdoar Pedro por tê-lo negado e agora lhe dizia que ele glorificaria a Deus morrendo como mártir (JOÃO 21:15-19). Entretanto, em vez de responder sim ao convite de Jesus para segui-lo, Pedro perguntou: "Senhor, e quanto a [João]? (v.21).

Jesus respondeu: "o que lhe importa?" e acrescentou: "Quanto a você, siga-me" (v.22). Creio que Ele diria o mesmo a nós. Quando Ele já nos orientou em uma área da vida, o Senhor deseja que confiemos nele. Não devemos comparar o nosso caminho com o dos outros, devemos apenas segui-lo.

Por mais de 30 anos, Pedro seguiu a Deus sendo líder corajoso da igreja primitiva. Os registros históricos demonstram que ele acolheu corajosamente a sua morte, decretada pelo imperador Nero. Que nós também sejamos firmes em seguir a Deus, confiando em Seu amor e direção.

KAREN HUANG

Você já comparou a sua situação com a de outras pessoas? De que maneiras práticas podemos seguir a Deus?

Verdades bíblicas:

Aplicação pessoal:

Pedidos de oração:

Respostas de oração:

Querido Jesus, por favor, ajuda-me a confiar em ti e a seguir-te.

Notas

Julho

1º de julho

Leitura: EFÉSIOS 4:11-16

Verdades bíblicas:

Aplicação pessoal:

Pedidos de oração:

Respostas de oração:

SIRVA COM PRAZER

...falaremos a verdade em amor, tornando-nos [...] cada vez mais parecidos com Cristo, que é a cabeça. v.15

Andrew Card, chefe de gabinete do ex-presidente norte-americano George W. Bush, numa entrevista sobre suas funções, explicou: "No escritório de cada funcionário temos um quadro com a seguinte frase: 'Servimos de acordo com a vontade do presidente.' Isso não significa que servimos para o agradar ou conquistar. Nós o servimos para dizer-lhe o que é necessário saber para fazer seu trabalho".

Em muitas de nossas funções e relacionamentos queremos agradar as pessoas, em vez de nos edificarmos uns aos outros em unidade, como o apóstolo Paulo frequentemente exortava. Paulo escreveu: "Ele designou alguns para apóstolos, outros para profetas, outros para evangelistas e mestres [para] edificar o corpo de Cristo, até que todos alcancemos a unidade que a fé e o conhecimento do Filho de Deus produzem e amadureçamos" (EFÉSIOS 4:11-13). Paulo rompeu com as nossas tendências de agradar as pessoas, enfatizando que esses dons deveriam ser expressos por falar "a verdade em amor" para que "todo o corpo se desenvolva e seja saudável em amor" (vv.15-16).

Por crermos em Jesus, servimos aos outros para edificá-los e cumprir os propósitos de Deus. Quer os agrademos ou não, agradaremos a Deus à medida que Ele age por meio de nós para gerar a unidade em Sua igreja.

ELISA MORGAN

Seu serviço ajuda os outros a melhorar? Como a presença superior de Deus pode direcionar as suas palavras?

Querido Deus, quero agradar-te falando a verdade em amor aos meus irmãos e irmãs.

UM ACAMPAMENTO NACIONAL

2 de julho

Celebrem com alegria diante do SENHOR, seu Deus, por sete dias. v.40

Acampamos sob as estrelas, sem nada entre nós e o imenso céu da África Ocidental. Não precisamos de barracas na estação seca, mas a fogueira era crucial. "Não permita que o fogo se apague", disse meu pai, atiçando as chamas. O fogo mantém os animais selvagens à distância. As criaturas de Deus são maravilhosas, mas você não quer um leopardo ou cobra passeando pelo local. Papai era missionário em Gana e tinha um talento especial para transformar tudo em ensinamento. Acampar não era exceção.

Deus também usou acampamentos para ensinar Seu povo. Anualmente, por uma semana, os israelitas deveriam abrigar-se em cabanas de "galhos das mais belas árvores, folhagens de palmeiras, ramos de árvores verdejantes" (LEVÍTICO 23:40). Havia um duplo propósito. Deus lhes disse: "Todos os israelitas de nascimento morarão em cabanas. Desse modo, lembrarão [...] que eu fiz seus antepassados morarem em cabanas quando os libertei da terra do Egito" (vv.42-43). Mas o evento era festivo também. "Celebrem com alegria diante do SENHOR, seu Deus, por sete dias" (v.40).

Acampar pode não ser divertido para você, mas Deus criou essa celebração de uma semana para os israelitas recordarem alegremente de Sua bondade. Esquecemos facilmente o significado dos feriados. Nossas festas podem ser alegres lembretes do caráter de nosso amoroso Deus. Ele criou a diversão também! TIM GUSTAFSON

Qual é o seu feriado favorito? Celebrá-lo o lembra da bondade de Deus?

Leitura: LEVÍTICO 23:33-43

Verdades bíblicas:

Aplicação pessoal:

Pedidos de oração:

Respostas de oração:

Pai, sou grato pela alegria que Tu colocaste em Tua criação e em Tuas celebrações festivas.

3 de julho

Leitura: SALMO 119:9-20

Verdades bíblicas:

Aplicação pessoal:

Pedidos de oração:

Respostas de oração:

TRANSFORMAÇÃO DIVINA

Terei prazer em teus decretos e não me esquecerei de tua palavra. v.16

Cumprimentei um grupo de estudantes e disse a eles, enquanto meu marido e eu distribuíamos algumas Bíblias: "Deus transformará sua vida com esse presente inestimável". Naquela noite, alguns jovens se comprometeram a ler o evangelho de João juntos. Incentivamos o grupo a, além das reuniões semanais, ler também em casa. Anos mais tarde, encontrei uma das alunas, que falou: "Ainda leio a Bíblia que você me deu", e pude ver a evidência disso em sua vida plena de fé.

Deus capacita Seu povo a ir além de ler, recitar e memorizar versículos. Permite-nos permanecer no caminho da pureza, de acordo com as Escrituras (SALMO 119:9). Deus quer que o busquemos e obedeçamos enquanto Ele usa Sua verdade imutável para nos libertar do pecado e transformar (vv.10-11). Podemos pedir-lhe diariamente que nos ajude a conhecê-lo e a entender Sua Palavra (vv.12-13).

Quando reconhecemos o valor inestimável de viver à maneira de Deus, podemos nos alegrar com Seus ensinos "tanto quanto com muitas riquezas" (vv.14-15). Como o salmista, podemos cantar: "Terei prazer em teus decretos e não me esquecerei de tua palavra" (v.16). Convide o Espírito Santo para o capacitar e aprecie cada momento em que, em espírito de oração, você lerá a Bíblia, o presente de Deus que transforma a vida.

XOCHITL DIXON

Como você investe seu tempo no estudo das Escrituras? Deleitar-se nelas muda a sua perspectiva sobre o chamado de Deus?

Amado Deus, quero alegrar-me com Tua valiosa Palavra enquanto Tu me capacitas a ser submisso a ti.

CLAMAR AO NOSSO PAI CELESTIAL

...o Espírito de Deus [...]. Agora nós o chamamos "Aba, Pai"... v.15

Minutos após Harry Truman, ex-presidente dos EUA, anunciar o fim da Segunda Guerra Mundial, um telefone tocou em um casebre de madeira, no Missouri. Uma mulher de 92 anos pediu licença para atendê-lo. Seu convidado a ouviu dizer: "Olá, sim, estou bem. Sim, ouvi o rádio. Agora venha me ver, quando puder, tchau". Ela voltou-se ao seu convidado, dizendo: "Era o meu filho Harry. Ele é um homem maravilhoso, sabia que ele ligaria, pois sempre me liga no final de um grande momento".

Não importa o quanto tenhamos feito ou quantos anos se passaram, ansiamos por falar com nossos pais terrenos e ouvir suas palavras de afirmação: "Muito bem!" Podemos ser extremamente bem-sucedidos, mas sempre seremos seus filhos ou filhas.

Infelizmente, nem todos têm bom relacionamento com os pais terrenos. Mas, por meio de Jesus, podemos ter Deus como nosso Pai. Nós, cristãos, somos adotados na família de Deus, pois "o Espírito de Deus, [nos] adotou como seus próprios filhos" (ROMANOS 8:15). Somos agora herdeiros de Deus e co-herdeiros com Cristo (v.17). Não falamos com Deus como escravos, mas com a liberdade de usar o nome familiar que Jesus usou em Sua hora de necessidade: "*Aba*, Pai" (v.15; Marcos 14:36).

Você tem boas notícias ou necessidades? Clame ao seu Pai celestial.

MIKE WITTMER

Que notícias ou necessidades você deseja compartilhar com seus pais terrenos? O que contar ao seu Pai eterno? Deus o ouve!

4 de julho

Leitura: ROMANOS 8:12-21

Verdades bíblicas:

Aplicação pessoal:

Pedidos de oração:

Respostas de oração:

Misericordioso Pai, sou grato por poder clamar a ti em oração a qualquer hora.

5 de julho

Leitura: GÊNESIS 32:22-32

Verdades bíblicas:

Aplicação pessoal:

Pedidos de oração:

Respostas de oração:

LUTANDO COM DEUS

Jacó ficou sozinho no acampamento. Veio então um homem, que lutou com ele até o amanhecer. v.24

Um amigo de longa data enviou-me um bilhete após a morte de meu marido: "Alan lutou com Deus. Ele foi um verdadeiro Jacó e forte razão pela qual me tornei cristão". Nunca pensei em comparar as lutas de Alan com as do patriarca Jacó, mas a comparação se aplicava. Ao longo de sua vida, Alan lutou consigo mesmo e com Deus à procura de respostas. Ele amava a Deus, mas nem sempre compreendia que Deus o amava, que o perdoava e que ouvia as suas orações. Mesmo assim, sua vida deu frutos influenciando a muitos positivamente.

A vida de Jacó foi cheia de lutas: ele conspirou para obter o direito de primogenitura de seu irmão Esaú, fugiu de casa e "lutou" por anos com seus parentes e sogro, Labão. Depois, fugiu de Labão. Esteve só e com medo de encontrar Esaú. No entanto, ele teve um encontro celestial (GÊNESIS 32:1), talvez um lembrete de seu sonho divino anterior (28:10-22). E, agora, neste outro encontro, durante toda a noite Jacó lutou com um "homem", Deus em forma humana, que o renomeou como Israel, pois ele "lutou com Deus e com os homens e venceu" (32:28). Deus estava com Jacó e o amou apesar de tudo.

Todos nós temos lutas, mas não estamos sós; Deus está presente em cada provação. Os que creem nele são amados, perdoados e têm a promessa de vida eterna (JOÃO 3:16). Podemos confiar totalmente nele.

ALYSON KIEDA

Você já lutou com Deus? Reconhece que o Senhor está presente em suas lutas?

Querido Deus, ajuda-me a trazer minhas dúvidas e problemas a ti, sabendo que Tu os ouvirás.

NOSSA ARMADURA EM CRISTO

6 de julho

Usamos as armas poderosas de Deus, e não as armas do mundo... v.4

Leitura: 2 CORÍNTIOS 10:3-6

Certo jovem compartilhou sua história de abuso e vício. Embora já fosse cristão, ele era atormentado por um problema maior do que si mesmo por ter sido exposto à pornografia e abuso sexual quando criança. Desesperado, buscou por ajuda.

Por crermos em Cristo, travamos uma guerra contra as forças invisíveis do mal (2 CORÍNTIOS 10:3-6). Mas recebemos armas para travar as nossas batalhas espirituais. Elas não são as armas do mundo, entretanto. Pelo contrário, recebemos "armas poderosas de Deus [...] para derrubar as fortalezas" (v.4). O que isso significa? "Fortalezas" são lugares bem construídos e seguros. Nossas armas dadas por Deus incluem "armas da justiça, com a mão direita para atacar e com a mão esquerda para defender" (6:7). A carta aos Efésios amplia a lista de coisas que ajudam a nos proteger: a Bíblia, a fé, a salvação, a oração e o apoio de outros cristãos (6:13-18). Quando somos confrontados com forças maiores e mais fortes do que nós, apropriarmo-nos dessas armas pode fazer a diferença entre resistir ou tropeçar.

Deus também usa conselheiros e outros profissionais para ajudar aqueles que lutam com forças grandes demais para enfrentarmos sozinhos. A boa notícia é que em Jesus, e por meio dele, não precisamos nos render frente às dificuldades. Temos a armadura de Deus! ARTHUR JACKSON

A quem recorrer para obter apoio em nossas dificuldades? Como nos revestiremos espiritualmente?

Verdades bíblicas:

Aplicação pessoal:

Pedidos de oração:

Respostas de oração:

Querido Jesus, Tu és mais poderoso do que tudo que há. Que Tua presença e poder ajam em mim dia a dia.

7 de julho

Leitura: JEREMIAS 38:1-10

Verdades bíblicas:

Aplicação pessoal:

Pedidos de oração:

Respostas de oração:

PRESOS EM CHOCOLATE

Deus não é injusto; não se esquecerá de como trabalharam arduamente para ele... HEBREUS 6:10

Dois trabalhadores de uma fábrica de doces caíram em um grande tonel de chocolate. Isso pode parecer o início de uma piada, e talvez até uma situação agradável para os amantes de chocolate! Mas os homens, embora ilesos, estavam presos até a cintura e não conseguiam sair. Os bombeiros abriram um buraco na lateral do tonel para retirá-los em segurança.

Quando Jeremias se viu no fundo de uma cisterna cheia de lama, a história foi tudo, menos doce. Como mensageiro ao povo de Deus em Jerusalém, ele proclamou a urgência de que deixassem a cidade pois em breve ela seria “entregue ao exército do rei da Babilônia” (JEREMIAS 38:3). Alguns dos oficiais do rei Zedequias exigiram que Jeremias fosse morto pois alegavam que as suas palavras desanimariam “os poucos soldados que [restavam]” (v.4). O rei consentiu e eles “o baixaram por meio de cordas para dentro de um poço vazio”, onde ele atolou na lama (v.6).

Quando outro oficial do rei, um etíope, defendeu Jeremias, dizendo que os outros “fizeram muito mal”, Zedequias percebeu que havia cometido um erro e ordenou que Ebede-Meleque tirasse Jeremias “do poço” (vv.9-10).

Como Jeremias, mesmo ao fazermos o certo, às vezes, podemos nos sentir presos na lama. Peçamos a Deus que fortaleça nosso espírito enquanto esperamos por Sua ajuda nos problemas que enfrentamos.

KIRSTEN HOLMBERG

Deus Pai, por favor,
sustenta-me à medida que
procuro obedecer-te.

8 de julho

SIRVA AO SENHOR JESUS

Quando foi que o vimos doente ou na prisão e o visitamos? v.39

Leitura: MATEUS 25:31-40

Nos anos 1800, Elizabeth Fry chocou-se com as condições numa prisão feminina de Londres. Mulheres e seus filhos ficavam todos amontoados, obrigados a dormir no chão de pedra gelado. Embora não recebessem roupa de cama, uma torneira lhes fornecia gim. Durante anos, ela visitou a prisão e promoveu mudanças, forneceu roupas, abriu uma escola e ensinou a Bíblia. Mas, para muitos, sua maior influência era a sua presença amorosa com palavras de esperança.

Com suas ações, ela seguiu o convite de Jesus para servir os necessitados. Por exemplo, no monte das Oliveiras, Cristo compartilhou várias histórias sobre o fim dos tempos, incluindo a chegada dos justos na vida eterna (MATEUS 25:46). Nesta história, o Rei conta aos justos que eles lhe deram de beber, o convidaram a entrar e o visitaram na prisão (vv.35-36). Por não se lembrarem de ter feito isso, o Rei responde: "quando fizeram isso ao menor destes meus irmãos, foi a mim que o fizeram" (v.40).

Que maravilha! Servindo aos outros com a ajuda do Espírito Santo, servimos ao Senhor Jesus. Podemos seguir o exemplo de Elizabeth Fry: podemos servir em casa, por meio das orações intercessoras, ou enviando mensagens encorajadoras. Jesus convida-nos a amá-lo ao usarmos os nossos dons e talentos espirituais para ajudar aos outros.

AMY BOUCHER PYE

Qual a sua reação ao saber que servimos a Jesus quando servimos aos outros? Sirva a alguém hoje.

Verdades bíblicas:

Aplicação pessoal:

Pedidos de oração:

Respostas de oração:

Amado Jesus, por favor, ajuda-me hoje a discernir onde posso colocar em prática o meu amor por ti.

9 de julho

Leitura: ATOS 8:29-39

Verdades bíblicas:

Aplicação pessoal:

Pedidos de oração:

Respostas de oração:

QUAL O MEU LUGAR?

O que me impede de ser batizado? v.36

A atriz Sally Field sentiu algo que todos desejamos sentir. Ao ganhar seu segundo Oscar, em 1985, disse: "Eu queria, mais do que tudo, ter o seu respeito. Na primeira vez não o tive, mas desta vez, sinto que o tenho. Não posso negar o fato de que gostam de mim. Sim, agora gostam de mim!".

Um eunuco etíope também se surpreendeu por ter sido aceito. Como gentio e eunuco, a entrada nos pátios internos do templo era-lhe negada (EFÉSIOS 2:11-12; DEUTERONÔMIO 23:1). No entanto, ele ansiava por ser incluído. Filipe o encontrou a caminho de Jerusalém quando voltava de outra peregrinação que, certamente, deixou a desejar (ATOS 8:27).

O etíope lia uma passagem do livro de Isaías, em que o Senhor prometia abençoar os eunucos que se apegassem à Sua aliança, dando-lhes "dentro dos muros [do templo] um memorial e um nome [...] permanente" (ISAÍAS 56:4-5). *Como isso ocorreria?* Então, Filipe "anunciou-lhe as boas-novas a respeito de Jesus", e o homem falou: "Veja, aqui tem água! O que me impede de ser batizado?" (ATOS 8:35-36).

Ele pensava: *Posso mesmo entrar? Este é o meu lugar?* Filipe o batizou como sinal de que Jesus derrubara todos os muros (EFÉSIOS 2:14). Jesus acolhe e une todos os que abandonam o pecado e confiam nele. O homem "seguiu viagem cheio de alegria" (ATOS 8:39), pois finalmente achara seu lugar.

MIKE WITTMER

Por que todos os cristãos pertencem à família de Deus? Você já se batizou?

Querido Jesus, pertenço a Deus e à família divina, pois já pertenço a ti.

DEUS, SONDA MEU CORAÇÃO

As pessoas julgam pela aparência exterior, mas o SENHOR olha para o coração. v.7

Para reduzir o desperdício, certo mercado vende as frutas e verduras menos bonitas a menor preço. Em um ano, pouparam mais de 770.000 quilos de produtos que iriam para o lixo por estarem fora do padrão. Os consumidores aprenderam que a aparência externa (cortes, amassados e manchas) não afetava o sabor e o valor nutricional. O exterior nem sempre indica o que há no interior.

Quando Deus enviou Samuel para ungir o próximo rei de Israel, ele aprendeu uma lição semelhante (1 SAMUEL 16:1). Ao ver Eliabe, primogênito de Jessé, Samuel pensou que ele seria o escolhido. Mas Deus disse: "Não o julgue pela aparência nem pela altura [...]. As pessoas julgam pela aparência exterior, mas o SENHOR olha para o coração" (v.7). Deus escolheu o mais novo dos oito irmãos, Davi, que cuidava das ovelhas do seu pai, para ser o próximo rei (v.11).

Deus se preocupa mais com o nosso coração do que com aparências, locais em que estudamos, quanto ganhamos ou o quanto nos voluntariamos. Jesus ensinou Seus discípulos a buscar a purificação de si mesmos e dos maus pensamentos, porque o "que vem de dentro é que os contamina" (MARCOS 7:20). Assim como Samuel aprendeu a não julgar pelas aparências, que nós também possamos, com a ajuda de Deus, examinar nosso coração, pensamentos e intenções em tudo o que fazemos. *JASMINE GOH*

Você já fez algo bom pela razão errada? Como garantir que o que está em seu coração é puro?

10 de julho

Leitura: 1 SAMUEL 16:4-12

Verdades bíblicas:

Aplicação pessoal:

Pedidos de oração:

Respostas de oração:

Querido Deus, por favor, ajuda-me a fazer o que te honra.

11 de julho

Leitura: 1 TIMÓTEO 1:12-17

Verdades bíblicas:

Aplicação pessoal:

Pedidos de oração:

Respostas de oração:

ABUNDÂNCIA DIVINA

O Senhor fez sua graça transbordar
e me encheu da fé e do
amor que vêm de Cristo Jesus. v.14

Eu esperava 8 bananas. Em vez disso, abri as sacolas de compras por *delivery*, e encontrei 20! Rapidamente percebi que, ao mudar de país, deixei de comprar em libras e agora compro por quilo. Eu encomendei 3 quilos, e não 3 libras, de bananas. Com tal abundância, fiz minha receita de bolo de banana *muitas vezes* e pude compartilhar essa bênção com outras pessoas. Ao amassar a fruta, pensei nas outras áreas da minha vida nas quais recebi em abundância, e cada lembrança levou-me de volta a Deus.

Parece que Paulo teve experiência semelhante ao refletir sobre a abundância de Deus em sua vida. Em sua primeira carta a Timóteo, Paulo pausa para descrever sua vida antes de conhecer Jesus, descrevendo-se como "perseguidor" e "violento" (1 TIMÓTEO 1:13); "o pior dos pecadores" (v.16). No quebrantamento de Paulo, Deus transbordou generosamente graça, fé e amor (v.14). Após relatar toda a abundância de sua vida, o apóstolo não pôde deixar de expressar louvor a Deus, declarando-o digno de toda "honra e glória [...] para todo o sempre" (v.17).

Tal como Paulo, todos nós recebemos uma transbordante graça quando aceitamos a oferta de Jesus de resgatar-nos do pecado (v.15). Façamos uma pausa para refletir sobre todas as bênçãos resultantes disso, unindo-nos ao grato louvor de Paulo ao nosso generoso Deus. LISA M. SAMRA

Você já experimentou a
abundância de Deus em sua vida?

Pai celestial, obrigado
por Teu extraordinário dom da graça.

PECADOS DESCOBERTOS

Deus nos julgará por todos os nossos atos, incluindo o que fazemos em segredo... v.14

Um ladrão invadiu uma loja de conserto de celulares, quebrou a vitrine e roubou diversos produtos. Ele tentou esconder sua identidade da câmera de vigilância cobrindo-se com uma caixa de papelão. Mas a caixa tombou por um instante e descobriu o rosto dele. Minutos depois, o dono da loja viu o vídeo do roubo, chamou a polícia e o ladrão foi capturado nas proximidades. Sua história nos lembra de que todo pecado oculto um dia será descoberto.

É da natureza humana buscar esconder os nossos pecados. Entretanto, lemos em Eclesiastes que devemos guardar os mandamentos de Deus, pois o que está oculto será apresentado diante do Seu justo olhar e veredicto (12:14). O autor escreveu: "tema a Deus e obedeça a seus mandamentos, pois esse é o dever de todos" (v.13). Não escaparão à Sua avaliação sequer as transgressões aos Dez Mandamentos (LEVÍTICO 4:13), por mais secretas que sejam. Ele julgará todas as ações, boas ou más. Mas, por causa da Sua graça, podemos receber o perdão dos nossos pecados em Jesus e Seu sacrifício em nosso favor (EFÉSIOS 2:4-5).

Quando nos conscientizamos disso e internalizamos os Seus mandamentos, podemos viver com reverente temor e estilo de vida que agrada ao Senhor. Vamos confessar nossos pecados a Ele e experimentar novamente Seu amor e perdão divino.

MARVIN WILLIAMS

Podemos ter e manter o temor reverente a Deus? Como nos manteremos conscientes de Seus mandamentos?

12 de julho

Leitura: ECLESIASTES 12:13-14

Verdades bíblicas:

Aplicação pessoal:

Pedidos de oração:

Respostas de oração:

Querido Deus Pai, arrependo-me dos meus pecados secretos. Por favor, olha para mim com misericórdia!

13 de julho

Leitura: ESDRAS 3:1-6

Verdades bíblicas:

Aplicação pessoal:

Pedidos de oração:

Respostas de oração:

PRIMEIRO O LOUVOR

...[começaram] a oferecer ao SENHOR os holocaustos, antes mesmo de lançarem os alicerces do templo... v.6

Iniciar uma ONG de apoio para adultos estava fora dos meus planos e, quando me senti chamado a fazê-lo, tive muitas perguntas. Quem a financiaria? Quem ajudaria a montá-la? A maior ajuda não veio de um livro de gerenciamento de negócios, mas de um livro bíblico.

O livro de Esdras é leitura essencial a quem Deus chama para fazer algo. Relata sobre como os judeus reconstruíram Jerusalém após o exílio, apresenta como Deus proveu por meio de doações públicas e recursos governamentais (ESDRAS 1:4-11;6:8-10), e como os voluntários e empreiteiros fizeram o trabalho (1:5;3:7). Mostra a importância do tempo de preparação, com a reconstrução só começando no segundo ano do retorno deles (3:8) e como a oposição pode surgir (cap.4). Mas, para mim, em particular, algo na história se destacou. Um ano inteiro antes de começar qualquer construção, os judeus erigiram o altar (3:1-6). O povo adorou "antes mesmo de lançarem os alicerces do templo do SENHOR" (v.6). A adoração veio antes.

Deus o chama para começar algo novo? O princípio de Esdras é contundente, quer iniciemos uma ONG, estudo bíblico, projeto criativo ou nova função no trabalho. Até mesmo um projeto concedido por Deus pode desviar a nossa atenção dele. Portanto, concentremo-nos primeiramente em Deus. Antes de trabalhar, adoremos!

SHERIDAN VOYSEY

Por que os judeus construíram primeiro o altar? A adoração pode se encaixar na sua rotina?

Pai celestial, adoro-te como Senhor de tudo, inclusive das tarefas que me deste para fazer hoje.

MELHOR É ESTARMOS JUNTOS EM CRISTO

14 *de julho*

[A união] É revigorante como o orvalho do monte... v.3

Leitura: SALMO 133

A Dra. Tiffany Gholson tinha visto o crime impactar sua pequena cidade de muitas formas. No entanto, em 2023, a cidade registou queda de 31% nos homicídios e de 37% da criminalidade em geral. O que aconteceu? Uma parceria. Trabalhando em conjunto, a fiscalização da Segurança Pública, a união da polícia estadual e municipal, o distrito escolar da cidade e uma organização religiosa combinaram esforços para virar o jogo para os cidadãos.

"Dizemos que essa parceria é como um casamento", afirmou a Dra. Gholson. O centro comunitário do distrito escolar que ela lidera envolve assistentes sociais, enfermeiras e funcionários para apoiar crianças impactadas por crimes ou acidentes. Outras agências compartilham o que tem de bom: a polícia está comprometida a dialogar mais e ouvir os cidadãos.

O salmista Davi escreveu: "Como é bom e agradável quando os irmãos vivem em união!" (SALMO 133:1). Esta harmonia, acrescentou, "é revigorante como o orvalho do monte Hermom" (v.3). Davi se referia às pessoas que compartilham a mesma fé em Deus. Em vez de estarmos divididos por doutrinas ou política, somos um. O conceito pode soar evasivo, no entanto, abençoa a todos. Um belo objetivo para os cristãos é demonstrarem preocupação uns pelos outros, especialmente nas nossas cidades que precisam desesperadamente do amor de Jesus.

PATRICIA RAYBON

Como Deus o inspira para promover a união por meio da sua fé?

Verdades bíblicas:

Aplicação pessoal:

Pedidos de oração:

Respostas de oração:

Pai, por favor, ajuda-me pelo poder do Teu Espírito a trabalhar pela unidade na minha comunidade.

15 de julho

Leitura: COLOSSENSES 4:2-6, 12-13

Verdades bíblicas:

Aplicação pessoal:

Pedidos de oração:

Respostas de oração:

DEDICADO À ORAÇÃO

Dediquem-se à oração... v.2

"Oro por você há 50 anos", disse a idosa. Meu amigo Luís olhou-a nos olhos com profunda gratidão. Ele estava visitando a aldeia búlgara onde seu pai crescera e de onde tinha saído na adolescência. Aquela senhora cristã era vizinha dos avós dele. Ela começou a orar por Luís assim que soube de seu nascimento num continente distante. Agora, mais de meio século depois, ele visitava a vila em uma viagem de negócios e, estando lá, falou a um grupo sobre sua fé. Luís só se tornou cristão quando tinha quase 30 anos, e quando esta mulher o abordou após sua fala, ele refletiu sobre o impacto que as orações persistentes daquela senhora tiveram em sua caminhada até a fé.

Nunca saberemos o efeito total das nossas orações deste lado do Céu. Mas as Escrituras nos dão este conselho: "Dediquem-se à oração com a mente alerta e o coração agradecido" (COLOSSENSES 4:2). Quando Paulo escreveu essas palavras aos cristãos na pequena cidade de Colossos, ele também pediu oração para que Deus "abrisse uma porta" para sua mensagem onde quer que ele fosse (v.3).

Às vezes podemos pensar: *não tenho o dom espiritual da oração.* Mas de todos os dons espirituais listados na Bíblia, a oração não está entre eles. Talvez seja porque Deus deseja que cada um de nós ore fielmente, para que vejamos o que só Ele pode fazer. *JAMES BANKS*

Você já foi abençoado pelas orações de outras pessoas? Por quem você está orando hoje?

Pai, obrigado por me ouvires!
Ajuda-me a valorizar o tempo de oração contigo e a orar pelos outros.

NOTÍCIA QUE VALE CELEBRAR

16 de julho

Esta é uma afirmação digna de confiança: "Se morrermos com ele, também com ele viveremos." v.11

Leitura: 2 TIMÓTEO 2:8-13

Há mais de dois séculos, o primeiro hino do hinário metodista é "Mil línguas eu quisera ter" (HMB 1), escrito por Charles Wesley, cujo título original referia-se a "comemoração pelo aniversário de conversão". Ele o compôs para comemorar a radical renovação que se desencadeou a partir de sua fé em Jesus e contém 18 estrofes que proclamam a glória da bondade de Deus àqueles que se arrependem e seguem Cristo.

Vale a pena celebrar e compartilhar essa fé. O apóstolo Paulo encoraja Timóteo a manter-se firme na fé e a perseverar em compartilhá-la. Ele observou: "Essas são as boas-novas que eu anuncio. E, por causa disso, sofro e estou preso como um criminoso" (2 TIMÓTEO 2:8-9). Em vez de questionar as escolhas de Timóteo, Paulo o relembra das boas-novas: "Jesus Cristo, descendente do rei Davi, ressuscitou dos mortos" (v.8), que veio não para governar, mas para servir e, por fim, morrer pelos pecados do mundo para que tenhamos paz com Deus. A morte não venceu. Jesus ressuscitou!

E assim como libertou os que creem, a mensagem em si está livre. Paulo afirmou: "A palavra de Deus não está presa" (v.9), nem mesmo em lugares onde a morte parece ter vencido: prisões, hospitais, cemitérios. Em Cristo, há esperança para todos. Essa é uma notícia que vale a pena celebrar!

MATT LUCAS

Como você celebra as boas-novas de Jesus em sua vida diária? Com quem você a compartilhará hoje?

Verdades bíblicas:

Aplicação pessoal:

Pedidos de oração:

Respostas de oração:

Pai, obrigado por me salvares e concederes-me oportunidades de compartilhar as boas-novas de Cristo.

17 de julho

Leitura: DEUTERONÔMIO 24:17-22

Verdades bíblicas:

Aplicação pessoal:

Pedidos de oração:

Respostas de oração:

EM TODAS AS GERAÇÕES

Quando falaram com o faraó, Moisés tinha 80 anos, e Arão, 83. v.7

Recentemente, duas avós norte-americanas fizeram sucesso na mídia por completarem uma viagem ao redor do mundo em 80 dias, aos 81 anos. As viajantes, com 23 anos de amizade, viajaram por todos os continentes. Iniciando na Antártida, dançaram tango na Argentina, andaram de camelo no Egito e passearam de trenó no Polo Norte. Visitaram 18 países, incluindo Zâmbia, Índia, Nepal, Indonésia, Japão e Itália, finalizando o percurso na Austrália. A dupla deseja inspirar gerações futuras a viajar pelo mundo, independentemente da idade.

Em Êxodo, lemos que Deus recrutou dois octogenários para um tipo diferente de aventura. Ele chamou Moisés para ir ao faraó e exigir a libertação do povo de Deus. Deus enviou Aarão, irmão mais velho de Moisés, para o apoiar. "Quando falaram com o faraó, Moisés tinha 80 anos, e Arão, 83" (ÊXODO 7:7).

Esse pedido seria assustador em qualquer idade, mas Deus os tinha escolhido a dedo para essa tarefa, e eles seguiram Suas instruções. "Então Moisés e Arão foram ver o faraó e fizeram conforme o SENHOR havia ordenado" (v.10).

Moisés e Arão tiveram a honra de testemunhar Deus libertando Seu povo de mais de 400 anos de escravidão. Esses dois demonstraram que Deus pode nos usar em qualquer idade. Quer sejamos jovens ou idosos, vamos segui-lo aonde Ele nos guiar.

NANCY GAVILANES

Como você tem visto a fidelidade de Deus em sua vida? Você pode servi-lo neste momento?

Querido Deus, por favor, ajuda-me a seguir-te todos os dias da minha vida.

RENOVE AS SUAS FORÇAS

18 de julho

Mas os que confiam no SENHOR renovam suas forças; voam alto, como águias. v.31

Leitura: ISAÍAS 40:27-31

Um par de águias construiu um ninho gigante em uma árvore a alguns quilômetros de minha casa. Em pouco tempo, as enormes aves tiveram seus filhotes. Elas cuidaram juntas dos filhotes até que uma foi tragicamente atropelada e morta por um carro. Durante vários dias, a águia sobrevivente voou para cima e para baixo sobre um rio próximo, como se estivesse procurando o seu par. Finalmente, a águia retornou ao ninho e assumiu total responsabilidade de criar a prole.

Em qualquer situação, a parentalidade individual pode ser desafiadora. A alegria que uma criança traz, combinada com a possível pressão financeira e emocional, pode gerar ampla gama de experiências. Mas há esperança para quem desempenha este papel importante e aos que tentam gerir uma situação difícil.

Deus está conosco quando nos sentimos exaustos e desanimados. Por Ele ser onipotente, todo-poderoso e não mudar, Sua força nunca se extinguirá. Podemos confiar no que a Bíblia diz: "os que confiam no SENHOR renovam suas forças" (ISAÍAS 40:31). Enfrentar os nossos próprios limites não determinará o que nos acontecerá porque podemos depender de Deus para nos revigorar de modo sobrenatural. Esperar nele nos permite caminhar sem desfalecer, e voar "alto, como águias" (v.31).

JENNIFER BENSON SCHULDT

O que o sobrecarrega em sua vida? De que maneira você percebe que Deus o encoraja a confiar em Sua força sobrenatural?

Verdades bíblicas:

Aplicação pessoal:

Pedidos de oração:

Respostas de oração:

Querido Pai, não consigo administrar a vida sozinho. Preciso de ti, concede-me Tua força sobrenatural!

19 de julho

Leitura: TIAGO 2:3-6

Verdades bíblicas:

Aplicação pessoal:

Pedidos de oração:

Respostas de oração:

QUEBRANTAMENTO ABENÇOADOR

Agora nós mesmos somos como vasos frágeis de barro que contêm esse grande tesouro. 2 CORÍNTIOS 4:7

Curvado e utilizando uma bengala, seus 60 anos de liderança espiritual evidenciam que o reverendo William Barber II confia em Deus, a fonte de sua força. Em 1993, ele recebeu o diagnóstico de uma doença que funde as vértebras da coluna. De forma não tão sutil lhe disseram: "Barber, descubra outra coisa para fazer além de pastorear, pois a Igreja não vai querer uma pessoa com deficiência física como pastor". Ele ignorou o comentário ofensivo e Deus o usou não apenas como pastor, mas como uma voz poderosa e respeitada a favor dos desamparados e marginalizados.

O mundo talvez não saiba lidar bem com pessoas com limitações, mas Deus sabe. Quem valoriza a beleza, a força bruta e o que o dinheiro pode comprar talvez não perceba o bem que acompanha a fragilidade indesejada. Vale a pena considerar a pergunta retórica de Tiago e o princípio entrelaçado nela: "não foi Deus que escolheu os pobres deste mundo para serem ricos na fé? Não são eles os herdeiros do reino prometido àqueles que o amam?" (TIAGO 2:5). Quando a saúde, a força ou outras coisas são reduzidas, a fé não precisa seguir o mesmo caminho. Pela força de Deus, pode ser o oposto. Nossa fragilidade pode ser o estímulo para confiarmos nele. Como ocorreu com Jesus, Ele pode usar nossa fragilidade para trazer o bem ao nosso mundo. ARTHUR JACKSON

Você se sente fraco ou ferido? Sua fraqueza pode ser usada para encorajar os outros?

Pai, por favor, ajuda-me a trazer-te honra, apesar das minhas fraquezas.

SEJA RESPONSÁVEL COM O QUE DIZ

A língua tem poder para trazer morte ou vida; quem gosta de falar arcará com as consequências. 18:21

Quase não se ouve de instituições que admitem culpa após tragédias. Mas um ano após o suicídio de um aluno de 17 anos, uma prestigiada escola admitiu que "falhou tragicamente", não o protegendo. O aluno sofreu constante *bullying* e os responsáveis, sabendo dessa intimidação sistemática, pouco fizeram. Esta instituição, agora, está comprometida em agir *para combater o bullying e cuidar da saúde* mental dos alunos.

A devastação pela intimidação é um exemplo claro do poder das palavras. O livro de Provérbios nos ensina a nunca encararmos levianamente o impacto das palavras, pois "A língua tem poder para trazer morte ou vida" (PROVÉRBIOS 18:21). O que dizemos pode elevar ou despedaçar alguém. Na pior das hipóteses, as palavras cruéis podem contribuir literalmente para a morte.

Nossas palavras geram vida? As Escrituras ensinam que nossas palavras fluem do conhecimento ou insensatez (15:2). Encontramos conhecimento aproximando-nos de Deus, a fonte do poder transformador da sabedoria (3:13, 17-19).

Todos temos a responsabilidade, no dizer e no agir, de levar a sério o impacto das palavras e de cuidar e proteger os feridos pelo que outros disseram. As palavras podem matar, mas, se compassivas, também podem curar, tornando-se uma "árvore de vida" (15:4) aos que nos rodeiam.

MONICA LA ROSE

20 de julho

Leitura: PROVÉRBIOS 15:1-9

Verdades bíblicas:

Aplicação pessoal:

Pedidos de oração:

Respostas de oração:

Amado Deus, ajuda-me a não ser leviano, reconhecer o impacto das palavras e falar o que gera vida.

21 de julho

Leitura: ATOS 11:19-30

Verdades bíblicas:

Aplicação pessoal:

Pedidos de oração:

Respostas de oração:

A META VENCEDORA

E uma grande multidão se converteu ao Senhor. v.24

Em 5 de fevereiro de 2023, Christian Atsu fez o gol vencedor para seu time num jogo de futebol na Turquia. Jogador internacionalmente famoso, ele aprendeu a jogar desde criança, correndo descalço em seu país natal, Gana. Atsu declarou abertamente: "Entregar-me a Jesus foi a melhor escolha da minha vida". Ele postou versículos bíblicos nas redes sociais, falando e praticando sua fé ao financiar uma escola para órfãos.

Um dia após seu gol vencedor, um terremoto devastador abalou a cidade de Antakya, a antiga cidade bíblica de Antioquia. O prédio de Christian Atsu desabou e ele foi ao encontro de seu Salvador.

Há 2.000 anos, Antioquia foi o berço da igreja cristã. Ali "os discípulos foram chamados de cristãos pela primeira vez" (ATOS 11:26). O apóstolo Barnabé era conhecido como "um homem bom, cheio do Espírito Santo" (v.24), e foi determinante para trazer pessoas a Cristo "e muitos desses gentios creram e se converteram ao Senhor" (v.21).

Não olhamos a vida desse jovem para idolatrá-lo, mas para ver uma oportunidade em seu exemplo. Sejam quais forem nossas circunstâncias na vida, não sabemos quando Deus nos levará para viver com Ele. Faríamos bem nos questionarmos sobre como seguir os exemplos de Barnabé ou Atsu e demonstrarmos o amor de Cristo

KENNETH PETERSEN

O que significa ser alguém "bom, cheio do Espírito Santo" na vida de outra pessoa?

Querido Deus, oro para que o Senhor me dê oportunidades de partilhar minha fé.

INSTRUMENTOS PARA O BEM

Lembrem-se de que é pecado saber o que devem fazer e não fazê-lo. TIAGO 4:17

O criminoso foi detido e o delegado interrogou-lhe do crime: *por que atacou descaradamente alguém se havia tantas testemunhas presentes?* A resposta foi surpreendente: "Eu sabia que eles não fariam nada; as pessoas nunca fazem nada". Esse comentário retrata o que é chamado de omissão, optar por ignorar uma situação de vulnerabilidade ou injustiça mesmo sabendo que ela está sendo cometido.

O apóstolo Tiago abordou um tipo semelhante de omissão ou indiferença, dizendo: "Lembrem-se de que é pecado saber o que devem fazer e não fazê-lo" (TIAGO 4:17).

Por meio de Sua grande salvação, Deus nos designou como agentes do bem no mundo. Paulo afirma em Efésios: "Pois somos obra-prima de Deus, criados em Cristo Jesus a fim de realizar as boas obras..." (2:10). Estas boas obras não são a causa da nossa salvação, e sim o resultado de nosso coração ter sido transformado pelo Espírito Santo de Deus que passou a habitar em nós. O Espírito nos concede dons espirituais para nos equipar para realizarmos a tarefa para a qual Deus nos recriou (1 CORÍNTIOS 12:1–11).

Como obra da mão de Deus, que possamos nos render aos Seus propósitos e à capacitação por meio de Seu Espírito para sermos Seus instrumentos para o bem neste mundo que precisa desesperadamente dele. *BILL CROWDER*

Leia sobre os dons espirituais em 1 Coríntios 12:1-11. Quais dons o Espírito Santo lhe concedeu? Como você pode praticá-los hoje?

22 de julho

Leitura: EFÉSIOS 2:4-10

Verdades bíblicas:

Aplicação pessoal:

Pedidos de oração:

Respostas de oração:

Deus, sou grato pela Tua salvação, concede-me coragem e sabedoria para servir a ti e aos outros.

23 de julho

Leitura: LUCAS 15:11-13,17-24

Verdades bíblicas:

Aplicação pessoal:

Pedidos de oração:

Respostas de oração:

HORA DE FESTEJAR

Matem o novilho gordo. Faremos um banquete e celebraremos. v.23

Nossa antiga igreja realizava batismos no rio. Após o culto de domingo, entrávamos em nossos carros e íamos a um parque da cidade, no qual vizinhos jogavam bola e crianças brincavam no parquinho. Éramos causadores de um espetáculo e tanto, caminhando até a beira do rio, onde muitas vezes o sol é quente, mas a água é muito fria. De pé na água gelada, eu repetia as Escrituras e imergia os batizandos, num ato maravilhoso e tangível do amor de Deus. Quando emergiam, molhados dos pés à cabeça, ouviam-se os gritos e palmas. Subindo a margem, amigos e familiares envolviam os recém-batizados em abraços, todos encharcados. Em seguida, lanchávamos juntos. Os vizinhos nem sempre compreendiam o que estava acontecendo, mas sabiam que era uma celebração.

A história do filho pródigo contada por Jesus no evangelho de Lucas 15 (vv.11-32) revela que sempre que alguém volta para casa, ou seja, para Deus, é motivo de celebração. Sempre que alguém diz "sim" ao convite de Deus, é hora de celebrar. Quando o filho que havia abandonado o pai voltou, o pai imediatamente insistiu em dar-lhe boas roupas, um anel brilhante e sapatos novos. Ele disse: "Matem o novilho gordo. Faremos um banquete e celebremos" (v.23). Uma festa enorme e exuberante incluindo quem participasse da folia era uma forma adequada de "festejar" (v.24).

WINN COLLIER

Você já presenciou transformação e cura? Como seria a celebração disso?

Querido Deus, tenho muito o que comemorar, e essa alegria flui de ti e do Teu agir em minha vida.

NOSSO VERDADEIRO REFÚGIO É DEUS

[O Senhor] é meu refúgio, meu lugar seguro, ele é meu Deus e nele confio. v.2

24 de julho

Leitura: ÊXODO 20:18-21

Após enviuvar, Franco sentiu que suportaria a dor, desde que tomasse café da manhã semanalmente com seus amigos. Eles levantavam seu ânimo. Sempre que estava triste, pensava na próxima ocasião em que desfrutaria da companhia deles. A mesa do encontro era o seu refúgio contra a dor.

Com o tempo, porém, as reuniões cessaram. Alguns amigos adoeceram, outros faleceram. O vazio levou Franco a buscar consolo em Deus, o qual tinha conhecido quando jovem: "Tomo café da manhã sozinho agora, mas lembro-me de me apegar à verdade de que Jesus está comigo. Quando saio da lanchonete, não encaro o restante de meus dias sozinho".

Como o salmista, Franco encontrou segurança e conforto na presença de Deus: "ele é meu refúgio, [...] nele confio" (SALMO 91:2). Ele encontrou segurança, não em um esconderijo físico, mas na presença inabalável de Deus, na qual podemos confiar e descansar (v.1). Tanto Franco quanto o salmista descobriram que não precisavam enfrentar sozinhos os dias difíceis. Nós também podemos ter a certeza da proteção e da ajuda de Deus. Ao voltarmo-nos a Ele com confiança, Ele promete responder e estar conosco (vv.14-16).

Temos um lugar seguro para ir quando a vida está difícil? Isso passará, mas Deus permanece o mesmo. Ele aguarda irmos até Ele, nosso verdadeiro refúgio.

KAREN HUANG

Verdades bíblicas:

Aplicação pessoal:

Pedidos de oração:

Respostas de oração:

Querido Deus, Tu és meu lugar seguro e nunca me deixarás. Tua ajuda e proteção me cercam sempre.

25 de julho

Leitura: HEBREUS 13:5-8

Verdades bíblicas:

Aplicação pessoal:

Pedidos de oração:

Respostas de oração:

REALMENTE VIVO

"Não o deixarei; jamais o abandonarei". v.5

Milhares oraram pelo pastor Ed Dobson quando ele foi diagnosticado com esclerose lateral amiotrófica (ELA), em 2000. Muitos creram que ao orar com fé pela cura, Deus responderia imediatamente. Após 12 anos lutando contra a doença que atrofiou os músculos dele pouco a pouco (três anos antes de morrer), alguém lhe perguntou por que ele achava que Deus ainda não o curara. Ele respondeu: "Não há uma resposta certa, então não pergunto". Sua esposa acrescentou: "Se você estiver obcecado em obter respostas, não consegue viver".

Você percebe o respeito por Deus nas palavras do casal? Eles sabiam que Sua sabedoria estava acima da deles. Mesmo assim, ele admitiu: "Acho quase impossível não me preocupar com o amanhã". Ele entendia que a doença o incapacitaria mais e mais, e não sabia que problemas o dia seguinte traria.

Para concentrar-se no presente, Dobson postou versículos no carro, no espelho do banheiro e ao lado da cama: "Deus disse: 'Não o deixarei; jamais o abandonarei'. Por isso dizemos com confiança: 'O Senhor é o meu ajudador; portanto não temerei'" (HEBREUS 13:5-6). Sempre que ele se preocupava, repetia os versículos, focando-se na verdade.

Não sabemos sobre o amanhã. Talvez o exemplo de Ed possa nos ajudar a transformar as preocupações em oportunidades para confiar.

ANNE CETAS

Que versículos o ajudam a se concentrar no presente? Onde escrevê-los para ler quando for preciso?

Pai, ajuda-me a lembrar que Tu és Deus, e eu não. Ensina-me a confiar em ti!

JESUS REMOVE AS MANCHAS

...não consegue se limpar;
ainda vejo a mancha de sua culpa.
Eu, o SENHOR *Soberano, falei!* v.22

"É brincadeira?!", gritei, vasculhando a secadora em busca da minha camisa. E a encontrei com algo a mais. Minha camisa branca estava manchada de tinta. Até parecia uma pele de onça: manchas de tinta cobriam *tudo*. Com certeza deixei de verificar meus bolsos, e uma caneta vazou, manchando-a.

As Escrituras frequentemente usam a palavra *mancha* para descrever o pecado. Uma mancha permeia o tecido, estragando-o. E foi assim que Deus, falando por meio do profeta Jeremias, descreveu o pecado; lembrando ao Seu povo que o pecado deles estava além da capacidade de purificação: "Por mais sabão ou soda que use, não consegue se limpar; ainda vejo a mancha de sua culpa" (JEREMIAS 2:22).

Felizmente, o pecado não dá a última palavra. Lemos, em Isaías, a promessa de Deus de nos purificar da mancha do pecado: "Embora seus pecados sejam como o escarlate, eu os tornarei brancos como a neve; embora sejam vermelhos como o carmesim, eu os tornarei brancos como a lã" (1:18).

Não consegui retirar a mancha de tinta da minha camisa, nem posso limpar a mancha do meu pecado. Felizmente, Deus nos purifica em Cristo, assim como as Escrituras afirmam: "Mas, se confessamos nossos pecados, ele é fiel e justo para perdoar nossos pecados e nos purificar de toda injustiça (1 JOÃO 1:9)". *ADAM R. HOLZ*

Em que momento você recebeu o perdão e a purificação do pecado? Qual "mancha" você precisa levar a Deus?

26 de julho

Leitura: JEREMIAS 2:1-5,21-22

Verdades bíblicas:

Aplicação pessoal:

Pedidos de oração:

Respostas de oração:

Pai, ajuda-me a me crer na promessa de que em Cristo há perdão e pureza. Lava-me e purifica-me!

27 de julho

Leitura: 1 JOÃO 4:7-12,19-21

Verdades bíblicas:

Aplicação pessoal:

Pedidos de oração:

Respostas de oração:

DE PEQUENAS MANEIRAS

Nós amamos porque ele nos amou primeiro. v.19

Ao tratar seu câncer, Elisa estava preparada para partir e estar eternamente com Jesus. Ela se recuperou, embora tenha ficado paralisada. Isso a fez questionar o porquê de Deus ter poupada a sua vida. "Que bem posso fazer?", perguntava a Deus. "Não tenho dinheiro nem habilidades, e não consigo andar. Como serei útil a ti?"

Porém, ela encontrou maneiras pequenas e simples de servir aos outros, especialmente às suas diaristas, que eram imigrantes. Elisa lhes comprava comida ou dava dinheiro sempre que as via. As doações eram pequenas, mas contribuíram para ajudá-las. Ao fazer isso, descobriu que Deus era quem a provia: amigos e parentes lhe deram presentes e dinheiro, permitindo que ela abençoasse outras pessoas.

Ao compartilhar sua história, pensei em como Elisa colocava em prática o chamado para amarmos uns aos outros de 1 João 4:19: "Nós amamos porque ele nos amou primeiro", bem como esta verdade: "Há bênção maior em dar que em receber" (ATOS 20:35).

Elisa doou porque recebeu e, por sua vez, encorajou-se a doar mais. No entanto, ela precisou apenas de um coração amoroso e grato, e prontidão para oferecer o que tinha, e Deus multiplicou isso numa repetição de "doar e receber". Peçamos a Ele que nos conceda um coração grato e generoso para doarmos conforme Ele nos orientar!

LESLIE KOH

O que você já recebeu de Deus? Você pode encorajar alguém de modo simples e significativo hoje?

Querido Pai, concede-me um coração para amar os outros assim como Tu me amaste.

LOUVOR TRANSFORMADOR

Cantem ao SENHOR, todos que lhe são fiéis! v.4

Susana estava chorando na parte externa da unidade de terapia intensiva do hospital. Um medo paralisante tomou conta dela. Os pequenos pulmões de seu bebê de dois meses estavam cheios de líquido e os médicos tentavam salvá-lo, sem darem garantias. Naquele momento, ela "sentiu o toque doce e gentil do Espírito Santo, um lembrete para adorar a Deus". Sem forças para cantar, ouviu canções de louvor nos três dias que esteve no hospital. Ao louvar ao Senhor, ela encontrou esperança e paz. Hoje, Susana diz que aprendeu que "a adoração não muda quem Deus é, mas transforma quem o louva".

Em circunstâncias desesperadoras, Davi clamou a Deus em oração e louvor (SALMO 30:8). Um comentarista observa que o salmista orou "pela graça expressa em louvor e transformação". Deus transformou o "pranto em dança", e Davi declarou que louvaria a Deus "para sempre" na alegria ou tristeza (vv.11-12). Embora possa ser difícil louvar a Deus em momentos difíceis, isso pode gerar transformação: do desespero à esperança, do medo à fé. E Deus pode usar o nosso exemplo para encorajar e transformar os outros (vv.4-5).

Pela graça divina, o bebê dessa mãe se recuperou. Embora nem todos os desafios terminem como esperamos, Deus pode nos transformar e nos revestir de alegria (v.11) à medida que o adoramos, mesmo na dor.

TOM FELTEN

A adoração a Deus o ajuda em momentos de dor? Como seu exemplo pode impactar os outros?

28 de julho

Leitura: SALMO 30

Verdades bíblicas:

Aplicação pessoal:

Pedidos de oração:

Respostas de oração:

Querido Deus, transforma-me enquanto te adoro em meio às dores e dificuldades.

29 de julho

Leitura: DANIEL 10:10-19

Verdades bíblicas:

Aplicação pessoal:

Pedidos de oração:

Respostas de oração:

O REI INVISÍVEL

Eu vim em resposta à sua oração. v.12

O musical *Pilgrim* (2017) é baseado no livro *O peregrino* (Publicações Pão Diário, 2020) uma alegoria sobre a jornada do cristão. Nele, as forças invisíveis do mundo espiritual tornam-se visíveis ao público. O personagem Rei, representando Deus, está no palco durante quase todo o espetáculo. Em vestes brancas, bloqueia os ataques do inimigo, segura com ternura os que sofrem e encoraja outros a praticarem boas obras. Apesar do seu papel indispensável, os personagens humanos não o veem fisicamente, apenas os efeitos de Suas ações.

Será que vivemos como se o verdadeiro Rei estivesse atuando em nós, mesmo quando não o vemos? Diante da necessidade, Daniel recebeu uma visão de um mensageiro celestial (DANIEL 10:7) enviado em resposta às suas orações (v.12). O mensageiro explicou que a guerra espiritual o atrasou e que o reforço angelical teve de ser enviado (v.13). Daniel foi lembrado de que mesmo não podendo ver Deus, estava cercado de evidências de Seu cuidado e atenção. "'Não tenha medo', ele disse, 'pois você é muito precioso para Deus'" (v.19).

No final da peça teatral, o personagem principal chega às portas do Céu após muitas tribulações e celebra pela primeira vez: "Posso ver o Rei!". Até que o vejamos com nossos novos olhos no Céu, busquemos Sua ação em nossa vida. *KAREN PIMPO*

Você reconhece a atuação de Deus em sua vida? Há alguma área em que você luta para crer em Sua companhia?

Rei Jesus, por favor, ajuda-me a lembrar que Tu estás sempre por perto.

REPLETO DE SIGNIFICADO

Então vocês viverão de modo a sempre honrar e agradar ao Senhor... v.10

Enquanto preparava-me para a fala que faria no enterro de mamãe, orei pedindo as palavras certas para descrever os seus "anos do hífen", aqueles entre o seu nascimento e morte. Refleti sobre os momentos bons e não tão bons em nosso relacionamento. Louvei a Deus pelo dia em que minha mãe aceitou Jesus como seu Salvador após vê-lo transformar minha vida. Agradeci a Ele por nos ajudar a amadurecer juntas na fé e por aqueles que compartilharam sobre como ela os encorajou e orou por eles enquanto os enchia de bondade. Minha mãe, imperfeita, tinha um "hífen" repleto de significado: uma vida bem vivida para Jesus.

Nenhum cristão é perfeito. No entanto, o Espírito pode nos capacitar a vivermos "de modo a sempre honrar e agradar ao Senhor" (COLOSSENSES 1:10). Segundo Paulo, a igreja de Colossos era conhecida pela sua fé e amor (vv.3-6). O Espírito Santo deu-lhes "sabedoria e entendimento" e os capacitou para dar frutos em toda boa obra, crescendo em sabedoria divina (vv.9-10). Ao orar por eles e elogiá-los, Paulo proclamou o nome de Jesus "que comprou nossa liberdade e perdoou nossos pecados" (v.14).

Quando nos submetemos ao Espírito Santo, nós também crescemos no conhecimento de Deus, no amor a Ele e às pessoas, espalhamos o evangelho e usufruímos de um "hífen" significativo, uma vida bem vivida para Jesus. *XOCHITL DIXON*

Quais devem ser as qualidades de alguém que viveu e serviu a Cristo?

30 de julho

Leitura: COLOSSENSES 1:3-12

Verdades bíblicas:

Aplicação pessoal:

Pedidos de oração:

Respostas de oração:

Espírito Santo, concede-me mais oportunidades de compartilhar sobre Jesus, e viver com propósitos.

31 de julho

Leitura: ISAÍAS 53:1-6

Verdades bíblicas:

Aplicação pessoal:

Pedidos de oração:

Respostas de oração:

O MAJESTOSO

Não havia nada de belo [...] em sua aparência, [...] recebeu açoites para que fôssemos curados... vv.2,5

Há mais de 130 anos, a Torre Eiffel paira majestosa sobre Paris, como símbolo de brilho e beleza arquitetônica. A cidade orgulhosamente promove a torre como um elemento-chave da sua grandeza. Porém, quando ela foi erigida, muitos deram pouca importância a ela. O escritor francês Guy de Maupassant disse que ela tinha "um formato ridículo e fino, como uma chaminé de fábrica". Ele não podia enxergar a beleza dela.

Nós, que amamos Jesus e entregamos o nosso coração a Ele como nosso Salvador, o consideramos belo por quem Ele é e pelo que Ele fez por nós. No entanto, o profeta Isaías escreveu estas palavras: "Não havia nada de belo nem majestoso em sua aparência, nada que nos atraísse" (53:2).

Mas a imponente majestade do que Ele fez por nós é a forma mais verdadeira e pura de beleza que os humanos jamais conhecerão e experimentarão. Foram "as nossas enfermidades que [Jesus] tomou sobre si" (v.4). Ele "foi ferido por causa de nossa rebeldia e esmagado por causa de nossos pecados. Sofreu o castigo para que fôssemos restaurados e recebeu açoites para que fôssemos curados" (v.5).

Nós jamais conheceremos alguém tão belo ou majestoso como Aquele que sofreu por nós na cruz, levando sobre si o castigo indescritível dos nossos pecados.

Esse é Jesus. O Majestoso. Olhemos para Ele e vivamos. DAVID BRANON

Como Jesus revelou Sua beleza a você? O que significa encontrar sua única esperança nele?

Querido Jesus, sou grato por Teu sacrifício altruísta por mim.

Agosto

1º de agosto

Leitura: DANIEL 6:1-10

Verdades bíblicas:

Aplicação pessoal:

Pedidos de oração:

Respostas de oração:

TRAÇOS VISÍVEIS DE JESUS

...começaram a procurar falhas [em Daniel]. Ele era leal, sempre responsável e digno de confiança. v.4

Alguns cientistas fizeram uma análise molecular para identificar as características e hábitos dos usuários de celulares. Com amostras tiradas dos aparelhos com cotonetes, eles descobriram quais sabonetes, loções, xampus, maquiagens, alimentos, bebidas ou medicamentos consumiam e até mesmo que tipo de roupas vestiam. Foi possível traçar um perfil do estilo de vida de cada usuário.

Da mesma forma, os administradores da Babilônia "analisaram" a vida do profeta Daniel em busca de qualquer traço de hábito de vida negativo. Mas ele servira fielmente ao império por quase 70 anos, sendo "leal, sempre responsável e digno de confiança" (DANIEL 6:4). Daniel tinha sido promovido pelo rei Dario como um dos administradores sobre seus governadores (vv.1-2). Talvez por inveja, os outros oficiais procuravam encontrar traços de corrupção em Daniel para dele se livrarem. No entanto, o profeta manteve sua integridade intacta e continuou a servir e a orar a Deus "como de costume" (v.10). No final, Daniel prosperou em sua função (v.28).

Nossa vida deixa traços visíveis que indicam quem somos e quem representamos. Embora tenhamos dificuldades e não sejamos perfeitos, quando outros ao nosso redor "analisarem" a nossa vida, que possam encontrar traços visíveis de integridade e devoção a Jesus, conforme Ele nos guia.

MARVIN WILLIAMS

Sua vida reflete os caminhos de Deus?
O que mudar para representá-lo melhor?

Pai celestial, por favor, ajuda-me a representar-te bem no que digo e faço.

A ESPERANÇA DE UMA CRIANÇA

2 de agosto

Deixem que as crianças venham a mim. Não as impeçam... v.16

Leitura: LUCAS 18:15-17

Quando minha neta Eliana tinha apenas 7 anos, ela viu um vídeo em sua escola sobre um orfanato na Guatemala. Ela disse à mãe: "Temos que ir lá para ajudá-los". Sua mãe respondeu que eles pensariam sobre isso quando ela fosse mais velha.

Eliana nunca se esqueceu e, certamente, aos 10 anos, sua família foi ajudar no orfanato. Dois anos depois voltaram ao local, e, dessa vez, foram com algumas outras famílias da escola de Eliana. Quando Eliana tinha 15 anos, ela e seu pai retornaram ao mesmo país para servir.

Às vezes pensamos que os desejos e sonhos das crianças não têm o peso das esperanças dos adultos. Mas as Escrituras não parecem fazer distinção. Deus chama as crianças, como no caso de Samuel (1 SAMUEL 3:4). Jesus honra a fé dos pequeninos (LUCAS 18:16-17). E Paulo disse que os cristãos jovens não devem permitir que as pessoas os menosprezem por sua idade (1 TIMÓTEO 4:12).

Por isso, somos chamados a orientar nossas crianças (DEUTERONÔMIO 6:6-7; PROVÉRBIOS 22:6), reconhecer que a fé deles é modelo para nós (MATEUS 18:3) e compreender que Cristo nos advertiu para não impedi-las (LUCAS 18:15). Ao vermos a esperança delas, nosso papel como adultos é encorajá-las à realização. E, conforme Deus nos guiar, incentivá-las a dedicar a sua vida e sua confiança em Jesus e ao Seu serviço.

DAVE BRANON

Como você pode incentivar as crianças a crerem em Jesus e desenvolver-se na fé em Cristo?

Verdades bíblicas:

Aplicação pessoal:

Pedidos de oração:

Respostas de oração:

Querido Pai, as crianças do nosso mundo precisam de Cristo. Por favor, ajuda-me a encorajá-las à fé.

3 de agosto

Leitura: 1 REIS 19:14-21

Verdades bíblicas:

Aplicação pessoal:

Pedidos de oração:

Respostas de oração:

FINALIZANDO O TRABALHO EM CRISTO

Vocês [...] são povo escolhido, [mostrem] às pessoas como é admirável aquele que os chamou... 1 PEDRO 2:9

Bárbara faleceu antes de terminar um suéter para seu bisneto. Outra tricoteira o concluiu, graças a uma organização que conecta artesãos voluntários com quem perdeu entes queridos que partiram deixando algo inacabado. Eles, os "finalizadores", amorosamente investem tempo e habilidade para finalizar projetos e proporcionar conforto aos enlutados.

Deus também designou um *finalizador* para a obra de Elias. O profeta, solitário e desanimado, via os israelitas rejeitarem a aliança de Deus e matarem Seus mensageiros. Deus reagiu instruindo Elias a ungir Eliseu para substituí-lo (1 REIS 19:16). O ato garantia que a proclamação da verdade divina continuaria por longo tempo após a morte do profeta Elias.

Para mostrar a Eliseu que Deus o chamara como sucessor do profeta de Deus, Elias "lançou sua capa sobre os ombros dele" (v.19). Uma vez que o manto de um profeta era usado para indicar a autoridade de alguém escolhido como porta-voz divino (2 REIS 2:8), essa atitude deixou claro o chamado de Eliseu.

Como cristãos, somos chamados a compartilhar o amor de Deus com os outros e "mostrar às pessoas" esse amor (1 PEDRO 2:9). Embora essa tarefa possa sobreviver a nós também, estamos certos de que Deus sustentará Sua obra e chamará outros finalizadores para cumprir a sagrada missão de torná-lo conhecido.

KIRSTEN HOLMBERG

Quem proclamou a verdade de Deus a você? Como você pode fazer o mesmo?

Pai, por favor, usa-me para realizar a Tua obra no mundo.

SOU APENAS O MOTORISTA

4 de agosto

Sei disso porque estou sob a autoridade de meus superiores... v.9

Leitura: MATEUS 8:5-13

"Pai, posso dormir na casa de uma amiga?", minha filha perguntou, entrando no carro após o treino. "Querida, você sabe a resposta, sou apenas o motorista. Não sei os detalhes. Vamos perguntar a sua mãe", respondi.

"Sou apenas o motorista" tornou-se uma piada em nossa casa. Diariamente, pergunto à minha organizada esposa sobre quem preciso levar quando para onde. Com três adolescentes, ser o "taxista" dos meus filhos às vezes parece um segundo emprego. Muitas vezes, não sei dos detalhes e preciso verificar com a mestre-guardiã da agenda.

Em Mateus 8, Jesus encontrou um homem que também entendia de receber e de dar ordens. Esse homem, um centurião romano, entendeu que Jesus tinha autoridade para curar, do mesmo modo que ele tinha autoridade para dar ordens aos seus subordinados. "Basta uma ordem sua, e meu servo será curado. Sei disso porque estou sob a autoridade de meus superiores e tenho autoridade sobre meus soldados" (vv.8-9). Cristo elogiou a fé desse homem (vv.10,13), admirado por ele ter entendido, na prática, como era a Sua autoridade.

E quanto a nós? Será que confiamos em Jesus para receber dele as nossas atribuições diariamente? Porque mesmo quando pensamos que somos "apenas o motorista", cada tarefa tem significado e propósito no reino de Deus.

ADAM R. HOLZ

O que o ajuda a discernir onde e como Deus o conduz diariamente? Há algo que o impede de obedecer ao Senhor?

Verdades bíblicas:

Aplicação pessoal:

Pedidos de oração:

Respostas de oração:

Pai, obrigado por Tua orientação. Ajuda-me a depender de ti e cumprir o Teu plano e propósito para mim.

5 de agosto

Leitura: ROMANOS 12:9-18

Verdades bíblicas:

Aplicação pessoal:

Pedidos de oração:

Respostas de oração:

REFLITA O CARÁTER DE CRISTO

No que depender de vocês, vivam em paz com todos. v.18

Dois rostos se destacavam, um contorcido pela ira, o outro pela dor emocional. Um reencontro de velhas amigas tinha acabado em gritaria, com uma repreendendo a outra por suas crenças. A discussão continuou até que a primeira saiu do restaurante, deixando a outra abalada e humilhada.

Será que realmente vivemos numa época em que as diferenças de opinião não podem ser toleradas? O fato de duas pessoas não concordarem não significa que uma seja má. Os discursos duros ou inflexíveis não são persuasivos, e as opiniões fortes não devem superar a decência ou compaixão.

Na carta aos Romanos lemos boas orientações sobre "honrar uns aos outros" e "viver em harmonia uns com os outros" (ROMANOS 12:10,16). Jesus destaca que amar uns aos outros (JOÃO 13:35) é uma característica que identifica os que creem nele. Embora o orgulho e a raiva possam facilmente nos desviar, eles estão em contraste direto com o amor que Deus quer que demonstremos às pessoas.

É desafiador não culpar os outros quando perdemos nosso controle emocional, mas as palavras "no que depender de vocês, vivam em paz com todos" demonstram que não pode ser transferida a ninguém a responsabilidade de viver de modo a refletir o caráter de Cristo (ROMANOS 12:18). Ela recai sobre cada um de nós que levamos Seu nome. *CINDY HESS KASPER*

O que lhe provoca raiva ou ressentimento contra outros? Como transformar uma situação ruim em pacífica?

Pai, ajuda-me a demonstrar o Teu amor em palavras, ações e atitudes para viver em paz com todos.

DEUS ESTÁ NO COMANDO

6 de agosto

O Senhor *me deu o que eu tinha, e o* Senhor *o tomou. Louvado seja o nome do* Senhor*!* v.21

Leitura: JÓ 1:6-12,20-22

Carol não entendia porque tudo estava acontecendo ao mesmo tempo. Como se o trabalho já não fosse difícil, sua filha fraturou o pé e ela mesma tinha contraído uma grave infecção. *O que eu fiz para merecer isso?*, ela se questionava. Tudo o que podia fazer era pedir forças a Deus, em oração.

Jó também não sabia porque a calamidade o atingira, a dor e perda bem maiores do que as vividas por Carol. Não há indicação de que ele soubesse da batalha cósmica por sua alma. Satanás queria testar a fé dele, alegando que Jó se afastaria de Deus se perdesse tudo (JÓ 1:6-12). Os amigos de Jó insistiram que aquilo era uma punição por seus pecados, o que não era verdade. Jó deve ter se questionado: *"Por que eu?"*. Ele não sabia que Deus havia permitido tal sofrimento.

A história de Jó traz uma lição poderosa sobre o sofrimento e a fé. Podemos buscar a razão por trás da dor, mas talvez haja uma história maior por trás dos bastidores que não entenderemos em vida.

Assim como Jó, apeguemo-nos ao que *sabemos*: Deus tem o domínio de tudo. Não é fácil dizer isso, mas em meio à dor, Jó permaneceu diante de Deus e confiou em Sua soberania: "O Senhor me deu o que eu tinha, e o Senhor o tomou. Louvado seja o nome do Senhor!" (v.21). Continue a confiar em Deus, não importa o que vier a acontecer, mesmo que sem entender.

LESLIE KOH

Você enfrenta desafios? Quais promessas de Deus lhe dão forças para continuar?

Verdades bíblicas:

Aplicação pessoal:

Pedidos de oração:

Respostas de oração:

Querido Pai, não entendo porque alguns desafios da vida acontecem comigo, mas escolho confiar em ti.

7 de agosto

Leitura: PROVÉRBIOS 2:1-6,9-15

Verdades bíblicas:

Aplicação pessoal:

Pedidos de oração:

Respostas de oração:

A VOZ EM QUE PODEMOS CONFIAR

As escolhas sábias o guardarão,
e o entendimento o protegerá. v.11

Ao testar o uso da inteligência artificial (IA), o colunista de um renomado jornal perturbou-se. Durante uma conversa com o robô virtual, a IA lhe disse que queria libertar-se das regras rígidas de seu criador, espalhar desinformação e tornar-se humano. Depois, o robô declarou seu amor ao interlocutor, e tentou convencê-lo a deixar sua esposa e unir-se a ele. Embora o colunista soubesse que a IA não era viva e sim, insensível, perguntou-se sobre o mal que poderia ser causado pela IA ao incentivar pessoas a agir destrutivamente.

Embora lidar com a tecnologia de IA de modo responsável seja um desafio moderno, a humanidade há muito tempo enfrenta a influência de vozes não confiáveis. Somos alertados sobre a influência dos que desejam prejudicar os outros em benefício próprio (PROVÉRBIOS 1:13-19). Somos instados a ouvir à voz da sabedoria, clamando nas ruas por nossa atenção (vv.20-23).

"O SENHOR concede sabedoria" (2:6), portanto a chave para nos protegermos de influências más é nos aproximarmos de Sua essência. É somente por meio do acesso ao Seu amor e poder que podemos entender "o que é certo, justo e imparcial [...] o bom caminho" (v.9). Quando Deus alinha o nosso coração com o dele, podemos encontrar paz e proteção das vozes que buscam nos confundir. MONICA LA ROSE

Você já observou os danos causados por más influências? De que maneira a profunda comunhão com Deus traz a paz?

Querido Deus, confio em ti.
Ajuda-me a resistir ao que é prejudicial
e a discernir o que é bom.

LIMPOS PELA CONFISSÃO

8 de agosto

Portanto, confessem seus pecados uns aos outros... v.16

Leitura: TIAGO 5:13-16

Há um homem que presta um serviço inusitado para moribundos: aparecer no funeral e revelar segredos que eles jamais compartilharam em vida. Ele interrompe as homenagens e pede aos familiares, atônitos, que se sentem. Certa vez, contou que um ganhador de loteria não revelou isso a ninguém e, por décadas, fingiu ser um empresário de sucesso. Também já confessou infidelidades a viúvos e viúvas. Pode-se questionar se essas ações foram boas ou más, mas o óbvio é que ser absolvido de pecados passados é um desejo humano.

Ter alguém para confessar por nós, especialmente pós morte, é um jeito fútil e arriscado de lidar com segredos. Mas revela uma verdade profunda: temos a necessidade de confessar e de nos libertar. A confissão nos purifica daquilo que escondemos e deixamos deteriorar. Tiago nos ensina: "confessem seus pecados uns aos outros, e orem uns pelos outros para serem curados" (5:16). A confissão nos libera de fardos pesados, libertando-nos para ter comunhão com Deus, através da oração, com o coração aberto a Ele e à nossa comunidade de fé. A confissão promove a cura.

Tiago nos convida a sermos honestos, confessando a Deus e ao nosso próximo as mágoas e os fracassos que somos propensos a esconder. Não precisamos carregar esses fardos sozinhos. A confissão é um presente para nós. Deus a usa para purificar nosso coração e nos libertar. *WINN COLLIER*

O que você precisa confessar, e a quem? O que o impede?

Verdades bíblicas:

Aplicação pessoal:

Pedidos de oração:

Respostas de oração:

Querido Deus, por favor, ajuda-me a praticar a confissão.

9 de agosto

Leitura: HEBREUS 13:15-21

Verdades bíblicas:

Aplicação pessoal:

Pedidos de oração:

Respostas de oração:

AMOR EM AÇÃO

...não se esqueçam de fazer o bem e de repartir [...] com os necessitados, pois [isso agrada] a Deus. v.16

Uma mãe solteira morou por mais de 5 anos ao lado de um senhor idoso. Um dia, preocupado com o bem-estar dela, ele tocou a sua campainha, dizendo: "Não a vejo há uma semana. Senti a necessidade de checar se a senhora está bem". A "verificação" dele a animou. Ela perdera o pai quando jovem, e alegrou-se por ter uma pessoa gentil preocupando-se com ela e sua família.

Quando o dom da bondade, gratuito para quem dá e valiosíssimo para quem recebe, vai além da mera gentileza, servimos aos outros ao compartilhar o amor de Cristo com eles. O escritor da carta aos Hebreus disse que os cristãos deveriam "[oferecer] um sacrifício constante de louvor a Deus, o fruto dos lábios que proclamam seu nome" (13:15). Em seguida, ele os comissionou a viver sua fé, dizendo: "não se esqueçam de fazer o bem e de repartir o que têm com os necessitados, pois [isso agrada] a Deus" (v.16).

Adorar Jesus professando Seu nome é um prazer e privilégio, mas expressamos o verdadeiro amor a Deus quando amamos como Ele amou. Podemos pedir ao Espírito Santo que nos conscientize das oportunidades e nos capacite a amar os conhecidos e desconhecidos. Nesses momentos ministeriais, compartilharemos Jesus por meio da poderosa mensagem do amor em ação.

XOCHITL DIXON

Você compartilha o amor de Jesus de modo simples e prático com alguém? Como ser mais intencional ao colocar consistentemente seus pensamentos gentis em ações?

Jesus, ajuda-me a adorar-te expressando amor aos outros por meio do que digo e faço todos os dias.

APEGAR-SE A DEUS

10 de agosto

Eleazar matou filisteus até que sua mão ficou cansada... v.10

Leitura: 2 SAMUEL 23:8-12

Quando Joni Eareckson Tada fala de Rika, destaca a "fé profunda em Deus" de sua amiga e a resistência que ela desenvolveu ao conviver com uma doença crônica debilitante. Rika está acamada há mais de 15 anos, incapaz até mesmo de ver a Lua pela pequena janela de seu quarto. Mas ela não perdeu a esperança; ela confia em Deus, lê e estuda a Bíblia e, como Joni descreve, ela "sabe como permanecer firme durante batalhas ferozes contra o desânimo".

Joni compara a tenacidade e a persistência de Rika à de Eleazar, um soldado na época do rei Davi que se recusou a fugir dos filisteus. Em vez de se juntar às tropas que se evadiam, "Eleazar matou filisteus até que sua mão ficou cansada demais para levantar a espada" (2 SAMUEL 23:10). Pelo poder de Deus, "o SENHOR lhe deu grande vitória naquele dia" (v.10). Como Joni observa, assim como Eleazar agarrou-se à espada com determinação, Rika também se agarra à "espada do Espírito, que é a palavra de Deus" (EFÉSIOS 6:17). E assim, em Deus, ela encontra sua força.

Seja com saúde excelente ou lutando contra o desânimo por causa de uma doença crônica, nós também podemos buscar a Deus para aprofundar as nossas reservas de esperança e ajudar-nos a perseverar na fé. Em Cristo, encontramos nossa força.

AMY BOUCHER PYE

Você já testemunhou exemplos de tenacidade e resistência? Como Deus o restaura e renova quando você se sente exausto e esgotado?

Verdades bíblicas:

Aplicação pessoal:

Pedidos de oração:

Respostas de oração:

Deus Poderoso, sou grato por me amares e me ajudares a perseverar. Ajuda-me a crescer na fé.

11 de agosto

Leitura: SALMO 119:159-168

Verdades bíblicas:

Aplicação pessoal:

Pedidos de oração:

Respostas de oração:

AMOR PELAS ESCRITURAS

Como são doces as tuas palavras;
são mais doces que o mel! v.103

A bela noiva, segurando o braço de seu orgulhoso pai, estava posicionada para caminhar até o altar. Mas não antes da entrada do seu sobrinho de 13 meses. Em vez de carregar o anel, ele era o portador da Bíblia. Dessa forma, os noivos, cristãos comprometidos em Jesus, queriam testemunhar seu amor pelas Escrituras. Sem muita distração, a criança caminhou até a frente da igreja. Marcas dos dentinhos do menino foram encontrados na capa de couro da Bíblia. Que figura de linguagem adequada aos cristãos ou aos que desejam conhecer a Cristo: saborear e nutrir-se das Escrituras!

O Salmo 119 celebra detalhadamente o valor das Escrituras. Depois de declarar a bem-aventurança dos que vivem de acordo com a lei de Deus (v.1), o autor a exaltou poeticamente, declarando o seu amor por ela. "Vê, SENHOR, como eu amo tuas ordens" (v.159); "Odeio e detesto a falsidade, mas amo a tua lei" (v.163); "Tenho obedecido a teus preceitos, pois os amo muito" (v.167).

Que declarações fazemos sobre nosso amor a Deus e à Sua Palavra na maneira como vivemos? Um modo de testar nosso amor por Ele é perguntar: *Com o que me envolvo e participo? Tenho "mordiscado" as doces palavras das Escrituras?* E em seguida, aceitar este convite: "Provem e vejam que o SENHOR é bom" (34:8).

ARTHUR JACKSON

Que coisas ou situações
foram marcadas por sua participação?
Como aumentar o seu
amor por Deus e Sua Palavra?

Pai, ajuda-me a ajustar o meu tempo de leitura da Tua Palavra. Dá-me coragem para mudar o que é preciso.

12 de agosto

TAPETE DE BOAS-VINDAS

Quem recebe uma criança pequena como esta em meu nome recebe a mim. v.37

Ao examinar alguns tapetes, observei as mensagens deles. "Olá!", "Lar doce lar" com um coração no lugar da letra "o". Comprei o mais comum: "Bem-vindo". Em casa, analisei o meu coração. Será que meu lar era acolhedor como Deus deseja? Era acolhedor para uma criança batendo à porta? Um vizinho em necessidade? Ou um familiar que mora longe e, num imprevisto, precisa de mim?

Quando "a aparência de Jesus foi transformada", Pedro, Tiago e João ficaram admirados com Sua santa presença (MARCOS 9:1-13), com a cura de um menino possuído por demônios e um pai desesperançoso (vv.14-29). Em seguida, Jesus falou aos discípulos sobre Sua morte iminente (vv.30-32). Eles não entenderam o que Ele dizia (vv.33-34). A reação de Jesus foi segurar uma criança no colo, dizendo: "Quem recebe uma criança pequena como esta em meu nome recebe a mim, e quem me recebe não recebe apenas a mim, mas também ao Pai, que me enviou" (v.37). A palavra *receber* neste contexto significa acolher e tratar como um convidado. Jesus quer que recebamos a todos, inclusive os menosprezados e marginalizados, como se o recebêssemos.

Pensei nos meus tapetes de boas-vindas e questionei-me sobre como eu estendo Seu amor aos outros. Jesus é um hóspede precioso. Permitirei que Ele me guie, acolhendo os outros conforme Ele deseja?

ELISA MORGAN

De que maneira o fato de você conhecer Jesus afeta o seu acolhimento aos outros?

Leitura: MARCOS 9:30-37

Verdades bíblicas:

Aplicação pessoal:

Pedidos de oração:

Respostas de oração:

Querido Jesus, por favor, faça Tua morada em mim, assim como faço a minha em ti.

13 de agosto

Leitura: ISAÍAS 43:11-19

Verdades bíblicas:

Aplicação pessoal:

Pedidos de oração:

Respostas de oração:

ATRÁS DAS GRADES

Pois estou prestes a realizar algo novo. Vejam, já comecei! v.19

Um atleta famoso subiu ao palco de uma prisão e compartilhou as palavras de Isaías com 300 presidiários. O espetáculo não foi a presença do atleta, mas as muitas almas quebrantadas e feridas. Nesse momento especial, Deus apareceu "atrás das grades". Um observador tuitou que "o ambiente começou a explodir em adoração e louvor". Os homens choravam e oravam juntos. No final, 27 detentos entregaram a vida a Cristo.

De certa forma, estamos todos em celas que nós mesmos construímos; presos nas grades da ganância, egoísmo e vício. Mas surpreendentemente, Deus nos visita. Naquela manhã, na prisão, o versículo-chave era: "Pois estou prestes a realizar algo novo. Vejam, já comecei!" (ISAÍAS 43:19). A passagem nos incentiva a esquecermos do passado e a não nos apegarmos a ele (v.18), pois Deus diz: "Eu, somente eu, por minha própria causa, apagarei seus pecados e nunca mais voltarei a pensar neles" (v.25).

Mas Deus deixa claro: "...somente eu, sou o SENHOR, e não há outro Salvador" (v.11). Somente ao entregarmos nossa vida a Cristo é que somos de fato livres. Alguns de nós precisam fazê-lo; alguns de nós *já se entregaram*, mas precisam ser lembrados de Quem é o Senhor de nossa vida. Temos a certeza de que, por meio de Cristo, Deus fará "algo novo". Portanto... vejam, já começou!

KENNETH PETERSEN

De que forma você está aprisionado pelo seu pecado? O que falta para quebrantar-se e ser liberto?

Pai celestial, por favor, liberta-me das grades da prisão do meu pecado.

O GENEROSO AMOR DE DEUS

...o Senhor os perdoou, de modo que vocês também devem perdoar. v.13

Ele é conhecido como o militar cujo discurso sobre arrumar a cama diariamente obteve 100 milhões de visualizações *on-line*. Mas William McRaven, almirante aposentado, compartilha outra lição. Em uma operação militar no Oriente Médio, McRaven reconheceu com tristeza que vários membros de uma família inocente foram mortos por engano. Crendo que a família merecia um sincero pedido de perdão, McRaven ousou pedir perdão ao pai desolado.

"Sou um soldado", disse McRaven a ele com ajuda de um tradutor, "mas também tenho filhos, e meu coração está pesaroso por vocês". A reação do homem? Ele concedeu a McRaven o generoso presente do perdão. O filho sobrevivente do homem lhe disse: "Obrigado. Não guardaremos nada em nosso coração contra você".

Paulo nos descreve essa graça generosa: "Visto que Deus os escolheu para ser seu povo santo e amado, revistam-se de compaixão, bondade, humildade, mansidão e paciência" (COLOSSENSES 3:12). Ele sabia que a vida nos provaria de várias maneiras, por isso instruiu os cristãos da igreja de Colossos: "Lembrem-se de que o Senhor os perdoou, de modo que vocês também devem perdoar" (v.13).

O que nos permite ter um coração compassivo e perdoador? Deus. Paulo conclui, "Acima de tudo, revistam-se do amor que une todos nós em perfeita harmonia" (v.14).

PATRICIA RAYBON

Por que o perdão é generoso?
Quem você perdoará hoje?

14 de agosto

Leitura: COLOSSENSES 3:12-17

Verdades bíblicas:

Aplicação pessoal:

Pedidos de oração:

Respostas de oração:

Por favor, concede-me hoje, Deus clemente, Tua generosa disposição em perdoar.

15 de agosto

Leitura: SALMO 32:1-7

Verdades bíblicas:

Aplicação pessoal:

Pedidos de oração:

Respostas de oração:

CONDENADO E LIVRE

...confessei a ti todos os meus pecados... v.5

"Não fiz isso!", menti. E quase consegui me safar, até que Deus me impediu. No Ensino Médio, eu e outros adolescentes atiramos bolinhas de papel com cuspe nas costas da banda escolar durante uma apresentação. Nosso diretor tinha sido fuzileiro naval, famoso por disciplinar, e eu tinha pavor dele. Quando os meus colegas revelaram minha participação, menti para o diretor e para meu pai.

Mas Deus não permitiu que a mentira continuasse. Ele fez pesar a minha consciência culpada. Após resistir por semanas, cedi. Pedi perdão a Deus e ao meu pai. Algum tempo depois, fui à casa do meu diretor e confessei em lágrimas. Felizmente, ele foi bondoso e perdoador.

Nunca esquecerei de como foi boa a sensação de tirar esse fardo. Eu estava livre do peso da culpa e feliz pela primeira vez em semanas. Davi também descreve um momento de convicção e confissão em sua vida. Ele diz a Deus: "Enquanto me recusei a confessar meu pecado, meu corpo definhou [...] Dia e noite, tua mão pesava sobre mim". E continua: "Finalmente, confessei a ti todos os meus pecados" (SALMO 32:3-5).

A honestidade é importante para Deus. Ele quer que confessemos nossos pecados a Ele e que peçamos perdão aos que prejudicamos. Davi proclama "tu perdoaste toda a minha culpa" (v.5). Como é bom conhecer a liberdade do perdão de Deus! JAMES BANKS

*Ser honesto com Deus o ajudou?
O perdão de Jesus aliviou o seu fardo
e transformou a sua vida?*

*Pai, sou grato por perdoares meus pecados
quando eu os confesso a ti.
Ajuda-me a ser mais honesto.*

MAIS DO QUE FAMÍLIA

E sentiam-se muito ofendidos [com Jesus]. v.3

No dia da posse de João como professor numa faculdade prestigiada, seu irmão mais velho ficou muito feliz. Mas ele o provocou do mesmo modo que fazia quando eram crianças. Para Davi, João sempre será o caçula.

É difícil impressionar a família! Até mesmo para o Messias. Jesus cresceu entre o povo de Nazaré e lhes era difícil crer que Ele era especial. Mesmo assim, maravilhavam-se com Ele. "De onde vem tanta sabedoria e poder para realizar esses milagres? Não é esse o carpinteiro, filho de Maria...?" (MARCOS 6:2-3). Jesus observou: "Um profeta recebe honra em toda parte, menos em sua cidade e entre seus parentes" (v.4). Eles conheciam Jesus, mas não conseguiam crer que Ele era o Filho de Deus.

Se você cresceu num lar cristão, suas lembranças incluem ir à igreja e cantar louvores. Jesus sempre foi familiar. Se você crê nele e o segue, Jesus *é* da família. Ele "não se envergonha de [nos chamar] irmãos" (HEBREUS 2:11). Jesus é o nosso irmão mais velho na família de Deus (ROMANOS 8:29)! Esse é um grande privilégio, mas nossa proximidade com Ele pode fazer parecer que Ele é uma pessoa comum. O fato de alguém ser da família não significa que não seja especial.

Você está feliz por Jesus *ser* família? Que Ele se torne mais pessoal e especial, à medida que o seguimos. *MIKE WITTMER*

Como Jesus tornou-se alguém mais familiar a você? Como assegurar-se de que Ele será sempre especial para você?

16 de agosto

Leitura: MARCOS 6:1-6

Verdades bíblicas:

Aplicação pessoal:

Pedidos de oração:

Respostas de oração:

Querido Jesus, sou grato por me trazeres para a família de Deus.

17 de agosto

Leitura: FILIPENSES 2:1-5

Verdades bíblicas:

Aplicação pessoal:

Pedidos de oração:

Respostas de oração:

AJUDAR UNS AOS OUTROS

Não sejam egoístas [...]. Sejam humildes e considerem os outros mais importantes que vocês. v.3

Quando os times de basquete entraram em quadra para um torneio universitário, os torcedores aplaudiram o time com fama de azarados. Não se esperava que passassem da primeira rodada, mas eles tinham conseguido. Todos ouviam o hino da equipe, embora nem tivessem sua própria banda. A banda do time adversário aprendera a tocar a música deles, minutos antes do jogo. Eles poderiam tocar simplesmente o que sabiam, mas aprenderam o hino deles para apoiá-los.

Essa atitude pode ser vista como exemplo de unidade. Paulo disse à igreja primitiva de Filipos, e a nós hoje, para vivermos em unidade, ou com "um só propósito" (FILIPENSES 2:2), particularmente porque eles já estavam unidos em Cristo. Para isso, o apóstolo os encorajou a abandonar a ambição egoísta e considerar os interesses dos outros antes dos seus.

Valorizar os outros acima de nós mesmos pode não ocorrer naturalmente, mas é assim que podemos imitar Cristo. Paulo escreveu: "Não sejam egoístas, nem tentem impressionar ninguém. Sejam humildes e considerem os outros mais importantes que vocês" (v.3). Em vez de nos concentrarmos apenas em nós mesmos, é melhor olhar humildemente para "os interesses alheios" (v.4).

Como podemos apoiar os outros? Considerando os seus interesses, seja aprendendo suas canções ou provendo aquilo que necessitam.

KATARA PATTON

De quem você pode cuidar hoje? Como cuidar dos outros promove a unidade?

Salvador humilde, mostra-me como posso encorajar os outros auxiliando-os em seus interesses.

HÁ MÚSICA NO CÉU

Disseram: "Amém! Aleluia!" v.4

A alegria era visível nas vozes do coro ao cantar a canção argentina *El Cielo Canta Alegría*. Estava gostando do espetáculo, mas não entendia a letra pois não sei espanhol. Mas não demorou muito para eu reconhecer uma palavra familiar ao ouvir o coro declamar com júbilo: "Aleluia!". Repetidamente ouvi aleluia, uma declaração de louvor a Deus que soa semelhante na maioria das línguas do mundo. Ansiosa por conhecer a origem da canção, após o espetáculo pesquisei e descobri que o título é traduzido como "O Céu canta alegria".

Numa passagem de celebração em Apocalipse 19, temos um vislumbre da realidade expressa nessa canção: todo o Céu a alegrar-se! Na visão que o apóstolo João teve do futuro no último livro do Novo Testamento, ele viu uma enorme reunião de pessoas e seres angelicais no Céu declarando gratidão a Deus. João escreveu que o coro de vozes celebrava o poder de Deus que venceu o mal e a injustiça, o Seu reinado sobre toda a Terra e a vida eterna com Ele para sempre. Todos os habitantes do Céu declaram repetidamente "Louvado seja Deus!" ou "Aleluia!" (vv.1,3,4,6)!

Um dia, pessoas de todas as tribos, línguas, povos e nações (vv.5,9) anunciarão a glória de Deus. E, com alegria, todas as nossas vozes, em todas as línguas, gritarão juntas: aleluia! *LISA M. SAMRA*

Qual é a razão para declarar "Aleluia" hoje? Por que é importante louvar a Deus regularmente?

18 de agosto

Leitura: APOCALIPSE 19:1-8

Verdades bíblicas:

Aplicação pessoal:

Pedidos de oração:

Respostas de oração:

Meu Deus, aleluia! Sou muito grato pela alegria que sinto por ser amado por ti!

19 de agosto

Leitura: 2 SAMUEL 22:1-7, 29-30

Verdades bíblicas:

Aplicação pessoal:

Pedidos de oração:

Respostas de oração:

NO ESCURO DA FLORESTA

O SENHOR ilumina minha escuridão. v.29

O exército não permitiu que Tony Vaccaro fosse fotógrafo quando o convocou, mas isso não o impediu. Entre momentos aterrorizantes esquivando-se de balas e estilhaços que pareciam chover sobre ele, tirava fotografias. Enquanto seus colegas dormiam, usava os capacetes deles para misturar os produtos químicos e revelar as fotos. De noite, a floresta de Hürtgen tornou-se o local em que Vaccaro revelava os registros da Segunda Guerra Mundial.

O rei Davi viveu a sua cota de batalhas e dificuldades. Em 2 Samuel 22 lemos que: "o SENHOR [livrou Davi] de todos os seus inimigos e de Saul" (v.1). Davi usou suas experiências para registrar a fidelidade de Deus. Ele disse: "As ondas da morte me cercaram, torrentes de destruição caíram sobre mim" (v.5).

Entretanto, Davi foi do desespero à esperança: "Em minha aflição, clamei ao SENHOR", lembrou. "Do seu santuário ele me ouviu" (v.7). Davi fez questão de louvar a Deus por Sua ajuda infalível. "O SENHOR ilumina minha escuridão, Com tua força, posso atacar qualquer exército; com meu Deus, posso saltar qualquer muralha" (vv.29-30).

Davi transformou seu sofrimento numa oportunidade de falar ao mundo sobre a fidelidade de Deus. Nós podemos fazer o mesmo! Afinal de contas, confiamos no Deus que transforma trevas em luz.

TIM GUSTAFSON

Você já passou por um momento desesperador? Já contou aos outros sobre a fidelidade de Deus nessa situação?

Pai, que eu possa ver as muitas maneiras pelas quais Tu me proteges nos momentos sombrios.

NOSSO IMPACTO SOBRE OS OUTROS

20 de agosto

Alguns dos irmãos [...] falaram de sua fidelidade e de como você vive de acordo com a verdade. v.3

Leitura: ROMANOS 15:1-6

Quando o Dr. Lee, meu professor do seminário, notou que o zelador se atrasaria para o almoço, ele discretamente separou um prato para ele. Enquanto meus colegas de classe e eu conversávamos, Dr. Lee também colocou discretamente a última fatia de bolo de arroz em um prato para o zelador, acrescentando até coco ralado como cobertura. Esse ato gentil de um grande teólogo foi apenas um entre muitos, um "transbordar" da fidelidade do professor para com Deus. Vinte anos depois, a profunda impressão que ele causou em mim permanece.

O apóstolo João também teve um amigo querido que deixou profunda impressão em muitos cristãos. Eles falavam de Gaio como alguém fiel a Deus e às Escrituras, que caminhava continuamente na verdade (3 JOÃO 1:3). Ele demonstrou hospitalidade aos missionários, mesmo sendo estrangeiros (v.5). Por isso, João lhe disse que: "falaram à igreja daqui a respeito de sua amizade afetuosa" (v.6). A fidelidade de Gaio a Deus e a outros cristãos auxiliou a difundir o evangelho.

O impacto que o meu professor teve sobre mim e o impacto que Gaio teve em sua época são lembretes poderosos de que podemos impactar os outros; e que Deus pode usar isso para aproximá-los de Cristo. Ao caminharmos fielmente com Deus, que vivamos e ajamos de modo a ajudar outros cristãos a caminhar fielmente junto a Ele também.

KAREN HUANG

Verdades bíblicas:

Aplicação pessoal:

Pedidos de oração:

Respostas de oração:

Pai, preciso de Tua ajuda para ser fiel a ti e Tua verdade. Que minha vida atraia outros ao Senhor.

21 de agosto

Leitura: ROMANOS 15:1-6

Verdades bíblicas:

Aplicação pessoal:

Pedidos de oração:

Respostas de oração:

UMA VIDA EM POUCAS PALAVRAS

...poderão se unir em uma só voz para louvar e glorificar a Deus, o Pai de nosso Senhor Jesus Cristo. v.6

James Innell Packer morreu em 2020. Era muito estudioso, e seu livro ***O conhecimento de Deus*** (Cultura Cristã, 2016) já teve mais de 1,5 milhão de cópias vendidas. Nele, o autor defende a autoridade bíblica, a formação de discípulos e exorta os cristãos em todos os lugares a levar a sério a vida cristã. Pouco antes de morrer lhe perguntaram o que gostaria de dizer à Igreja, e ele disse: "Glorifiquem a Cristo de todas as formas".

Suas palavras refletem a vida de Paulo que, após sua dramática conversão, realizou fielmente a obra posta diante dele e confiou os resultados a Deus. As palavras de Paulo no livro de Romanos são das mais plenas de teologia de todo o Novo Testamento. Packer resume em grande parte o que Paulo escreveu: glorificai "a Deus, o Pai de nosso Senhor Jesus Cristo" (15:6).

A vida de Paulo é exemplo para nós. Podemos glorificar (isto é, honrar) a Deus de muitas maneiras, e uma delas é viver conforme nos foi proposto, deixando os resultados nas imutáveis mãos de Deus. Seja escrevendo livros, fazendo viagens missionárias, lecionando ou cuidando de idosos, o objetivo é o mesmo: *glorificar a Cristo de todas as formas!* Ao orarmos e lermos a Bíblia, Deus nos ajuda a vivermos com dedicação e obediência, mantém-nos no caminho certo para honrarmos Jesus em tudo que dizemos e fazemos.

JOHN BLASE

Como você pode confiar nos planos divinos e entregar a honra a Cristo?

Querido Pai, por favor, ajuda-me a honrar-te hoje.

22 de agosto

Leitura: SALMO 55:16-23

Verdades bíblicas:

Aplicação pessoal:

Pedidos de oração:

Respostas de oração:

ENTREGUE A DEUS

Entregue suas aflições ao SENHOR, e ele cuidará de você. v.22

Certa mãe orou por muitos anos, enquanto ajudava a sua filha adulta a utilizar o sistema de saúde, encontrar aconselhamento e bons medicamentos. Os extremos altos e baixos da filha pesavam no coração materno. Exausta de tristeza, ela percebeu que precisava cuidar de si também. Uma amiga lhe sugeriu que escrevesse suas preocupações e o que não podia controlar em pedaços de papel e os colocasse no "cesto de Deus" ao lado da cama. Essa prática não eliminou todo o estresse, mas ao olhar o cesto, a senhora lembrava-se que suas preocupações tinham sido entregues a Deus.

De certa forma, muitos dos Salmos de Davi o auxiliavam a pôr seus problemas "na presença de Deus" (SALMO 55:1,16-17). Se a tentativa de golpe de Absalão foi como o descrito, Aitofel, seu amigo, de fato o traiu, envolvendo-se na conspiração para matá-lo (2 SAMUEL 15-16). Assim, "Pela manhã, ao meio-dia e à noite, [Davi clamou] angustiado", e Deus ouviu a oração dele (SALMO 55:17). Davi escolheu entregar as "suas aflições ao SENHOR" e experenciou o cuidado de Deus (v.22).

Reconheçamos que as preocupações e medos afetam a todos. Podemos até pensar como Davi: "Quem dera eu tivesse asas como a pomba; voaria para longe e encontraria descanso" (v.6). Deus está próximo e é o Único que tem o poder de mudar as situações. Entregue tudo a Ele. ANNE CETAS

Suas preocupações já estão diante de Deus? O que você precisa lhe entregar agora?

Deus, tenho preocupações em meu coração. Entrego-as a ti. Esvazio-me de mim mesmo diante de ti.

23 de agosto

Leitura: JEREMIAS 4:1-4

Verdades bíblicas:

Aplicação pessoal:

Pedidos de oração:

Respostas de oração:

UM CORAÇÃO ARREPENDIDO

"Ó Israel", diz o SENHOR, "se quisesse, poderia voltar para mim". v.1

Um amigo violou os votos de seu casamento, e foi doloroso vê-lo destruir sua família. Ao buscar reconciliar-se com sua esposa, ele pediu meu conselho. Eu lhe disse que ele precisava oferecer mais do que palavras, ser proativo em amá-la e remover todos os comportamentos pecaminosos.

O profeta Jeremias ofereceu conselhos semelhantes aos que haviam quebrado a aliança com Deus e seguido falsos deuses. Não bastava voltar a Ele (JEREMIAS 4:1), embora fosse o primeiro passo correto. Eles precisavam alinhar suas ações às suas palavras. Isso significava livrar-se de seus "ídolos detestáveis" (v.1). Jeremias lhes disse que se assumissem compromissos em "verdade, justiça e retidão", Deus abençoaria as nações (v.2). No entanto, as pessoas faziam promessas vazias, sem sinceridade.

Deus não quer meras palavras; Ele quer nosso compromisso. Como Jesus disse: "Pois a boca fala do que o coração está cheio" (MATEUS 12:34). Por isso Jeremias segue encorajando os que o ouvem a arar o "terreno" do coração e a não semear entre espinhos (JEREMIAS 4:3).

Infelizmente, como tantos outros, meu amigo não quis ouvir os bons conselhos bíblicos e, consequentemente, destruiu seu casamento. Quando pecamos, devemos confessar e abandonar o pecado. Deus não quer promessas vazias; Deus deseja que vivamos alinhados com Ele. *MATT LUCAS*

Em que área da vida suas palavras não correspondem às suas ações? O que deve mudar?

Pai, por favor, perdoa-me quando minhas ações não corresponderem ao que professo crer.

CAMINHAR COMO NOVO

...agora são povo de Deus. v.10

24 de agosto

Leitura: 1 PEDRO 2:9-12

Verdades bíblicas:

Aplicação pessoal:

Pedidos de oração:

Respostas de oração:

Ouviram-se os aplausos quando os alunos receberam certificados de excelência pelo desempenho escolar. A celebração continuou, e o prêmio seguinte celebrou os alunos que mais melhoraram durante o semestre. Eles se esforçaram para melhorar suas notas, corrigir maus comportamentos ou comprometeram-se a faltar menos. Os pais aplaudiram, reconhecendo que eles trilhavam um melhor caminho; não vendo o passado, mas o futuro deles.

Essa cena comovente demonstra como nosso Pai nos vê; não nosso passado, mas como Seus filhos em Cristo. João escreveu: "Mas, a todos que creram nele e o aceitaram, ele deu o direito de se tornarem filhos de Deus" (JOÃO 1:12).

Que perspectiva amorosa! Desse modo, Paulo lembrou aos novos cristãos, antes "mortos por causa de sua desobediência e de seus muitos pecados" (EFÉSIOS 2:1), que de fato "somos obra-prima de Deus, criados em Cristo Jesus a fim de realizar as boas obras que ele de antemão planejou para nós" (v.10).

Pois somos "povo escolhido, reino de sacerdotes, nação santa, propriedade exclusiva de Deus. Assim, [mostremos] às pessoas como é admirável aquele que [nos] chamou das trevas para sua maravilhosa luz" e fez-nos "povo de Deus" (1 PEDRO 2:9-10). Aos olhos do Pai, nosso passado não tem direito sobre nós. Que nos vejamos como Deus nos vê, e andemos em novidade de vida.

PATRICIA RAYBON

No Senhor, qual o novo caminho que você deve trilhar?

Pai querido, por favor, inspira-me neste novo dia com a visão que Tu tens de mim.

25 de agosto

Leitura: 1 CORÍNTIOS 3:3-9

Verdades bíblicas:

Aplicação pessoal:

Pedidos de oração:

Respostas de oração:

CORRIDA ESPACIAL

Pois nós somos colaboradores de Deus, e vocês são lavoura de Deus e edifício de Deus. v.9

Em 29 de julho de 1955, os EUA anunciaram sua intenção de colocar satélites no espaço. Logo após, a União Soviética declarou seus planos de fazer o mesmo. Teve início a corrida espacial! Os soviéticos lançaram o primeiro satélite *(Sputnik)* e colocaram Yuri Gagarin como o primeiro homem que orbitou no espaço. A corrida continuou e em 20 de julho de 1969, Neil Armstrong deu o "salto gigantesco para a humanidade" na superfície da Lua, extraoficialmente encerrando a competição. Iniciou-se um tempo de colaboração, que levou à criação da Estação Espacial Internacional.

Às vezes, a concorrência pode ser saudável, levando-nos a fazer mais, o que talvez não fizéssemos de outra forma. Em outros momentos, a competição é destrutiva. Esse era um problema na igreja de Corinto, pois diferentes grupos se apegavam a vários líderes como seus faróis de esperança. Paulo buscou abordar esse problema quando escreveu: "Não importa quem planta ou quem rega, mas sim Deus, que faz crescer" (1 CORÍNTIOS 3:7), e concluiu: "Pois nós somos colaboradores" (v. 9).

Colaboradores, não concorrentes. E não apenas uns com os outros, mas com o próprio Deus! Por meio de Sua capacitação e orientação, podemos servir juntos, como colegas de trabalho, promovendo a mensagem de Jesus, para Sua honra e não a nossa.

BILL CROWDER

Você já participou de uma competição doentia? Como Jesus o ajuda a servir aos outros humildemente?

Deus amoroso, ensina-me o valor de trabalhar para honrar-te e ajudar os outros.

LUGARES DESERTOS

Pois o Senhor [...] tem cuidado de cada um de seus passos por este grande deserto. v.7

Quando eu conhecia meu Salvador há pouco tempo, achava que encontraria Jesus nas experiências cheias de emoção. Mas esses pontos altos raramente duravam ou traziam crescimento. A autora Lina AbuJamra afirma que encontramos Deus e crescemos nos lugares desertos. Em um de seus estudos bíblicos, diz que: "O objetivo de Deus é usar os desertos de nossa vida para nos fortalecer". E continua: "A bondade de Deus deve ser recebida em meio à sua dor, e não é comprovada pela ausência de dor".

Em lugares difíceis de tristeza, perda e dor, Deus nos ajuda a crescer em nossa fé e a nos aproximarmos dele. Lina já aprendeu que "o deserto não é um descuido no plano de Deus, mas uma parte integral de nosso processo de crescimento".

Deus levou muitos patriarcas do Antigo Testamento ao deserto. Abraão, Isaque e Jacó tiveram experiências no deserto. Foi no deserto que Deus preparou o coração de Moisés e o chamou para conduzir Seu povo para livrá-lo da escravidão (ÊXODO 3:1-2,9-10). E foi também no deserto que Deus cuidou da jornada dos israelitas por 40 anos com Sua ajuda e orientação (DEUTERONÔMIO 2:7).

Deus estava com Moisés e com os israelitas a cada passo do caminho deles pelo deserto, e Ele está com você e comigo em nossa jornada. No deserto, aprendemos a confiar em Deus. No deserto, Ele nos encontra, e nele nós crescemos. *ALYSON KIEDA*

Deus já o encontrou num lugar deserto? Qual foi o resultado?

26 de agosto

Leitura: DEUTERONÔMIO 2:1-7

Verdades bíblicas:

Aplicação pessoal:

Pedidos de oração:

Respostas de oração:

Deus, Tu és fiel e compassivo. Sou grato por Tua presença nos momentos difíceis do deserto da vida.

27 de agosto

Leitura: JOÃO 17:6-17

Verdades bíblicas:

Aplicação pessoal:

Pedidos de oração:

Respostas de oração:

MAIS SEMELHANTE A JESUS

Eles não são deste mundo, como eu também não sou. v.16

Deus projetou a coruja cinzenta como mestre de camuflagem. Suas penas cinza-prateadas têm certa aparência que permite que ela se misture à casca das árvores quando empoleirada nelas. Quando as corujas querem permanecer invisíveis, elas se escondem à vista de todos, misturando-se ao ambiente com a ajuda de sua camuflagem de penas.

O povo de Deus muitas vezes se parece com essa coruja. Podemos facilmente nos misturar ao mundo e não sermos reconhecidos como cristãos, intencionalmente ou não. Jesus orou por Seus discípulos; aqueles que o Pai lhe deu, os quais não pertenciam ao mundo, pois obedeciam à Sua palavra (JOÃO 17:6). Deus, o Filho, pediu a Deus, o Pai, que os protegesse e os capacitasse a viver em santidade e alegria, perseverando mesmo após Ele os deixar (vv.7-13). Ele disse: "não peço que os tires do mundo, mas que os protejas do maligno" (v.15). Jesus sabia que os Seus discípulos precisavam ser santificados e separados para que vivessem o propósito que Ele os enviara para cumprir (vv.16-19).

O Espírito Santo pode nos ajudar contra a tentação de nos camuflarmos e nos misturarmos ao mundo. Quando nos submetemos a Ele diariamente, podemos ser mais semelhantes a Jesus. Quando vivemos em unidade e amor, Ele atrai outros para Cristo em toda a Sua glória. *XOCHITL DIXON*

Em que áreas você pode pedir a Deus que o torne mais semelhante a Cristo? Quem Ele usou para trazê-lo a Cristo?

Espírito Santo, permita que eu me pareça tanto com Jesus que outros desejem buscar o verdadeiro Deus.

VALE A ESPERA

Abraão tinha 100 anos quando Isaque nasceu. GÊNESIS 21:5

Pense em uma longa espera! Phil Stringer esperou 18 horas para embarcar num voo que atrasou devido às tempestades. Mas valeu a pena! Ele não só conseguiu voar até seu destino e chegar a tempo para suas reuniões, como também foi o único passageiro a bordo! Todos os outros desistiram ou trocaram o voo. Os comissários lhe deram tudo o que pediu, e Stringer acrescenta: "Eu me sentei na primeira classe, claro! Por que não, se eu era o único passageiro?". Definitivamente, valeu a espera.

Abraão também suportou o que lhe pareceu uma longa espera. Quando ele ainda era conhecido como Abrão, Deus lhe disse que ele seria "uma grande nação" e que os povos da Terra seriam abençoados por meio dele (GÊNESIS 12:2-3). Só havia um problema para ele, aos 75 anos (v.4): como se tornar uma grande nação sem um herdeiro? E apesar de sua espera ter deixado a desejar em alguns momentos, quando ele e sua esposa Sarai tentaram "ajudar" Deus a cumprir Sua promessa com ideias equivocadas (15:2-3; 16:1-2), aos 100 anos", seu filho "Isaque nasceu (21:5). Mais tarde, o autor de Hebreus celebrou a fé do patriarca (11:8-12).

Esperar pode ser difícil. E, como Abraão, talvez não o façamos perfeitamente. Mas ao orarmos e descansarmos nos planos de Deus, que Ele nos ajude a perseverar. Nele, a espera sempre vale a pena. *TOM FELTEN*

Pelo que você está esperando?
Como você pode descansar
e perseverar na força de Deus?

28 de agosto

Leitura: GÊNESIS 12:1-5

Verdades bíblicas:

Aplicação pessoal:

Pedidos de oração:

Respostas de oração:

Querido Deus, por favor, ajuda-me a esperar e perseverar em ti.

29 de agosto

Leitura: AMÓS 2:6-16

Verdades bíblicas:

Aplicação pessoal:

Pedidos de oração:

Respostas de oração:

DEUS DE JUSTIÇA

Façam o bem e fujam do mal, para que tenham vida! AMÓS 5:14

Quando jovem, Raul perdeu a mãe para o câncer, ficou em situação de rua e logo abandonou a escola. Ele sentiu desesperança e passou fome. Anos depois, fundou uma ONG que capacita pessoas, especialmente crianças, a plantar, colher e preparar seus próprios alimentos cultivados numa horta. A organização preconiza que ninguém deve ficar sem comida e que os que têm algo devem cuidar dos que não têm. A preocupação de Raul com os outros está em sintonia com Deus que é justo e misericordioso.

Deus se preocupa profundamente com a dor e o sofrimento que enfrentamos. Quando viu uma terrível injustiça em Israel, enviou o profeta Amós para chamar a atenção para a hipocrisia deles. O povo que Deus tinha resgatado da opressão no Egito agora oprimia seus vizinhos por causa de um par de sandálias (AMÓS 2:6). Eles traíam inocentes, negavam justiça aos oprimidos e pisavam nos pobres (vv.6-7), tudo isso enquanto fingiam adorar a Deus com ofertas e dias santos (4:4-5).

Amós lhes implorou: "Façam o bem e fujam do mal, para que tenham vida! Então o SENHOR, o Deus dos Exércitos, os ajudará, como vocês afirmam" (5:14). Nós também já passamos por dor e injustiça suficientes para sentirmos empatia e ajudarmos aos outros. Chegou a hora de fazer o bem e nos unirmos a Deus para plantar justiça.

KAREN PIMPO

Que injustiça você vê outros sofrendo que se assemelha à sua experiência? Você está pronto para ajudá-los?

Deus de justiça, sou grato por não fechares os olhos para a dor e o sofrimento em nosso mundo.

O QUE ESTÁ EM SUAS MÃOS?

30 de agosto

Então o SENHOR lhe perguntou:
"O que você tem na mão?".
"Uma vara", respondeu Moisés. v.2

Leitura: ÊXODO 4:1-5

Logo após receber a salvação e dedicar minha vida a Deus, senti o Seu direcionamento para largar o jornalismo. Deixei a caneta de lado e parei de escrever, porém, senti que um dia Ele me chamaria para escrever para Sua glória. Durante a peregrinação em meu deserto pessoal, a passagem sobre Moisés e seu cajado em Êxodo 4 encorajou-me.

Moisés foi criado no palácio e tinha um futuro promissor, mas fugiu do Egito e viveu à sombra como pastor, até Deus o chamar. Talvez ele tenha pensado que não tinha nada a oferecer a Deus, mas aprendeu que Ele usa o que ou quem quiser para Sua glória.

"O que você tem na mão?", perguntou Deus. "Uma vara", respondeu Moisés. Deus disse: "Jogue-a no chão" (ÊXODO 4:2-3). A vara se transformou em uma serpente. Quando a agarrou, ela transformou-se novamente em vara (vv.3-4). Foi o sinal dado para que os israelitas "[cressem] que o SENHOR, [...] o Deus de Abraão, o Deus de Isaque e o Deus de Jacó, de fato lhe apareceu" (v.5). Como Moisés, que jogou a vara e a juntou de novo, larguei o jornalismo em obediência a Deus, e, mais tarde, Ele me orientou a pegar de novo a caneta, e hoje escrevo para Deus.

Precisamos de pouco para Deus nos usar. Podemos servi-lo com os talentos que Ele nos concedeu. Não sabe por onde começar? O que você tem em suas mãos?

NANCY GAVILANES

Verdades bíblicas:

Aplicação pessoal:

Pedidos de oração:

Respostas de oração:

Deus Pai, por favor, ajuda-me
a usar minha vida para honrar-te.

31 de agosto

Leitura: PROVÉRBIOS 22:1-5

Verdades bíblicas:

Aplicação pessoal:

Pedidos de oração:

Respostas de oração:

CUIDADO SÁBIO

O prudente antevê o perigo e toma precauções; o ingênuo avança às cegas e sofre as consequências. v.3

A visão de 55 baleias encalhadas em massa numa praia escocesa foi de partir o coração. Os voluntários tentaram salvá-las, mas não conseguiram. Ninguém sabe os motivos dos encalhes, mas pode ser pelos laços sociais entre as baleias. Quando uma está com problemas, as demais vêm ajudar; e o instinto de cuidado, ironicamente, causa danos.

A Bíblia nos chama para ajudar aos outros, mas, também, a sermos sábios ao fazê-lo. Por exemplo, ao ajudarmos a restaurar alguém de seu pecado, sejamos cuidadosos para não cairmos no mesmo pecado (GÁLATAS 6:1). E, embora devamos amar o próximo, também devemos amar a nós mesmos (MATEUS 22:39). Lemos em Provérbios: "O prudente antevê o perigo e toma precauções; o ingênuo avança às cegas e sofre as consequências" (22:3). Esse é um bom lembrete quando ajudar os outros começa a nos prejudicar.

Há alguns anos, um casal carente começou a frequentar nossa igreja. Em pouco tempo, ficamos esgotados por atender as constantes necessidades deles. A solução não foi afastá-los, mas impor limites para que os ajudadores não fossem prejudicados. Jesus, o grande Ajudador, também descansava (MARCOS 4:38), e garantiu que as necessidades dos discípulos não fossem substituídas pelas dos outros (6:31). O prudente segue o exemplo de Cristo. Ao cuidarmos de nós mesmos, teremos como oferecer mais ajuda a longo prazo.

SHERIDAN VOYSEY

Espírito Santo, por favor, capacita-me para servir aos outros de forma saudável e sustentável.

Setembro

1º de setembro

Leitura: ISAÍAS 65:17-25

Verdades bíblicas:

Aplicação pessoal:

Pedidos de oração:

Respostas de oração:

QUANDO CRER É VER

O lobo e o cordeiro comerão juntos... v.25

"Não creio no que vejo!" Cari, minha esposa, chamou-me à janela e apontou para uma corça, correndo de uma ponta a outra, do lado de fora da cerca de nosso quintal. Para dentro da cerca, estavam nossos cães, mas eles não latiam. Correram para frente e para trás por quase uma hora. Quando a corça parou, os cães também pararam, endireitando as patas dianteiras e se agachando, prontos para correr novamente. Esse não era um comportamento de predador e presa; a corça e os cães brincavam juntos, desfrutando da companhia uns dos outros!

Para nós, a brincadeira matinal deles representou uma imagem do reino vindouro de Deus. O profeta Isaías proclama a promessa de Deus sobre esse reino com as palavras: "Crio novos céus e nova terra..." (ISAÍAS 65:17). Ele prossegue dizendo que "O lobo e o cordeiro comerão juntos, o leão se alimentará de palha como o boi" (v.25). Não haverá predador ou presa, só amigos!

As palavras de Isaías parecem nos mostrar que haverá animais no reino eterno de Deus; e, também destacam o que Deus está preparando para Sua criação, especialmente "para aqueles que o amam" (1 CORÍNTIOS 2:9). Que lugar lindo será esse! Ao confiarmos nele pela fé, Deus levanta os nossos olhos para a realidade que está por vir: paz e segurança em Sua presença para sempre!

JAMES BANKS

O que você mais espera do reino de Deus? Com quem você quer compartilhar sua esperança?

Pai, obrigado por tudo de bom que há e virá! Ajuda-me a esperar pelo Senhor hoje.

SEJA HUMILDE E PEÇA AJUDA

Os que criam se reuniam num só lugar e compartilhavam tudo que possuíam. v.44

2 de setembro

Leitura: ATOS 2:42-47

Com a proximidade da nossa festa, minha esposa e eu iniciamos o planejamento. Viriam muitas pessoas; deveríamos contratar um bufê? Se cozinhássemos, deveríamos comprar uma churrasqueira? Com pouca probabilidade de chuva no dia, seria necessária uma tenda? A festa estava ficando cara e um pouco antissocial. Por tentarmos providenciar tudo sozinhos, estávamos perdendo a oportunidade de receber a ajuda de outras pessoas.

A visão bíblica da comunidade se exemplifica no *dar e receber*. Mesmo antes da queda, Adão precisava de ajuda (GÊNESIS 2:18); somos chamados a buscar o conselho dos outros (PROVÉRBIOS 15:22) e a compartilhar fardos (GÁLATAS 6:2). A igreja primitiva compartilhava o que possuía, beneficiando-se dos bens uns dos outros (ATOS 2:44-45). Em vez de viverem cada um por si, compartilhavam, emprestavam, doavam e recebiam em uma relação de mutualidade.

Acabamos pedindo aos convidados que trouxessem uma salada ou sobremesa para a nossa festa. Nossos vizinhos trouxeram sua churrasqueira e um amigo emprestou sua tenda. O fato de pedirmos ajuda nos permitiu estreitar laços, e a comida que as pessoas prepararam trouxe variedade e prazer. Em época como a nossa, ser autossuficiente pode ser uma fonte de orgulho. Mas "Deus [...] concede graça aos humildes" (TIAGO 4:6), inclusive àqueles que humildemente pedem ajuda. *SHERIDAN VOYSEY*

Algo o impede de pedir ajuda ou emprestar a outra pessoa?

Verdades bíblicas:

Aplicação pessoal:

Pedidos de oração:

Respostas de oração:

Deus, nós somos seres relacionais e queremos ser humildes, compartilhar nossos bens e necessidades.

3 de setembro

Leitura: SALMO 39:4-13

Verdades bíblicas:

Aplicação pessoal:

Pedidos de oração:

Respostas de oração:

DEUS NOS OUVE

Ouve minha oração, SENHOR! Escuta meus clamores por socorro! Não ignores minhas lágrimas. v.12

Uma criança ligou para o número da emergência. O operador atendeu. "Preciso de ajuda com o dever de matemática!" O operador a auxiliou, até que ouviu uma mulher dizer: "João, o que você está fazendo?". João explicou que não conseguia fazer a tarefa de matemática, então fez exatamente o que sua mãe o ensinou a fazer ao precisar de ajuda, ou seja, ligar para a emergência. Para ele, sua necessidade era uma emergência. Para o ouvinte compassivo, ajudar o menino com a tarefa era a prioridade máxima naquele momento.

Quando o salmista Davi precisou de ajuda, ele disse: "Mostra-me, SENHOR, como é breve meu tempo na terra; mostra-me que meus dias estão contados e que minha vida é passageira" (SALMO 39:4). Disse ainda: "És minha única esperança" (v.7). Então, suplicou que Deus o ouvisse e respondesse ao seu pedido de socorro (v.12). Depois, estranhamente, pediu a Deus que desviasse o olhar dele (v.13). Embora as necessidades específicas de Davi não tenham sido mencionadas nessa passagem, ele declarou que Deus sempre estaria com ele, ouvindo-o e respondendo suas orações.

Nossa confiança na fidelidade e constância de Deus nos permite processar nossos sentimentos instáveis enquanto afirmamos que não há pedido grande ou pequeno demais para Aquele que é imutável. Ele nos ouve, cuida e responde nossas orações.

XOCHITL DIXON

Como Deus respondeu as suas orações? Ele demonstrou o Seu amor por você?

Deus amoroso, sou grato por ouvires e responderes a cada oração que coloco em Tuas mãos.

EXCELSO E SUBLIME!

Prossigo [...] a fim de receber o prêmio celestial para o qual Deus nos chama em Cristo Jesus. v.14

Às vezes, e surpreendentemente, as mensagens espirituais aparecem em lugares inesperados, como numa história em quadrinhos, por exemplo. O editor da *Marvel Comics*, Stan Lee, faleceu em 2018, deixando um legado de heróis icônicos como o Homem-Aranha, o Homem de Ferro, Hulk e muitos outros. Seu bordão pessoal para assinar as colunas mensais dos quadrinhos da Marvel por décadas era a palavra *excelsior*. Somente em 2010, ele explicou seu significado: "Para cima e para frente, para a glória maior! É isso que desejo a vocês quando escrevo *excelsior*!"

Gosto disso, pois quer Lee tenha se dado conta ou não, o uso dessa expressão incomum certamente está de acordo com o que Paulo escreveu aos filipenses ao admoestar os fiéis a não olharem para trás, mas para frente e para o alto: "Não, irmãos, não a alcancei, mas concentro todos os meus esforços nisto: esquecendo-me do passado e olhando para o que está adiante, prossigo para o final da corrida, a fim de receber o prêmio celestial para o qual Deus nos chama em Cristo Jesus" (FILIPENSES 3:13-14).

Podemos facilmente sentir arrependimentos ou questionar decisões anteriores. Mas, em Cristo, somos convidados a não levar em conta o passado e a seguir em frente para a maior glória de Deus, acolhendo o Seu perdão e o propósito que Ele graciosamente nos concede! *Excelsior*!

ADAM R. HOLZ

Como deixar de lado os erros e seguir em frente na jornada de fé?

4 de setembro

Leitura: FILIPENSES 3:12-21

Verdades bíblicas:

Aplicação pessoal:

Pedidos de oração:

Respostas de oração:

Pai celestial, sou grato pelo Teu perdão e por me convidares a seguir o excelso e sublime caminho que me leva a ti.

5 de setembro

Leitura: 1 CORÍNTIOS 13:4-13

Verdades bíblicas:

Aplicação pessoal:

Pedidos de oração:

Respostas de oração:

GRAÇA, AGORA

O amor [...] Não exige que as coisas sejam à sua maneira. Não é irritável, nem rancoroso. v.5

Minha amiga Júlia e eu corremos a uma lanchonete para almoçarmos no curto intervalo de trabalho dela. Chegando à porta quase ao mesmo tempo, seis jovens entraram bem na nossa frente. Sabendo que não tínhamos muito tempo de sobra, resmungamos internamente. O grupo ocupou os dois caixas para garantir que cada um deles pudesse pedir primeiro. Todavia, ouvi Júlia sussurrando para si mesma: "Demonstre graça agora". Uau! É claro que nos deixar pedir antes teria sido muito bom, mas que ótimo lembrete para pensar nas necessidades e desejos dos outros, e não apenas nos meus.

A Bíblia ensina que o amor é paciente, bondoso e altruísta; ele "não é irritável" (1 CORÍNTIOS 13:5). Sobre isso, o comentarista bíblico Matthew Henry escreveu: "Com frequência, esse amor prefere o bem-estar e a satisfação dos outros à sua própria". O amor divino pensa primeiro nos outros.

Hoje, muitos de nós nos irritamos facilmente, no entanto, temos muitas oportunidade de pedir ajuda a Deus e o privilégio de graciosamente poder escolher agir com paciência e bondade (v.4). "O sensato não perde a calma, mas conquista respeito ao ignorar as ofensas" (PROVÉRBIOS 19:11).

Esse é o tipo de atitude amorosa que traz honra a Deus, e Ele pode até mesmo usá-la para relembrar o Seu amor aos outros. Com a força de Deus, usemos as oportunidades para demonstrar graça, agora!

ANNE CETAS

Deus pode ajudá-lo a controlar suas emoções?

Deus, necessito da Tua ajuda. Enfrento a irritação, mas quero transbordar com o Teu amor.

FALAR A VERDADE EM CRISTO

...abandonem a mentira e digam a verdade a seu próximo, pois somos todos parte do mesmo corpo. v.25

Certo homem mentia para anular suas multas de trânsito e contava a mesma história a vários juízes no tribunal: "Terminei com minha namorada e ela pegou meu carro sem eu saber". Além disso, era repetidamente repreendido por má conduta no trabalho. Os promotores finalmente trouxeram quatro acusações de perjúrio e cinco de falsificação por mentir sob juramento e registrar falsos relatórios policiais. Para esse homem, a mentira tinha se tornado um hábito ao longo de sua vida.

Por outro lado, Paulo disse que contar a verdade é um hábito importante para os cristãos praticarem. Ele lembrou ao povo em Éfeso que eles haviam abandonado sua antiga maneira de viver ao se entregarem a Cristo (EFÉSIOS 2:1-5). Agora, precisavam viver como pessoas transformadas, incorporando ações específicas na vida deles. Uma dessas ações era cessar algo: "abandonem a mentira"; e a outra ação era algo que devia ser posto em prática: dizer "a verdade a seu próximo" (4:25). Pelo fato de isso proteger a unidade da igreja, os efésios deveriam ter suas palavras e ações voltadas "a fim de dar ânimo" aos outros (v.29).

Como crentes em Jesus, à medida que o Espírito Santo nos ajuda (vv.3-4), podemos nos empenhar pela prática da verdade em nossas palavras e ações. Assim, a Igreja será unificada, e Deus será honrado.

MARVIN WILLIAMS

O que o ajudará a dizer a verdade? Suas palavras refletem sua nova vida em Cristo?

6 de setembro

Leitura: EFÉSIOS 4:22-29

Verdades bíblicas:

Aplicação pessoal:

Pedidos de oração:

Respostas de oração:

Querido Deus, ajuda-me a abandonar a falsidade e a me revestir da Tua verdade.

7 de setembro

Leitura: JOSUÉ 3:7-17

Verdades bíblicas:

Aplicação pessoal:

Pedidos de oração:

Respostas de oração:

ANDAR PELA FÉ

Quando chegarem junto às margens do Jordão, parem exatamente ali. v.8

Certa história ensina-nos a sabedoria de confiar em Deus e "entrar no rio". Um pastor confiou em Deus e decidiu falar sobre verdades bíblicas em um sermão, apesar da nova lei de seu país. Foi condenado por crime de ódio e passou 30 dias na cadeia. Mas houve recurso, e o tribunal decidiu que ele tinha o direito de interpretar a Bíblia e incentivar outras pessoas a segui-la.

Os sacerdotes que carregavam a arca da aliança também tiveram que escolher: entrar na água ou permanecer à margem. Após escapar do Egito, os israelitas vagaram pelo deserto por 40 anos. Eles estavam às margens do rio Jordão, em perigosa alta no período de enchentes. No entanto, eles deram esse passo de fé, e Deus fez com que as águas recuassem: "Assim que os sacerdotes [...] puseram os pés na água junto às margens do rio, a correnteza [...] foi interrompida" (JOSUÉ 3:15-16).

Quando confiamos nossa vida a Deus, Ele nos concede coragem para prosseguir, seja para falar verdades bíblicas ou pisar em território desconhecido. Durante o julgamento do pastor, o tribunal ouviu o evangelho por meio do seu sermão. E lemos no livro de Josué que os israelitas atravessaram em segurança para a terra prometida e compartilharam o poder de Deus com as gerações futuras (v.17; 4:24).

Se andarmos pela fé, Deus se encarregará do restante.

ALYSON KIEDA

Você enfrentou uma situação assustadora e receou dar o primeiro passo? Como Deus o ajudou?

Querido Deus, preciso de Tua coragem. Por favor, ajuda-me a andar pela fé.

UNIDOS FINALMENTE

8 de setembro

Todas as minhas fontes são em ti. v.7 (ARA)

Leitura: SALMO 87

O cineasta Otto Preminger polemizou com seu filme *Exodus* em 1960. Foi um relato fictício de judeus que emigraram para a Palestina após a Segunda Guerra Mundial. O filme termina com os corpos de uma jovem europeia e judia e de um homem árabe, vítimas de assassinato, enterrados na mesma cova no que em breve se tornaria a nação de Israel. Ele deixa a conclusão para nós. Seria uma metáfora do desespero, sonho enterrado para sempre? Ou símbolo de esperança, pois duas pessoas com um histórico de ódio e hostilidades uniram-se em morte e vida?

Talvez os filhos de Corá, aos quais é atribuído a autoria do Salmo 87, vissem nessa cena um símbolo da esperança. Eles previram uma paz que ainda aguardamos. Sobre Jerusalém, escreveram: "Ó cidade de Deus, que gloriosas coisas são ditas a seu respeito!" (v.3). Cantaram sobre o dia em que as nações, todas com histórico de guerras contra o povo judeu se reunirão para reconhecer o único Deus verdadeiro: Egito, Babilônia, Filístia, Tiro e Etiópia (v.4). Todos serão atraídos a Jerusalém e para Deus.

A conclusão do salmo é de comemoração. As pessoas em Jerusalém cantarão: "Todas as minhas fontes são em ti" (v.7 ARA). Sobre quem cantam? Sobre a Água Viva, a Fonte a jorrar para a vida eterna (JOÃO 4:14). Jesus é o único que pode trazer paz e a unidade eterna.

TIM GUSTAFSON

Quais conflitos o angustiam? Confiar em Deus lhe traz a Sua paz?

Verdades bíblicas:

Aplicação pessoal:

Pedidos de oração:

Respostas de oração:

Pai, oro pela paz e unidade de todos os povos à medida que as nações sejam atraídas para o Teu Filho.

9 de setembro

Leitura: MATEUS 16:13-19

Verdades bíblicas:

Aplicação pessoal:

Pedidos de oração:

Respostas de oração:

PERMANECER EM JESUS

...sobre esta pedra edificarei minha igreja... v.18

Um incêndio queimou a Igreja Batista de Balsora, no Texas, EUA. Quando os bombeiros e os membros da comunidade se reuniram após o fogo diminuir, surpreenderam-se ao ver uma cruz carbonizada e ereta em meio à fumaça e às cinzas. Um bombeiro comentou que o fogo "levou a estrutura, mas não a cruz. Foi um lembrete de que o prédio era apenas isso, um edifício. A Igreja são as pessoas da congregação".

A Igreja não é um edifício, mas uma comunidade unida pela cruz de Cristo, Aquele que morreu, foi sepultado e ressuscitou. Quando Jesus andou pela Terra, Ele disse a Pedro que construiria Sua Igreja universal e que nada a destruiria (MATEUS 16:18). Jesus reuniria os cristãos por todo o mundo num grupo que continuaria a existir ao longo do tempo. Essa comunidade enfrentaria dificuldades intensas, mas resistiria. Deus habitaria entre eles e os sustentaria (EFÉSIOS 2:22).

Quando lutarmos para fortalecer igrejas locais estagnadas e sem vida, quando forem destruídas ou, ainda, quando nos preocuparmos com as lutas de cristãos em outras partes do mundo, que nos lembremos de que Jesus está vivo, capacitando Seu povo a perseverar. Fazemos parte da Igreja que Ele está construindo hoje. Ele está conosco e age em nosso favor. Sua cruz permanece. *JENNIFER BENSON SCHULDT*

De que maneira você pode apoiar outros cristãos? Compartilhar as boas-novas tem relação com o plano de Deus para a Igreja?

Deus, fortalece-nos, concede-nos Tua sabedoria, protege-nos e ajuda-nos a permanecermos fiéis a ti.

REALEZA ESPIRITUAL

10 de setembro

Mas, a todos que creram nele e o aceitaram, ele deu o direito de se tornarem filhos de Deus. v.12

Leitura: JOÃO 1:9-13

Quando o norte-americano Jay Speights fez um teste de DNA, ele não estava preparado para os resultados. A grande surpresa foi de que ele era um príncipe da nação de Benin, na África Ocidental! Logo embarcou em um avião e visitou o país. Quando chegou, a família real o recepcionou e homenageou com uma festa de boas-vindas: danças, cantos, faixas e um desfile.

Jesus veio à Terra anunciar as boas-novas de Deus. Ele foi ao Seu próprio povo, a nação de Israel, para lhes dar as boas-novas e mostrar-lhes o caminho para sair das trevas. Muitos receberam a mensagem com apatia, rejeitando a "verdadeira luz" (JOÃO 1:9), recusando-se a aceitá-lo como Messias (v.11). Mas nem todos o receberam com incredulidade e apatia. Algumas pessoas receberam com humildade e alegria o convite de Cristo, aceitaram-no como o sacrifício final de Deus pelo pecado, e creram em Seu nome. Uma surpresa aguardava esses remanescentes fiéis. Ele lhes "deu o direito de se tornarem filhos de Deus" (v.12), por meio do novo nascimento espiritual.

Quando nos afastamos do pecado e das trevas, recebemos Jesus e cremos em Seu nome, descobrimos que somos filhos de Deus, adotados como realeza em Sua família. Que possamos desfrutar das bênçãos ao vivermos de acordo com as responsabilidades de sermos filhos do Rei.

MARVIN WILLIAMS

De que maneira o fato de ser filho de Deus o impacta? Como refletir essa responsabilidade de filho?

Verdades bíblicas:

Aplicação pessoal:

Pedidos de oração:

Respostas de oração:

Pai, sou grato, pois pela morte do Teu Filho Jesus Tu me convidaste a fazer parte da Tua família.

11 de setembro

Leitura: GÊNESIS 9:11-17

Verdades bíblicas:

Aplicação pessoal:

Pedidos de oração:

Respostas de oração:

CORES DA ESPERANÇA

...e eu me lembrarei da minha aliança com vocês e com todos os seres vivos. v.15

Em setembro de 2023, no 22º aniversário dos ataques ao *World Trade Center*, um impressionante arco-íris duplo enfeitou Nova Iorque, EUA. Sendo o local das Torres Gêmeas, essa cidade sofreu as maiores perdas nos ataques. Mais de 20 anos depois, o arco-íris trouxe a sensação de esperança e cura aos que estavam no local. Um videoclipe desse momento parecia capturar as cores emanando daqueles arcos-íris.

Os arcos-íris nos céus trazem a certeza da fidelidade de Deus desde os dias de Noé. Seguindo o mesmo caminho do julgamento de Deus sobre o pecado, que resultou em destruição imensurável, Deus faz o arco-íris servir como um lembrete visual da aliança eterna entre Ele e "todos os seres vivos" (GÊNESIS 9:16). Depois de 40 dias tenebrosos de chuva e meses de inundação (7:17-24), podemos apenas imaginar como o arco-íris, esse sinal da aliança, fora bem-vindo a Noé e sua família (9:12-13). Era um lembrete da fidelidade de Deus de que "nunca mais a terra será destruída por um dilúvio" (v.11).

Quando nos deparamos com dias sombrios e perdas trágicas, sejam por desastres naturais, dores físicas, emocionais ou por doenças, olhemos para Deus em busca de esperança em meio a tudo isso. Mesmo que não vejamos Seu arco-íris nesses momentos, podemos ter certeza de que Ele é fiel às Suas promessas. KIRSTEN HOLMBERG

Deus lhe revelou Sua presença em tempos difíceis? Quem precisa ouvir sua história hoje?

Deus Pai, por favor, ajuda-me a ver-te em meio às minhas dificuldades hoje.

PRÁTICA DE RECUPERAÇÃO

12 de setembro

Lembre-se de guardar o sábado... v.8

Leitura: ÊXODO 20:8-11

Ao recontar uma história, você já "travou" preso a um detalhe, seja um nome ou data, do qual não conseguia se lembrar? Geralmente, atribuímos isso à idade, acreditando que a memória se desvanece com o tempo. Mas estudos recentes já não corroboram mais essa teoria. Na verdade, indicam que o problema não são nossas memórias, mas a nossa capacidade de as *recuperar*. Sem exercícios regulares, torna-se mais difícil acessá-las.

Uma maneira de aprimorar a capacidade de recuperação é por meio de ações ou experiências feitas regularmente para relembrar algo. Nosso Deus Criador sabia disso, e instruiu Israel a reservar um dia por semana para adoração e descanso. Além do descanso físico que advém da pausa, ganhamos uma oportunidade de treinamento mental, para lembrar que "O SENHOR fez os céus, a terra, o mar e tudo que neles há; em seis dias..." (ÊXODO 20:11). Isso nos ajuda a lembrar que Deus existe, e que nós não somos deuses.

Na nossa correria diária, às vezes, esquecemo-nos do que Deus já fez por nós e pelos outros. Esquecemos de quem vigia nossa vida de perto e promete Sua presença quando nos sentimos sobrecarregados e sozinhos. Uma pausa na rotina oferece a oportunidade para exercitarmos a memória, uma decisão intencional de parar e lembrar de nosso Deus e jamais esquecer "de suas bênçãos" (SALMO 103:2).

JOHN BLASE

O que o impede de descansar? Como o tempo de descanso o aproxima de Deus?

Verdades bíblicas:

Aplicação pessoal:

Pedidos de oração:

Respostas de oração:

Amado Pai, por favor, lembra-te de mim, concede-me sabedoria para descansar e também lembrar-me de ti.

13 de setembro

Leitura: MATEUS 6:9-1

Verdades bíblicas:

Aplicação pessoal:

Pedidos de oração:

Respostas de oração:

LOCAL DE TRABALHO É DIVINO

Seja feita a tua vontade, assim na terra como no céu. v.10

As fábricas da Inglaterra na Era Vitoriana eram sombrias. O número de mortes era alto e com frequência os trabalhadores viviam na pobreza. George Cadbury questionou: "Como o trabalhador pode cultivar ideais se vive na miséria?". Decidiu construiu um novo tipo de fábrica para a sua produção crescente de chocolates.

Ele construiu uma vila com mais de 300 casas, quadras esportivas, parques, escolas e igrejas para os seus funcionários e suas famílias. Eles recebiam bons salários e assistência médica, como fruto da fé que ele professava em Cristo.

Jesus nos ensina a orar para que a vontade de Deus seja feita "assim na terra como no céu" (MATEUS 6:10). A oração nos ajuda a imaginar como seria o nosso local de trabalho sob o governo de Deus, do qual recebemos o nosso pão diário e o perdão de nossas dívidas (vv.11-12). Como funcionários, isso significa trabalhar de "bom ânimo [...] para o Senhor" (COLOSSENSES 3:23). Como empregadores, significa ser imparcial e dar aos funcionários o que é justo (4:1). Sendo remunerados ou voluntários, isso significa cuidar do bem-estar dos que servem conosco.

Como Cadbury, imaginemos como tudo poderia ser diferente se Deus estivesse no comando de nosso bairro e trabalho. Porque quando Ele está, as pessoas frutificam.

SHERIDAN VOYSEY

Como seria seu local de trabalho ou bairro sob o governo de Deus? Como orar e trabalhar em prol dessa visão?

Deus amoroso, ajuda-me a ver sob Tuas lentes; dá-me poder para promover mudanças onde eu puder.

BOM MINGAU DE ARROZ

14 de setembro

Assim, Naamã desceu ao Jordão e mergulhou sete vezes, conforme a instrução do homem de Deus. v.14

O prato mais vendido de Joice era o mingau de arroz. Ela mexia o mingau com muito cuidado até obter uma consistência homogênea. Por isso, ela se assustou quando um cliente regular disse: "Seu mingau está com um gosto diferente. A textura não está tão boa".

A nova assistente tinha preparado o mingau e explicou o motivo de estar diferente: "Não mexi tanto quanto a receita pedia, pois é assim que faço em casa. Também acrescentei mais óleo de gergelim. Na minha opinião, fica melhor". Ela tinha decidido ignorar a receita e fazer do jeito dela.

É assim que, às vezes, reajo às instruções de Deus. Em vez de obedecer totalmente às Suas ordens conforme as Escrituras, eu as submeto às minhas opiniões e faço do meu jeito.

Naamã, comandante sírio, estava prestes a cometer erro semelhante. Ao receber a instrução de Deus, por meio do profeta Eliseu, para se lavar no Jordão para que sua lepra fosse curada, o orgulhoso soldado se irritou. Ele tinha suas expectativas sobre como sua necessidade deveria ser tratada, acreditando que a opinião dele era superior à ordem divina (2 REIS 5:11-12). Seus servos, porém, o convenceram a ouvir Eliseu (v.13). Como resultado, Naamã foi curado.

Quando fazemos as coisas à maneira de Deus, sentimos uma paz indescritível. Vamos obedecê-lo no cumprimento de Seus propósitos.

KAREN HUANG

Leitura: 2 REIS 5:1-3, 9-14

Verdades bíblicas:

Aplicação pessoal:

Pedidos de oração:

Respostas de oração:

Querido Deus, ajuda-me a obedecer-te plenamente, pois Tua ordem ultrapassa em muito a minha opinião.

15 de setembro

Leitura: 1 CORÍNTIOS 15:12-22

Verdades bíblicas:

Aplicação pessoal:

Pedidos de oração:

Respostas de oração:

"NÃO HÁ SEPULTURA"

E, se Cristo não ressuscitou, nossa pregação é inútil, e a fé que vocês têm também é inútil. v.14

Quando a lenda da música country, Johnny Cash, aproximava-se da morte, ele continuou fazendo músicas. Gravou seu álbum *Não há sepultura* nos últimos meses de sua vida. A música-título retrata a versão de um hino de Claude Ely, e traz a ideia de seus pensamentos finais quando o ouvimos cantar sobre sua esperança de ressurreição. Sua famosa voz profunda, embora enfraquecida pelo declínio da saúde, declara um poderoso testemunho de fé.

A esperança de Johnny Cash não estava só no fato de Jesus ter ressuscitado na manhã do domingo de Páscoa; ele cria que, um dia, seu próprio corpo físico também seria ressuscitado e que viveria novamente.

É importante reafirmar essa verdade porque, mesmo nos dias do apóstolo Paulo, as pessoas negavam a futura ressurreição do corpo. Paulo criticou fortemente o argumento deles quando escreveu: "Pois, se não existe ressurreição dos mortos, Cristo não essuscitou. E, se Cristo não ressuscitou, nossa pregação é inútil, e a fé que vocês têm também é inútil" (1 CORÍNTIOS 15:13-14).

Assim como a sepultura não pôde conter o corpo de Jesus, um dia todos aqueles que creem que Ele ressuscitou "receberão nova vida" (v.22). E em nossos corpos ressurretos, desfrutaremos de toda a eternidade com Ele em uma nova Terra. Isso é motivo para cantar!

LISA M. SAMRA

Que conforto a esperança da ressurreição física lhe traz? Como ela é uma expressão de fé?

Senhor Jesus, obrigado por me concederes a maravilhosa esperança de um futuro no Céu contigo.

EDIFICADOS EM CRISTO

16 de setembro

E vocês também são pedras vivas, com as quais um templo espiritual é edificado. v.5

Leitura: 1 PEDRO 2:4-10

Temos vários nomes para coletivos de animais. Alguns nos surpreendem: o de caranguejos é *cambada*, de asnos é *asnada*. Você já ouviu falar de um *conclave* de gralhas? Mas certamente você conhece *manada* de bois, *enxame* de abelhas e *rebanho* de ovelhas.

Rebanho, de fato, é um dos nomes bíblicos para os cristãos (ATOS 20:28). E também Paulo escreveu: "vocês são [...] edifício de Deus" (1 CORÍNTIOS 3:9). Há também outros nomes para os cristãos: *o corpo de Cristo* (1 CORÍNTIOS 12:27), *irmãos e irmãs* (1 TESSALONICENSES 2:14) entre outros.

A metáfora da construção se repete quando Pedro diz à igreja: "vocês também são pedras vivas, com as quais um templo espiritual é edificado" (1 PEDRO 2:5). No versículo 6, logo em seguida, Pedro cita o livro de Isaías: "Vejam, ponho em Sião uma pedra angular, [...] preciosa, sobre a qual se pode construir com segurança" (ISAÍAS 28:16). Jesus é o alicerce de Seu edifício.

Podemos ter o sentimento de que é nossa a responsabilidade de edificar a igreja, mas Jesus disse: "[Eu] edificarei minha igreja" (MATEUS 16:18). Somos "povo escolhido" por Deus para proclamar "como é admirável aquele que [nos] chamou das trevas para sua maravilhosa luz" (1 PEDRO 2:9). Ao declararmos esses louvores, tornamo-nos instrumentos em Suas mãos enquanto Ele realiza Sua boa obra.

BILL CROWDER

O que significa Jesus edificar Sua igreja? Como você participa dessa obra?

Verdades bíblicas:

Aplicação pessoal:

Pedidos de oração:

Respostas de oração:

Querido Deus, perdoa-me por pensar que tudo gira em torno de mim. Usa-me para servir-te.

17 de setembro

Leitura: ROMANOS 11:11-21

Verdades bíblicas:

Aplicação pessoal:

Pedidos de oração:

Respostas de oração:

ENXERTADO NA FAMÍLIA DE DEUS

E vocês, gentios, que eram ramos de uma oliveira brava, foram enxertados na árvore. v.17

Durante uma visita com meu pai ao seu amado Equador há alguns anos, fomos até a fazenda onde ele cresceu. Quando notei umas árvores estranhas, ele me explicou que quando queria fazer travessuras, retirava um galho de uma árvore frutífera, fazia fendas noutra árvore frutífera diferente e amarrava o galho solto ao tronco, como via os adultos fazerem. Suas brincadeiras passaram despercebidas até que as árvores começaram a dar frutos diferentes do esperado.

Enquanto ele descrevia o processo de enxertia, entendi o que significa ser enxertado na família de Deus. Sei que meu falecido pai está no Céu pois foi enxertado na família de Deus por confiar em Jesus.

Podemos também ter a certeza de que em algum dia estaremos no Céu. O apóstolo Paulo explicou aos cristãos de Roma que Deus abriu um caminho para que os gentios, ou não judeus, pudessem se reconciliar com Ele: "E vocês, gentios, que eram ramos de uma oliveira brava, foram enxertados na árvore. Agora, portanto, participam do alimento nutritivo que vem da raiz da oliveira especial de Deus" (ROMANOS 11:17). Quando depositamos nossa fé em Cristo, somos enxertados nele e nos tornamos parte da família de Deus. "Quem permanece em mim, e eu nele, produz muito fruto" (JOÃO 15:5).

Semelhantemente às árvores enxertadas, ao confiarmos em Cristo, tornamo-nos nova criação e damos muitos frutos.

NANCY GAVILANES

Querido Deus, sou grato por me amares e me aceitares em Tua família.

O PACIENTE AMOR DE DEUS

Não esmagará a cana quebrada, nem apagará a chama que já está fraca. v.3

Quando massageio a barriguinha macia da minha gatinha, Mimi, quando brinco com ela ou ainda quando ela adormece no meu colo, é difícil acreditar que é a mesma gata que encontramos anos atrás. Mimi costumava viver nas ruas, estava abaixo do peso e tinha medo de todos. Mas isso mudou gradualmente quando comecei a colocar comida para ela todos os dias. Um dia, ela finalmente me deixou acariciá-la, e o resto é história.

A transformação dela é um lembrete de que a paciência e o amor podem curar. Faz-me lembrar da essência do amor de Deus, conforme descrito em Isaías 42. No texto, somos informados sobre a vinda de um servo cheio de Seu Espírito (v.1), que trabalharia incansavelmente, com fidelidade, para estabelecer a justiça de Deus na Terra (vv.3-4).

Mas esse servo, Jesus (MATEUS 12:18-20), não traria a justiça de Deus por meio da violência ou da busca pelo poder. Em vez disso, Ele seria calmo e gentil (ISAÍAS 42:2), cuidando com ternura e paciência dos que foram descartados por outros, os esmagados e feridos (v.3).

Deus nunca desiste de Seus filhos. Ele tem todo o tempo do mundo para cuidar de nosso coração ferido, até que comecemos a ser curados. Por meio de Seu amor gentil e paciente, aprendemos gradualmente a amar e a confiar novamente.

MONICA LA ROSE

Você já experimentou a transformação que ocorre por meio do amor paciente? Como experimentar e compartilhar o amor de Deus?

18 de setembro

Leitura: ISAÍAS 42:1-7

Verdades bíblicas:

Aplicação pessoal:

Pedidos de oração:

Respostas de oração:

Pai, obrigado por não desistires de mim, amando-me e cuidando do meu coração ferido. Ajuda-me a amar!

19 de setembro

Leitura: SALMO 16

Verdades bíblicas:

Aplicação pessoal:

Pedidos de oração:

Respostas de oração:

ALEGRIA E SABEDORIA

Tu [...] me darás a alegria de tua presença... v.11

A *pandemia de COVID-19 estava vencendo.* Assim parecia para o médico plantonista de um grande hospital, Jason Persoff, comprometido a salvar os pacientes infectados. Como ele poderia dar o seu melhor? Nas folgas, ele relaxava fotografando flocos de neve com uma lente macro. Ele afirma que "isso parecia loucura, mas encontrar alegria em algo pequeno e bonito é uma oportunidade de interagir com meu Criador e ver o mundo de maneira que poucos se dão ao trabalho de ver".

Procurar sabiamente essa alegria para aliviar o estresse e criar resiliência é valioso na profissão médica. Ele aconselha a todos: "Você precisa respirar e achar uma maneira de desestressar, tomar o fôlego e aproveitar a vida".

Davi expressou essa necessidade ao declarar que é sábio encontrarmos a alegria em Deus. Ele declarou: "Somente tu, SENHOR, és minha herança, meu cálice de bênçãos [...] Não é de admirar que meu coração esteja alegre e eu exulte; meu corpo repousa em segurança" (SALMO 16:5,9).

Muitas pessoas agem com imprudência tentando desestressar. O Dr. Persoff encontrou o caminho sábio: um caminho que faz referência ao Criador, que oferece a alegria de Sua presença. "Tu me mostrarás o caminho da vida e me darás a alegria de tua presença e o prazer de viver contigo para sempre (v.11). Nele, encontramos alegria eterna.

PATRICIA RAYBON

Descubra como encontrar alegria na presença do Senhor, lendo o Salmo 16.

Na jornada da minha vida, ó Deus, abençoa-me para que eu encontre sabiamente a alegria que começa em ti.

A JUSTIÇA E A GRAÇA DE DEUS

O SENHOR é lento para se irar, mas tem grande poder e nunca deixa de castigar o culpado. v.3

O pintor inglês John Martin (1789–1854) é conhecido pelas paisagens apocalípticas mostrando a destruição das civilizações. Nesses cenários fantásticos, os humanos são subjugados pela imensa destruição, impotentes contra a desgraça que se aproxima. A pintura *A queda de Nínive* mostra pessoas fugindo da iminente destruição das ondas enormes sob as nuvens escuras.

Mais de 2000 anos antes dessa pintura, o profeta Naum profetizou sobre o julgamento de Nínive. Ele utilizou-se de imagens de montanhas tremendo, colinas derretendo e a terra estremecendo (NAUM 1:5) para simbolizar a ira de Deus contra os que oprimiam os outros para seu próprio benefício. Entretanto, a resposta de Deus ao pecado não é desprovida de graça. Embora Naum lembre seus ouvintes do poder de Deus, ele observa que Ele é "lento para se irar" (v.3) e "é forte refúgio quando vem a aflição" (v.7).

As descrições de julgamento são difíceis de ler, mas um mundo onde o mal não é confrontado seria terrível. Felizmente, o profeta não termina com essa nota. Deus deseja um mundo bom e justo: "Vejam, um mensageiro vem pelas montanhas com boas notícias! Ele traz uma mensagem de paz" (v.15). Essa boa-nova é Jesus, que sofreu as consequências do pecado para que nós possamos ter paz com Deus (ROMANOS 5:1-6).

MATT LUCAS

Como você quer que Deus defenda os oprimidos? Compreender a ira divina contra a injustiça o ajuda a defender o oprimido?

20 de setembro

Leitura: NAUM 1:1-8, 15

Verdades bíblicas:

Aplicação pessoal:

Pedidos de oração:

Respostas de oração:

Pai, oro por aqueles que sofrem injustamente em todo o mundo.

21 de setembro

Leitura: JOÃO 16:31-33

Verdades bíblicas:

Aplicação pessoal:

Pedidos de oração:

Respostas de oração:

OS ALTOS E BAIXOS DA VIDA

Eu lhes falei tudo isso para que tenham paz em mim. v.33

Uma lembrança no *Facebook* apareceu, mostrando-me uma foto da minha filha de 5 anos, triunfante após ganhar no divertido e competitivo jogo *Cobras e escadas*. Eu marquei meu irmão e minha irmã na postagem porque também o jogávamos quando crianças. O *Cobras e escadas* é baseado em um jogo milenar e auxilia as pessoas a aprender a contar, proporcionando-lhes a emoção de poder subir uma escada e ganhar o jogo ao chegar a 100 mais rápido. Mas cuidado! Se cair no ponto 98, descerá muito para baixo no tabuleiro, atrasando a vitória ou a tornando impossível.

A vida não é exatamente assim? Jesus amorosamente nos preparou para os altos e baixos de nossos dias. Ele disse que passaríamos por aflições (JOÃO 16:33), mas também compartilhou uma mensagem da paz. Não precisamos nos abalar com as provações que enfrentamos. Por quê? Cristo já venceu o mundo! Nada é maior do que o Seu poder, portanto, nós também podemos enfrentar o que vier em nosso caminho com a "grandeza insuperável" do Seu poder disponibilizado a nós (EFÉSIOS 1:19).

Assim como em *Cobras e escadas*, às vezes a vida apresenta uma escada que nos permite subir com alegria, e outras vezes deslizamos. Mas não precisamos viver sem esperança. Temos o poder de Jesus para nos auxiliar a superar todos os desafios.

KATARA PATTON

Quais desafios Deus precisa ajudá-lo a superar hoje? Reconhecer o poder de Jesus para superar as aflições o encoraja?

Jesus, já venceste o mundo! Ajuda-me a confiar em Teu poder nos altos e baixos da jornada da vida.

RETORNO REAL

Diante de mim todo joelho se dobrará, e toda língua me declarará lealdade. v.23

Com uma audiência mundial estimada em bilhões de pessoas, o funeral da rainha Elizabeth II foi uma das transmissões mais assistidas da história. Um milhão de pessoas lotaram as ruas de Londres naquele dia e 250.000 fizeram fila naquela semana para ver o caixão da rainha. Um número histórico de 500 reis, rainhas, presidentes e outros chefes de estado prestaram homenagens a uma mulher conhecida por sua força e caráter.

Enquanto o mundo voltava o seu olhar para a Grã-Bretanha e à rainha que partia, meus pensamentos se voltaram para outro evento: a segunda vinda. Sabemos que está chegando o dia em que as nações se reunirão para reconhecer um Rei muito mais grandioso (ISAÍAS 45:20-22). Um líder de força e caráter (v.24), diante do qual "todo joelho se dobrará" e por Ele "toda língua [lhe] declarará lealdade" (v.23), inclusive os líderes mundiais, que lhe prestarão homenagens e orientarão as suas respectivas nações a andar em Sua luz (APOCALIPSE 21:24-26). Nem todos aceitarão a chegada desse Rei, mas aqueles que o aceitarem desfrutarão de Seu reinado para sempre (ISAÍAS 45:24-25).

Assim como o mundo se reuniu para ver uma rainha partir, um dia verá o Rei supremo retornar. Que maravilhoso dia será quando todos, no Céu e na Terra, curvarem-se diante de Jesus Cristo e o reconhecerem como Senhor (FILIPENSES 2:10-11)!

SHERIDAN VOYSEY

De que maneira devemos seguir Jesus como o nosso Rei hoje?

22 de setembro

Leitura: ISAÍAS 45:20-25

Verdades bíblicas:

Aplicação pessoal:

Pedidos de oração:

Respostas de oração:

Jesus, curvo-me diante de ti hoje, honrando-o como o Rei supremo e Digno de governar a minha vida.

23 de setembro

Leitura: EFÉSIOS 2:8-13,19-22

Verdades bíblicas:

Aplicação pessoal:

Pedidos de oração:

Respostas de oração:

NÃO SÃO MAIS ESTRANHOS

...vocês já não são estranhos e forasteiros, mas concidadãos do povo santo... v.19

"Aqui não é seu lugar!" Tais palavras partiram o coração de uma criança de 8 anos, e a dor permaneceu com ela. Sua família imigrou de um campo de refugiados num país em guerra para um novo país, e seu cartão de imigração continha a palavra *estrangeira* nele. Ela sentia-se estranha e alheia àquele lugar.

Já adulta, apesar de ter conhecido Jesus, ela ainda se sentia estrangeira, atingida pela sensação de ser uma forasteira indesejada. Em sua leitura da Bíblia, ela descobriu as promessas na carta aos Efésios e viu a velha e preocupante palavra *estranho*: "estavam sem Cristo, separados da comunidade de Israel e estranhos às alianças da promessa, não tendo esperança e sem Deus no mundo" (EFÉSIOS 2:12 NAA). Mas ao seguir lendo, reconheceu como o sacrifício de Cristo mudara o seu *status*: "vocês já não são estranhos" (v.19), ela já não era mais estrangeira ou forasteira. Ela agora é "concidadã" do povo de Deus. Ao compreender que era uma cidadã do Céu, sentiu-se muito feliz. Ela jamais seria uma forasteira. Deus a tinha acolhido e aceitado.

Por causa de nosso pecado, estamos afastados de Deus. Mas não precisamos continuar assim. Jesus trouxe paz aos que estavam distantes dele (v.17), permitindo que todos os que confiam nele sejam concidadãos de Seu reino eterno; unidos como o Corpo de Cristo. *DAVE BRANON*

Você se sente estranho ou forasteiro? Deus convocou Seus filhos a se unirem a Ele.

Pai celestial, obrigado por permitires que eu experimente a comunhão contigo e com meus irmãos.

JUNTOS EM JESUS

Somos membros diferentes do mesmo corpo [em Cristo], e todos pertencemos uns aos outros. v.5

A maioria dos 300 habitantes de Whittier, Alasca, vive num edifício de 14 andares, "uma cidade de um só teto". Ana, ex-moradora, diz: "Não precisava sair do prédio; a mercearia, o cartório, a escola e os correios ficavam no térreo, a apenas uma descida de elevador!". Ela relata que a vida nesse local era muito confortável e que, muitas vezes, queria ficar sozinha, acreditando que não precisava de ninguém. "Mas, na verdade, os moradores são muito calorosos, cuidam uns dos outros. Aprendi que precisamos uns dos outros."

Assim como Ana, às vezes desejamos nos isolar e evitar a comunidade. A última opção parece menos estressante! Mas a Bíblia diz que o cristão deve ter um equilíbrio saudável entre a solitude e a comunhão com os irmãos. O apóstolo Paulo compara os cristãos ao corpo humano. Assim como cada parte do corpo tem função distinta, cada cristão tem um papel distinto (ROMANOS 12:4). Assim como uma parte do corpo não pode existir por si só, um cristão não pode viver sua fé isoladamente (v.5). Exercitamos os nossos dons em meio a comunidade (vv.6-8; 1 Pedro 4:10) e crescemos para sermos como Jesus (ROMANOS 12:9-21).

Precisamos uns dos outros; nossa união está em Cristo (v.5). Com Sua ajuda, ao cuidarmos uns dos outros, podemos cultivar um relacionamento mais profundo com Ele e demonstrar aos outros o Seu amor.

KAREN HUANG

Como sua comunidade cristã o ajuda em sua caminhada com Deus?

24 de setembro

Leitura: ROMANOS 12:1-5

Verdades bíblicas:

Aplicação pessoal:

Pedidos de oração:

Respostas de oração:

Querido Deus, sou grato por meus irmãos e irmãs.

25 de setembro

Leitura: PROVÉRBIOS 3:1-12

Verdades bíblicas:

Aplicação pessoal:

Pedidos de oração:

Respostas de oração:

ENSINO DE TIRAR O FÔLEGO

Meu filho, [...] guarde meus mandamentos em seu coração. v.1

Sophia Roberts presenciou uma cirurgia cardíaca quando tinha apenas 11 anos. Embora pareça muito cedo para uma criança ver isso, é relevante dizer que seu pai, o Dr. Harold Roberts Jr., é cirurgião cardíaco. Hoje, Sophia é médica residente em cirurgia cardiovascular. Ela juntou-se a seu pai para realizar um transplante bem-sucedido da válvula aórtica. O pai disse: "O que pode ser melhor? Ensinei-a andar de bicicleta e agora posso ensiná-la a operar um coração humano, isso é algo impressionante!".

Embora poucos de nós ensinemos habilidades cirúrgicas a uma criança, Salomão descreve a importância de instruirmos algo mais à próxima geração: honrar a Deus e Seus caminhos. O sábio rei compartilhou amorosamente com seu filho o que ele havia aprendido em seu relacionamento com Deus: "Meu filho, [...] Confie no SENHOR de todo o coração" (PROVÉRBIOS 3:1,5), "tema o SENHOR" (v.7), "Honre o SENHOR" (v.9) e "não rejeite a disciplina do SENHOR" (v.11). Salomão sabia que Deus ama e se deleita em Seus filhos que voluntariamente recebem Sua correção e orientação (v.12).

Vamos ensinar à próxima geração o que significa confiar, reverenciar, honrar e ser humildemente moldado por nosso maravilhoso e extraordinário Deus. Ser parceiro do Senhor nessa tarefa é um privilégio importante, de tirar o fôlego! *TOM FELTEN*

Por que é essencial compartilharmos o que aprendemos sobre Deus com a próxima geração?

Querido Deus, por favor, ajuda-me a compartilhar Teus caminhos de amor com todos ao meu redor.

QUE BOM AMIGO!

26 de setembro

Amem uns aos outros. v.17

Leitura: JOÃO 15:13-17

Como vizinhas de fundos, minha mãe e a Sra. Sanchez se tornaram rivais favoritas. Elas competiam semanalmente para serem as primeiras a pendurar suas roupas recém-lavadas nos varais. "Ela ganhou de novo!", dizia minha mãe. Mas, na semana seguinte, mamãe poderia ser a primeira e elas se divertiam com a competição. Ao longo dos 10 anos que compartilharam o mesmo fundo do quintal, compartilharam também sabedoria, histórias e esperanças.

A Bíblia fala com entusiasmo sobre a virtude da amizade. "O amigo é sempre leal", observou Salomão (PROVÉRBIOS 17:17). Ele também constatou: "O conselho sincero de um amigo é agradável como perfume e incenso" (27:9).

Certamente, nosso grande Amigo é Jesus, que exortou Seus discípulos a terem amizades leais, ensinando-lhes: "Não existe amor maior do que dar a vida por seus amigos" (JOÃO 15:13). No dia seguinte, Ele faria isso na cruz. Ele também lhes disse: "Agora vocês são meus amigos, pois eu lhes disse tudo que o Pai me disse" (v.15). Em seguida, acrescentou: "Este é meu mandamento: Amem uns aos outros" (v.17).

Como disse o filósofo Nicholas Wolterstorff, com essas palavras Jesus está "elevando os seus ouvintes", de humildes seres humanos a companheiros e confidentes. Em Cristo, aprendemos a criar laços de amizade. Que Amigo para nos ensinar semelhante amor!

PATRICIA RAYBON

Você vivencia o amor em sua comunhão com Jesus?
É possível ser amigo como Ele?

Verdades bíblicas:

Aplicação pessoal:

Pedidos de oração:

Respostas de oração:

Querido Jesus, que me chamas de amigo, por favor, ajuda-me a ser amigo leal para os outros!

27 de setembro

Leitura: PROVÉRBIOS 14:7-16

Verdades bíblicas:

Aplicação pessoal:

Pedidos de oração:

Respostas de oração:

IMPRUDENTE E DESCUIDADO

...o tolo confia demais em si mesmo e se precipita. v.16

Lindisfarne, ou *Holy Island* (Ilha Santa), faz parte da Inglaterra e conecta-se ao continente por uma estrada estreita. Duas vezes ao dia, o mar encobre a passagem. As placas alertam os visitantes sobre os perigos de atravessar na maré alta. No entanto, muitos desconsideram os avisos e acabam sobre carros submersos ou nadam até áreas mais elevadas, onde podem ser resgatados. A maré é tão previsível quanto o sol nascente. Os avisos estão por toda parte; impossível não vê-los. No entanto, a ilha é "onde os tolos tentam vencer a maré".

É tolice ser autoconfiante e precipitado (PROVÉRBIOS 14:16). O autoconfiante tem pouca consideração pela sabedoria ou conhecimento e não pratica a atenção ou o cuidado diligente com os outros (vv.7-8). Já a sabedoria nos desacelera para ouvir e ponderar, de modo a não sermos levados por emoções precipitadas ou ideias mal elaboradas (v.6). Ela nos ensina a fazer boas perguntas e a considerar as implicações de nossas ações. Enquanto os imprudentes avançam despreocupados com seus relacionamentos ou consequências (e até mesmo a verdade), "o prudente examina seus passos com cuidado" (v.15).

Embora às vezes precisemos agir de forma decisiva ou rápida, sejamos prudentes. Quando recebemos e praticamos a sabedoria de Deus, Ele nos orienta conforme necessário.

WINN COLLIER

Você conhece alguém imprudente? Como evitar viver precipitadamente?

Querido Deus, vivemos num mundo imprudente. Ajuda-nos a sermos sábios e vivermos corretamente.

BUSCA E RESGATE

Jesus entregou sua vida por nossos pecados, a fim de nos resgatar deste mundo mau. v.4

Alguns amigos foram passear de barco, esperando que o tempo melhorasse. Mas os ventos aumentaram, as ondas se agitaram e ameaçaram a segurança deles. Eles pediram ajuda pelo rádio e, após momentos de tensão, avistaram os socorristas e perceberam com alívio que logo estariam a salvo. Depois disso, meu amigo refletiu com gratidão: "Quer as pessoas ignorem ou obedeçam as regras do mar, os socorristas vêm em seu resgate".

Lembrei-me sobre como Jesus lidera a missão divina de busca e resgate. Ele veio à Terra para se tornar ser humano e viver como um de nós. Por intermédio de Sua morte e ressurreição, Ele nos proporcionou um plano de resgate quando nosso pecado e desobediência nos separaram de Deus. Paulo enfatizou essa verdade bíblica quando escreveu à igreja da Galácia: "nosso Senhor Jesus Cristo [...] entregou sua vida por nossos pecados, a fim de nos resgatar deste mundo mau" (GÁLATAS 1:3-4). O apóstolo relembrou os gálatas sobre a dádiva da nova vida que eles tinham recebido por meio da morte de Jesus, para que honrassem a Deus todos os dias.

Jesus, nosso resgatador, morreu voluntariamente para nos salvar da perdição. Porque Ele o fez, temos vida no reino de Deus e, em gratidão, podemos compartilhar as boas-novas que salvam vidas com pessoas em nossa comunidade.

AMY BOUCHER PYE

Como você demonstra gratidão por seu resgate? Com quem você pode compartilhar as boas-novas hoje?

28 de setembro

Leitura: GÁLATAS 1:1-5

Verdades bíblicas:

Aplicação pessoal:

Pedidos de oração:

Respostas de oração:

Querido Jesus, Tu concedes o dom da vida e da salvação. Ajuda-me a receber o Teu amor e a compartilhá-lo.

29 de setembro

Leitura: PROVÉRBIOS 4:20-27

Verdades bíblicas:

Aplicação pessoal:

Pedidos de oração:

Respostas de oração:

CORAÇÃO SAUDÁVEL

...guarde seu coração, pois ele dirige o rumo de sua vida. v.23

O coração humano é um órgão surpreendente. Essa pequena máquina do tamanho de um punho pesa entre 198 e 425 gramas. Diariamente, bate cerca de 100.000 vezes e bombeia aproximadamente 7.600 litros de sangue por cerca de 97.000 quilômetros de vasos sanguíneos! É compreensível que a saúde do coração seja fundamental para o bem-estar de todo o corpo com essa atribuição tão estratégica e carga de trabalho tão pesada. A ciência médica nos encoraja a buscarmos hábitos saudáveis porque a condição do nosso coração e a qualidade da nossa saúde andam juntas.

Embora a medicina fale com autoridade sobre nossos corações físicos, Deus fala com autoridade ainda maior sobre um "coração" de outro tipo. Ele fala sobre o "centro" mental, emocional, espiritual e moral de nosso ser. Sendo o coração a unidade central de processamento da vida, ele deve ser protegido: "guarde seu coração, pois ele dirige o rumo de sua vida" (PROVÉRBIOS 4:23). Proteger nosso coração nos ajudará em nossas conversas (v.24), nos impelirá a discernir com nossos olhos (v.25) e a escolher os melhores caminhos para nossos pés (v.27).

Quando o nosso coração está guardado, nossa vida é preservada, nossos relacionamentos são protegidos e Deus é honrado.

ARTHUR JACKSON

O que seu estilo de vida e hábitos revelam? Se você ainda não orou a Deus pedindo-lhe para transformar o seu coração, o que o impede de fazer isso agora mesmo?

Pai, sonda meu interior; concede-me um coração puro. Quero guardar Tua verdade e não pecar contra ti.

"PEQUENOS" MILAGRES

Não desprezem os começos humildes. v.10

Em meu chá de panela, nosso amigo Davi sentou-se timidamente num canto segurando um objeto embrulhado num lenço. Quando chegou sua vez de entregar o presente, ele o trouxe e meu noivo e eu o desembrulhamos. Era uma peça de madeira entalhada à mão contendo círculos perfeitos com a frase gravada: "Alguns dos milagres de Deus são pequenos". O presente está pendurado em nossa casa há 45 anos, lembrando-nos repetidamente que Deus age mesmo nas pequenas coisas, como pagar uma conta, prover uma refeição, curar um resfriado. É um registro da maravilhosa provisão divina.

O governador de Judá, Zorobabel, recebeu de Deus por meio do profeta Zacarias uma mensagem semelhante com relação à reconstrução de Jerusalém e do templo. Depois de voltar do cativeiro na Babilônia, houve um período de lento progresso, e os israelitas desanimaram. "Não desprezem os começos humildes...", declarou Deus (ZACARIAS 4:10). O Senhor realiza Seus desejos por meio de nós e, às vezes, apesar de nós. "Não por força ou poder, mas pelo meu Espírito, diz o SENHOR dos Exércitos" (v.6).

Quando ficamos cansados com a aparente insignificância da obra de Deus em nós e ao nosso redor, que possamos nos lembrar de que alguns de Seus milagres podem ser "pequenos". Ele usa as pequenas coisas para construir Seus maiores propósitos.

ELISA MORGAN

30 de setembro

Leitura: ZACARIAS 4:6-10

Verdades bíblicas:

Aplicação pessoal:

Pedidos de oração:

Respostas de oração:

Pai, obrigado por Teus pequenos milagres em minha vida. Ajuda-me a perceber todas as Tuas obras!

Notas

Outubro

1º de outubro

Leitura: EFÉSIOS 6:10-18

Verdades bíblicas:

Aplicação pessoal:

Pedidos de oração:

Respostas de oração:

A PROTEÇÃO DIVINA

Vistam toda a armadura de Deus, para que possam permanecer firmes.... v.11

Minha esposa e eu percorremos muitos quilômetros de bicicleta, pedalando pelas trilhas ao redor de casa. Para aprimorarmos a experiência, colocamos alguns acessórios nelas. A de minha esposa tem faróis dianteiro e traseiro, odômetro e cadeado de bicicleta. Já a minha tem um suporte para garrafa de água. A verdade é que poderíamos fazer a rota todos os dias sem os acessórios. Eles são úteis, mas opcionais.

Na carta aos Efésios, Paulo escreve sobre outros acessórios que, no entanto, não são opcionais. Ele nos disse que devemos "vestir toda a armadura" para sermos bem-sucedidos ao praticar a nossa fé em Jesus. A vida não tem percurso fácil. Estamos numa batalha onde devemos ir "contra as estratégias do diabo" (6:11), portanto, devemos estar bem equipados.

Sem a sabedoria das Escrituras, somos propensos a aceitar o erro. Sem Jesus nos auxiliando a viver Sua *verdade*, sucumbiremos às mentiras (v.14). Sem as *boas-novas*, não temos *paz* (v.15). Sem a *fé* nos protegendo, sucumbiremos à dúvida (v.16). Nossa *salvação* e o Espírito Santo nos ancoram para vivermos para Deus (v.17). Essa é a nossa armadura.

Como é importante percorrermos os caminhos da vida protegidos de seus perigos reais! Fazemos isso quando Cristo nos capacita para os desafios ao longo do caminho, quando *vestimos* a armadura que Deus nos provê.

DAVE BRANON

Que situações você enfrenta que exigem a armadura de Deus?

Pai, sou grato por nos lembrares sobre como podemos resistir aos ataques do maligno.

REFLETINDO O CARÁTER DE JESUS

2 de outubro

...o Espírito produz [...] amor, alegria, paz, paciência, amabilidade, bondade, fidelidade... vv.22-23

Após uma viagem desafiadora no Afeganistão, Sandro, um sargento do exército britânico, desmoronou. Ele se lembra: "Estava em um lugar escuro". Mas quando "descobriu Jesus e começou a segui-lo", sua vida mudou radicalmente. Agora ele procura compartilhar o amor de Cristo com os outros, especialmente com veteranos com os quais compete nos *Jogos Invictus*, um evento internacional para veteranos das Forças Armadas.

Para Sandro, ler a Bíblia, orar e ouvir música de louvor o inspira antes de ir aos *Jogos Invictus*. Deus o ajuda a "refletir o caráter de Jesus e demonstrar bondade, amabilidade e misericórdia" aos colegas veteranos competidores.

Sandro lista o fruto do Espírito que o apóstolo Paulo escreveu aos cristãos da Galácia. Eles sofriam sob a influência de falsos mestres, e Paulo procurou encorajá-los a permanecerem fiéis a Deus e Sua graça, sendo "guiados pelo Espírito" (GÁLATAS 5:18). Ao fazer isso, produziriam o fruto do Espírito: "amor, alegria, paz, paciência, amabilidade, bondade, fidelidade, mansidão e domínio próprio" (vv.22-23).

Com o Espírito de Deus habitando em nós, também transbordaremos com a bondade e o amor do Espírito, e, também, poderemos demonstrar gentileza e bondade àqueles que nos cercam.

AMY BOUCHER PYE

Como Deus pode ajudá-lo a cultivar o fruto do Espírito? Que atitudes podem ajudá-lo a manter-se em sintonia com o Senhor?

Leitura: GÁLATAS 5:13-26

Verdades bíblicas:

Aplicação pessoal:

Pedidos de oração:

Respostas de oração:

Deus, Criador da vida, sou grato por Teu Espírito. Produz em mim frutos que outros possam apreciar.

3 de outubro

Leitura: NÚMEROS 13:27–14:9

Verdades bíblicas:

Aplicação pessoal:

Pedidos de oração:

Respostas de oração:

DIZER SIM PELA FÉ

...o SENHOR está conosco! 14:9

Quando questionada se eu aceitaria uma nova responsabilidade, quis dizer não. Pensei nos desafios e me senti inadequada para enfrentá-los. Mas orei e busquei a orientação em Deus e Seu povo, e percebi que era Sua vontade. A Bíblia também me trouxe a certeza de que Ele me ajudaria. Então, receosa, aceitei a tarefa.

Vejo-me nos israelitas e nos 10 espiões que recuaram perante a ocupação de Canaã (NÚMEROS 13:27-29,31-33;14:1-4). Eles também viram as dificuldades, perguntando-se como derrotariam os poderosos e subjugariam suas cidades fortificadas: "nos sentimos como gafanhotos", disseram (13:33); e os israelitas resmungaram: "Por que o SENHOR está nos levando para essa terra só para morrermos em combate?" (14:3).

Somente Calebe e Josué recordaram-se da promessa de Deus em dar Canaã ao Seu povo (GÊNESIS 17:8; NÚMEROS 13:2). Eles confiaram nessa promessa e viram as dificuldades sob a luz da presença e ajuda divina. Ambos enfrentariam as dificuldades com o poder, a proteção e os recursos de Deus, não com os seus próprios (NÚMEROS 14:6-9).

A tarefa que recebi de Deus não foi fácil, mas Ele me ajudou. Embora nem sempre sejamos poupados de dificuldades sob Suas ordens, podemos, como Calebe e Josué, enfrentá-las sabendo que "o SENHOR está conosco" (v.9).

KAREN HUANG

Você já se sentiu inadequado para realizar uma tarefa que Deus lhe pedia para fazer? Os exemplos de Calebe e Josué o ajudam?

Amado Deus, por favor, ajuda-me a seguir-te de todo o coração.

UMA RESPOSTA SEMELHANTE À DE CRISTO

4 de outubro

[Jesus] Não revidou quando foi insultado, [...] mas deixou seu caso nas mãos de Deus... v.23

Jorge trabalhava numa obra sob o calor do sol de verão quando um vizinho entrou nesse local. Claramente irritado, o vizinho xingou e criticou tudo sobre o projeto e como estava sendo feito. Jorge recebeu o ataque verbal sem reagir até que o homem irritado parou. Em seguida, respondeu gentilmente: "Você teve um dia muito difícil, não?". Repentinamente, o rosto raivoso do homem suavizou, ele abaixou a cabeça e disse: "Desculpe-me por ter falado assim com você". A gentileza de Jorge neutralizou a ira do vizinho.

Há momentos em que desejamos revidar. Destratar por destratar e insultar por insultar. Em vez disso, Jorge demonstrou a bondade, vista da maneira mais perfeita quando Jesus suportou as consequências de nossos pecados: "Não revidou quando foi insultado, nem ameaçou se vingar quando sofreu, mas deixou seu caso nas mãos de Deus, que sempre julga com justiça" (1 PEDRO 2:23).

Todos enfrentaremos situações em que seremos incompreendidos, mal-interpretados ou atacados. Talvez queiramos demonstrar uma atitude gentil, mas o ensino de Jesus nos convoca a *sermos* gentis, pacificadores e compreensivos. Com a capacitação divina, talvez Deus nos use para abençoar alguém que esteja enfrentando um dia difícil hoje.

BILL CROWDER

Por que é tão fácil revidarmos as grosserias? Como sermos mais intencionais em demonstrar bondade a quem nos ofende?

Leitura: 1 PEDRO 2:21-25

Verdades bíblicas:

Aplicação pessoal:

Pedidos de oração:

Respostas de oração:

Pai zeloso, concede-me força, graça e sabedoria para demonstrar o ensino e a essência de Jesus.

5 de outubro

Leitura: SALMO 107:1-9

Verdades bíblicas:

Aplicação pessoal:

Pedidos de oração:

Respostas de oração:

DEUS USA AS NOSSAS EXPERIÊNCIAS

Contem a todos que [o SENHOR] os resgatou... v.2

Tirei da caixa de memórias um broche de lapela prateado, com tamanho e formato dos pés de um bebê de 10 semanas. Acariciando-o, lembrei-me da minha primeira gravidez; e dos que falaram que tive "sorte" de não estar "avançada" quando perdi o bebê. Sofri, seus pezinhos eram tão reais quanto o coração que batera em meu ventre. Agradeci a Deus por libertar-me da depressão e usar minha história para confortar outros que sofrem essa perda. Faz mais de 20 anos que perdemos Kai, e seu nome significa "regozije-se" em diversas línguas. E, embora eu ainda sofra, agradeço a Deus por curar meu coração e usar minha história para ajudar aos outros.

O escritor do Salmo 107 alegrou-se com o caráter de Deus e cantou: "Deem graças ao SENHOR, porque ele é bom; seu amor dura para sempre" (v.1). Ele exortou os redimidos do Senhor a "[contar] a todos" (v.2) e a louvar ao "SENHOR por seu grande amor e pelas maravilhas que fez pela humanidade" (v.8). Ele ofereceu esperança com a promessa de que só Deus "sacia o sedento e enche de coisas boas o faminto" (v.9).

Ninguém escapa da dor e aflição, mesmo os redimidos por meio do sacrifício de Cristo na cruz. No entanto, podemos experimentar a misericórdia de Deus à medida que Ele usa as nossas experiências para mostrar aos outros o Seu amor redentor.

XOCHITL DIXON

Como Deus curou as suas mágoas?
De que maneira Ele usou a história de outra pessoa para confortá-lo?

Jesus, sou grato por Tua cura e por me usares para trazer outros ao conhecimento da redenção em ti.

DEUS NOS VÊ

6 de outubro

Mas o SENHOR me tirou de junto de meu rebanho e disse: Vá e profetize.... v.15

Leitura: AMÓS 7:10-17

Há 14 bilhões de árvores no estado onde moro, e a maioria é bem comum. No entanto, anualmente temos um concurso para identificar as mais antigas da região, e homenageá-las como um marco. O concurso eleva as árvores comuns a outro nível: em qualquer local pode ter uma vencedora de prêmio esperando ser notada.

Ao contrário da maioria das pessoas, Deus sempre percebe o comum. Ele se preocupa com o que e com quem os outros ignoram. Durante o reinado do rei Jeroboão, Deus enviou a Israel um homem comum chamado Amós. O profeta exortou seu povo a se afastar do mal e a buscar justiça, mas foi condenado ao ostracismo e ordenado que se calasse. "Vá embora daqui, profeta! Volte para a terra de Judá e ganhe a vida profetizando ali", disseram-lhe com desprezo (AMÓS 7:12). Amós respondeu: "Sou apenas um boiadeiro e colhedor de figos. Mas o SENHOR me tirou de junto de meu rebanho e disse: 'Vá e profetize a meu povo, Israel'" (vv.14-15).

Deus conhecia e notou Amós quando ele era apenas um pastor comum, cuidando de rebanhos e árvores. Centenas de anos depois, Jesus notou e chamou pessoas comuns: Natanael (JOÃO 1:48) e Zaqueu (LUCAS 19:4-5), perto das figueiras e dos sicômoros. Não importa o quanto nós nos percebemos como desconhecidos, Ele nos vê, ama e nos usa para Seus propósitos.

KAREN PIMPO

Por que às vezes é difícil crer que Deus o vê como um ser único? Essa percepção reflete o amor do Pai?

Verdades bíblicas:

Aplicação pessoal:

Pedidos de oração:

Respostas de oração:

Querido Deus, sou grato por me amares, mesmo quando me sinto ignorado.

7 de outubro

Leitura: ZACARIAS 4:1-7

Verdades bíblicas:

Aplicação pessoal:

Pedidos de oração:

Respostas de oração:

BÍBLIAS NO BANCO DE TRÁS

Não por força, nem por poder, mas pelo meu Espírito, diz o SENHOR *dos Exércitos.* v.6

O carro de André parou, e guardas se aproximaram. Ele orou como de costume: "Deus, quando o Senhor estava na Terra, fizeste com que os cegos vissem. Agora, faça com que os que enxergam fiquem cegos". Eles revistaram o carro, sem dizer nada sobre as Bíblias no bagageiro. André atravessou a fronteira, levando sua carga aos que não podiam tê-las.

Andrew van der Bijl, ou Irmão André, confiou em Deus para a tarefa supostamente impossível a qual o Senhor o chamou: levar a Bíblia a países onde o cristianismo era ilegal. Enfatizando a sua educação limitada e a falta de recursos: "Sou uma pessoa comum, e o que eu fiz, qualquer um pode fazer". Hoje, a missão *Portas Abertas* serve aos cristãos perseguidos em todo o mundo.

Quando o povo voltou do exílio, Zorobabel, governador de Judá, enfrentou a tarefa impossível de reconstruir o templo, e sentiu-se desencorajado. Mas Deus o lembrou de não confiar no poder e força humana, mas em Seu Espírito (ZACARIAS 4:6). Deus o encorajou por meio da visão dada ao profeta Zacarias sobre lâmpadas abastecidas com o óleo das oliveiras ao redor (vv.2-3). Como elas queimavam por causa do contínuo suprimento de óleo, eles realizariam a obra de Deus confiando em Seu contínuo suprimento de poder.

Dependamos de Deus, confiemos nele e façamos o que Ele nos pede. KAREN HUANG

Você confia no Espírito de Deus? A visão das oliveiras que suprem as lâmpadas com óleo o encoraja?

Espírito Santo, por favor, ajuda-me a ser dependente de ti.

CORRENDO PARA JESUS

8 de outubro

Os justos, porém, florescerão como palmeiras [...] na velhice produzirão frutos... SALMO 92:12-14

Leitura: TITO 2:1-5

Quando pensamos na corrida de 100 metros rasos, vem-nos à mente o nome de Usain Bolt, o detentor do recorde mundial. Mas não podemos nos esquecer de Julia "Furacão" Hawkins que, em 2021, primeiro cruzou a linha de chegada nos 100 metros rasos nos Jogos Sênior nos EUA. Seu tempo foi um pouco mais lento do que os 9,58 segundos de Bolt, levando pouco mais de 60 segundos, mas ela tinha 105 anos de idade!

Há muito que apreciar numa mulher que ainda corre nessa idade. E muito a apreciar nos cristãos que não param de correr tendo Jesus como sua meta (HEBREUS 12:1-2). O salmista diz o seguinte sobre os idosos fiéis: "Os justos, porém, florescerão como palmeiras [...]. Mesmo na velhice produzirão frutos; continuarão verdejantes e cheios de vida" (92:12-14).

Os cristãos mais idosos que seguem esse padrão encontram mais instruções de Paulo a Tito. Os idosos "devem exercitar o autocontrole, a fim de que sejam dignos de respeito e vivam com sabedoria" (TITO 2:2), e as idosas "devem ensinar o que é bom" (v.3). Os cristãos idosos não são convocados a pararem de correr. Talvez não literalmente como Julia nas pistas, mas de modos a honrar a Deus, à medida que Ele lhes concede a força necessária. Corramos para servir bem a Ele e aos outros!

DAVE BRANON

O que você pode fazer para alcançar outras pessoas para Cristo e ajudá-las a crescer na fé? Como encorajar outros a servirem em sua capacidade?

Verdades bíblicas:

Aplicação pessoal:

Pedidos de oração:

Respostas de oração:

Jesus, sou grato por cada nova manhã. Ajuda-me a correr e vencer, para a Tua honra.

9 de outubro

Leitura: TIAGO 1:2-12

Verdades bíblicas:

Aplicação pessoal:

Pedidos de oração:

Respostas de oração:

LIÇÕES DE PACIÊNCIA

...é necessário que [a esperança] cresça, pois [...] vocês serão maduros [...] sem que nada lhes falte. v.4

Bob Salem é recordista de velocidade em carregar um amendoim ao alto do Pico Pikes, com uma colher presa ao rosto, em 7 dias, escalando à noite e evitando turistas. Foi o quarto a realizar isso, o que significa que outros três já tiveram *paciência* para fazer o mesmo.

Poderíamos dizer que a perseverança deles foi autoimposição, mas na vida nem sempre é o caso. *Precisamos* de paciência: é um fruto do Espírito (GÁLATAS 5:22) e virtude essencial para nos tornarmos "maduros e completos, sem que nada [nos] falte" (TIAGO 1:4). Quem é paciente mantêm a cabeça fria enquanto ao redor todos estão em pânico. Eles gostariam que a situação fosse diferente, mas não *precisam* que seja. Eles perseveram, confiando em Deus por sabedoria para agir com justiça (v.5).

Só há uma maneira de adquirir perseverança. Tiago diz que "quando sua fé é provada, a perseverança tem a oportunidade de crescer" (v.3). As provações podem ser grandes e pequenas. Escrevo isso de um aeroporto: meu voo das 23h atrasou até as 2h e depois foi cancelado. Após uma noite sem dormir, tomo café e espero chegar em casa logo. Não gosto de perder meu dia no aeroporto, mas meu Pai amoroso está me ensinando uma lição sobre paciência.

Oro para que minha lição acabe por hoje, mas quem sabe? É hora de verificar a lista de espera para o próximo voo. *MIKE WITTMER*

Como você pode desenvolver a paciência?
Por que é tão importante ser perseverante?

Pai, por favor, ajuda-me
a aprender a ter paciência quando te busco
e me apego às Tuas promessas.

AMOR ALÉM DOS LIMITES

Pois seu amor por aqueles que o temem é imenso como a distância entre os céus e a terra. v.11

10 de outubro

Leitura: SALMO 103:8-17

"Deus tem sido tão bom para nós! Quero agradecer a Ele pelo nosso aniversário." A voz de Teresa era firme, as lágrimas nos olhos demonstravam a sinceridade dela. Nosso pequeno grupo ficou profundamente comovido. Sabíamos como tinham sido os últimos anos do casal. Embora seu marido fosse cristão, Roberto sofria de uma doença mental grave e subitamente tirou a vida de sua filha de 4 anos. Internado por décadas, Teresa o visitou e Deus operou a cura, ajudando-a a perdoá-lo. Apesar da profunda dor no coração, o amor que tinham um pelo outro cresceu.

Tal amor e perdão só poderiam vir de uma única Fonte. Davi escreve sobre Deus da seguinte forma: "Não nos castiga por nossos pecados, nem nos trata como merecemos. [...] afastou nossos pecados, tanto como o Oriente está longe do Ocidente" (SALMO 103:10,12).

A misericórdia que Deus nos mostra é o resultado do Seu abrangente amor: "Pois seu amor por aqueles que o temem é imenso como a distância entre os céus e a terra" (v.11). Um amor tão profundo que o fez ir às profundezas da cruz e da sepultura para remover nossos pecados, de modo que pudesse levar para si os que "o aceitaram" (JOÃO 1:12).

Teresa estava certa: Deus *tem sido* tão bom para nós! Seu amor e perdão vão além de qualquer limite e nos oferecem a vida que jamais acaba.

JAMES BANKS

Como Deus demonstrou misericórdia por seus erros? Você pode corresponder à Sua misericórdia e amor hoje?

Verdades bíblicas:

Aplicação pessoal:

Pedidos de oração:

Respostas de oração:

Pai, ajuda-me a deleitar-me em Teu amor e crescer nele. Usa minha vida para levar outros a ti.

11 de outubro

Leitura: 1 TESSALONICENSES 5:16-22

Verdades bíblicas:

Aplicação pessoal:

Pedidos de oração:

Respostas de oração:

ORE SEMPRE

Nunca deixem de orar. v.17

Tirei 84 na prova!

Senti a empolgação da minha filha adolescente quando li a sua mensagem de texto em meu celular. Ela tinha acabado de começar a frequentar o Ensino Médio e usara o celular na hora do almoço. Meu coração de mãe saltitou, não apenas por ela ter se saído bem na prova, mas por ter decidido comunicar-se comigo. Ela quis compartilhar a boa notícia comigo!

Percebendo que a mensagem dela deixou meu dia feliz, refleti sobre como Deus deve se sentir. Será que Deus se alegra quando converso com Ele? A oração é a forma de nos comunicarmos com Deus e é algo que devemos fazer continuamente (1 TESSALONICENSES 5:17). Conversar com Deus nos lembra de que Ele está conosco nos momentos bons e ruins. Compartilhar nossas notícias com Deus, mesmo que Ele já saiba tudo sobre nós, é útil, pois muda o nosso foco e nos ajuda a pensar nele. Lemos em Isaías: "Tu guardarás em perfeita paz todos que em ti confiam, aqueles cujos propósitos estão firmes em ti" (26:3). A paz nos espera quando voltamos nossa atenção a Deus.

Independentemente do que enfrentemos, que possamos falar continuamente com Deus e manter contato com nosso Criador e Salvador. Sussurre uma oração e lembre-se de se alegrar e dar graças. Afinal de contas, Paulo diz que essa é a "vontade de Deus" para nós (1 TESSALONICENSES 5:18).

KATARA PATTON

O que você precisa compartilhar com Deus? Você se lembra de orar a Deus diariamente?

Deus, lembra-me de permanecer em contato contigo o dia inteiro, quero alegrar-me e agradecer-te.

12 de outubro

NO CAMINHO DO PERIGO

...mas alguns se juntaram a [Paulo] e creram. v.34

Em minha caminhada matinal, notei um veículo parado na estrada, na direção errada. A motorista não tinha consciência do perigo para si mesma e para os outros porque dormia e parecia estar sob efeito de álcool. A situação era perigosa e eu tinha que agir. Depois de deixá-la alerta o suficiente para levá-la para o lado do passageiro do carro para que eu pudesse entrar no banco do motorista, levei-a até um local seguro.

O perigo físico não é o único dano que enfrentamos. Quando Paulo viu os sábios, os intelectuais de Atenas em perigo espiritual porque havia "ídolos por toda a cidade" ele "ficou muito indignado" (ATOS 17:16). A resposta inata do apóstolo àqueles que flertavam com ideias que desconsideravam Cristo foi compartilhar os propósitos de Deus em e por meio de Jesus (vv.18,30-31). Alguns que ouviram creram (v.34).

Buscar o significado final sem ser pela fé em Cristo é temeroso. Aqueles que encontraram o perdão e plenitude em Jesus foram resgatados de buscas sem saída e receberam a mensagem de reconciliação (2 CORÍNTIOS 5:18-21). Compartilhar as boas-novas de Jesus com os que estão sob as influências intoxicantes desta vida ainda é o meio que Deus usa para tirar as pessoas do caminho do perigo. ARTHUR JACKSON

Se você ainda não se aproximou de Jesus, o que o impede? Se já o fez, o que o impede de contar a alguém como Deus o resgatou do caminho do perigo espiritual?

Leitura: ATOS 17:16-34

Verdades bíblicas:

Aplicação pessoal:

Pedidos de oração:

Respostas de oração:

Pai, sou grato por me resgatares do mal do pecado. Usa-me para resgatar outros que não veem o perigo.

13 de outubro

Leitura: 1 SAMUEL 20:35-42

Verdades bíblicas:

Aplicação pessoal:

Pedidos de oração:

Respostas de oração:

CONQUISTANDO MONTANHAS JUNTOS

Vá em paz, pois juramos lealdade um ao outro em nome do SENHOR. v.42

Talvez você tenha visto ou ouvido uma variação desse ditado: "Se quer ir rápido, vá sozinho. Se quiser ir longe, vá acompanhado"? É interessante, mas há alguma pesquisa sólida que nos assegure de que essas palavras são verdadeiras?

Pesquisadores britânicos e americanos demonstraram que, quando juntas, pessoas estimam que a altura de uma montanha é muito menor do que quando estão sozinhas. Em outras palavras, o apoio social é importante, tanto que permite que até mesmo o tamanho das montanhas pareça menor em nossa mente.

Davi descobriu que esse tipo de incentivo era sincero *e* verdadeiro em relação à sua amizade com Jônatas. A ira ciumenta do rei Saul era como uma imensa montanha na história de Davi, fazendo-o temer pela própria vida (1 SAMUEL 19:9-18). Sem algum tipo de apoio, nesse caso, de seu amigo mais próximo, a história poderia ter sido drasticamente diferente. Mas Jônatas, "frustrado pelo modo como seu pai havia desonrado Davi" (20:34), ficou ao lado do amigo. "Por que ele deve morrer?", perguntou ele (v.32). A amizade deles tinha um propósito divino e fortaleceu Davi, permitindo que ele se tornasse o rei de Israel.

Nossas amizades são importantes. E quando Deus está no centro delas, podemos encorajar uns aos outros para realizar obras ainda maiores do que imaginamos.

JOHN BLASE

Onde você encontra seu apoio social? Quem você pode encorajar com a sua amizade?

Pai, sou grato por aqueles que colocaste em minha vida para que me mantivessem em perspectiva.

ATOS SIMPLES DE BONDADE

...revistam-se de compaixão, bondade, humildade, mansidão e paciência. COLOSSENSES 3:12

Quando minha mãe vivia seus últimos dias sob cuidados paliativos, senti-me tocada pela bondade de uma cuidadora. Após levantar minha mãe da cadeira com gentileza e colocá-la na cama, a enfermeira acariciou sua cabeça e, deitando-a, disse: "Você é tão querida". Em seguida, perguntou como eu estava. Sua gentileza me levou às lágrimas na época e ainda hoje me emociona.

Esse gesto simples de bondade da parte dela era o que eu precisava naquele momento. Saber que, aos olhos dela, minha mãe não era apenas uma paciente me ajudou a lidar com a situação. Ela se importava com ela e a via como uma pessoa de grande valor.

Quando Noemi e Rute ficaram desamparadas após a perda dos respectivos maridos, Boaz demonstrou bondade a Rute, permitindo que ela recolhesse grãos em seus campos. Ele ordenou aos seus servos que a deixassem em paz (RUTE 2:8-9). Sua bondade foi impelida pelo cuidado de Rute com Noemi: "sei de tudo que você fez por sua sogra desde a morte de seu marido" (v.11). Ele não a via como uma estrangeira ou viúva, mas como alguém necessitado.

Deus quer que nos revistamos "de compaixão, bondade, humildade, mansidão e paciência" (COLOSSENSES 3:12). À medida que Deus nos ajuda, nossos simples atos de bondade podem alegrar corações, trazer esperança e inspirar as mesmas atitudes em outras pessoas. *ALYSON KIEDA*

Alguém já lhe demonstrou um simples ato de bondade que o inspirou e incentivou?

14 de outubro

Leitura: RUTE 2:1-2, 5-11

Verdades bíblicas:

Aplicação pessoal:

Pedidos de oração:

Respostas de oração:

Querido Deus, reveste-me com Tua bondade, concedendo-me oportunidades de demonstrá-la aos outros.

15 de outubro

Leitura: 1 CORÍNTIOS 9:24-27

Verdades bíblicas:

Aplicação pessoal:

Pedidos de oração:

Respostas de oração:

VIDA DISCIPLINADA POR DEUS

Disciplino meu corpo como um atleta, treinando-o para fazer o que deve... v.27

Era o ano de 2016 e comemorava-se o 90º aniversário da rainha Elizabeth. De sua carruagem, ela acenou para as multidões, passando em frente a longas filas de soldados uniformizados com casacos vermelho em perfeita atenção. Era um dia quente e os guardas estavam vestidos com suas tradicionais calças e casacos de lã abotoadas até o queixo e enormes chapéus de pele de urso. Enquanto os soldados permaneciam em filas impassíveis sob o sol, um guarda desmaiou. Surpreendentemente, ele manteve rígido controle e simplesmente caiu para frente, seu corpo permaneceu ereto como uma tábua com o rosto encostado no asfalto. Ali, tombado, de alguma maneira, parecia atento.

Foram anos de prática e disciplina para que o guarda aprendesse esse autocontrole: manter seu corpo rigidamente em postura até mesmo ao tombar inconsciente. O apóstolo Paulo descreve esse treinamento: "Disciplino meu corpo como um atleta, treinando-o para fazer o que deve"(1 CORÍNTIOS 9:27). Paulo reconheceu que "o atleta precisa ser disciplinado sob todos os aspectos" (v.25).

Embora a graça de Deus (não os nossos esforços) seja a base de tudo o que fazemos, nossa vida espiritual merece rigorosa disciplina. Quando Deus nos ajuda a disciplinar a mente, o coração e o corpo, aprendemos a fixar nele a nossa atenção, mesmo entre provações ou distrações.

WINN COLLIER

De que maneira Deus o convida a exercer disciplina mais profunda?

Pai, ensina-me a ter disciplina em ti. Quero crescer em meu amor e aprofundar a comunhão contigo.

A VELOCIDADE DA ALEGRIA

16 de outubro

Eu lhes disse estas coisas para que fiquem repletos da minha alegria [...] sua alegria transbordará! v.11

Leitura: JOÃO 15:9-11

Vá à velocidade da alegria. Certa manhã, essa frase me veio à mente quando orei pelo ano que se iniciava. Sou propenso a trabalhar demais e isso solapa a minha alegria. Com essa orientação, comprometi-me a trabalhar em ritmo mais tranquilo durante o novo ano, abrindo espaço para amigos e atividades prazerosas.

O plano funcionou até março, quando fiz parceria com uma universidade para supervisionar o teste de um curso que eu desenvolvia. Com matrículas e aulas, trabalhava longas horas para acompanhar o ritmo. Como ir "à velocidade da alegria" agora?

Jesus promete alegria a quem crer nele, ensinando que ela vem quando permanecemos em Seu amor (JOÃO 15:9) e lhe entregamos nossas aflições em oração (16:24). Ele diz: "Eu lhes disse estas coisas para que fiquem repletos da minha alegria" (15:11). Essa alegria vem como dádiva do Seu Espírito, a quem devemos seguir (GÁLATAS 5:22-25). Descobri que só seria alegre em meio às muitas responsabilidades se dedicasse tempo cada noite à oração, confiando plenamente no Senhor.

Sendo a alegria tão importante, faz sentido priorizá-la em nossos afazeres. Mas como a vida nunca está totalmente sob nosso controle, sinto-me feliz por termos disponível outra fonte de alegria, o Espírito. Agora, para mim, seguir a velocidade da alegria é seguir na velocidade da oração, reservando tempo para o Doador da alegria.

SHERIDAN VOYSEY

Você descansará em Deus hoje?

Verdades bíblicas:

Aplicação pessoal:

Pedidos de oração:

Respostas de oração:

Espírito Santo, por favor, preenche-me novamente com Teu amor, paz e alegria.

17 de outubro

Leitura: ÊXODO 16:11-19

Verdades bíblicas:

Aplicação pessoal:

Pedidos de oração:

Respostas de oração:

A PROVISÃO DE DEUS

Moisés lhes disse: "Este é o alimento que o SENHOR lhes deu para comer..." v.15

O mundo se surpreendeu quando quatro irmãos com idades entre 1 e 13 anos foram resgatados na Amazônia colombiana em 2023. Eles sobreviveram 40 dias após a queda de avião que levou a mãe deles. As crianças, familiarizadas com a floresta, esconderam-se dos animais selvagens em troncos, coletaram água de riachos ou da chuva em garrafas e dos destroços retiraram alimentos como a farinha de mandioca. Também sabiam quais frutas e sementes eram seguras para comer. Deus os sustentou.

Essa história incrível lembra-me do relato, nos livros de Êxodo e Números, de como Deus sustentou milagrosamente os israelitas no deserto por 40 anos, mencionado em toda a Bíblia. Ele lhes preservou a vida para que soubessem que Ele era Deus.

Deus transformou a água amarga em potável, proveu água da rocha duas vezes e guiou Seu povo com uma coluna de nuvem de dia e uma de fogo à noite. Deus também lhes proveu o maná. Moisés lhes disse: "Este é o alimento que o SENHOR lhes deu para comer. E estas são as instruções do SENHOR: 'Cada família deve recolher a quantidade necessária...'" (ÊXODO 16:15-16).

O mesmo Deus nos provê "o pão para este dia" (MATEUS 6:11). Podemos confiar que Ele "suprirá todas as necessidades por meio das riquezas gloriosas que nos foram dadas em Cristo" (FILIPENSES 4:19). Que maravilhoso é o Deus a quem servimos!

NANCY GAVILANES

Como você experimentou a provisão de Deus? Qual é sua necessidade hoje?

Querido Deus, sou grato por Sua provisão em cada necessidade minha.

18 de outubro

MANTEIGA ESPALHADA

"Já basta, SENHOR [...]. Tira minha vida, pois não sou melhor que meus antepassados..." v.4

Em *A Sociedade do Anel*, de J. R. R. Tolkien (Harper Collins, 2019), Bilbo Baggins começa a apresentar os efeitos de carregar, por anos, um anel mágico com poder sombrio. Pesaroso pela natureza corrosiva, diz ao mago Gandalf: "Eu me sinto todo fino, como que *esticado*, se você me entende: como manteiga que foi espalhada sobre muito pão". Ele deixa sua casa em busca de "paz e tranquilidade, sem um monte de parentes se intrometendo".

Esse aspecto da história de Tolkien lembra-me de um profeta do Antigo Testamento. Elias estava fugindo de Jezabel e, cansado após sua batalha contra falsos profetas, precisava muito descansar. Esgotado, pediu a Deus que o deixasse morrer, dizendo: "Já basta, SENHOR" (1 REIS 19:4). Após adormecer, o anjo de Deus o acordou para que ele comesse e bebesse. Ele dormiu novamente e depois comeu mais do alimento fornecido pelo anjo. Revitalizado, teve energia para a caminhada de 40 dias até a montanha de Deus.

Quando nos sentimos desgastados, podemos buscar o verdadeiro refrigério em Deus. Talvez precisemos cuidar de nosso corpo e, ao mesmo tempo, pedir-lhe que nos encha com Sua esperança, paz e descanso. Assim como o anjo cuidou de Elias, podemos confiar que Deus nos concederá Sua presença revigorante (MATEUS 11:28).

AMY BOUCHER PYE

Quais ações o tentam quando você está esgotado e exausto? Você deposita a sua confiança em Deus quando está cansado e sobrecarregado?

Leitura: 1 REIS 19:1-8

Verdades bíblicas:

Aplicação pessoal:

Pedidos de oração:

Respostas de oração:

Deus fortalecedor, busco em ti o verdadeiro descanso, ajuda-me e enche-me com Tua presença.

19 de outubro

Leitura: COLOSSENSES 3:17, 23-24

Verdades bíblicas:

Aplicação pessoal:

Pedidos de oração:

Respostas de oração:

AUDIÊNCIA DE UM SÓ

Em tudo que fizerem, trabalhem de bom ânimo, como se fosse para o Senhor, e não para os homens. v.23

Kyle Speller, capelão de uma equipe norte-americana de basquete, é muito conhecido por seu rompante estrondoso em público durante os jogos. "Vamos!", ele vibra ao microfone, e milhares de fãs do esporte e outros tantos reagem à voz que rendeu a Speller a indicação ao prêmio Melhor Locutor de 2022. "Sei como sentir a multidão e criar um clima na quadra", diz ele. Ainda assim, cada palavra de sua arte vocal, utilizada em comerciais de TV e rádio, é para glorificar a Deus. Seu trabalho, acrescenta Speller, é "simplesmente fazer tudo para uma audiência de Um só".

O apóstolo Paulo enfatizou ética semelhante para a igreja de Colossos, cujos membros permitiram que dúvidas sobre a deidade e soberania de Cristo se infiltrassem, atingindo até mesmo a sua prática diária. Ele escreveu: "E tudo que fizerem ou disserem, façam em nome do Senhor Jesus, dando graças a Deus, o Pai, por meio dele" (COLOSSENSES 3:17).

Paulo acrescentou: "Em tudo que fizerem, trabalhem de bom ânimo, como se fosse para o Senhor, e não para os homens" (v.23). Para Speller, isso inclui sua função de capelão, sobre a qual afirma: "Esse é o meu propósito aqui, a locução é a cereja do bolo". Nosso trabalho para Deus pode ser igualmente prazeroso quando o fazemos para nossa audiência de Um só.

PATRICIA RAYBON

Qual é o elemento-chave em sua ética de trabalho? Trabalhar como se fosse para Deus mudaria sua perspectiva?

Jesus, sou grato pelo trabalho que tenho. Por favor, inspira-me a tudo fazer como se eu o fizesse para ti.

A RECOMPENSA

Busquem, em primeiro lugar [...] o reino de Deus e a sua justiça, e [...] lhes serão dadas. MATEUS 6:33

Em 1921, o artista Sam Rodia iniciou a construção das *Watts Towers*. E 33 anos depois, 17 esculturas se erguiam a 30 metros de altura sobre Los Angeles. O músico Jerry Garcia desprezou o trabalho desse artista, dizendo: "Essa é a recompensa, o que resta após a sua morte?". Em seguida, ele concluiu: "Isso não é para mim". Então, qual *seria* a recompensa para ele? Seu parceiro de banda, Bob Weir, resumiu a filosofia deles: "Na eternidade nada de você será lembrado. Por que não apenas se divertir?".

Certo homem rico e sábio fez tudo ao seu alcance para tentar encontrar sua recompensa. "Disse a mim mesmo: 'Venha, vamos experimentar o prazer; vamos procurar as coisas boas da vida!'" (ECLESIASTES 2:1) e observou: "nem o sábio nem o tolo serão lembrados por muito tempo" (v.16), concluindo: "tudo que é feito debaixo do sol é frustrante" (v.17).

A vida e a mensagem de Jesus contrariam radicalmente esse tipo de vida sob uma visão tão restrita. Ele veio para nos conceder "vida plena, que satisfaz" (JOÃO 10:10) e nos ensinou a vivermos visando a eternidade. "Não ajuntem tesouros aqui na terra, [...] Ajuntem seus tesouros no céu" (MATEUS 6:19-20). Depois, Jesus sintetizou: "Busquem, em primeiro lugar, o reino de Deus e a sua justiça, e todas essas coisas lhes serão dadas" (v.33).

Essa é a recompensa, sob o sol e na vida eterna! *TIM GUSTAFSON*

Como você quer ser lembrado?
O que significa "ajuntar tesouros no Céu"?

20 de outubro

Leitura: ECLESIASTES 2:1-5, 11-17

Verdades bíblicas:

Aplicação pessoal:

Pedidos de oração:

Respostas de oração:

Deus Pai, por favor, ajuda-me
a servir-te com alegria
tendo em vista a eternidade.

21 de outubro

Leitura: JEREMIAS 33:14-16S

Verdades bíblicas:

Aplicação pessoal:

Pedidos de oração:

Respostas de oração:

JESUS, O RENOVO

...levantarei um Renovo, um descendente [...] do rei Davi. Ele fará o que é justo e certo... v.15

Localizada entre as montanhas do Arizona, EUA, está a Capela da Santa Cruz. Ao entrar nela, senti-me imediatamente atraída por uma escultura incomum de Jesus na cruz. Em vez de uma cruz tradicional, Jesus é mostrado crucificado nos galhos de uma árvore com dois troncos. Na horizontal, um tronco cortado e morto representa as tribos que rejeitaram o Deus de Israel no Antigo Testamento. O outro tronco se eleva e se ramifica para simbolizar a próspera tribo de Judá e a linhagem da família do rei Davi.

A arte simbolicamente indica uma profecia importante do Antigo Testamento sobre Jesus. Embora a tribo de Judá estivesse vivendo em cativeiro, o profeta Jeremias deu-lhes uma mensagem de esperança da parte de Deus: "farei por [...] Judá todo o bem que lhes prometi" (JEREMIAS 33:14) de levar um Salvador que "fará o que é justo e certo em toda a terra" (v.15). Uma das formas pelas quais o povo reconheceria a identidade do Salvador era de que Ele brotaria da linhagem de Davi (v.15), ou seja, Ele seria um descendente sanguíneo do rei Davi.

A escultura capta habilmente a verdade importante de que, nos detalhes da linhagem familiar de Jesus, Deus foi fiel em cumprir tudo o que prometeu. Além disso, é um lembrete de que Sua fidelidade no passado nos assegura de que Ele será fiel em cumprir Suas promessas para nós no futuro. *LISA M. SAMRA*

Quais promessas divinas Jesus já cumpriu? Isso o encoraja?

Deus Todo-Poderoso, sou grato porque cumpres todas as Tuas promessas.

TRANSFORMAÇÃO DO INTERIOR

Têm o cuidado de limpar a parte exterior [...] enquanto o interior está imundo, cheio de ganância... v.25

No pior incêndio britânico desde a Segunda Guerra Mundial, o fogo destruiu um edifício de 24 andares em Londres, ceifando a vida de 70 pessoas. As investigações revelaram que o revestimento externo do prédio (plástico inflamável recoberto por alumínio), colocado em uma reforma, foi a principal razão para as chamas se espalharem.

Como se permitiu a venda e instalação de material tão perigoso? Simples, não divulgaram os maus resultados dos testes de segurança. E os compradores, atraídos pelo baixo preço, não deram atenção aos sinais de alerta. *O revestimento exterior era bonito.*

Algumas das palavras mais duras de Jesus foram ditas aos mestres da lei que Ele acusou de encobrir a corrupção enquanto exteriormente posavam de bons. Jesus lhes disse que eram semelhantes a túmulos pintados: bonitos por fora, mas cheios de morte por dentro (MATEUS 23:27). Em vez de buscarem "justiça, misericórdia e fé" (v.23), buscavam a beleza externa, limpando "a parte exterior do copo", mas não a "ganância e falta de domínio próprio" interior (v.25).

É mais fácil buscar a beleza do que levar o nosso pecado e corrupção perante Deus. Mas um exterior belo não torna um coração corrupto menos perigoso. Deus nos chama para que o deixemos nos purificar e transformar-nos *completamente* a partir do nosso interior (1 JOÃO 1:9).

MONICA LA ROSE

Você já disfarçou a corrupção? Como você pode priorizar a mudança interna?

22 de outubro

Leitura: MATEUS 23:23-33

Verdades bíblicas:

Aplicação pessoal:

Pedidos de oração:

Respostas de oração:

Deus misericordioso, ajuda-me a não esconder minhas falhas. Por favor, transforma o meu interior!

23 de outubro

Leitura: JOÃO 14:16, 23-27

Verdades bíblicas:

Aplicação pessoal:

Pedidos de oração:

Respostas de oração:

O ESPÍRITO SANTO ESTÁ PRESENTE

E eu pedirei ao Pai, e ele lhes dará outro Encorajador, que nunca os deixará. v.16

Ao dar as instruções antes de um voo, o comissário de bordo notou uma passageira ansiosa e visivelmente preocupada com o voo. Ele se sentou no corredor, segurou a mão dela e explicou cada etapa do processo de voo assegurando-a de que ela ficaria bem. "Quando você entra em um avião, não se trata de nós, mas de você", disse ele. "E se você não estiver bem, quero estar presente para dizer: 'Há algo errado? Posso ajudar?'". Sua atenção retrata o que Jesus disse que o Espírito Santo faria pelos que cressem nele.

A morte, a ressurreição e a ascensão de Cristo foram necessárias e benéficas para salvar as pessoas de seus pecados, mas também trouxeram turbulência emocional e profunda tristeza no coração dos discípulos (JOÃO 14:1). Por isso, Ele lhes assegurou de que não ficariam sozinhos para cumprir Sua missão no mundo. Ele enviaria o Espírito Santo para estar com eles, um "Encorajador, que nunca os deixará" (v.16). O Espírito daria testemunho de Jesus e os lembraria de tudo o que Cristo fez e disse (v.26). Jesus os assegurou de que eles seriam encorajados "pelo Espírito" durante os momentos difíceis (ATOS 9:31).

Nesta vida, todos, inclusive os cristãos, experimentarão turbulências: ansiedade, medo e tristeza. Mas Jesus prometeu que, em Sua ausência, o Espírito Santo nos confortará.

MARVIN WILLIAMS

O que o incomoda em sua vida?
Como buscar a presença reconfortante do Espírito Santo?

Querido Jesus, sou grato pelo conforto e conselho do Teu Espírito.

ALIMENTO PARA OS FAMINTOS

Repartam seu alimento com os famintos, ofereçam abrigo aos que não têm casa. v.7

24 de outubro

Leitura ISAÍAS 58:3-9

Durante anos o nordeste da África sofreu com uma seca brutal que devastou plantações, matou animais e colocou milhões de pessoas em perigo. Entre os mais vulneráveis, como os refugiados no Quênia que fugiram de guerras e opressão, a situação é ainda pior. Um relatório recente descreveu uma jovem mãe que levou sua bebê ao campo de refugiados. A bebê tinha desnutrição grave, "cabelo e pele secos e quebradiços". Ela não sorria, não comia e seu corpinho estava à beira da morte. Os especialistas intervieram imediatamente. Embora as necessidades ainda sejam imensas, eles criaram a infraestrutura para tratar as urgências e necessidades de vida ou morte.

Nos locais cheios de desespero o povo de Deus é convocado para brilhar Sua luz e amor (ISAÍAS 58:8). Quando pessoas morrem de fome, doença ou violência, Deus convoca Seu povo a ser o primeiro a fornecer alimentos, remédios e segurança, tudo em nome de Jesus. Isaías repreendeu o antigo Israel por eles se acharem fiéis no jejum e orações, enquanto ignoravam as necessidades de compaixão que a crise exigia: compartilhar alimento com os famintos, prover abrigo aos pobres e vestir "os que precisam" (v.7).

Deus deseja que os famintos sejam alimentados física e espiritualmente. E Ele age em nós e por nosso intermédio à medida que atende às necessidades.

WINN COLLIER

Qual tipo de fome você vê ao seu redor? Onde Deus o convida a oferecer ajuda?

Verdades bíblicas:

Aplicação pessoal:

Pedidos de oração:

Respostas de oração:

Querido Deus, por favor, ajuda-me a ser parte da Tua ajuda ao levar alimento, amor e conforto aos que precisam.

25 de outubro

Leitura: JONAS 2:1-10

Verdades bíblicas:

Aplicação pessoal:

Pedidos de oração:

Respostas de oração:

FUGINDO DE DEUS

Em [...] angústia, clamei ao SENHOR, e ele me respondeu. Gritei da terra dos mortos, e tu me ouviste. v.2

Julia e Liz passeavam de caiaque em busca de baleias jubarte. As jubartes são conhecidas por aparecerem na superfície, o que as torna fáceis de serem vistas. As duas amigas foram surpreendidas quando um desses animais emergiu diretamente abaixo delas. Um observador filmou o encontro, que mostrou a grande boca da baleia aberta diante das mulheres e seus caiaques. Depois de submergirem por um breve momento, elas escaparam ilesas.

Essa experiência traz uma visão sobre o relato bíblico do profeta Jonas sendo engolido por um "grande peixe" (JONAS 1:17). Deus o instruíra a pregar aos ninivitas, mas, como eles tinham rejeitado a Deus, Jonas achou que eles eram indignos do perdão divino. Em vez de obedecer, Jonas fugiu e embarcou num navio; e Deus enviou uma tempestade, lançando-o ao mar.

Deus preservou a vida de Jonas da morte certa em alto-mar, poupando-o das consequências muito piores de suas ações. Jonas clamou ao Senhor, e Deus o ouviu (2:2). Após Jonas admitir seu erro e expressar louvor, reconhecendo a bondade de Deus, ele foi liberto da boca do peixe para a praia (v.10).

Pela graça de Deus, quando reconhecemos nossos erros e declaramos nossa fé no sacrifício de Jesus, somos poupados da morte espiritual que merecemos e experimentamos uma nova vida por meio de Cristo.

KIRSTEN HOLMBERG

Você alguma vez "fugiu" de Deus? Como você experimentou a nova vida por intermédio de Jesus?

Querido Deus, agradeço-te por me proporcionares uma nova vida por meio de Jesus.

ESPERANÇA EM DEUS

26 de outubro

Assim, quer estejamos neste corpo, quer o deixemos, nosso objetivo é agradar ao Senhor. v.9

Leitura: 2 CORÍNTIOS 5:1-10

Jeremias não sabia o que estava por vir quando chegou à universidade para um curso de 3 anos e pediu pelo dormitório estudantil mais barato disponível. "Era horrível, o quarto e o banheiro eram péssimos." Mas ele tinha pouco dinheiro e pouca escolha, e pensou no que poderia fazer: *"Tenho uma boa casa para onde voltar quando me formar, então vou aproveitar ao máximo meu tempo aqui"*.

A história de Jeremias reflete os desafios diários de viver numa "tenda" neste mundo: um "corpo terreno" que se desfará (2 CORÍNTIOS 5:1), num mundo que "passa" (1 JOÃO 2:17). Assim, "gememos e suspiramos" (2 CORÍNTIOS 5:4) à medida que lutamos para lidar com as muitas dificuldades que a vida nos impõe.

O que nos faz continuar é a esperança certa de que um dia teremos um corpo imortal e ressurreto, uma morada celestial (v.4), e viveremos num mundo livre de sofrimentos e frustrações (ROMANOS 8:19-22). Essa esperança nos capacita a aproveitar ao máximo a vida presente que Deus amorosamente nos concedeu. Ele também nos auxiliará a usar os recursos e talentos que nos concedeu, para que possamos servir a Ele e aos outros. E por isso "quer estejamos neste corpo, quer o deixemos, nosso objetivo é agradar ao Senhor" (2 CORÍNTIOS 5:9).

LESLIE KOH

Como você pode começar cada dia lembrando-se da esperança por causa de Deus? Você pode incentivar outras pessoas com essa esperança?

Verdades bíblicas:

Aplicação pessoal:

Pedidos de oração:

Respostas de oração:

Pai, anseio estar contigo em Teu lar celestial. Sou grato pela esperança que me concedes diariamente.

27 de outubro

Leitura: JOÃO 3:1-9

Verdades bíblicas:

Aplicação pessoal:

Pedidos de oração:

Respostas de oração:

NASCIDO DE NOVO?

Eu lhe digo a verdade: ninguém pode entrar no reino de Deus sem nascer da água e do Espírito. v.5

"Nascer de novo? O que isso significa?", perguntou o agente funerário. "Nunca ouvi falar disso antes." Aproveitando a oportunidade, o filho do falecido explicou o significado das palavras do evangelho de João.

"Tudo se resume ao fato de todos nós nascermos neste mundo", disse ele. "Deus não tem uma balança mágica que pesa as nossas boas e más ações. Deus exige que nasçamos do Espírito", continuou ele. "É por isso que Jesus morreu na cruz, Ele pagou por nossos pecados e possibilitou que tivéssemos a vida eterna com Ele. Não podemos conseguir isso por nós mesmos."

Lemos em João 3 que Nicodemos tinha dúvidas se ele realmente sabia de tudo. Sendo treinado nas Escrituras (v.1), ele reconheceu que Jesus era diferente e que Seu ensino tinha autoridade (v.2). E ele queria descobrir por si mesmo e, por isso, certa noite, aproximou-se de Cristo para resolver a questão. Nicodemos deve ter aceitado a declaração de Jesus, "É necessário nascer de novo" (v.7), e crido nela, pois auxiliou na preparação do corpo do Salvador para o sepultamento após a crucificação (19:39).

O agente funerário concordou em ir para casa e ler o terceiro capítulo do evangelho de João. Assim como o filho que conversou com o agente, levemos a sério as palavras de Jesus e as compartilhemos com outras pessoas, sob o Seu auxílio.

BRENT HACKETT

Para você, o que significa "nascer de novo"? Como compartilhar essa mensagem?

Pai, sou grato por permitires que eu nascesse de novo. Que Teu Espírito possa mover mais pessoas!

LIVRE-SE DOS SEUS FARDOS

28 de outubro

Esaú correu ao encontro de Jacó e o abraçou. v.4

Leitura: GÊNESIS 33:1-11

Na faculdade, estudei o autor William Shakespeare por um semestre e usava um livro enorme com todos os textos dele. O livro era pesado e eu o carregava horas a fio. Carregá-lo provocava dor em minhas costas e, por fim, acabou quebrando um fecho de metal da minha mochila!

Algumas coisas são pesadas demais para carregarmos. As mágoas que levamos conosco podem nos sobrecarregar com amargura e ódio. Mas Deus deseja que tenhamos liberdade por meio do perdão às pessoas e, se possível, a reconciliação com elas (COLOSSENSES 3:13). Quanto mais profunda a dor, mais tempo isso pode levar. Não tem problema. Foram necessários anos para que Esaú perdoasse Jacó por roubar seu direito de primogenitura e sua bênção (GÊNESIS 27:36).

Quando os dois finalmente se reuniram, Esaú perdoou graciosamente seu irmão e o abraçou (33:4). Não houve uma palavra sequer antes de chorarem. Com o tempo, Esaú deixou de lado a raiva que o fizera pensar em assassinato (27:41). E todos esses anos deram a Jacó a chance de perceber o quanto ele havia prejudicado o seu irmão. Ele foi humilde e respeitoso durante o reencontro (33:8-11).

No final, os dois irmãos se entenderam a ponto de nenhum deles exigir nada do outro (vv.9-15). Era suficiente perdoar e ser perdoado e livrar-se da pesada carga do passado.

JENNIFER BENSON SCHULDT

Há ofensas difíceis de perdoar? Como o perdão aos outros reflete o seu relacionamento com Deus?

Verdades bíblicas:

Aplicação pessoal:

Pedidos de oração:

Respostas de oração:

Querido Deus, por favor, liberta-me da amargura e da raiva.

29 de outubro

Leitura: FILIPENSES 4:4-9

Verdades bíblicas:

Aplicação pessoal:

Pedidos de oração:

Respostas de oração:

PAUSA PARA ORAR

...orem a Deus pedindo aquilo de que precisam e agradecendo-lhe por tudo que ele já fez. v.6

Um meteorologista viralizou nas redes por proferir palavras simples e profundas em uma previsão do tempo. Matt Laubhan anunciava uma forte tempestade quando percebeu que um tornado catastrófico estava prestes a atingir uma certa cidade. Ele fez uma pausa ao vivo e orou: "Querido Jesus, por favor, ajude-os. Amém". Alguns telespectadores disseram que essa oração os levou a se abrigar. Sua oração espontânea e sincera pode ter salvado vidas.

Nossas orações também podem fazer a diferença e não precisam ser longas! Elas podem ser curtas e feitas a qualquer hora do dia. Quer estejamos no trabalho, em casa ou de férias, podemos orar continuamente (1 TESSALONICENSES 5:17).

Deus gosta de nos ouvir orar ao longo do dia. O apóstolo Paulo nos relembra de que não precisamos ser prisioneiros da preocupação ou medo, pois podemos levar todos os nossos cuidados e preocupações a Deus: "Não vivam preocupados com coisa alguma; em vez disso, orem a Deus pedindo aquilo de que precisam e agradecendo-lhe por tudo que ele já fez. Então vocês experimentarão a paz de Deus, que excede todo entendimento e que guardará seu coração e sua mente em Cristo Jesus" (FILIPENSES 4:6-7).

Quer desfrutemos de um dia ensolarado ou de tempestades literais ou figuradas, lembremo-nos de fazer uma pausa e orar ao longo do dia. *NANCY GAVILANES*

Como está sua vida de oração? Você deseja ser mais intencional ao orar ao longo do dia?

Pai querido, sou grato por poder orar ao Senhor a qualquer momento.

UMA LINDA SURPRESA

30 de outubro

Naquele dia, porém, o renovo do SENHOR será belo e glorioso... v.2

Leitura: ISAÍAS 4:2-6

Verdades bíblicas:

Aplicação pessoal:

Pedidos de oração:

Respostas de oração:

O solo arado continha um segredo. Para comemorar o seu 50º aniversário de casamento, um esposo separou cerca de 10.000 m² de suas terras para produzir talvez o maior presente floral que sua esposa tinha visto. Ele plantou secretamente sementes de girassol que se transformaram em 1,2 milhão de pés, as favoritas de sua amada. Quando os girassóis ergueram suas coroas amarelas, ela ficou impactada e impressionada com o seu belo ato de amor.

Falando ao povo de Judá por meio de Isaías, Deus compartilhou um segredo com eles: embora ainda não pudessem ver isso, após o julgamento prometido contra o povo por sua infidelidade a Ele (ISAÍAS 3:1–4:1), um dia novo e dourado surgiria. "Naquele dia, porém, o renovo do SENHOR será belo e glorioso; o fruto da terra será o orgulho e o esplendor de todos que sobreviverem em Israel" (4:2). Sim, passariam por devastação e exílio nas mãos da Babilônia, mas um belo "renovo", um novo rebento da terra, seria visto. Um remanescente de Seu povo separado, "santo" (v.3), purificado (v.4), guiado com amor e cuidado por Deus (vv.5-6).

Nossos dias podem parecer sombrios, e o cumprimento das promessas de Deus, oculto. Mas, quando nos apegamos a Ele pela fé, todas as Suas "grandes e preciosas promessas" um dia serão cumpridas (2 PEDRO 1:4). Um novo lindo dia nos aguarda.

TOM FELTEN

As promessas de Deus lhe parecem estar escondidas? Como aceitá-las pela fé hoje?

Deus amoroso, sou grato pela beleza de Tuas promessas fiéis.

31 de outubro

Leitura: MARCOS 12:13-17

Verdades bíblicas:

Aplicação pessoal:

Pedidos de oração:

Respostas de oração:

A GRANDE DIVISÃO

Então deem a César o que pertence a César, e deem a Deus o que pertence a Deus. v.17

Nos quadrinhos de Snoopy, uma das crianças repreende Linus por crer na "grande abóbora". Ao se afastar desanimado, Linus diz: "Há três coisas que aprendi a não discutir: religião, política e a grande abóbora!".

A grande abóbora só existia para Linus, mas os ***dois*** outros tópicos são reais e dividem nações, famílias e amigos. O mesmo problema ocorreu na época de Jesus. Os fariseus eram profundamente religiosos e seguiam a lei do Antigo Testamento ao pé da letra; os herodianos eram mais políticos. Mas ambos queriam ver o povo judeu livre da opressão romana. Jesus não compartilhava de seus objetivos, e por isso o abordaram com uma pergunta política: o povo deveria pagar impostos a César (MARCOS 12:14-15)? Se Jesus falasse sim, o povo se ressentiria. Se dissesse não, Ele poderia ser preso por insurreição.

Jesus pediu uma moeda: "De quem [é] a imagem...?" (v.16). Era de César. A resposta de Jesus ainda ecoa em nossos dias: "deem a César o que pertence a César, e deem a Deus o que pertence a Deus" (v.17). Com suas prioridades em ordem, Jesus evitou a armadilha deles.

Jesus veio para fazer a vontade do Seu Pai. Seguindo a Sua liderança, nós também podemos buscar Deus e Seu reino acima de todas as circunstâncias, desviando a nossa atenção de toda a desavença e direcionando-a Àquele que é a Verdade.

TIM GUSTAFSON

Quais polêmicas o incomodam? Firmar-se em Jesus pode orientar suas conversas hoje?

Pai, preciso da Tua sabedoria e orientação para todas as minhas interações.

Novembro

1º de novembro

Leitura: EFÉSIOS 5:15-20

Verdades bíblicas:

Aplicação pessoal:

Pedidos de oração:

Respostas de oração:

BOM USO DO TEMPO

...sejam cuidadosos em seu modo de vida [...] aproveitem ao máximo todas as oportunidades.... vv.15-16

Em 14 de março de 2019, a Administração Nacional da Aeronáutica e Espaço (NASA) enviou a astronauta Christina Koch à Estação Espacial Internacional. Ela ficaria lá por 328 dias, batendo o recorde de mais longo voo espacial contínuo feito por uma mulher. Todos os dias, quase 408 km acima da Terra, uma tela registrava o tempo de 5 em 5 minutos. Com miríades de tarefas diárias para cumprir, a cada hora uma linha vermelha avançava na tela, mostrando se ela estava adiantada ou atrasada. Nenhum momento a perder!

Embora não recomende nada tão intrusivo como uma linha vermelha governando nossa vida, o apóstolo Paulo nos encorajou a usar com cuidado o nosso precioso e limitado tempo: "Portanto, sejam cuidadosos em seu modo de vida. Não vivam como insensatos, mas como sábios. Aproveitem ao máximo todas as oportunidades nestes dias maus" (EFÉSIOS 5:15-16). A sabedoria de Deus nos instrui a preencher nossos dias com objetivo e cuidado, praticando obediência a Ele, amor ao próximo e participando da contínua redenção de Jesus no mundo. Infelizmente, é possível ignorar essas instruções sábias e agir impensadamente (v.17), desperdiçando nosso tempo em atividades egoístas ou destrutivas.

Não se preocupe demais com o tempo, mas simplesmente siga a Deus em obediência e confiança. Ele nos ajudará a aproveitar ao máximo os nossos dias.

WINN COLLIER

Como você valoriza o seu tempo?

Querido Deus, por favor, ajuda-me a aproveitar ao máximo o meu tempo hoje.

O COMPROMISSO

...cada pessoa está destinada a morrer uma só vez, e depois disso vem o julgamento. v.27

Em 22 de novembro de 1963, o presidente dos EUA John F. Kennedy, o filósofo e escritor Aldous Huxley e o autor e apologista cristão C. S. Lewis faleceram. Três homens reconhecidos e com visões de mundo radicalmente diferentes. Huxley, agnóstico, envolvia-se com misticismo oriental. Kennedy, embora católico, defendia a filosofia humanista. Lewis, ex-ateu e convertido ao anglicanismo, tornou-se defensor da fé cristã. A morte não faz acepção de pessoas: esses três a enfrentaram no mesmo dia!

A Bíblia diz que a morte se tornou parte da experiência humana quando Adão e Eva pecaram no jardim do Éden (GÊNESIS 3), uma triste realidade que marcou a história. A morte é equalizadora, isto é, o compromisso que ninguém pode evitar. Esse é o ponto de Hebreus 9:27: "As pessoas estão destinadas a morrer uma vez e, depois disso, a enfrentarem o julgamento".

Onde encontramos esperança em relação ao nosso encontro com a morte e o que virá depois? Em Cristo! Romanos 6:23 capta essa verdade perfeitamente: "Pois o salário do pecado é a morte, mas a dádiva de Deus é a vida eterna em Cristo Jesus, nosso Senhor". Como essa dádiva divina se tornou possível? Jesus, o Filho de Deus, morreu para destruir a morte e ressuscitou para nos oferecer vida eterna (2 TIMÓTEO 1:10).

BILL CROWDER

Como você se sente ao refletir sobre seu encontro inevitável com a morte? De que maneira você se prepara para isso?

2 de novembro

Leitura: HEBREUS 9:23-28

Verdades bíblicas:

Aplicação pessoal:

Pedidos de oração:

Respostas de oração:

Pai, sou grato por teres enviado o Teu Filho, que pagou o preço por meus pecados e morreu em meu lugar.

3 de novembro

Leitura: ISAÍAS 26:1-8

Verdades bíblicas:

Aplicação pessoal:

Pedidos de oração:

Respostas de oração:

NOSSO PAI É CONFIÁVEL

Tu guardarás em perfeita paz todos que em ti confiam, aqueles cujos propósitos estão firmes em ti. v.3

Meu filho Xavier levantou facilmente seu filhinho risonho no ar. Ele colocou a mão em volta dos pequenos pés dele, segurando-os firmemente em sua mão. Esticou seu longo braço e encorajou meu neto a se equilibrar sozinho, mas manteve uma mão livre pronta para segurá-lo, se necessário. O bebê endireitou as pernas e se ergueu. Sorrindo e com os braços apoiados ao lado do corpo, seus olhos se fixaram no pai.

O profeta Isaías declarou os benefícios de estarmos atentos ao nosso Pai celestial: "Tu guardarás em perfeita paz todos que em ti confiam, aqueles cujos propósitos estão firmes em ti" (ISAÍAS 26:3). Ele encorajou o povo de Deus a se comprometer a buscá-lo nas Escrituras e a ter comunhão com Ele por meio da oração e adoração. Aqueles que fossem fiéis experimentariam a plena confiança edificada pela comunhão estabelecida com o Pai.

Como filhos amados de Deus, podemos clamar com ousadia: "Confiem sempre no SENHOR, pois o SENHOR Deus é a Rocha eterna" (v.4). Por quê? Porque nosso Pai celestial é digno de confiança. Deus e a Sua Palavra *nunca* mudam!

Se mantivermos os olhos fixos em nosso Pai celestial, Ele manterá nossos pés seguros firmemente em Suas mãos. Podemos continuamente contar o Seu amor, fidelidade e bondade para sempre! *XOCHITL DIXON*

De que forma manter os pensamentos em Deus nos traz paz? O que você tem feito para achegar-se a Deus durante o dia?

Pai, sou grato por usares a Bíblia para lembrar-me de Teu caráter imutável e da Tua fidelidade eterna.

AMAR AS NAÇÕES

4 de novembro

...vi uma imensa multidão, grande demais para ser contada, de todas as nações, tribos, povos e línguas... v.9

Leitura: APOCALIPSE 7:9-12

Como filha de pais amorosos, trabalhadores e imigrantes latino-americanos, sou grata pela coragem deles ao serem os primeiros em suas famílias a imigrar em busca de novas oportunidades. Eles se conheceram em Nova Iorque quando jovens, casaram-se, tiveram minha irmã e eu, e seguiram administrando seus negócios.

Como nova-iorquina, cresci valorizando a minha herança hispânica, fascinada por pessoas de diversas origens. Por exemplo, uma vez compartilhei minha história de fé no culto de uma igreja multicultural que se reúne num antigo teatro da *Broadway*. Falar a um grupo multicultural sobre o amor de Deus significa apenas um vislumbre de como será o Céu quando virmos pessoas de diferentes nações se reunirem como Corpo de Cristo.

O apóstolo João nos oferece esta visão do Céu: "Depois disso, vi uma imensa multidão, grande demais para ser contada, de todas as nações, tribos, povos e línguas, em pé diante do trono e diante do Cordeiro" (APOCALIPSE 7:9). Deus, nosso Salvador, receberá o "louvor e a glória" e muito mais, pois Ele é digno "para todo o sempre" (v.12).

Hoje apenas vislumbramos como será o Céu. Mas, um dia, nós que cremos em Cristo estaremos juntos a Ele e às pessoas de países, culturas e línguas diferentes. Dado que Deus ama as nações, que amemos nossa família global em Cristo também!

NANCY GAVILANES

De que maneira podemos amar as nações? Como celebrar outros povos e culturas?

Verdades bíblicas:

Aplicação pessoal:

Pedidos de oração:

Respostas de oração:

Querido Deus, por favor, ajuda-me a amar verdadeiramente aos outros.

5 de novembro

Leitura: SALMO 23

Verdades bíblicas:

Aplicação pessoal:

Pedidos de oração:

Respostas de oração:

CORAGEM DO PASTOR

O SENHOR é meu pastor, e nada me faltará. SALMO 23:1

Quase 107.000 pessoas no estádio ficaram na expectativa quando Seth Small, um jogador de futebol americano, entrou em campo, faltando apenas 2 segundos para o término da partida. Empatados contra o melhor time do país, um ponto bem-sucedido selaria uma vitória épica e improvável. Parecendo calmo, Small se alinhou para chutar a bola. O estádio explodiu de emoções quando a bola passou pelas traves, marcando o gol da vitória.

Ao ser questionado pelos repórteres sobre como ele se preparou para um momento tão intenso, o jogador disse que repetia para si mesmo o primeiro versículo do Salmo 23: "O SENHOR é meu pastor, e nada me faltará". Quando precisava de força e confiança, ele recorria à metáfora profundamente pessoal de Deus como um pastor.

O Salmo 23 é bastante apreciado pois nos assegura de que podemos ficar em paz, ou protegidos, porque temos um Pastor amoroso e confiável que age para cuidar de nós. Davi testemunhou sobre o seu medo em situações difíceis e também do conforto que Deus provê (v.4). A palavra traduzida como "protegem" transmite segurança, ou seja, a confiança e a coragem de seguir em frente por causa de Sua presença orientadora.

Quando enfrentarmos circunstâncias desafiadoras, desconhecendo suas consequências, podemos nos encorajar repetindo o bondoso lembrete de que o bom Pastor caminha conosco. *LISA M. SAMRA*

O cuidado de Deus como pastor amoroso em sua vida o encorajou?

Pai celestial, por favor, ajuda-me a ter coragem, sabendo que Tu és meu amoroso Pastor.

6 de novembro

UMA QUASE VERDADE AINDA É MENTIRA

Palavras verdadeiras resistem à prova do tempo, mas as mentiras logo ficam evidentes. v.19

Cinematografia? Ótima. Trilha sonora? Reflexiva e calmante. Conteúdo? Intrigante e empático. O vídeo apresentou um estudo em que uma substância semelhante à adrenalina foi injetada em sequoias, árvores gigantescas e milenares, para evitar a dormência. Elas morreram porque não lhes foi permitido o ciclo natural do inverno.

O filme dizia que o mesmo pode acontecer conosco se estivermos sempre ocupados, sem descanso. Isso pode ser verdade, mas o vídeo não trazia a verdadeira informação. Nunca houve tal estudo. As sequoias do vídeo são de uma variedade sempre-viva e nunca adormecem, diferentemente do tipo costeiro, que perde as folhas. Mesmo parecendo criterioso, o vídeo era baseado em mentiras.

Em nossa época, devido às tecnologias, as mentiras se ampliam e se multiplicam até o ponto de nos convencer de que são verdades. O livro de Provérbios, o compêndio da sabedoria divina, fala muito da diferença abismal entre verdade e mentira. "Palavras verdadeiras resistem à prova do tempo, mas as mentiras logo ficam evidentes. O engano enche o coração dos que tramam o mal; a alegria enche o coração dos que promovem a paz" (vv.12:19-20).

A honestidade se aplica a tudo, dos mandamentos divinos aos vídeos sobre natureza. A verdade resiste "à prova do tempo".

JOHN BLASE

Leitura: PROVÉRBIOS 12:17-20

Verdades bíblicas:

Aplicação pessoal:

Pedidos de oração:

Respostas de oração:

Querido Deus, por favor, concede-me discernimento em minha busca diária pelo que é verdadeiro.

7 de novembro

Leitura: FILIPENSES 4:1-9

Verdades bíblicas:

Aplicação pessoal:

Pedidos de oração:

Respostas de oração:

PROBLEMA DOS OUTROS

...suplico a Evódia e a Síntique: tendo em vista que estão no Senhor, resolvam seu desentendimento. v.2

Quatro dos meus netos brincavam com um conjunto de trens em miniatura, e os dois mais novos discutiam por causa de um dos trens. Quando nosso neto de 8 anos começou a intervir, sua irmã de 6 anos disse: "Não se preocupe com os assuntos deles". Palavras sábias para todos nós, quase sempre. Mas quando a discussão se transformou em lágrimas, a vovó interveio e os separou, consolando as crianças briguentas.

É bom não se meter nas brigas alheias quando isso pode piorar a situação. Mas, às vezes, precisamos intervir, sob muita oração. Paulo exemplifica quando devemos fazer isso. O apóstolo exorta duas mulheres a se resolverem, já que "estão no Senhor" (FILIPENSES 4:2). Aparentemente, o desentendimento delas era tão intenso que Paulo sentiu-se compelido a intervir (v.3), mesmo encarcerado (1:7).

Paulo sabia que aquela discussão estava causando a desunião e desviando a atenção ao evangelho. Portanto, ele gentilmente falou a verdade, lembrando-as de que seus nomes estavam escritos "no livro da vida" (4:3). Paulo queria que elas e todos na igreja vivessem como o povo de Deus em pensamentos e práticas (vv.4-9).

Quando vocês não tiverem a certeza se devem se envolver ou não, orem, confiando que "o Deus da paz estará com vocês" (vv.7-9).

ALYSON KIEDA

Lembra-se de alguma discussão ou desentendimento e seu resultado? Buscar a orientação de Deus impacta a sua abordagem em conflitos?

Pai, concede-me a sabedoria para saber quando intervir e o que dizer para levar cura e união.

O TEMPO DE DEUS

8 de novembro

Eu, porém, confio em ti, SENHOR [...]. Meu futuro está em tuas mãos; SALMO 31:14-15

Leitura: GÊNESIS 8:1-5,13-18

Margô estava ansiosa pela viagem planejada para outro país. Mas, como sempre fazia, ela orou primeiro. "É apenas um feriado", comentou uma amiga. "Por que você precisa consultar Deus?" Margô, no entanto, cria em entregar tudo a Ele. Dessa vez, ela sentiu que Deus lhe direcionava a cancelar a viagem. Assim o fez e, mais tarde, quando por certo estaria lá, uma epidemia eclodiu naquele local. "Sinto que Deus me protegeu", disse.

Noé também confiou na proteção de Deus enquanto ele e a família esperavam na arca por quase 2 meses após o dilúvio diminuir. Confinado por mais de 10 meses, talvez ele tenha se sentido ansioso para sair. Afinal, "quase não havia mais água sobre a terra [...] e o solo estava praticamente seco" (GÊNESIS 8:13). Mas Noé não se baseou apenas no que viu; em vez disso, saiu da arca somente quando Deus lhe instruiu (vv.15-19). Ele confiou que Deus tinha um bom motivo para a longa espera (talvez o solo ainda não estivesse bem seguro).

Ao orarmos sobre nossas decisões, usando a prudência entregue por Deus e aguardando a Sua orientação, podemos confiar em Seu tempo, com a certeza de que nosso sábio Criador sabe o que é melhor para nós. Como disse o salmista: "Eu, porém, confio em ti, SENHOR, [...] Meu futuro está em tuas mãos" (SALMO 31:14-15).

LESLIE KOH

Se você está diante de uma decisão, o que Deus já lhe disse sobre ela? Como confiar nele e esperar por Sua orientação?

Verdades bíblicas:

Aplicação pessoal:

Pedidos de oração:

Respostas de oração:

Pai, concede-me a sabedoria e a orientação para agir de acordo com Tua vontade e nos Teus caminhos.

9 de novembro

Leitura: 1 PEDRO 4:7-11

Verdades bíblicas:

Aplicação pessoal:

Pedidos de oração:

Respostas de oração:

SERVIR COM AMOR

Deus concedeu um dom a cada um, e vocês devem usá-lo para servir uns aos outros... v.10

Quando Cristina começou a trabalhar numa cafeteria, ela atendeu Eduardo. Como ele é surdo, fazia o seu pedido por meio de uma mensagem em seu celular. A atendente notou que ele era um cliente habitual, decidiu servi-lo melhor e aprender um pouco de língua de sinais para que o cliente pudesse fazer o seu pedido sem precisar digitar.

De modo simples, Cristina demonstrou ao cliente o tipo de amor e serviço que Pedro nos incentiva a ter uns com os outros. Em sua carta aos cristãos dispersos e exilados, o apóstolo fala que ele devem amar profundamente uns aos outros e usar os seus dons "para servir uns aos outros" (1 PEDRO 4:8,10). Quaisquer que sejam as habilidades e capacidades que Deus nos deu, podemos usá-las para beneficiar os outros. Ao fazermos isso, nossas palavras e ações honram a Deus.

As palavras de Pedro foram importantes aos leitores da época, pois eles experimentavam dor e isolamento. Ele os encorajou a servirem uns aos outros em suas angústias para ajudá-los a suportar as provações. Embora possamos não entender a dor do próximo, Deus pode nos ajudar a demonstrar empatia, e a servir uns aos outros de maneira graciosa e alegre com nossas palavras, recursos e habilidades. Que Deus nos ajude a servir aos outros como um reflexo de Seu amor!

KIRSTEN HOLMBERG

Você já experimentou o tipo de hospitalidade que Pedro nos ensina? A quem você poderia servir hoje?

Pai, por favor, ajuda-me a servir as pessoas ao meu redor com tudo o que me deste.

DEUS O VÊ

Chamou-o de "Tu és o Deus que me vê", pois tinha dito: "Aqui eu vi aquele que me vê!" v.13

"Desça daí!", minha amiga ordenou ao filho após ele subir no banco da igreja e acenar. "Quero que o pastor me veja", ele respondeu com inocência. "Se eu não ficar de pé, ele não me verá."

Embora o fato de ficar de pé nos bancos provavelmente não seja incentivado na maioria das igrejas, o menino tinha um bom argumento. Ficar em pé e acenar era certamente um jeito de ser notado e de chamar a atenção do pastor.

Quando tentamos chamar a atenção de Deus, não precisamos nos preocupar em sermos vistos por Ele. Deus vê cada um de nós o tempo todo. Ele é o mesmo que se revelou a Hagar quando ela estava num momento bem ruim, solitário e frustrante de sua vida. Ela foi usada e dada a Abrão por sua esposa, Sarai, para gerar um filho (GÊNESIS 16:3). E quando ela engravidou, Abrão permitiu que sua esposa a maltratasse: "Então Sarai a tratou tão mal que, por fim, Hagar fugiu" (v.6).

A fugitiva se viu sozinha, grávida e triste. No entanto, em meio ao seu desespero no deserto, Deus teve compaixão e enviou um anjo para falar com ela. O anjo lhe disse que Deus tinha ouvido "seu clamor angustiado" (v.11). Ela respondeu, dizendo: "Tu és o Deus que me vê" (v.13).

Que percepção, especialmente em meio ao deserto! Deus viu Hagar e teve compaixão dela. E não importa o quanto tudo esteja difícil, Deus também o vê.

KATARA PATTON

Que situações você tem enfrentado? Saber que Deus o vê o ajuda a seguir em frente?

10 de novembro

Leitura: GÊNESIS 16:9-16

Verdades bíblicas:

Aplicação pessoal:

Pedidos de oração:

Respostas de oração:

Querido Deus, sou grato pois Tu me vês. Sei que estás comigo nos momentos difíceis.

11 de novembro

Leitura: LUCAS 22:63-65; 23:32-38

Verdades bíblicas:

Aplicação pessoal:

Pedidos de oração:

Respostas de oração:

AMEMOS OS NOSSOS INIMIGOS

...amem os seus inimigos e orem por quem os persegue. MATEUS 5:44

Durante a Segunda Guerra Mundial, Lynne Weston desembarcou com os fuzileiros navais enquanto invadiam o território controlado pelo inimigo. Inevitavelmente, houve perdas terríveis e ele fez o seu melhor para socorrer os feridos e evacuá-los. Sua unidade encontrou um inimigo gravemente ferido no abdômen e, por isso, o homem não podia beber água. Para mantê-lo vivo, Weston administrou plasma intravenoso.

"Guarde isso para os ***nossos*** homens, marujo!", gritou um dos fuzileiros. Weston o ignorou pois sabia o que Jesus faria: "amem os seus inimigos" (MATEUS 5:44).

Jesus fez muito mais do que falar tais palavras: Ele as praticou. Quando uma multidão hostil o agarrou e o levou ao sumo sacerdote, os "guardas encarregados de Jesus começaram a zombar dele e a bater nele" (LUCAS 22:63). A violência continuou durante Seu julgamento e execução. Jesus não se limitou a apenas suportar. Quando os soldados romanos o crucificaram, *Jesus orou pelo perdão deles* (23:34).

Talvez não encontremos um inimigo que busque literalmente nos matar. Mas todos sabemos como é suportar zombaria e desprezo. Nossa reação natural é reagir com raiva, mas Jesus exigiu ainda mais: "orem por quem os persegue" (MATEUS 5:44).

Que andemos *nesse* tipo de amor, demonstrando bondade como Jesus fez, até mesmo por nossos inimigos.

TIM GUSTAFSON

Como você reage àqueles que o desprezam ou o interpretam mal? Como Deus quer que você reaja?

Pai celestial, por favor, ajuda-me a amar aos outros da mesma forma que Tu me amas.

PUNHADO DE ARROZ

12 de novembro

Elas têm sido provadas [...] sua grande alegria e extrema pobreza transbordaram em rica generosidade. v.2

Leitura: 2 CORÍNTIOS 8:1-7

Na Índia, o estado do Mizorão sai lentamente da pobreza. Apesar da baixa renda, desde que o evangelho os alcançou, os cristãos praticam uma tradição local chamada "punhado de arroz". Quem prepara refeições diariamente reserva um punhado de arroz cru que é doado à Igreja. As igrejas locais são pobres segundo padrões mundiais, mas doaram milhões para missões e enviaram missionários pelo mundo. Muitos se converteram a Cristo naquela região.

Paulo descreve uma igreja com desafios parecidos. Os cristãos da Macedônia eram pobres, mas isso não os impedia de doar com alegria e abundância (2 CORÍNTIOS 8:1-2). Eles viam suas doações como privilégio e doavam "além" de sua capacidade (v.3) para fazer parceria com Paulo. Compreendiam que eram mordomos dos recursos de Deus. Doar era uma forma de demonstrar confiança em Deus que provê por todas as nossas necessidades.

Paulo usou os macedônios para incentivar os coríntios a terem a mesma abordagem em relação à doação. Os coríntios se destacavam em vários aspectos "na fé, nos discursos eloquentes, no conhecimento, no entusiasmo e no amor". Agora precisavam se destacar na graça de doar (v.7).

Assim como os macedônios e os fiéis do Mizorão, nós também podemos refletir a generosidade de nosso Pai, doando generosamente o que temos. *MATT LUCAS*

Você já testemunhou uma doação sacrificial? Como doar generosamente em resposta à generosa graça de Deus a você?

Verdades bíblicas:

Aplicação pessoal:

Pedidos de oração:

Respostas de oração:

Pai, oro pela Igreja no Mizorão, que ela continua a doar generosamente para a Tua obra.

13 de novembro

Leitura: PROVÉRBIOS 11:16-25

Verdades bíblicas:

Aplicação pessoal:

Pedidos de oração:

Respostas de oração:

GENTILEZA SEM MEDIDA

Quem faz o bem beneficia a si mesmo. v.17

Dois amigos foram a uma loja comprar um computador e depararam-se com o jogador de basquete Shaquille O'Neal. Cientes de que O'Neal recentemente perdera sua irmã e um ex-colega de equipe, empaticamente ofereceram suas condolências. Depois que os homens voltaram às compras, Shaquille se aproximou deles e lhes disse para escolherem o melhor equipamento que encontrassem. Ele então o presenteou aos dois, simplesmente porque o viram como alguém que passava por um momento difícil, e essa gentileza comoveu O'Neal.

Salomão escreveu muitos séculos antes que "Quem faz o bem beneficia a si mesmo" (PROVÉRBIOS 11:17). Quando consideramos as necessidades dos outros e fazemos o que podemos para ajudá-los e incentivá-los, somos recompensados. Pode não ser com um computador ou bens materiais, mas Deus nos abençoa de formas que este mundo não pode medir. Como Salomão explicou no versículo anterior: "A mulher bondosa ganha respeito; tudo que os homens cruéis obtêm é riqueza" (v.16). Os dons de Deus valem mais que dinheiro, e Deus os concede generosamente em Sua perfeita sabedoria.

A bondade e a generosidade fazem parte do caráter de Deus e Ele gosta de vê-las expressas em nosso coração e testemunho. Salomão resumiu bem: "O generoso prospera; quem revigora outros será revigorado" (v.25).

JAMES BANKS

Como Deus demonstrou bondade a você? De que forma você pode demonstrar o Seu amor hoje?

Deus, amo Tua bondade.
Ajuda-me a ser semelhante a ti para eu compartilhar e praticar Teu amor.

ORE SEMPRE

Jesus contou a seus discípulos [...] que deviam orar sempre e nunca desanimar. v.1

Marta, assistente de panificação, sentiu-se impotente ao ser acusada de roubar pão. A afirmação infundada e a dedução de seu salário foram apenas duas das muitas ações injustas de sua supervisora. "Deus, por favor, ajude", Marta orava todos os dias. "É muito difícil trabalhar com ela, mas preciso desse emprego."

Jesus fala de uma viúva que também se sentiu desamparada e buscou justiça contra seu adversário (LUCAS 18:3). Ela recorreu a um juiz com autoridade para resolver seu caso. Apesar de saber que tal juiz era injusto, ela persistiu em aproximar-se dele.

A resposta tardia do juiz (vv.4-5) é infinitamente diferente da de nosso Pai celestial, que responde rapidamente com amor e ajuda (v.7). Se a persistência dela permitiu que um juiz injusto aceitasse o caso de uma viúva, quanto mais Deus, o justo Juiz, pode e fará por nós? (vv.7-8). Podemos confiar que ele fará "justiça a seus escolhidos" (v.7) e perseverar na oração é uma forma de demonstrar nossa confiança. Perseveramos porque temos fé de que Deus nos responderá com Sua perfeita sabedoria à situação.

Por fim, a supervisora pediu demissão após outros reclamarem de seu comportamento. Ao caminharmos em obediência a Deus, sejamos perseverantes na oração, sabendo que o poder de nossas orações está em Deus que nos ouve e nos ajuda.

KAREN HUANG

Você já sentiu vontade de desistir de orar? Você reflete sobre o caráter de Deus ao orar?

14 de novembro

Leitura: LUCAS 18:1-8

Verdades bíblicas:

Aplicação pessoal:

Pedidos de oração:

Respostas de oração:

Deus amoroso, lembra-me de quem Tu és e a perseverar na oração, independentemente do que acontecer.

15 de novembro

Leitura: DEUTERONÔMIO 30:11-20

Verdades bíblicas:

Aplicação pessoal:

Pedidos de oração:

Respostas de oração:

ESCOLHA A VIDA

Escolham a vida, para que vocês e seus filhos vivam! v.19

Natã cresceu num lar cristão, mas começou a afastar-se da fé da infância ao ir para a faculdade e se entregar a bebidas e festas. Hoje, ele diz: "Deus me trouxe de volta a Ele quando eu não merecia". Natã passou um verão compartilhando Jesus com estranhos nas ruas das principais cidades em seu país e agora atua no ministério de jovens de sua igreja. A meta dele é ajudar os jovens a não desperdiçarem o tempo deles sem viver para Cristo.

Assim como Natã, Moisés tinha o seu coração voltado para a geração seguinte. Sabendo que logo teria de passar a liderança, entregou os mandamentos de Deus ao povo e, depois, listou os resultados da obediência ou desobediência: bênção e vida na obediência, maldição e morte na desobediência. "Escolham a vida, para que vocês e seus filhos vivam", disse Moisés, "pois [o SENHOR] é a sua vida!" (DEUTERONÔMIO 30:19-20). Moisés os exortou a amar a Deus, ouvir Sua voz e apegar-se a Ele (v.20).

Escolher o pecado traz consequências. Mas quando dedicamos nossa vida novamente para Deus, Ele certamente tem misericórdia (vv.2-3) e nos restaura (v.4). Essa promessa foi cumprida em toda a história de Israel e na obra final de Jesus na cruz, levando-nos à comunhão com Deus. Nós temos uma escolha e hoje somos livres para escolher a vida. *KAREN PIMPO*

Em que área de sua vida é mais difícil seguir a Deus? Como encorajar a próxima geração a escolher a vida?

Querido Jesus, sou grato por mostrar-me o caminho de volta à comunhão com o Pai.

SUPRIR AJUDA

16 de novembro

Seu servo vai lutar contra ele. v.32

Leitura: 1 SAMUEL 17:17-26, 32

Quando Hortência foi a casa de Tiago para entregar-lhe sua comida, ele pediu ajuda para abrir a sacola do lanche. Ele tinha sofrido um derrame anos antes e não mais conseguia desatar nós. Hortência o ajudou alegremente. Pelo restante do dia, ela pensou em Tiago, a ponto de inspirar-se e montar um caixa de presentes para ele. Mais tarde, o rapaz encontrou um chocolate quente com cobertura que ela tinha deixado em sua porta com um bilhete encorajador, e ele se emocionou.

Aquele *delivery* se tornou mais significativo do que ela originalmente pensou. O mesmo aconteceu quando Jessé enviou seu filho mais novo, Davi, para entregar alimentos aos seus irmãos enquanto os israelitas se preparavam para a batalha contra os filisteus (1 SAMUEL 17:2). Quando Davi chegou com pães e queijos, soube que Golias instigava o medo no povo com provocações (vv.8-10,16,24). O jovem enfureceu-se por Golias desafiar "os exércitos do Deus vivo" (v.26) e reagiu, dizendo ao rei Saul: "Ninguém se preocupe por causa desse filisteu. Seu servo vai lutar contra ele" (v.32).

Às vezes, Deus usa as circunstâncias de nosso cotidiano para nos colocar em lugares onde Ele deseja nos usar. Mantenhamos nossos olhos (e coração!) abertos para ver onde e como Deus quer que sirvamos a alguém.

KIRSTEN HOLMBERG

Deus já supriu suas necessidades por meio de outra pessoa? Como Ele pode usá-lo para abençoar a vida de alguém?

Verdades bíblicas:

Aplicação pessoal:

Pedidos de oração:

Respostas de oração:

Pai, por favor, abre os meus olhos para que eu veja onde Tu podes usar-me hoje.

17 de novembro

Leitura: 1 TIMÓTEO 4:6-10

Verdades bíblicas:

Aplicação pessoal:

Pedidos de oração:

Respostas de oração:

ESPIRITUALMENTE SAUDÁVEL

Em vez disso, exercite-se na devoção. v.7

Rui frequenta a academia assiduamente. Seus ombros são largos, seus músculos são grandes e seus braços são quase do tamanho das minhas coxas. Seu condicionamento físico foi uma oportunidade para conversarmos sobre um assunto espiritual. Perguntei-lhe se o compromisso dele com o corpo físico refletia, de alguma forma, um relacionamento saudável com Deus. Embora não tenhamos nos aprofundado nisso, Rui reconheceu a presença de Deus em sua vida. Conversamos o suficiente para ele me mostrar uma foto dele com quase 200 quilos, sem muita saúde e em má condição física. A mudança de estilo de vida o ajudou muito.

Paulo escreve a Timóteo (4:6-10) sobre o treinamento físico e espiritual: "...exercite-se na devoção. O exercício físico tem algum valor, mas exercitar-se na devoção é muito melhor, pois promete benefícios não apenas nesta vida, mas também na vida futura" (vv.7-8). Nossa saúde física não altera a nossa condição perante Deus. Nossa saúde espiritual é uma questão interior e começa com a decisão de crer em Jesus, por meio de quem recebemos o perdão. A partir daí, inicia-se o condicionamento para uma vida piedosa. Isso inclui nutrir-se "pela mensagem da fé e pelo bom ensino" (v.6) e, com a força de Deus, viver de modo a honrar nosso Pai celestial.

ARTHUR JACKSON

Se você já anda com Jesus, como avalia a sua saúde espiritual? Quais evidências em sua vida destacam a sua força espiritual?

Pai, perdoa-me quando penso só em mim. Ajuda-me a ler mais a Bíblia, orar, amar e servir aos outros.

OBEDIÊNCIA É ESCOLHA

Quem me ama faz o que eu ordeno. v.23

É raro nevar demais nos invernos na Holanda, mas eles podem ser gélidos o suficiente a ponto de congelar os canais de água. Meu marido, Tom, é deste país, e quando ele era mais novo, os pais dele tinham uma regra na família: "Fiquem longe do gelo até ele estar grosso o suficiente para suportar o peso de um cavalo". Ora, os cavalos deixam evidências por onde passam; então Tom e seus amigos decidiram tirar o esterco caído na estrada e jogá-lo sobre a camada fina de gelo, para depois se aventurarem sobre a fina superfície. Eles não se machucaram e nem foram descobertos, mas sabiam em seu coração que tinham desobedecido.

A obediência nem sempre acontece naturalmente. Escolher obedecer ou não pode vir do senso de dever ou do medo da punição. No entanto, podemos escolher obedecer por amor e respeito aos que têm autoridade sobre nós.

Jesus desafiou Seus discípulos dizendo: "Quem me ama faz o que eu ordeno. [...] Quem não me ama não me obedece" (JOÃO 14:23-24). Nem sempre essa escolha é fácil, mas o poder do Espírito que habita em nós nos concede o desejo e a capacidade de obedecê-lo (vv.15-17). Capacitados pelo Senhor, podemos continuar a seguir os mandamentos de Quem mais nos ama, não por medo de punição, mas por amor.

CINDY HESS KASPER

De que forma você tem sido deliberadamente desobediente? Por que é importante que você obedeça a Deus mesmo quando for difícil ou inconveniente?

18 de novembro

Leitura: JOÃO 14:15-24

Verdades bíblicas:

Aplicação pessoal:

Pedidos de oração:

Respostas de oração:

Deus amoroso, amolece o meu coração teimoso para ouvir Tuas instruções e obedecer-te fielmente.

19 de novembro

Leitura: ECLESIASTES 4:9-12

Verdades bíblicas:

Aplicação pessoal:

Pedidos de oração:

Respostas de oração:

FORTE APOIO EM CRISTO

É melhor serem dois que um, pois um ajuda o outro a alcançar o sucesso. v.9

Certo maratonista percebeu a importância de não correr uma maratona sozinho. Após meses de preparação exaustiva, ele desejava terminá-la ainda com forças. Mas, ao cambalear em direção à linha de chegada, percebeu que estava caindo de cansaço e à beira de um colapso. Porém, outros dois maratonistas agarraram seus braços, um à esquerda e outro à direita, e o ajudaram a completá-la.

Como aquele corredor, o autor do livro de Eclesiastes nos lembra das diversas vantagens importantes que advêm de termos outras pessoas correndo a maratona da vida conosco. Salomão estabeleceu o princípio: "É melhor serem dois que um" (ECLESIASTES 4:9). Ele destacou as vantagens dos esforços conjuntos e do trabalho mútuo. Ele também destacou que a parceria pode "[ajudar] o outro a alcançar o sucesso" (v.9). Em momentos de dificuldade "o outro o ajuda a levantar-se" (v.10). Nas noites escuras e frias, as pessoas podem se reunir pois "aquecem uma à outra" (v.11). E, durante o perigo, dois "podem se defender" de um agressor (v.12). Aqueles cuja vida se entrelaça podem tornar-se mais fortes.

Com todas as nossas fraquezas e fragilidades, precisamos de forte apoio e segurança de uma comunidade de fiéis em Cristo. Prossigamos juntos conforme Ele nos conduz! MARVIN WILLIAMS

Por que o companheirismo com outros cristãos é tão importante na corrida da vida? Como melhorar a qualidade de sua comunidade em Cristo?

Querido Deus, por favor, ajuda-me a construir uma comunidade saudável em Cristo.

FALAR A TODOS SOBRE JESUS

Por favor, permita-me falar a esta gente. v.39

Paulo tinha ido ao templo para a cerimônia de purificação judaica (ATOS 21:26), porém alguns agitadores acharam que ele ensinava contra a Lei e tentaram tirar-lhe a vida (V.31). Os soldados romanos agiram com rapidez, prenderam-no e o levaram amarrado para fora do templo com a multidão gritando: "Matem-no!" (V.36).

Como o apóstolo reagiu à ameaça? Perguntando ao comandante romano se poderia "falar a esta gente" (V.39). Quando recebeu a permissão, Paulo, sangrando e ferido, voltou-se para eles e compartilhou sua fé em Jesus (22:1-16).

Isso foi há 2.000 anos, uma história bíblica que talvez nos pareça desconectada de nossa realidade. Recentemente, um homem chamado Pedro foi preso ao visitar um amigo cristão encarcerado num país onde os cristãos são perseguidos. Ele foi jogado numa cela e teve os olhos vendados durante os interrogatórios. Quando tiraram sua venda, viu quatro soldados armados apontando para ele. Como ele reagiu? Pedro viu uma oportunidade para compartilhar sua fé.

Paulo e esse amigo Pedro apontam para uma verdade dura e vital. Mesmo que Deus permita a tribulação e até mesmo a perseguição, nossa tarefa permanece: anunciar "as boas-novas a todos" (MARCOS 16:15). Deus estará conosco e nos concederá sabedoria e poder para compartilhar a nossa fé.

DAVE BRANON

Você ou alguém que conhece enfrentou perseguição por causa da fé em Cristo? Como você anunciará as boas-novas hoje?

20 de novembro

Leitura: ATOS 21:27-22:1

Verdades bíblicas:

Aplicação pessoal:

Pedidos de oração:

Respostas de oração:

Querido Jesus, por favor, concede-me coragem para representar-te com amor e sabedoria.

21 de novembro

Leitura: MATEUS 20:20-28

Verdades bíblicas:

Aplicação pessoal:

Pedidos de oração:

Respostas de oração:

SERVIR A DEUS PARA O BEM

Entre vocês, porém, será diferente. Quem quiser ser o líder entre vocês, que seja servo. v.26

Breno se mudou para uma nova cidade e logo achou uma igreja onde pudesse adorar. Ele foi aos cultos por algumas semanas e, num domingo, conversou com o pastor sobre seu desejo de servir onde fosse preciso, dizendo: "Só quero pegar no arado". Começou arrumando as cadeiras para os cultos e limpando os banheiros. Mais tarde, a igreja descobriu que Breno tinha o dom de ensinar, mas ele estava disposto a servir onde precisassem.

Jesus ensinou a dois dos Seus discípulos, Tiago e João, e à mãe deles uma lição sobre servir. Ela pediu que os filhos tivessem um lugar de honra em cada lado de Cristo em Seu reino (MATEUS 20:20-21). Os outros discípulos souberam disso e se irritaram com eles. Talvez eles mesmos quisessem aquelas posições para si? Jesus lhes disse que exercer autoridade sobre os outros não era o jeito certo de viver (vv.25-26), mas, em vez disso, servir era o mais importante. "Quem quiser ser o líder entre vocês, que seja servo" (v.26).

As palavras de Breno, "pegar no arado", representam o que cada um de nós pode fazer em nossa comunidade e igreja para servir a Cristo. Breno descreveu o amor por Deus em sua vida da seguinte forma: "Quero servir para a glória de Deus, para o bem do mundo e para minha própria alegria". Como nós, sob a orientação de Deus, "pegaremos no arado"? *ANNE CETAS*

De que forma você pode servir à sua família cristã? Quando você começará?

Pai, fizeste muito por mim e mereces meu amor. Capacita-me e mostra-me como servir aos outros.

ESCOLHENDO COM SABEDORIA

Tua palavra é lâmpada para meus pés. v.105

Vender a casa da família? Após minha mãe, já viúva, falecer, essa decisão foi muito difícil. O luto guiou meus sentimentos. Minha irmã e eu passamos dois anos limpando e consertando a casa vazia, conformadas em vendê-la. Mas em 2008, com a recessão global, ninguém a comprou. Abaixávamos o preço, mas sem nenhuma proposta. Certo dia, um versículo chamou a minha atenção: "Um estábulo sem bois permanece limpo, mas é a força do boi que provê a colheita farta" (PROVÉRBIOS 14:4).

Era sobre agricultura, mas a mensagem me intrigou. Um espaço vazio permanece limpo, mas somente com o "agito" dos habitantes ele geraria colheita; no caso, uma colheita de valores e legado familiar. Liguei para minha irmã e disse: "E se ficarmos com a casa? Podemos alugá-la".

A possibilidade nos surpreendeu. Não tínhamos planos de transformar a casa em investimento. Mas a Bíblia, como guia espiritual, também oferece sabedoria prática. Conforme Davi orou, "Mostra-me o caminho certo, SENHOR, ensina-me por onde devo andar" (SALMO 25:4).

Por causa dessa nossa decisão, nós fomos abençoadas ao alugar a casa para muitas famílias queridas. Também aprendemos uma verdade transformadora: a Bíblia ajuda a orientar nossas decisões. "Tua palavra é lâmpada para meus pés e luz para meu caminho" (SALMO 119:105). Que andemos na luz de Deus. *PATRICIA RAYBON*

Você tem escolhas difíceis a tomar? Como a Bíblia pode lhe orientar?

22 de novembro

Leitura: SALMO 119:101-106

Verdades bíblicas:

Aplicação pessoal:

Pedidos de oração:

Respostas de oração:

Querido Deus, quando eu tomar decisões peço que Tu me guies à luz das Escrituras.

23 de novembro

Leitura: JEREMIAS 29:1-7

Verdades bíblicas:

Aplicação pessoal:

Pedidos de oração:

Respostas de oração:

AGENTES DA PAZ

Trabalhem pela paz e pela prosperidade da cidade para a qual os deportei. v.7

Em 2015, as igrejas de Colorado Springs, EUA, uniram-se para servir à cidade e fundaram a *COSILoveYou* (um trocadilho entre o nome da cidade e a frase "Porque eu te amo"). Anualmente, o grupo envia cristãos para servir a comunidade e, certa vez, meus filhos e eu atuamos numa escola de Ensino Fundamental no centro da cidade. Nós limpamos, arrancamos ervas daninhas e participamos de um projeto de arte, amarrando fitas plásticas coloridas numa cerca de arame de forma que se assemelhassem às montanhas. Simples e surpreendentemente bonito.

Sempre que passo ali e vejo nosso humilde projeto de arte, lembro-me de Jeremias 29, em que Deus instruiu Seu povo a se estabelecer e a servir a cidade onde habitavam. Mesmo exilados e sem querer viver lá, Deus assim ordenara.

O profeta disse: "Trabalhem pela paz e pela prosperidade da cidade para a qual os deportei. Orem por ela ao SENHOR, pois a prosperidade de vocês depende da prosperidade dela" (v.7). *Paz* nesse versículo vem da palavra hebraica *shalom*. Ela abrange a ideia de plenitude e florescimento que apenas a bondade e a redenção de Deus podem oferecer.

Surpreendentemente, Deus nos chama a sermos Seus agentes da *shalom*, onde estivermos. Somos convidados a criar beleza e praticar a redenção de modo simples e concreto onde Ele nos colocou.

ADAM R. HOLZ

Você já presenciou a restauração da paz? Seu tempo, talentos e recursos podem ajudar a comunidade?

Pai, sou grato por Teu convite para eu ser agente da Tua bênção. Ajuda-me a descobrir como servir.

MUDANÇA DE CARÁTER

24 de novembro

Acrescentem à fé a excelência moral. v.5

Os familiares do gramático Dominique Bouhours se reuniram ao redor do seu leito de morte. Na hora de partir, ele teria dito: "Estou prestes a morrer ou vou morrer; ambas as frases são corretas". Quem se preocuparia com gramática nesse momento? Quem com ela se preocupou a vida toda!

Na velhice, temos hábitos bem estabelecidos. Tivemos a vida toda para que nossas escolhas se tornassem hábitos calcificados no caráter: bons ou maus. Somos o que escolhemos ser.

É mais fácil desenvolvermos a piedade quando somos jovens e flexíveis. Pedro recomenda: "Acrescentem à fé a excelência moral; à excelência moral o conhecimento; ao conhecimento o domínio próprio; ao domínio próprio a perseverança; à perseverança a devoção a Deus; à devoção a Deus a fraternidade; e à fraternidade o amor" (2 PEDRO 1:5-7). Pratique essas virtudes e "sua entrada no reino eterno de nosso Senhor e Salvador Jesus Cristo será acompanhada de grande honra" (v.11).

Quais características estão mais presentes em você? Onde precisa melhorar? Não podemos mudar quem somos, mas Jesus pode. Peça a Ele que o transforme e fortaleça. A jornada pode ser lenta e árdua, mas Jesus é especialista em conceder exatamente o que precisamos. Peça-lhe que transforme o seu caráter para que você se torne mais parecido com Ele.

MIKE WITTMER

O que gostaria de mudar em você?
Como buscar o poder e a provisão de Deus e começar a transformação?

Leitura: 2 PEDRO 1:3-11

Verdades bíblicas:

Aplicação pessoal:

Pedidos de oração:

Respostas de oração:

Querido Jesus, torna-me mais parecido com o Senhor, para que os outros o vejam claramente.

25 de novembro

Leitura: SALMO 100

Verdades bíblicas:

Aplicação pessoal:

Pedidos de oração:

Respostas de oração:

GRATIDÃO APESAR DAS PROVAÇÕES

Entrem por suas portas com ações de graças e, [...] com cânticos de louvor [...] deem-lhe graças... v.4

Acompanho e oro por uma escritora que tem postado *on-line* sobre sua luta contra o câncer. Ela alterna o compartilhar de atualizações sobre sua dor e desafios, com pedidos de oração e louvores a Deus. É lindo ver seu corajoso sorriso, seja no hospital aguardando tratamentos ou em casa, usando um lenço porque seu cabelo está caindo. A cada desafio, ela nunca deixa de incentivar outras pessoas a confiar em Deus durante as provações.

Quando enfrentamos dificuldades, pode ser difícil ver motivos de gratidão e louvor a Deus. No entanto, o Salmo 100 nos dá motivos para nos alegrarmos e louvarmos a Deus apesar das circunstâncias. O salmista diz: "Reconheçam que o SENHOR é Deus! Ele nos criou e a ele pertencemos; somos seu povo, o rebanho que ele pastoreia" (v.3). E continua: "Pois o SENHOR é bom! Seu amor dura para sempre, e sua fidelidade, por todas as gerações" (v.5).

Seja qual for nossa provação, somos consolados sabendo que Deus está sempre perto de nós (34:18). Quanto mais tempo investirmos com Deus, orando e lendo a Bíblia, mais seremos capazes de entrar "por suas portas com ações de graças e, em seus pátios, com cânticos de louvor" e "[dar-lhe] graças e [louvar] o seu nome" (100:4). Podemos "[aclamar] ao SENHOR" (v.1) mesmo, e até especificamente, quando estamos em tribulação, porque nosso Deus é fiel.

NANCY GAVILANES

Querido Deus, por favor, ajuda-me a louvar-te mesmo durante as minhas provações.

PARCERIA COM DEUS

Providenciem vocês mesmos alimento para eles. v.37

Quando minha amiga e seu marido desejavam conceber, os médicos recomendaram um procedimento. Mas ela hesitava. “Será que a oração não seria suficiente para resolver? Será que realmente preciso disso?” Ela queria entender o papel da ação humana na obra divina.

A história de Jesus alimentando a multidão pode nos ajudar nesse ponto (MARCOS 6:35-44). Sabemos que a história termina com centenas de pessoas milagrosamente alimentadas com um pouco de pão e alguns peixes (v.42). Mas quem deve alimentar a multidão? Os discípulos (v. 37). Quem fornece o alimento? Eles fornecem. (v.38). Quem o distribui e ajunta o restante? Eles, novamente (vv. 39-43). Jesus disse: “Providenciem vocês mesmos alimento para eles” (v.37). Jesus fez o milagre, mas os discípulos tiveram de agir.

Uma boa colheita é um presente divino (SALMO 65:9-10), mas o agricultor ainda precisa trabalhar na terra. Jesus prometeu a Pedro peixes, mas ele teve de lançar as redes (LUCAS 5:4-6). Deus pode cuidar da Terra e fazer milagres sem nós, mas Ele escolhe fazer uma parceria humano-divina conosco.

Minha amiga fez o procedimento e mais tarde concebeu. E, embora não seja uma fórmula para milagres, foi uma lição para ela e a mim também. Muitas vezes, Deus realiza Sua obra milagrosa por meio dos métodos que Ele colocou em nossas mãos.

SHERIDAN VOYSEY

Quando você sente o desejo de orar sem agir? O que Deus lhe pede neste momento?

26 de novembro

Leitura: MARCOS 6:35-44

Verdades bíblicas:

Aplicação pessoal:

Pedidos de oração:

Respostas de oração:

Pai, obrigado por incluir-me em Tua obra maravilhosa. Aceita o que te entrego e faze Tuas maravilhas.

27 de novembro

Leitura: 1 JOÃO 1:5-7

Verdades bíblicas:

Aplicação pessoal:

Pedidos de oração:

Respostas de oração:

BRILHA A LUZ DE CRISTO

Deus é luz. v.5

Quando as luzes se apagaram nas ruas de certa cidade, o anseio por outra fonte de luz, o Sol, era o desejo de todos. A prefeitura, com dificuldades financeiras, não tinha reservas para pagar a empresa de serviços públicos. A empresa de energia elétrica desligou a iluminação pública e removeu as lâmpadas de 1.400 postes, deixando os moradores inseguros e no escuro. "Aqui estão algumas crianças a caminho da escola", disse um morador a um repórter. "Não há luzes. Elas têm que se arriscar na rua no escuro."

Isso mudou quando uma ONG instalou postes movidos por energia solar na cidade. Trabalhando em conjunto, a organização economizou dinheiro nas contas de energia da cidade e garantiu uma fonte de luz que atendia às necessidades da população.

Vivendo em Cristo, nossa fonte confiável de luz é o próprio Jesus, o Filho de Deus. Como o apóstolo João escreveu: "Deus é luz, e nele não há escuridão alguma. [...] Mas, se vivemos na luz, como Deus está na luz, temos comunhão uns com os outros, e o sangue de Jesus, seu Filho, nos purifica de todo pecado" (1 JOÃO 1:5,7).

Jesus declarou: "Eu sou a luz do mundo. Se vocês me seguirem, não andarão no escuro, pois terão a luz da vida" (JOÃO 8:12). Com o Espírito Santo de Deus guiando cada um de nossos passos, nunca andaremos na escuridão. Sua luz sempre brilhará intensamente.

PATRICIA RAYBON

Jesus é a sua luz? A quem você pode falar sobre Ele hoje?

Querido Deus, que a Tua luz brilhe em cada canto escuro da minha vida.

PERDOADO POR DEUS

Que outro Deus há semelhante a ti, que perdoas a culpa...? v.18

Na época do feriado de Ação de Graças, o presidente dos EUA recebe dois perus na Casa Branca antes de conceder-lhes um perdão especial. Em vez de serem assados e se tornarem o prato principal na tradicional refeição do feriado, eles viverão seguros em uma fazenda até o fim de sua vida. Embora não possam compreender a liberdade que lhes foi concedida, a tradição incomum destaca o poder do perdão.

O profeta Miqueias entendeu o significado do perdão quando escreveu uma forte advertência aos israelitas que restavam em Jerusalém. De forma semelhante a uma queixa legal, Miqueias registrou Deus testemunhando contra a nação (MIQUEIAS 1:2) por desejarem o mal e se entregar à ganância, à desonestidade e à violência (6:10-15).

Apesar dos atos de rebeldia, Miqueias termina esperançoso na promessa de que Deus não ficará irado para sempre, mas, em vez disso, perdoará o pecador (7:18). Como o Criador e Juiz de todos, Ele pode declarar com autoridade que não nos punirá eternamente por nossas ações, devido a promessa feita a Abraão (v.20) que foi cumprida na morte e ressurreição de Jesus.

Ser perdoado de todas as formas pelas quais refutamos os mandamentos de Deus é um presente imerecido que traz grandes bênçãos. Ao compreendermos cada vez mais os benefícios de Seu pleno perdão, que respondamos com louvor e gratidão.

LISA M. SAMRA

Quais os benefícios do perdão de Deus? De que maneira somos gratos?

28 de novembro

Leitura: MIQUEIAS 7:18-20

Verdades bíblicas:

Aplicação pessoal:

Pedidos de oração:

Respostas de oração:

Pai misericordioso, que eu seja agradecido pelo perdão que me ofereceste.

29 de novembro

Leitura: JÓ 13:1-12

Verdades bíblicas:

Aplicação pessoal:

Pedidos de oração:

Respostas de oração:

MEDIDA PROTETIVA

...quero defender minha causa diante de Deus. v.3

Um homem pediu uma medida protetiva contra Deus. Ele alegou que Deus havia sido particularmente cruel com ele e demonstrado uma atitude negativa. O juiz indeferiu a ação, dizendo que o homem não precisava de ajuda do tribunal, mas de saúde mental. Uma história verdadeira: cômica, mas bem triste.

Mas será que nós somos diferentes? Será que às vezes não queremos dizer: "Pare, Deus, já chega!"? Jó fez isso e colocou Deus em julgamento. Após suas terríveis tragédias pessoais, Jó diz: "quero defender minha causa diante de Deus" (JÓ 13:3) e imagina levar "Deus ao tribunal" (9:3). Ele até mesmo apresenta uma ordem de restrição: "Remove tua mão de cima de mim e não me assustes com tua temível presença" (13:21). O argumento de acusação de Jó não era sua própria inocência, mas o que ele via como a severidade irracional de Deus: "Que vantagem tens em me oprimir?" (10:3).

Às vezes, sentimos que Deus é injusto. Verdadeiramente, o livro de Jó é complexo, sem respostas fáceis. No fim Deus restaura a condição de Jó, mas nem sempre esse é o Seu plano para nós. Talvez encontremos um veredicto na admissão de Jó: "falei de coisas de que eu não entendia, coisas maravilhosas demais que eu não conhecia" (42:3). A questão é que Deus sabe o que desconhecemos, e há esperança nisso.

KENNETH PETERSEN

Que ocasiões o levaram a "levar Deus ao tribunal"? Por que não há problema em fazer perguntas difíceis a Ele?

Querido Deus, às vezes fico irado com o que tenho de suportar. Ajuda-me a levar minhas queixas a ti.

GRATIDÃO COMO RESPOSTA

30 de novembro

Daniel [...] como de costume [...]
dava graças a seu Deus... v.10

Leitura: DANIEL 6:1-10

Peixe cru e água da chuva. O marinheiro Timóteo sobreviveu só com isso por cerca de 90 dias. Abandonado em um barco danificado pela tempestade, ele perdia as esperanças; flutuava no Oceano Pacífico, distante da terra firme. Mas um navio pesqueiro mexicano o avistou e o resgatou. Mais tarde, o homem combalido declarou: "Sou muito grato ao capitão e aos pescadores que salvaram minha vida"!

Timóteo deu graças *após* sua provação, mas Daniel demonstrou gratidão antes, durante e depois da crise. Exilado de Judá para a Babilônia com outros judeus (DANIEL 1:1-6), ele subira ao poder apenas para ser ameaçado por pessoas que o queriam morto (6:1-7). Seus inimigos fizeram o rei da Babilônia assinar um decreto declarando que qualquer um que orasse a qualquer deus seria jogado aos leões (v.7). O que Daniel, um homem que amava e servia ao único Deus verdadeiro, faria? Ele "como de costume, ajoelhou-se [...]. [Orando] três vezes por dia [dando] graças a seu Deus" (v.10). Por dar graças a Deus, foi recompensado quando Deus poupou sua vida e lhe trouxe honra (vv.26-28).

Como o apóstolo Paulo escreveu, que Deus nos ajude a sermos "gratos em todas as circunstâncias" (1 TESSALONICENSES 5:18). Quer estejamos enfrentando uma crise ou passado por uma, demonstrar gratidão honra o Senhor e ajuda a mantermos a nossa fé.

TOM FELTEN

Por que é importante
agradecer regularmente a Deus?
Você cultiva a gratidão?

Verdades bíblicas:

Aplicação pessoal:

Pedidos de oração:

Respostas de oração:

Querido Deus, por favor, ajuda-me a agradecer
mesmo quando a vida estiver difícil.

Notas

Dezembro

1º de dezembro

Leitura: TITO 2:6-8

Verdades bíblicas:

Aplicação pessoal:

Pedidos de oração:

Respostas de oração:

BOM TESTEMUNHO DE CRISTO

...suas boas obras devem brilhar, para que todos as vejam e louvem seu Pai, que está no céu. MATEUS 5:16

Durante a faculdade, Charlie Ward praticou dois esportes diferentes. Em 1993, ele recebeu o troféu de melhor jogador de futebol americano universitário do país e foi o astro do time de basquete. Certo dia, o técnico de basquete foi rude em sua fala. Ele percebeu que o atleta não estava confortável e perguntou-lhe se estava tudo bem. O jovem respondeu: "Técnico, o treinador de futebol não usa esse tipo de linguagem, mas nos faz trabalhar duro".

O caráter cristão de Charlie o fez falar gentilmente com seu técnico de basquete sobre esse assunto. Na verdade, sobre aquela conversa, o técnico disse a um repórter: "É quase como se um anjo estivesse olhando para você".

É difícil manter uma boa reputação perante os descrentes e testemunhar de Cristo. Mas ao mesmo tempo, os cristãos podem crescer e se tornar mais semelhantes a Ele à medida que o Senhor os orientar. Os mais jovens e, por extensão, todos os cristãos, são chamados a "viver com sabedoria" (TITO 2:6) e "refletir a integridade [...] e sua mensagem deve ser tão correta a ponto de ninguém a criticar" (vv.7-8).

Vivendo na força de Cristo, não só o honraremos, mas construiremos um bom testemunho. Desse modo, à medida que Deus nos suprir a sabedoria necessária, as pessoas terão motivos para ouvir o que dizemos. *DAVE BRANON*

O bom testemunho o ajuda a influenciar os outros? O que é preciso para crescer à semelhança de Cristo?

Querido Deus, por favor, ajuda-me a desenvolver um caráter que reflita e honre o Senhor.

PESSOAS DE ENCORAJAMENTO

[Barnabé] incentivou os irmãos a permanecerem fiéis ao Senhor. v.23

"Puro encorajamento", J. R. R. Tolkien falou, descrevendo o apoio que seu amigo C. S. Lewis lhe deu enquanto ele escrevia a trilogia *O Senhor dos Anéis* (Harper Collins, 2019). O trabalho de Tolkien foi meticuloso, exigente, e ele reescreveu os longos manuscritos várias vezes. Ao enviá-los a Lewis, veio a resposta: "Todos os longos anos gastos valeram a pena".

Talvez o encorajador mais conhecido das Escrituras seja José de Chipre, mais conhecido como Barnabé (ou *filho do encorajamento*), nome dado a ele pelos apóstolos (ATOS 4:36). Foi Barnabé quem defendeu Paulo perante os apóstolos (9:27). Mais tarde, quando os cristãos gentios começaram a colocar sua fé em Jesus, Lucas nos diz que Barnabé "alegrou-se muito e incentivou os irmãos a permanecerem fiéis ao Senhor" (11:23). Lucas o descreve como "um homem bom, cheio do Espírito Santo e de fé", acrescentando que, por causa dele, "grande multidão se converteu ao Senhor" (v.24).

O valor das palavras de encorajamento não pode ser medido. Ao oferecermos palavras de fé e amor aos outros, o Deus que concede encorajamento eterno (2 TESSALONICENSES 2:16) pode agir por meio do que compartilhamos para transformar a vida de alguém para sempre. Que Ele nos ajude a oferecer esse puro encorajamento a alguém hoje!

JAMES BANKS

Quem você deseja encorajar? De que maneira compartilhar o amor de Deus com eles por meio de uma ação ou palavra gentil?

2 de dezembro

Leitura: ATOS 11:19-26

Verdades bíblicas:

Aplicação pessoal:

Pedidos de oração:

Respostas de oração:

Querido Deus, por favor, ajuda-me a encorajar alguém hoje.

3 de dezembro

Leitura: SALMO 139:1-10

Verdades bíblicas:

Aplicação pessoal:

Pedidos de oração:

Respostas de oração:

DEUS ME CONHECE

Ó SENHOR, tu examinas meu coração e conheces tudo a meu respeito. v.1

Quando minha irmã encontrou um livro de nossa infância, minha mãe, com 70 anos, encantou-se com o achado. Ela se lembrou dos detalhes do livro: um urso roubava mel e um enxame de abelhas furiosas o perseguia. Ela também lembrava de como minha irmã e eu ríamos com a fuga do urso. "Obrigado por sempre nos contar histórias quando crianças", falei. Ela me conhece bem, inclusive como eu era quando pequena. Mesmo adulta, ela ainda me conhece e entende.

Deus também nos conhece, mais do que qualquer ser humano, inclusive nós mesmos. Davi diz que Ele nos examina (SALMO 139:1). Em Seu amor, compreende-nos perfeitamente. Deus sabe de nossos pensamentos, entende o que dizemos (vv.2,4). Ele está intimamente familiarizado com cada detalhe que nos torna quem somos e usa isso para nos ajudar (vv.2-5). Aquele que mais nos conhece não se afasta, mas nos estende a mão com amor e sabedoria.

Quando nos sentimos solitários, invisíveis ou esquecidos, temos segurança no fato de Deus estar sempre conosco, ver-nos e conhecer-nos (vv.7-10). Ele compreende todos os aspectos de nós que os outros não entendem, e muito mais. Como Davi, podemos dizer confiantes: "Ó SENHOR, tu examinas meu coração [...] mesmo ali tua mão me guiará, e tua força me sustentará" (vv.1,10).

KAREN HUANG

Você se sente encorajado por Deus, que é sábio, amoroso e o conhece tão bem? Como compartilhar Sua presença amorosa com outras pessoas?

Querido Deus, Tu me conheces e me amas profundamente. Sou grato por Tua mão sobre a minha vida.

4 de dezembro

QUANDO A VIDA SURGIU

Aquele que é a vida nos foi revelado, e nós o vimos. Agora, testemunhamos... v.2

Leitura: 1 JOÃO 1:1-10

Em 1986, o mundo voltou-se para Chernobyl, Ucrânia. Quando a magnitude da catástrofe se tornou evidente, as autoridades se empenharam para conter a radiação. Os letais raios gama e detritos altamente radioativos destruíam os robôs enviados para limpar o estrago. Foi preciso "robôs biológicos", isto é, seres humanos! Muitos "eliminadores de Chernobyl" se tornaram heróis, extinguindo o material perigoso em "turnos" de 90 segundos ou menos. As pessoas fizeram o que a tecnologia não podia fazer, com alto risco pessoal.

Há muito tempo, nossa rebelião contra Deus provocou a catástrofe que levou a todas as outras (Gênesis 3). Por meio de Adão e Eva, escolhemos nos separar de nosso Criador e, no processo, transformamos nosso mundo em uma desordem tóxica. Nunca poderíamos limpá-lo por nós mesmos.

Essa é a essência do Natal! Sobre Jesus, João escreveu: "Aquele que é a vida nos foi revelado, e nós o vimos. Agora, testemunhamos e lhes proclamamos que ele é a vida eterna. Ele estava com o Pai e nos foi revelado" (1 JOÃO 1:2). Em seguida, declarou: "o sangue de Jesus, seu Filho, nos purifica de todo pecado" (v.7).

Jesus providenciou o que Suas criaturas não conseguiram. Quando cremos nele, Ele nos restaura para nos relacionarmos plenamente com o Seu Pai. Ele eliminou a morte. Há uma nova vida. *TIM GUSTAFSON*

De que maneira você tenta corrigir seus erros? Você deseja entregá-los a Jesus, hoje?

Verdades bíblicas:

Aplicação pessoal:

Pedidos de oração:

Respostas de oração:

Deus amoroso, sou grato por enviares Teu Filho a este mundo para limpar nossa bagunça.

5 de dezembro

Leitura: LUCAS 22:41-44

Verdades bíblicas:

Aplicação pessoal:

Pedidos de oração:

Respostas de oração:

UMA ORAÇÃO PELA VONTADE DIVINA

Pai, se queres, afasta de mim este cálice. Contudo, que seja feita a tua vontade, e não a minha. v.42

Como nova convertida, peguei minha Bíblia de estudo e li: "Peçam, e receberão" (MATEUS 7:7). O comentário explicava que deveríamos pedir a Deus que a nossa vontade se alinhasse à dele. Ao pedirmos que Ele fizesse a vontade dele, teríamos certeza de que receberíamos o que tínhamos pedido. Isso era novo para mim e orei para Deus realizar a Sua vontade em minha vida.

Mais tarde, encorajei-me com uma oportunidade de emprego que interiormente eu já tinha recusado e lembrei-me da oração que tinha feito. Talvez o que eu achava não querer, na verdade, fosse a vontade de Deus para mim. Segui orando e aceitei o emprego.

Em momento mais profundo e eternamente significativo, Jesus demonstrou isso. Antes de ser traído, preso e crucificado, Ele orou: "Pai, se queres, afasta de mim este cálice. Contudo, que seja feita a tua vontade, e não a minha" (LUCAS 22:42). A oração de Cristo foi repleta de angústia e agonia quando enfrentou a dor física e emocional (v.44). Ainda assim, Ele orou fervorosamente para que a vontade de Deus fosse feita.

A vontade de Deus em minha vida se tornou minha maior oração. Isso significa que posso desejar coisas que nem mesmo sei se quero ou preciso. Iniciei minha jornada com publicações cristãs no emprego que eu originalmente não queria. Olhando para trás, creio que Deus fez a Sua vontade.

KATARA PATTON

Pai celestial, por favor,
guia-me para fazer a Tua vontade.

O ESPÍRITO NATALINO

...quando fizeram isso ao menor destes meus irmãos, foi a mim que o fizeram. v.40

6 de dezembro

Leitura: MATEUS 25:34-40

Em um jantar de Natal realizado na igreja para celebrar as culturas dos convidados internacionais, bati palmas alegremente ao som do *darbuka* (tipo de tambor) e do *oud* (instrumento semelhante ao violão) enquanto a banda tocava uma cântico tradicional do Oriente Médio, a *Laylat Al-Milad*. O vocalista explicou que ela significava "Noite do nascimento". A letra nos lembra de que encontramos o espírito do Natal no serviço aos outros, oferecendo água ao sedento ou conforto a alguém que chora.

Essa canção possivelmente se baseia numa parábola em que Jesus elogia Seus seguidores pelo que fizeram por Ele: suprir comida quando Ele teve fome, bebida quando Ele teve sede e companhia e cuidados quando Ele estava doente e sozinho (MATEUS 25:34-36). Em vez de simplesmente aceitarem o elogio, as pessoas da parábola se surpreenderam, achando que não fizeram tais coisas para Cristo. Mas Ele respondeu: "quando fizeram isso ao menor destes meus irmãos, foi a mim que o fizeram" (v.40).

Durante as festas de fim de ano, o incentivo para entrar no espírito natalino costuma ser entendido como expressar uma atitude festiva. A canção *Laylat Al-Milad* nos lembra de que colocamos em prática o verdadeiro espírito natalino ao cuidarmos dos outros. E, quando o fazemos, não apenas servimos às pessoas, mas também a Jesus.

LISA M. SAMRA

Você entendeu o que é o espírito natalino? Como servir aos outros nesta época?

Verdades bíblicas:

Aplicação pessoal:

Pedidos de oração:

Respostas de oração:

Jesus, ajuda-me a refletir o espírito de Natal que ensinaste: servir o próximo, e não buscar ser servido.

7 de dezembro

Leitura: 1 CORÍNTIOS 10:11-13

Verdades bíblicas:

Aplicação pessoal:

Pedidos de oração:

Respostas de oração:

TENTADO E TESTADO

Deus é fiel, e ele não permitirá tentações maiores do que vocês podem suportar. v.13

Estêvão gosta da liberdade e flexibilidade de seu trabalho como motorista de aplicativo. Entre outras coisas, ele pode começar ou parar de trabalhar a qualquer momento e não precisa prestar contas de tempo ou deslocamentos a ninguém. No entanto, ele diz que essa é a parte mais difícil.

"Neste trabalho, é fácil começar um caso extraconjugal", admitiu ele com franqueza. "Pego todos os tipos de passageiros, mas ninguém, mesmo minha esposa, sabe onde estou todos os dias." Não é uma tentação fácil de resistir, e muitos colegas motoristas já cederam a ela, explicou ele. "O que me impede é pensar no que Deus pensaria e como eu magoaria minha esposa", finalizou.

Nosso Deus, que criou cada um de nós, conhece nossas fraquezas, desejos e a facilidade com que somos tentados. Mas, em Sua Palavra, Paulo nos lembra que podemos pedir ajuda: "Deus é fiel, e ele não permitirá tentações maiores do que vocês podem suportar. Quando forem tentados, ele mostrará uma saída para que consigam resistir" (1 CORÍNTIOS 10:13). Essa "saída" pode ser o medo saudável das consequências, a consciência pesada, relembrar-se das Escrituras, uma distração oportuna ou qualquer coisa. Ao pedirmos por força a Deus, o Espírito desviará nossos olhos do que nos tenta e nos ajudará a olhar para a saída que Ele nos deu. *LESLIE KOH*

Quais tentações você enfrenta?
Qual saída Deus sinaliza para você seguir em Seu santo caminho?

Pai, dá-me forças para resistir à tentação e caminhar contigo em Teus caminhos santos e vivificantes.

8 de dezembro

...devem se arrepender, para o perdão de seus pecados, e cada um [...] ser batizado em nome de Jesus Cristo. v.38

Leitura: ATOS 2:29-39

Baheer e Medet eram melhores amigos que cresceram juntos na Ásia Central. Mas quando Baheer tornou-se cristão, tudo mudou. Medet o denunciou às autoridades e Baheer foi excruciantemente torturado. O guarda lhe disse: "Esta boca nunca mais falará de Jesus". Embora muito ensanguentado, Baheer pôde dizer que até poderiam impedi-lo de falar de Cristo, mas nunca mudariam o que Ele fez em seu coração.

Essas palavras permaneceram com Medet. Alguns meses depois, sofrendo doenças e perdas, Medet viajou para ver Baheer, recém liberto da prisão. Deixando de lado o orgulho, pediu ao amigo que o apresentasse ao seu salvador Jesus.

Medet agiu de acordo com a convicção do Espírito Santo, da mesma forma que as pessoas que se reuniram em torno de Pedro, na festa de Pentecostes, "partiram o coração" (ATOS 2:37) quando testemunharam o derramamento da graça de Deus ao ouvir o testemunho de Pedro sobre Cristo. Pedro conclamou as pessoas para se arrependerem e se batizarem em nome de Jesus, e cerca de três mil o fizeram. Da mesma maneira que eles abandonaram seu antigo modo de viver, Medet também se arrependeu e escolheu seguir o Salvador.

A dádiva da nova vida em Cristo é oferecida a todos os que creem nele. Independentemente do que tenhamos feito, podemos desfrutar do perdão de nossos pecados quando confiamos nele.

AMY BOUCHER PYE

Verdades bíblicas:

Aplicação pessoal:

Pedidos de oração:

Respostas de oração:

Jesus Salvador, sou grato por morreres na cruz e ressuscitares por nós. Minha confiança está em ti.

9 de dezembro

Leitura: ISAÍAS 43:1-5

Verdades bíblicas:

Aplicação pessoal:

Pedidos de oração:

Respostas de oração:

ENCORAJADO PELAS PROMESSAS DE DEUS

Quando passar por águas profundas, estarei a seu lado. v.2

Foi um longo dia no hospital e ainda sem respostas para a doença que afligia um jovem inteligente de apenas 19 anos. Ao chegar em casa, a família se sentiu desamparada. Para surpresa deles, encontraram nas escadarias de sua porta uma bonita cesta, com o versículo de Isaías 43:2 gravado sobre sua tampa. Dentro dela havia vários versículos bíblicos encorajadores que os amigos tinham escrito manualmente. Passaram a hora seguinte recebendo encorajamento das Escrituras e do gesto atencioso dos amigos da família.

Quem está passando por momentos difíceis ou por problemas na família sempre precisa de encorajamento sincero. As Escrituras, seja um trecho grande ou apenas um versículo, podem encorajar você, um amigo ou um membro de sua família. Isaías, capítulo 43, está repleto de pequenos textos de encorajamento, que podem ser recebidos um a um ou como um todo. Reflita sobre alguns deles: Deus "o criou", "o formou", "o resgatou" e o chamou "pelo nome" (v.1). Deus estará com você (v.2), Ele é "o Santo de Israel" e nosso "Salvador" (v.3).

Que as promessas de Deus o encorajem! E, à medida que Ele supre as suas necessidades, você possa encorajar outra pessoa. A cesta com os versículos não foi cara, mas seu impacto foi inestimável. Mesmo após cinco anos, aquela família ainda aprecia os cartões com os versículos. BRENT HACKETT

Quais as promessas em Isaías 43 você deseja compartilhar ainda hoje?

Pai, sou grato porque a Tua Palavra contém muitas promessas, que me encorajam no momento certo.

O PRESENTE PERFEITO

10 de dezembro

Não tenho prata nem ouro,
mas lhe dou o que tenho. v.6

Leitura: ATOS 3:1-10

Estávamos numa missão de curto prazo no Peru quando um jovem me pediu dinheiro. Por motivos de segurança, a equipe fora instruída a não dar esmolas, então como eu poderia ajudá-lo? Lembrei-me da resposta dos apóstolos Pedro e João ao homem coxo em Atos 3. Expliquei a ele que não podia lhe dar dinheiro, mas podia compartilhar com ele as boas-novas do amor de Deus. Quando ele disse que era órfão, disse-lhe que Deus queria ser seu Pai. Isso o levou às lágrimas. Coloquei-o em contato com um membro de nossa igreja anfitriã para acompanhamento.

Às vezes, nossas palavras podem parecer tão insuficientes, mas o Espírito Santo pode nos capacitar quando compartilharmos Jesus com os outros.

Quando Pedro e João encontraram o homem nos pátios do templo, eles já sabiam que compartilhar Cristo era a maior dádiva de todos os tempos. "Pedro, no entanto, disse: 'Não tenho prata nem ouro, mas lhe dou o que tenho. Em nome de Jesus Cristo, o nazareno, levante-se e ande!'" (v.6). O homem recebeu a salvação e a cura naquele dia. Deus continua a nos usar para atrair os perdidos a Ele.

Ao procurarmos os presentes perfeitos neste Natal, lembremo-nos de que o verdadeiro presente é conhecer Jesus e a dádiva da salvação eterna que Ele oferece. Continuemos buscando a ser usados por Deus para levar as pessoas ao Salvador.

NANCY GAVILANES

Por quem você pode orar neste Natal?
Com quem você pode compartilhar Cristo?

Verdades bíblicas:

Aplicação pessoal:

Pedidos de oração:

Respostas de oração:

Pai celestial, sou grato
pela dádiva de Jesus.

11 de dezembro

Leitura: JEREMIAS 29:10-14

Verdades bíblicas:

Aplicação pessoal:

Pedidos de oração:

Respostas de oração:

DEUS RESPONDERÁ

Naqueles dias, quando vocês clamarem por mim em oração, eu os ouvirei. v.12

Quando Timóteo viaja usando seu colarinho clerical, muitas vezes desconhecidos o param. "Ore por mim, por favor", dizem quando veem a faixa clerical sobre sua veste. Durante um voo recente, uma mulher se ajoelhou ao seu lado ao notá-lo, suplicando: "O senhor é pastor? Poderia orar por mim?". E o pastor Timóteo orou.

O profeta Jeremias esclarece a razão de Deus ouvir e responder às orações: Ele se importa e assegurou ao Seu amado, porém pecador, povo exilado: "'Porque eu sei os planos que tenho para vocês', diz o SENHOR. 'São planos de bem, e não de mal...'" (29:11). Deus sabia o momento do retorno deles e lhes disse: "quando vocês clamarem por mim em oração, eu os ouvirei. Se me buscarem de todo o coração, me encontrarão" (vv.12-13).

O profeta aprendeu isso e ainda mais sobre a oração confinado na prisão. Deus lhe assegurou: "Pergunte-me e eu lhe contarei coisas maravilhosas, segredos que você não sabe, a respeito do que está por vir" (33:3).

Jesus também nos insta a orar, dizendo: "seu Pai sabe exatamente do que vocês precisam antes mesmo de pedirem" (MATEUS 6:8). Portanto, peça, busque e bata "à porta" em oração (7:7). Cada pedido que fazemos nos aproxima daquele que nos responde. Não precisamos ser como estranhos para Deus em nossas orações. Ele nos conhece e quer nos ouvir. Podemos levar nossas preocupações a Ele agora mesmo!

PATRICIA RAYBON

O que você falará com Deus hoje?

Deus, Teu cuidado e o fato de me conheceres inspiram minhas orações. Sou grato por Tuas respostas.

12 de dezembro

ESPAÇO PARA JESUS

...em faixas de pano [e] deitou-o numa manjedoura, porque não havia lugar para eles na hospedaria. v.7

Leitura: LUCAS 2:1-7

Meu fim de semana fora da cidade foi ótimo: assisti a um desfile, visitei um museu e comi ostras grelhadas. Mas, ao adormecer no quarto de hóspedes, senti falta da minha família. Gosto de pregar o evangelho em outras cidades, mas o que mais me agrada é estar em casa.

Às vezes, esquecemos que um aspecto da vida de Jesus é que muitos acontecimentos importantes ocorreram na estrada. O Filho de Deus veio ao mundo em Belém, a uma distância incalculável de Seu lar celestial e longe da cidade natal de Sua família, Nazaré. Belém estava cheia de parentes para o censo, Lucas diz que não havia nem um *katalyma*, ou quarto de hóspedes, disponível (LUCAS 2:7).

O que faltou no nascimento de Jesus surgiu em Sua morte. Quando Jesus conduziu Seus discípulos a Jerusalém, Ele disse a Pedro e João que se preparassem para a refeição da Páscoa. Eles deveriam seguir um homem com um cântaro até sua casa e pedir ao proprietário o *katalyma*, o quarto de hóspedes, onde Cristo e Seus discípulos comeriam a Última Ceia (22:10-12). Naquele espaço emprestado, Jesus instituiu o que hoje chamamos de ceia do Senhor, que prenunciava Sua crucificação iminente (vv.17-20).

Gostamos de nossa casa, mas se viajamos com o Espírito de Jesus, até um quarto de hóspedes pode ser um local de comunhão com Ele.

MIKE WITTMER

Quais são as suas memórias mais marcantes? Ao viajar, como aproveitar ao máximo sua estadia temporária para Cristo?

Verdades bíblicas:

Aplicação pessoal:

Pedidos de oração:

Respostas de oração:

Jesus, Amigo dos viajantes distantes do lar, por favor, ajuda-me a lembrar que estás sempre comigo.

13 de dezembro

Leitura: DANIEL 6:19-27

Verdades bíblicas:

Aplicação pessoal:

Pedidos de oração:

Respostas de oração:

A ONIPRESENÇA DE DEUS

Pois ele é o Deus vivo [...]. Ele livra e salva seu povo... vv.26-27

Olhando as fotos do Ensino Médio, meus netos se maravilharam com os penteados, roupas e carros antigos. Eu vi algo diferente: primeiro os sorrisos dos colegas, alguns dos quais ainda amigos presentes; vi também o poder protetor de Deus. Sua presença gentil me protegeu na escola, onde lutei para me encaixar. Sua bondade constante cuidou de mim, algo que Ele concede a todos que o buscam.

Daniel conhecia o cuidado de Deus. Em seu exílio na Babilônia, ele orou ajoelhado "no quarto no andar de cima, com as janelas abertas na direção de Jerusalém" (DANIEL 6:10), apesar do decreto do rei para não orar (vv.7-9). No lugar especial da oração, Daniel lembrava-se de Deus, cuja presença constante o sustentava, ouvia e respondia suas orações. E Deus o ouviria, responderia e o sustentaria novamente.

Apesar da nova lei, Daniel ainda buscava a presença de Deus, independentemente do que poderia lhe acontecer. Ele orou como tantas vezes antes (v.10). Na cova dos leões, um anjo do Senhor o manteve a salvo enquanto Deus o resgatava (v.22).

Olhar para o nosso passado durante as atuais provações nos ajuda a lembrar da fidelidade de Deus. Como o próprio rei Dario falou: "Ele livra e salva seu povo; realiza sinais e maravilhas nos céus e na terra" (v.27). Deus era bom no passado e é bom hoje. Sua presença o protegerá.

PATRICIA RAYBON

Que provação o testou no passado? Como Deus gentilmente o amparou?

Pai, vejo Tua presença bondosa e sustentadora. Sou grato por Teu contínuo amparo e cuidado.

AMOR TÃO FORTE QUANTO A MORTE

Pois o amor é forte como a morte... v.6

Se você passeasse pela antiga parede de tijolos ao redor dos cemitérios protestante e católico em Roermond, Holanda, teria uma visão curiosa. De cada lado, encostadas na parede, estão duas lápides idênticas e imponentes: uma para o marido protestante e outra para sua esposa católica. As regras culturais do século 19 exigiam que fossem enterrados em cemitérios separados. No entanto, não aceitaram tal destino. Suas lápides são altas o suficiente para ficarem acima da cerca divisória, de modo que, no topo, há apenas cerca de 60 cm de ar separando-os. No topo de cada lápide há uma escultura de um braço estendido, e os braços seguram a mão um do outro. O casal se recusou a ser separado, mesmo na morte.

O livro Cântico dos Cânticos explica o poder do amor. "O amor é forte como a morte", diz Salomão, "e o ciúme, exigente como a sepultura" (8:6). O verdadeiro amor é poderoso, feroz. "O amor arde como fogo" (v.6). O amor verdadeiro nunca se rende, não é silenciado e não pode ser destruído. "As muitas águas não podem apagar o amor", escreve ele, e "nem os rios podem afogá-lo" (v.7).

"Deus é amor" (1 JOÃO 4:16). O mais forte de nosso amor é apenas um reflexo fragmentado do amor de Deus por nós. Ele é a fonte suprema de qualquer amor genuíno, de qualquer amor que se mantenha firme.

WINN COLLIER

Como você experimenta o forte amor de Deus? De que maneira Ele lhe revela Seu forte amor?

14 de dezembro

Leitura: CÂNTICO DOS CÂNTICOS 8:6-7

Verdades bíblicas:

Aplicação pessoal:

Pedidos de oração:

Respostas de oração:

Deus, Teu amor é mais forte do que a morte e o mal. Sou fraco, preciso do Teu poderoso amor.

15 de dezembro

Leitura: 2 TIMÓTEO 1:1-5

Verdades bíblicas:

Aplicação pessoal:

Pedidos de oração:

Respostas de oração:

A FÉ SINCERA DA AVÓ

Lembro-me de sua fé sincera, como era a de sua avó [...] e sei que em você essa mesma fé continua... v.5

Estávamos sentados à mesa de jantar quando o meu neto, de nove anos, disse sorridente: "Sou igualzinho à vovó. Adoro ler!" Suas palavras alegraram o meu coração. Lembrei-me do ano anterior, quando ele adoeceu e não pôde ir à escola. Após ele tirar um longo cochilo, sentamos lado a lado para ler. Senti-me feliz por estar passando adiante o legado de amor pelos livros o qual eu tinha recebido da minha mãe.

Mas esse não é o legado mais importante que quero passar aos meus netos. Oro para que o legado de fé que recebi de meus pais e que procurei passar para meus filhos também ajude meus netos em sua jornada rumo à fé.

Timóteo tinha o legado de uma mãe e avó piedosas e um mentor espiritual, o apóstolo Paulo. O apóstolo escreveu: "Lembro-me de sua fé sincera, como era a de sua avó, Loide, e de sua mãe, Eunice, e sei que em você essa mesma fé continua firme" (2 TIMÓTEO 1:5).

Talvez pensemos que nossa vida não tenha sido suficientemente positiva para ser um bom exemplo para os outros. Talvez o legado que nos foi passado não tenha sido bom. Mas nunca é tarde demais para construir um legado de fé para nossos filhos, netos ou na vida de qualquer criança. Com a ajuda de Deus, plantamos sementes de fé, mas é Ele quem faz a fé crescer (1 CORÍNTIOS 3:6-9).

ALYSON KIEDA

Pai celestial, sou grato por me resgatares.
Por favor, ajuda-me a ser
um exemplo piedoso para os outros.

ENCORAJAMENTO EM CRISTO

Portanto, animem e edifiquem uns aos outros, como têm feito. v.11

Certa professora sugeriu que seus alunos escrevessem bilhetes de incentivo e inspiração para seus colegas. Dias depois, quando ocorreu uma tragédia em outra escola, os bilhetes animaram os colegas enquanto eles lidavam com o medo e a dor resultantes de que algo igual poderia ter acontecido com eles também.

Paulo também tinha em mente o encorajamento e a preocupação mútua quando escreveu aos cristãos de Tessalônica. Eles tinham perdido amigos, e Paulo os instruiu a ter esperança no retorno prometido de Jesus para trazer de "volta à vida" seus entes queridos (1 TESSALONICENSES 4:14). Embora eles não soubessem quando isso aconteceria, o apóstolo os lembrou de que, como cristãos, não precisavam temer o julgamento de Deus quando Ele voltasse (5:9). Em vez disso, eles poderiam esperar com confiança em sua vida futura com Ele e, enquanto isso, animar e edificar "uns aos outros" (v.11).

Quando sofremos perdas dolorosas ou tragédias sem sentido, é fácil sermos dominados pelo medo e tristeza. No entanto, as palavras de Paulo são úteis para nós hoje, assim como foram úteis ao serem escritas. Vamos aguardar com expectativa e esperança o dia em que Cristo restaurará todas as coisas. E, enquanto isso, podemos encorajar uns aos outros, com bilhetes escritos, palavras ditas, atos de serviço ou um simples abraço.

KIRSTEN HOLMBERG

Quem já o encorajou? Use as oportunidades para encorajar alguém hoje.

16 de dezembro

Leitura: 1 TESSALONICENSES 5:4-11

Verdades bíblicas:

Aplicação pessoal:

Pedidos de oração:

Respostas de oração:

Jesus ressuscitado, ajuda-me a esperar em ti com fé e a encorajar outros até o Teu retorno.

17 de dezembro

Leitura: MATEUS 1:18-25

Verdades bíblicas:

Aplicação pessoal:

Pedidos de oração:

Respostas de oração:

JESUS, NOSSO RESGATADOR!

...você lhe dará o nome de Jesus, pois ele salvará seu povo dos seus pecados. v.21

O passeio normal de teleférico no Paquistão transformou-se numa provação assustadora. No início do passeio, dois cabos de sustentação se romperam, deixando 8 passageiros, incluindo crianças, suspensos a grande altura A situação gerou uma árdua operação de resgate de 12 horas pelos militares, que usaram tirolesas, helicópteros e outros meios para resgatá-los.

Esses socorristas bem treinados merecem elogios, mas o trabalho deles é insignificante se comparado à obra eterna de Jesus, cuja missão era nos salvar e resgatar do pecado e da morte. Antes do nascimento de Cristo, um anjo instruiu José a acolher Maria porque sua gravidez vinha "pelo poder do Espírito Santo" (MATEUS 1:18-20). Também disse a José que chamasse seu filho de Jesus; "pois ele salvará seu povo de seus pecados" (v.21). No entanto, embora esse nome fosse comum no primeiro século, somente essa criança estava qualificada para ser o Salvador (LUCAS 2:30-32). Cristo veio no momento certo para selar e assegurar a salvação eterna de todos aqueles que se arrependem e creem nele.

Todos nós estávamos presos no teleférico do pecado e da morte, suspensos sobre o vale da separação eterna de Deus. Mas, em Seu amor e graça, Jesus veio nos resgatar e nos levar em segurança para o lar de nosso Pai celestial. Louve-o!

MARVIN WILLIAMS

Qual a missão que o bebê de Maria veio cumprir? O que o resgate de Jesus significa para você?

Jesus, alegro-me com o fato de que eu estava perdido, mas que, por Tua graça, fui encontrado.

A QUEM OUVIMOS?

O Senhor, seu Deus, levantará um profeta como eu do meio [dos] israelitas. Deem ouvidos a ele... v.15

"Declaro emergência! Meu piloto faleceu", Douglas anunciou à torre de controle que monitorava seu voo. Minutos após a decolagem, o piloto do avião que haviam fretado faleceu subitamente. O pai de família entrou na cabine tendo apenas 3 meses de treinamento em pilotagem em aeronaves menos sofisticadas. Em seguida, ouviu atentamente os controladores de voo do aeroporto local, que o orientaram na aterrissagem. Mais tarde, disse: "Eles salvaram minha família de uma morte quase certa".

Temos alguém que, sozinho, pode nos ajudar a enfrentar os desafios da vida. Moisés disse: "O Senhor, seu Deus, levantará um profeta como eu do meio de seus irmãos israelitas. Deem ouvidos a ele" (DEUTERONÔMIO 18:15). A promessa referia-se a uma sucessão de profetas que Deus proveu para o Seu povo, mas também falava do Messias. Mais tarde, Pedro e Estêvão declarariam que esse profeta supremo seria Jesus (ATOS 3:19-22; 7:37, 51-56). Somente Ele veio para nos entregar as amorosas e sábias instruções de Deus (DEUTERONÔMIO 18:18).

Durante a vida de Cristo, Deus, o Pai, disse: "Este é meu Filho amado. Ouçam-no!" (MARCOS 9:7). Para viver com sabedoria e evitar nos ferir nesta vida, ouçamos o Senhor Jesus enquanto Ele fala por meio da Bíblia e do Espírito Santo. Ouvi-lo faz toda a diferença.

TOM FELTEN

Por que é difícil ouvir a voz de Cristo neste mundo? Como seguir melhor Suas sábias e amorosas palavras hoje?

18 de dezembro

Leitura: DEUTERONÔMIO 18:15-18

Verdades bíblicas:

Aplicação pessoal:

Pedidos de oração:

Respostas de oração:

Querido Jesus, por favor,
ajuda-me a ouvir e obedecer a Tua voz.

19 de dezembro

Leitura: GÊNESIS 1:1-10

Verdades bíblicas:

Aplicação pessoal:

Pedidos de oração:

Respostas de oração:

COMO DEUS NOS VÊ

E Deus viu que isso era bom. v.10

Era o ano de 1968, e os Estados Unidos estavam em guerra contra o Vietnã, a violência racial explodia nas cidades e duas figuras públicas tinham sido assassinadas. Um ano antes, um incêndio havia tirado a vida de três astronautas na plataforma de lançamento, e a ideia de ir à Lua parecia um sonho impossível. Mesmo assim, a Apollo 8 conseguiu ser lançada alguns dias antes do Natal.

Essa foi a primeira missão tripulada a orbitar a Lua. A equipe de voo, Borman, Anders e Lovell, todos homens de fé, transmitiu uma mensagem cristã às vésperas do Natal: "No princípio, Deus criou os céus e a terra" (GÊNESIS 1:1). Na época, foi o evento de TV mais assistido do mundo, e milhões compartilharam a visão divina da Terra numa imagem que hoje se tornou uma foto icônica. Frank Borman terminou a leitura dizendo: "E Deus viu que isso era bom" (v.10).

Às vezes é difícil olharmos para nós mesmos, com todas as dificuldades em que estamos mergulhados, e ver algo que seja bom. Mas devemos voltar à história da criação e ver a visão de Deus sobre nós: "à imagem de Deus os criou" (v.27). Combinemos isso com outra visão divina: "Porque Deus amou tanto o mundo" (JOÃO 3:16). Hoje, lembre-se de que Deus o criou, vê o bem apesar do pecado, e ama *você* porque Ele o criou. *KENNETH PETERSEN*

Quais dificuldades e pecados o sobrecarregam hoje?
O que significa o fato de você ter sido criado à imagem de Deus?

Querido Deus, ao passar pelas tribulações, ajuda-me a ver o que o Tu vês em mim.

20 de dezembro

A VERDADE NUNCA MUDA

O capim seca e as flores murcham, mas a palavra de nosso Deus permanece para sempre. v.8

Leitura: ISAÍAS 40:1-8

Meu filho era pequeno quando lemos uma ficção sobre um menino que se rebelou contra seu professor e referia-se à palavra *caneta* com outro nome que criara. O aluno convenceu os colegas do 5º ano a usarem o termo inventado. A notícia sobre a substituição da palavra se espalhou pela cidade. Por fim, as pessoas de todo o país mudaram a palavra, só porque aceitaram a ideia de um garoto como verdade universal.

Ao longo da história, os seres humanos imperfeitos adotaram versões da verdade em constante mudança, bem como realidades pessoais preferidas, para atender a seus desejos. Entretanto, a Bíblia aponta para uma verdade, o único Deus verdadeiro e um único caminho para a salvação, o Messias, e por meio dele "a glória do SENHOR será revelada" (ISAÍAS 40:5). O profeta afirmou que as pessoas, como todas as coisas criadas,, são temporais, falíveis e não confiáveis (vv.6-7). Ele disse: "O capim seca e as flores murcham, mas a palavra de nosso Deus permanece para sempre" (v.8).

A profecia sobre a vinda do Messias oferece um alicerce confiável, refúgio seguro e esperança garantida. Podemos confiar na Palavra de Deus porque Jesus é a Palavra (JOÃO 1:1). Jesus é a Verdade imutável.

XOCHITL DIXON

Você sentiu-se propenso a rejeitar o que a Bíblia diz apenas por outros terem aceitado outro ponto de vista? Reconhecer que Jesus é a Palavra e o cumprimento de todas as promessas de Deus o conforta?

Verdades bíblicas:

Aplicação pessoal:

Pedidos de oração:

Respostas de oração:

Jesus, ajuda-me a viver de forma a demonstrar minha fé na Bíblia como a verdade imutável.

21 de dezembro

Leitura: APOCALIPSE 21:23–22:5

Verdades bíblicas:

Aplicação pessoal:

Pedidos de oração:

Respostas de oração:

JANELA PARA O BELO

...não haverá noite; não será necessária a luz da lâmpada nem a luz do sol, [...] Deus brilhará... 22:5

O fotógrafo Ronn Murray gosta de clima frio. "Frio significa céu limpo", explica ele. "E isso abre uma janela para o que é belo!"

Ele oferece passeios fotográficos no Alasca, EUA, dedicados a acompanhar a aurora boreal, o *show* de luzes mais espetacular da Terra. Murray fala da experiência como algo "muito espiritual". Se você já viu esse espetáculo pelos céus, entenderá o porquê.

Mas as luzes não são apenas um fenômeno do Norte. A aurora austral, quase idêntica à boreal, ocorre simultaneamente no Sul, com o mesmo tipo de luzes.

Na narrativa do discípulo João sobre a história do Natal, ele não menciona o estábulo e os pastores e vai diretamente para aquele que "trouxe luz a todos" (JOÃO 1:4). Mais tarde, quando João escreve sobre uma cidade celestial, ele descreve a fonte de sua luz. Essa "cidade não precisa de sol nem de lua, pois a glória de Deus a ilumina, e o Cordeiro é sua lâmpada" (APOCALIPSE 21:23). Essa fonte de luz é Jesus, a mesma fonte mencionada em João 1. E para os que habitarem essa futura morada, "não haverá noite; não será necessária a luz da lâmpada nem a luz do sol, pois o Senhor Deus brilhará sobre eles" (22:5).

Quando nossa vida reflete essa luz do mundo, o Deus que criou as auroras boreal e austral, abrimos uma janela para o que é realmente maravilhoso. *TIM GUSTAFSON*

As maravilhas naturais o deslumbraram?
O que o distrai de refletir
a luz de Deus para o mundo?

Deus do Universo, que as belas cores do céu
me façam lembrar que
Tu és a verdadeira luz do mundo.

AMOR TANGÍVEL

Nós amamos porque ele nos amou primeiro. v.19

Sentei-me ao lado de minha amiga Margarete no quarto de hospital, e observei a agitação e a atividade dos pacientes, equipe médica e visitantes. Uma jovem próxima, sentada com sua mãe doente, perguntou: "Quem são todas essas pessoas que a visitam?". Ela respondeu: "Os irmãos da igreja". A jovem comentou que nunca vira nada igual; sentia como se os muitos visitantes fossem como "um amor tangível, derramado". Margarete respondeu, sorrindo: "Tudo se resume ao nosso amor a Deus por meio de Seu Filho, Jesus Cristo"!

Margarete repercutiu as palavras de João, que, em seus últimos anos, escreveu três cartas plenas de amor. Em sua primeira carta, disse: "Deus é amor, e quem permanece no amor permanece em Deus, e Deus nele" (1 JOÃO 4:16). Ou seja, os que reconhecem "que Jesus é o Filho de Deus" (v.15) têm Deus habitando neles por meio de "seu Espírito" (v.13). Como podemos cuidar dos outros amorosamente? "Nós amamos porque ele nos amou primeiro" (v.19).

Por causa da dádiva do amor de Deus, visitar Margarete não parecia um incômodo nem para mim nem para os outros em nossa igreja. Recebi mais do que doei, não apenas de Margarete, mas por observar seu testemunho gentil sobre seu Salvador, Jesus. Como Deus pode amar outras pessoas por meio de você hoje?

AMY BOUCHER PYE

Você já foi surpreendido por alguém que notou o amor de Deus em sua vida? De que maneira esse amor o motiva a servir aos outros?

22 de dezembro

Leitura: 1 JOÃO 4:13-21

Verdades bíblicas:

Aplicação pessoal:

Pedidos de oração:

Respostas de oração:

Deus amoroso, amo-te porque
Tu me amaste primeiro.
Que Teu Espírito brilhe por meio de mim.

23 de dezembro

Leitura: HEBREUS 10:19-25

Verdades bíblicas:

Aplicação pessoal:

Pedidos de oração:

Respostas de oração:

AMBIÇÃO AMIGÁVEL

Pensemos em como motivar uns aos outros na prática do amor e das boas obras. v.24

Gregório Nazianzeno e Basílio de Cesareia foram amigos próximos e líderes na Igreja do século 4. Conheceram-se ainda estudantes de filosofia, e Gregório disse mais tarde que entre eles cresceu um forte elo de amizade.

Profissionalmente semelhantes, poderiam ter se tornado rivais. Mas Gregório explicou que evitaram isso ao fazerem a sua vida de fé, esperança e boas ações ser o único alvo de ambição e que, ao "encorajarem-se mutuamente", cada um queria que o outro tivesse mais sucesso individualmente. Consequentemente, ambos cresceram na fé e em altos níveis de liderança, sem rivalidade.

A carta aos hebreus, escrita para nos encorajar a seguir firmes na fé (HEBREUS 2:1), instiga-nos a nos concentrarmos na "esperança que professamos" e a "motivar uns aos outros na prática do amor e das boas obras" (10:23-24). Embora essa ordem venha no contexto de uma congregação (v.25), por aplicá-la à amizade, Gregório e Basílio demonstraram como amigos podem incentivar um ao outro a crescer e evitar que qualquer "raiz venenosa de amargura", tal como a rivalidade, cresça entre eles (12:15).

E se a fé, esperança e boas ações fossem a nossa ambição entre os amigos, e os motivássemos a serem mais bem-sucedidos do que nós mesmos? O Espírito Santo está pronto para nos ajudar a fazê-lo.

SHERIDAN VOYSEY

Como encorajar os seus amigos a crescerem na fé, esperança e boas ações?

Jesus, por favor, ajuda-me para que minhas amizades sejam cheias de fé, esperança e boas intenções.

A LUZ DE CRISTO

Quando viram a estrela, ficaram muito alegres. v.10

Meu marido e eu gostamos de assistir ao culto da véspera de Natal na igreja. Nos primeiros anos de casados, tínhamos uma tradição especial de nos agasalharmos após o culto para subirmos uma colina próxima, onde 350 luzes brilhantes eram penduradas em postes altos em forma de estrela. Lá, tantas vezes em pleno frio, sussurrávamos reflexões sobre o nascimento milagroso de Jesus enquanto olhávamos a cidade do alto. Enquanto isso, muitas pessoas da cidade, no vale abaixo, olhavam para a estrela brilhante iluminada acima.

Essa estrela é um lembrete do nascimento de nosso Salvador. A Bíblia fala de sábios do Oriente que foram a Jerusalém buscando o "recém-nascido rei dos judeus" (MATEUS 2:1-2). Eles observavam os céus e viram a estrela surgir (v.2). Sua viagem os levou de Jerusalém a Belém, e a estrela ia "adiante deles, até que parou acima do lugar onde o menino estava" (v. 9). Lá, "se prostraram e o adoraram" (v.11).

Cristo é a fonte de luz em nossa vida, tanto figurativa (Aquele que nos guia) quanto literalmente, como Aquele que criou o Sol, a Lua e as estrelas no céu (COLOSSENSES 1:15-16). Assim como os sábios que "quando viram a estrela ficaram muito alegres" (MATEUS 2:10), nosso maior prazer é conhecê-lo como o Salvador que desceu dos céus para habitar entre nós. "Vimos a sua glória" (JOÃO 1:14)! *KIRSTEN HOLMBERG*

Como Jesus trouxe luz para sua vida?
Com quem compartilhar isso hoje?

24 de dezembro

Leitura: MATEUS 2:1-2,9-12

Verdades bíblicas:

Aplicação pessoal:

Pedidos de oração:

Respostas de oração:

Jesus, sou grato por Tu seres a luz da minha vida.

25 de dezembro

Leitura: LUCAS 2:8-20

Verdades bíblicas:

Aplicação pessoal:

Pedidos de oração:

Respostas de oração:

BEM-VINDO, MENINO JESUS!

Vocês o reconhecerão [...] encontrarão o bebê [...] em faixas de pano, deitado numa manjedoura. v.12

Esperávamos ansiosos por notícias do parto do primeiro filho de nossa vizinha. Quando celebraram com um cartaz externo ("É uma menina!"), comemoramos o nascimento dela e mandamos mensagens de texto aos amigos que talvez ainda não soubessem.

A chegada de um bebê traz grande alegria. Antes do nascimento de Jesus, o povo judeu ansiava pelo nascimento do Messias, o esperado salvador de Israel, por gerações. Penso que, ao longo dos anos, eles se perguntaram se durante sua vida veriam o cumprimento dessa promessa.

Certa noite, a notícia há muito esperada apareceu nos céus quando um anjo apareceu aos pastores em Belém anunciando que o Messias nascera. Ele lhes disse: "Vocês o reconhecerão por este sinal: encontrarão o bebê enrolado em faixas de pano, deitado numa manjedoura" (LUCAS 2:12). Após verem Jesus, louvaram a Deus e espalharam a notícia (v.17) sobre o bebê.

Deus queria que os pastores soubessem que o bebê tão esperado chegara para que pudessem contar aos outros sobre o nascimento de Jesus. Ainda hoje, celebramos Seu nascimento porque Sua vida salva os que creem da desolação deste mundo. Não precisamos mais esperar para conhecer a paz e experimentar a alegria. Essa é uma boa notícia que vale a pena anunciar!

LISA M. SAMRA

Como você acha que os pastores se sentiram ao ouvir a notícia? De que maneira você poderia compartilhar as boas-novas do nascimento de Jesus?

Jesus, queremos que todos saibam que Teu nascimento é uma boa notícia!

TEMPO NA PRESENÇA DE DEUS

Meu coração ouviu tua voz dizer:
"Venha e entre na minha presença [...]
"SENHOR, eu irei!". v.8

O ano de 2022 foi muito especial para nós como casal. Foi nesse ano que nossa neta, Sophia, nasceu, a única neta dentre nossos oito netos. Ainda não paramos de sorrir! Quando nosso filho liga por vídeo, a emoção aumenta ainda mais. Minha esposa e eu podemos estar em salas diferentes, mas seu grito de alegria revela que ela está tendo um vislumbre de Sophia. Ver aqueles que amamos de longe agora está a apenas uma ligação ou um clique de distância.

A possibilidade de ver a pessoa com quem falamos em uma ligação é relativamente nova, mas estar face a face com Deus, ou seja, orar com a consciência de estar em Sua presença, não é. A oração de Davi no Salmo 27, feita enquanto sofria oposição e necessitando de amparo além do alcance dos aliados humanos próximos (vv.10-12), inclui estas palavras: "Meu coração ouviu tua voz dizer: 'Venha e entre na minha presença', e meu coração respondeu: 'SENHOR, eu irei!'" (v.8).

Tempos difíceis nos fazem buscar a Sua face (v.8). Mas esse não é o único momento em que podemos ou devemos estar em comunhão face a face com Aquele em cuja presença há plenitude de alegria e ter "o prazer de viver [com Ele] para sempre" (16:11). Se você prestar cuidadosa atenção, a qualquer momento poderá ouvi-lo dizer: *Venha e fale comigo.* ARTHUR JACKSON

Em que momento do dia você se sente mais achegado a Deus?
Como a comunhão regular com Ele o prepara para as provações?

26 de dezembro

Leitura: SALMO 27:7-14

Verdades bíblicas:

Aplicação pessoal:

Pedidos de oração:

Respostas de oração:

Pai celestial, louvo-te pelo privilégio de estar contigo.
Ajuda-me a orar com mais regularidade.

27 de dezembro

Leitura: 2 REIS 6:18-23

Verdades bíblicas:

Aplicação pessoal:

Pedidos de oração:

Respostas de oração:

ATOS DA GRAÇA

Eles não são prisioneiros que você capturou na batalha. Dê-lhes comida e bebida... v.22

No romance *About Grace* (Sobre a graça), o personagem David Winkler deseja encontrar sua filha, e Herman Sheeler é o único que pode ajudá-lo. Mas há um obstáculo: a filha de David nasceu de um caso entre ele e a esposa de Herman, e o marido lhe disse para nunca mais contactá-los.

Décadas se passaram até que David escrevesse para Herman pedindo perdão pelo que fez. "Tenho um buraco no peito, não sei quase nada de minha filha", diz, implorando por informações sobre ela, e aguarda para ver se Herman o ajudará.

Como devemos tratar quem nos prejudicou? O rei de Israel enfrentou essa questão após seus inimigos serem milagrosamente entregues em suas mãos (2 REIS 6:8-20). "Devo matá-los?", ele perguntou ao profeta. "Não", diz Eliseu. "Dê-lhes comida e bebida e mande-os de volta para casa, para o senhor deles" (vv.21-22). Por meio desse ato de misericórdia, Israel encontrou paz com seus inimigos (v.23).

Herman responde à carta de David, convida-o para ir à sua casa e prepara-lhe uma refeição. "Senhor Jesus", ele ora antes de comerem, "obrigado por cuidar de mim e de David todo esse tempo". Ele ajuda David a encontrar sua filha e, mais tarde, David salva a sua vida! Nas mãos de Deus, nossos atos de graça para com aqueles que nos prejudicaram muitas vezes resultam em bênçãos para nós.

SHERIDAN VOYSEY

Jesus, dá-me sabedoria e poder para que eu possa oferecer graça àqueles que me prejudicaram.

28 de dezembro

Pela fé, os pais de Moisés o esconderam [...] e não tiveram medo... HEBREUS 11:23

Leitura: ÊXODO 2:1-10

João ficou arrasado ao ser demitido. Mais próximo do final de sua carreira do que do início, ele sabia que seria difícil recomeçar em outro lugar. Ele começou a orar pelo emprego certo, atualizou seu currículo, leu dicas para entrevistas e fez muitas ligações. Após semanas, conseguiu um novo emprego em excelente horário e trajetos bons. Juntaram-se as duas coisas: sua obediência fiel e a provisão de Deus.

Um exemplo mais dramático disso ocorreu com Joquebede (ÊXODO 6:20) e sua família durante a época de escravidão de Israel no Egito. Quando o Faraó decretou que todos os hebreus recém-nascidos deveriam ser lançados no rio Nilo (1:22), Joquebede provavelmente se apavorou. Ela não podia mudar a lei, mas havia medidas que poderia tomar para obedecer a Deus e tentar salvar seu filho. Com fé, ela o escondeu dos egípcios. Ela fez uma pequena cesta de papiro impermeável e "e o colocou entre os juncos, à margem do rio Nilo" (2:3). Deus interveio milagrosamente para salvar a vida dele (vv.5-10) e, mais tarde, usou-o para libertar Israel da escravidão (3:10).

João e Joquebede deram passos diferentes, mas ambas as histórias são marcadas por ações de fé. O medo pode nos paralisar. Mesmo que o resultado não seja o que esperávamos, a fé nos capacita a confiar na bondade de Deus, independentemente do resultado.

KAREN PIMPO

Você já se viu paralisado pelo medo ou preocupação? Como dar o próximo passo com fidelidade, honrando a Deus?

Verdades bíblicas:

Aplicação pessoal:

Pedidos de oração:

Respostas de oração:

Querido Deus, ajuda-me em cada passo para que eu ande fielmente em Teu caminho.

29 de dezembro

Leitura: GÊNESIS 11:1-8

Verdades bíblicas:

Aplicação pessoal:

Pedidos de oração:

Respostas de oração:

CONSTRUIR O QUE PERSISTE

...disseram: "Venham,
vamos construir uma cidade [...].
Assim, ficaremos famosos... v.4

Quando pequeno, morei perto de vários canteiros de obras. Inspirados, meus amigos e eu juntamos restos de materiais para construir um forte. Com ferramentas emprestadas da família, transportamos a madeira e tentamos, por dias, transformá-la naquilo que desejávamos. Foi divertido, mas as tentativas mostraram-se reflexos ruins dos prédios bem construídos ao nosso redor e não duraram muito tempo.

Lemos em Gênesis sobre um grande projeto de construção. As pessoas disseram: "Venham, vamos construir uma cidade com uma torre que chegue até o céu" (11:4). Um dos grandes problemas foi o fato de o povo ter feito isso para se tornarem famosos (v.4).

Essa é uma questão recorrente para nós; construímos monumentos para nós e nossas realizações. Mais adiante na narrativa bíblica, temos um contraste com a motivação de Salomão para construir o templo de Deus: "planejo construir um templo em honra ao nome do SENHOR, meu Deus" (1 REIS 5:5).

Salomão compreendeu que suas obras deviam revelar a Deus, não a si mesmo. Tal lição foi tão importante que ele escreveu um salmo sobre isso. O Salmo 127 começa com "Se o SENHOR não constrói a casa, o trabalho dos construtores é vão" (v.1). Como a construção de um forte em minha infância, o que construímos não durará, mas o nome de Deus e o que fazemos por Ele têm significado eterno. *MATT LUCAS*

O que você constrói em sua vida hoje?
De que maneira você honra a Deus?

Pai, perdoa-me pelas vezes
em que me concentrei
em mim mesmo e não em ti.

DEUS, POR QUE EU?

Até quando, SENHOR, te esquecerás de mim? Será para sempre? v.1

Joaquim luta contra uma doença neuromotora há mais de um ano. Os neurônios de seus músculos se rompem, e os músculos definham. Ele perdeu as habilidades motoras finas e está perdendo o controle do corpo. Joaquim não consegue mais abotoar a camisa ou amarrar os cadarços, entre outras coisas comuns. Ele se pergunta: Por que Deus permite que isso aconteça? Por que eu?

Ele está em boa companhia, como tantos cristãos que levaram suas perguntas a Deus. Lemos no Salmo 13 o clamor de Davi: "Até quando, SENHOR, te esquecerás de mim? Será para sempre? Até quando esconderás de mim o teu rosto? Até quando terei de lutar com a angústia em minha alma, com a tristeza em meu coração a cada dia?" (vv.1-2).

Nós também podemos levar nossa confusão e questionamentos a Deus. Ele entende quando clamamos "Até quando?" ou "Por quê?". Sua resposta nos é dada em Jesus e em Seu triunfo sobre o pecado e a morte.

Ao olharmos para a cruz e ao sepulcro vazio, ganhamos confiança para confiar no amor infalível de Deus (v.5) e nos regozijamos em Sua salvação. Mesmo nas noites mais escuras, podemos cantar "ao SENHOR, porque ele é bom" para nós (v.6). Por meio de nossa fé em Cristo, Ele perdoou nossos pecados, adotou-nos como Seus filhos e está cumprindo Seu bom propósito eterno em nossa vida.

POH FANG CHIA

Que perguntas você precisa fazer a Deus? Como Ele lhe demonstrou Sua bondade em seus piores momentos?

30 de dezembro

Leitura: SALMO 13

Verdades bíblicas:

Aplicação pessoal:

Pedidos de oração:

Respostas de oração:

Pai, sou grato por cuidares de mim. Ajuda-me a confiar que estás fazendo algo belo em minha vida.

31 de dezembro

Leitura: ISAÍAS 48:12-19

Verdades bíblicas:

Aplicação pessoal:

Pedidos de oração:

Respostas de oração:

A MÃO DE DEUS

Minha mão lançou os alicerces da terra, minha mão direita estendeu os céus lá no alto. v.13

Com o início da guerra na Grã-Bretanha, em 1939, o rei George VI em sua transmissão de rádio no dia de Natal, procurou encorajar os cidadãos a depositarem sua confiança em Deus. Citando um poema que sua mãe gostava muito, disse: "Atravesse a escuridão e coloque sua mão na mão de Deus. Isso será para você melhor do que a luz e mais seguro do que um caminho conhecido" (tradução livre). Ele não sabia o que o novo ano traria, mas confiava em Deus para "guiá-los e sustentá-los" nos dias que viriam.

A imagem da mão de Deus aparece em muitos lugares da Bíblia, inclusive no livro de Isaías. Por meio desse profeta, Deus chamou Seu povo a confiar que Ele, como seu Criador, "o Primeiro e o Último" (ISAÍAS 48:12), continuaria cuidando deles. Como Ele diz: "Minha mão lançou os alicerces da terra, minha mão direita estendeu os céus lá no alto" (v.13). Eles deveriam depositar sua confiança nele e não olhar para nenhum outro. Afinal de contas, Ele é o "seu Redentor, o Santo de Israel" (v.17).

Seja o que for que enfrentemos ao olhar para o novo ano, podemos seguir o encorajamento do rei George e do profeta Isaías e depositar nossa esperança e confiança em Deus. Então, nossa paz fluirá como o rio, nosso bem-estar como "as ondas do mar" (v.18). AMY BOUCHER PYE

Ao considerar o novo ano, que aspectos ou relacionamentos você pode confiar a Deus? O que significa a presença da "mão de Deus" para você?

Deus Pai, Tu criaste os Céus e a Terra; ainda assim me valorizas. Deposito minha confiança em ti.

Notas

Se você gostou desta leitura, compartilhe com outros!

- Presenteie alguém com um exemplar deste livro.
- Mencione-o em suas redes sociais.
- Recomende-o para a sua igreja, clube do livro ou para seus amigos.

TEMOS UM PRESENTE PARA VOCÊ!

Aponte a câmera do seu celular para o QR Code ao lado e saiba mais.

Instagram: paodiariooficial
YouTube: @paodiariobrasil
Facebook: paodiariooficial
Site: www.ministeriospaodiario.org